식민지 이전의 아프리카

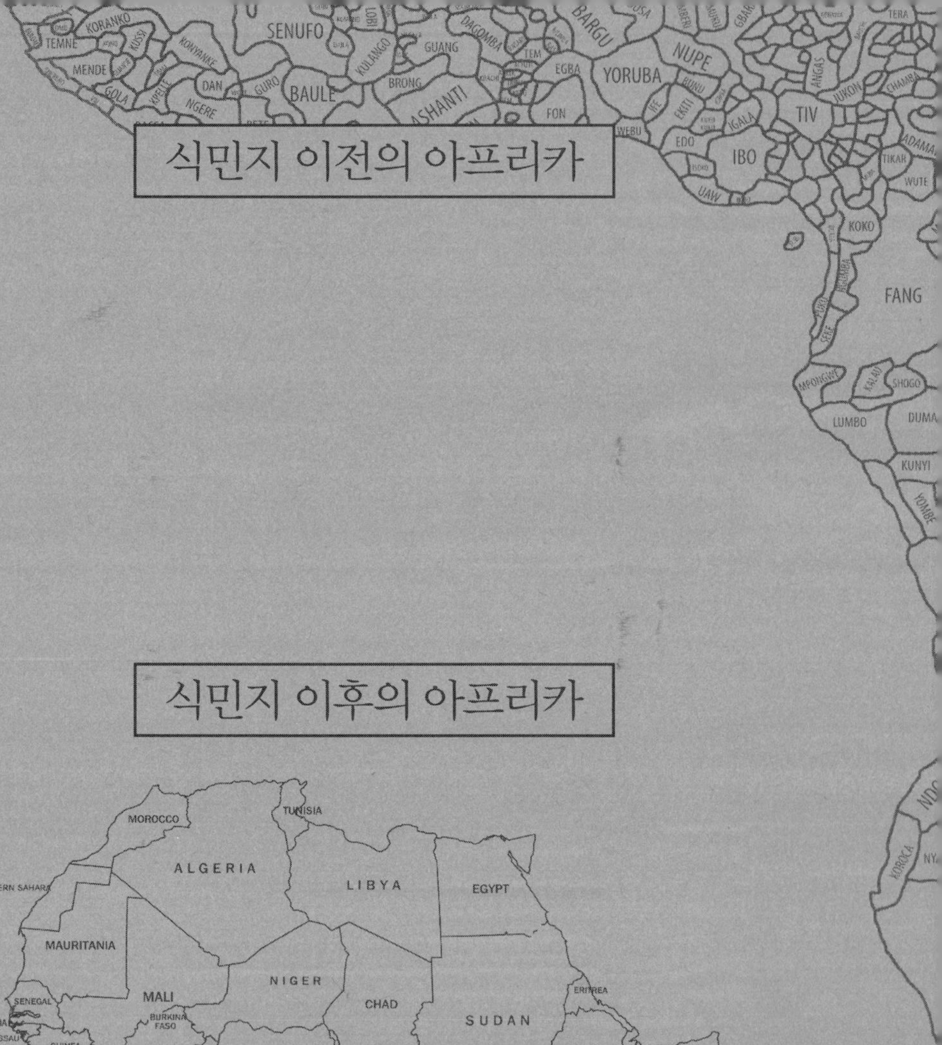

식민지 이후의 아프리카

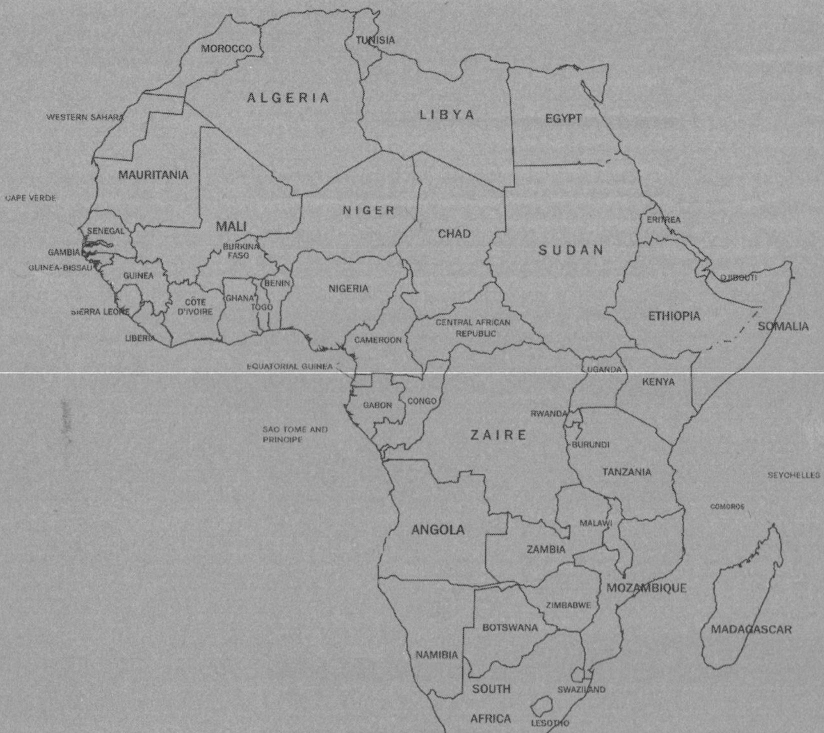

나는 아프리카인이다

Of Warriors, Lovers and Prophets
by Max du Preez
Original Copyright ⓒ 2004 Max du Preez

This original edition was published in English by Zebra Press.
Korean translation Copyright ⓒ 2008 Dangdae Publishing Company.

This Korean edition was published by arrangement with Zebra Press, South Africa through Best Literry & Right Agency, Korea.
All rights reserved.

이 책의 한국어 저작권은 베스트 에이전시를 통해
저작권자와의 독점계약으로 도서출판 당대에 있습니다.
저작권법에 의해 한국 내에서 보호를 받는 저작물이므로
무단전재와 무단복제를 금합니다.

나는 아프리카인이다

제1판1쇄 인쇄 | 2008년 10월 6일
제1판1쇄 발행 | 2008년 10월 10일

지은이 | 막스 두 프레즈(Max du Preez)
옮긴이 | 장시기
펴낸이 | 박미옥
디자인 | 조완철

펴낸곳 | 도서출판 당대
등록 | 1995년 4월 21일 제10-1149호
주소 | 서울시 마포구 서교동 395-99 402호
전화 | 02-323-1315~6
팩스 | 02-323-1317
전자우편 | dangbi@chol.com

ISBN 978-89-8163-145-1 03950

나는 아프리카인이다

막스 두 프레즈(Max du Preez) 씀
장시기 옮김

남아프리카의 전사와 연인,
예언가 들려주는 역사이야기

당대

머리말

나는 이야기를 사랑한다. 나는 훈련과 직업으로 연마된 이야기꾼, 즉 신문기자이다. 그러나 지난 30년 동안 나는 오늘의 이야기들에 너무나도 압도되어 있었기 때문에 어제의 이야기들이 얼마나 매혹적이고 눈부신 것이었는지 깨닫지 못했다.

'이야기하기'라는 역사에 대한 나의 새로운 열정은 바로 그러한 이유 때문에 탄생되었다. 나는 오늘의 이야기들을 진정으로 이해할 수 있기에 앞서, 어제의 이야기들을 이해하는 것이 무엇보다도 중요하다는 것을 배우게 되었다. 또한 몇몇 교사와 학자들 그리고 대부분의 이데올로 그들과 종족적 민족주의자들이 '역사'에 얼마나 많은 해악을 끼쳤는지를 깨닫게 되었다. 내가 학교에서 배운 역사는 너무나도 지루한 거짓말 꾸러미들이었다.

나는 이 책이 남아프리카 사람들에게 우리의 과거에 관한 이야기들이 텔레비전에 등장하는 광고문구나 외설적인 소설들보다도 더 매혹적이고 세련되었다는 것을 깨닫는 계기가 되기를 바란다. 오늘날의 남아프리카에 존재하는 삶의 태도나 정신상태 그리고 시대적 흐름에 대한 나의 이해는 근본적으로 지난 몇 년 동안의 탐구과정에서 자라난 것이다.

이 책은 우리가 가로질러 온 우리의 과거에서 생겨난 색다른 이야기들의 모음집이다. 나는 16세기부터 오늘날까지 이어지는 시대를 가로지르는 이야기들을 유용하게 보여주려고 노력했지만, 이 이야기들이 진정으로 어떤 시대나 집단을 재현하는 것은 아니다. 나의 생각은, 이 이야기들을 읽는 사람은 누구나 그리 큰 어려움을 겪지 않고서도 우리의 역사가 어떻게 전개되었는지 파악할 수 있기를 바란다는 것이다.

그 무엇보다도 가장 중요한 것은, 내가 독자들에게 역사가 재미있을 수 있다는 것을 보여주고 싶다는 것이다. 나는 많은 사람들이 이 책을 계기로 우리의 과거 이야기에 더욱더 관심을 가지게 되어서, 더 많은 역사 이야기들을 발굴하거나 과거에 관한 이야기들을 더 많이 읽게 되기를 바란다. 이와 더불어 나는 이 책이 다양한 역사적 배경을 지닌 남아프리카 사람들이 공유하고 있는 자신들의 역사를 더 많이 인식하는 데 도움을 줄 수 있기를 바란다. 역사에 대한 나의 생각은 이제 우리는 악당들, 즉 비난하거나 증오하는 사람들을 찾아내려는 시도를 그만두어야만 한다는 것이다. 그 대신 우리는 각각의 인물들이 진정으로 누구였고, 무엇이 그들을 그렇게 행동하도록 했으며, 또한 그들이 우리에게 보여주는 교훈은 과연 무엇이었는지 진정으로 이해하려고 노력해야 한다는 것이다.

나의 글쓰기 방식은 연구자나 역사가가 아니라 저널리스트나 이야기꾼의 글쓰기 방식이다. 나는 (나 자신과 같은) 독자들이 주석을 귀찮아하고 심지어 매우 싫어하는 경향이 있다는 것을 알기 때문에, 주석을 달아

독자들을 귀찮게 하는 것을 피했다. 그 대신에 필요하다고 생각하는 곳에서는 주석 성격의 내용을 이야기 속에서 설명하는 식으로 했다.

또한 나는 일부 대중적인 작가들이 역사를 대하는 태도처럼, 사건을 각색하거나 대화를 만들어내는 것을 완전히 거부했다. 그 이유는 사건을 허구적으로 각색하고 대화를 창안하는 글쓰기의 방식이 본래의 이야기가 지니고 있는 근거와 가치의 질을 상당히 떨어트린다고 믿기 때문이다. 이 책에 있는 모든 이야기들은 광범위한 영역에 걸쳐서 지속적으로 탐구한 결과물이다.

나는 이 특별한 이야기들에 관한 글들을 좀더 많이 읽고자 하는 사람들을 위해 이 책 끝부분에 참고문헌을 실었다. 여기에 언급된 책들은 모두 남아프리카 국립도서관(우리나라에서 가장 이용되지 않는 공공장소)에서 구할 수 있는 책들이다.

나는 독자들이 이 책을 읽고, 독자들의 주변과 동료 남아프리카인들을 새로운 시선과 좀더 깊은 이해심으로 살펴볼 수 있기를 희망한다.

막스 두 프레즈
2004년 9월

차례

머리말 ··· 5

1. 해변의 죽음 ··· 11
2. 런던에 간 아프리카 추장 ··· 21
3. 부시맨과 사자의 계약 ··· 35
4. 운명적인 이끌림 ··· 50
5. 모호카레 계곡의 위대한 연인 ··· 68
6. 아프리카의 소크라테스 ··· 77
7. 살아 있는 무덤 ··· 100
8. 불한당 개척자 ··· 122
9. 샤카의 여인들 ··· 155
10. 핑크색 뻬라 재판 ··· 184
11. 형제의 분열 ··· 199
12. 피에 물든 쿨리 ··· 217
13. 보어인 노스트라다무스 ··· 231

14. 아프리카의 흑인 유태인들	⋯ 252
15. 나치 암살단	⋯ 267
16. 세탁회사 트럭에 탄 사람들	⋯ 296
17. 전화 속의 낯선 사람	⋯ 314
18. 아기에게 젖을 먹이는 전사	⋯ 323
19. 잠자는 고릴라	⋯ 336
20. 낭떠러지를 바라보는 하나의 시선	⋯ 352
마지막 말	⋯ 369
한눈으로 읽는 남아프리카 역사	⋯ 376
참고문헌	⋯ 383
찾아보기	⋯ 387
옮긴이의 말	⋯ 401

1. 해변의 죽음

:: 해변의 죽음

하얀 피부를 가진 사람들과 검은 피부의 아프리카. 약 6세기 동안 이어져 온 고통과 고난의 상호접촉의 세월. 아마도 아프리카 남쪽 끄트머리에서 이 둘의 만남은 대륙의 나머지에서보다 훨씬 더 고통스러웠던 세월이었으리라.

오늘날 남아프리카 사람들이 살고 있는 이곳에서 둘의 접촉은 1488년 2월 3일에 시작되었다. 포르투갈인 항해사 바르톨로뮤 디아스는 남아프리카 땅에 발을 내디딘 최초의 유럽인이었다. 그는 모슬 베이의 해변에서 중세의 격발식 화살로 코이코이족 남자 한 명을 쏘아죽였다.

디아스와 그의 동료들은 코이코이족을 위협적인 야만인들이며 신비한 종족이라고 생각했다. 우리는 그 시대의 문서자료들로부터 그것을 알 수 있다. 그러나 우리는 코이코이족과 16세기의 부시맨들이 유럽인들을 어떻게 생각했는지는 알지 못한다. 그들은 단지 유럽인들을 신비스럽게도 바다 위에 거주하는 낯선 사람들, 즉 긴 머리와 기괴한 옷을 입고 있는 사람들로 보았을 것이다.

만일 당시에 이 사람들이 그들 또한 자신들의 형제들이라는 것, 단지 그들의 머리카락 조직과 피부 염색소 그리고 코 생김새가 자신들과 다른 형제들이라는 것을 알았더라면 비극은 일어나지 않았을 것이다. 만일 포르투갈 사람들이 코이코이족과 부시맨들이 최초의 인류와 유사한 사람들, 즉 수만 년 전에 유럽으로 이주하기 전의 그들의 조상들과 아주 밀접한 관련이 있는 사람들이라는 것을 알았더라면 무참한 살육은 없었을 것이다.

 오늘날에도 인류가 아프리카에 근원을 두고 있다고 생각하는 것은 여전히 낯선 개념이다. 그렇지 않은가? 그러니 500~600년 전의 유럽인들은 그러한 지식을, 심지어 잠재적으로라도 그러한 개념을 가지고 있지 않았다. 그들에게 아프리카는 암흑의 신비로운 장소였고, 그곳에 대한 유일한 관심은 황당할 정도로 부유한 기독교인 지배자, 즉 그의 나라에는 상상할 수 없을 만큼 많은 황금이 그득한 보물창고가 있는 프레스터 존 황제의 전설이었다. 물론 그들의 또 다른 관심은 이슬람 세력의 성장을 저지하는 것이었다.

 1415년에 포르투갈 사람들은 모로코의 세우타를 점령한 후 곧바로 아프리카의 나머지를 '발견하기'로 결정했다. 그들은 1460년에 시에라리온에 도착했고, 1471년에 가나, 1483년에는 콩고강까지 갔으며, 마침내 (크리스토퍼 콜럼부스가 최초로 '신세계'를 바라보기 4년 전인) 1488년에 케이프 지역에 닿았다. 대륙 저편에 있는 중국인과 인도인 그리고 이집트인과 아랍인들은 이미 그보다 훨씬 전에 항해선들을 아프리카에 보낸 적이 있었다. 그러나 그들이 오늘날의 더반보다 더 남쪽지역이나 케이프 지역을 돌아서 대서양 쪽으로 나아갔는지에 대한 기록은 전혀 없다.

1487년 8월, 황제 후앙2세는 신비스러운 인도로 가는 길을 개척할 수 있는 아프리카의 남쪽 끝을 찾으라고 바르톨로뮤 디아스를 보냈다. 디아스는 배에 아프리카 여자들 네 명을 볼모로 잡아놓고 있었다. 그 여자들은 이전에 서아프리카 지역을 항해했을 때 항해사 디오고 카오가 사로잡았는데, 아마도 콩고인들이었을 거라고 짐작된다. 바르톨로뮤 디아스의 계획은 이 여자들을 해변의 다른 지점들에 떨어트려 놓아서 그들로 하여금 포르투갈 사람들을 찬양하게 하여, 그 지역 족장들과 포르투갈 사람들을 연결해 주는 매개자의 역할을 하게 만드는 것이었다("모든 아프리카인들은 동일하다"라는 이 같은 개념은 500년 동안 유럽에서 지속되었다…).

1487년 12월, 세 척의 배를 거느린 디아스의 함대는 나미비아 해변의 뤼데리츠 베이로 항해해 들어갔다. 그들은 선원 아홉 명이 탄 물자수송선을 그곳에 남겨두고 계속 항해했다. 그러나 오렌지강 입구의 남쪽 어디쯤에서 그들은 바람에 밀려 바다 쪽으로 항해를 해야만 했다. 1488년 2월 말의 뜨거운 태양열이 작열하는 며칠 동안, 그들은 신비한 아프리카의 남쪽 끝을 돌아가고 있다는 생각을 전혀 못했다. 구리츠강 입구에서 비로소 그들은 육지를 보았다. 그리고 그 다음날, 그들은 신선한 물을 얻기 위하여 골푸 데 상브라스, 즉 오늘날의 모슬 베이를 향해 항해를 했다.

그 지역의 코이코이족은 장신구나 구슬과 양을 교역할 생각으로 즐거워하고 있었다. 그러나 포르투갈 사람들은 코이코이족의 샘물가에 이르러서는 그들을 향해 돌을 던졌다. 이것이 바로 디아스가 자신의 격발식 화살로 코이코이족 한 사람을 쏘아죽인 때이다. 그리고는 그는 선원들과 함께 서둘러서 배로 돌아왔다. 그들은 알고아 베이로 항해를 했고, 그곳에서 나무로 된 십자가를 땅에 세워놓은 후에 아프리카인 볼모 한 명을 해변에서 풀어주었다. 이 불쌍한 여인이 어떻게 되었는지는 전혀 알려져 있지 않다. 또 두 명은 나미비아 북쪽의 서부해안에 떨어트려 놓았고, 남은 여성은 항해 도중에 죽었다. 그런 후에 디아스 일당은 다시 케이프 아굴라스와 케이프 포인트를 지나서 펄스 베이로 항해했다. 그리고 서부해안을 다시 거슬러 올라가서 포르투갈로 귀환했다. 디아스는 오늘날의 케이프 지역을 카보 데 보아 에스페란카, 즉 희망봉이라고 맨 처음 이름붙인 사람이다.

그러나 그들은 먼저 뤼데리츠 베이에서 물자수송선과 접속을 해야 했다. 그곳에서 그들은 선원 아홉 명 가운데 여섯 명이 코이코이족에게 살해되었다는 것을 알았다. 살아남은 세 사람은 디아스의 배를 보고 너무나도 기뻐했으며, 그중 한 명인 페르낭 콜로카는 그 기쁨이 너무 큰 나머지 심장병을 얻어 그 자리에서 죽었다(나는 그의 자식들이 아버지가 어떻게 죽음을 맞이했느냐는 질문을 받고, 자기 친구들에게 거짓말을 했을 것이라고 확신한다. 나도 그렇게 말했을 것이다).

9년 후에 디아스의 고향사람인 바스코 다가마는 디아스의 행적을 거의 그대로 답습했다. 케이프 지역으로 가는 도중에 그는 세인트헬레나 베이에 닻을 내렸다. 그곳에서 그의 선원 한 명이 코이코이족과 말다툼을 했고, 다가마는 자신의 격발식 화살로 코이코이족을 쏘았다. 그러나 분명한 것은 그 당시에 인명손실은 없었다는 사실이다.

    1497년 11월 16일, 다가마는 케이프 지역을 돌아서 똑같이 모슬 베이 쪽으로 항해했다. 다시 코이코이족은 장신구와 조그만 종들을 받아들이면서 즐거워했다. 심지어 그들은 포르투갈 사람들의 트럼펫 소리에 맞추어 피리를 불며 함께 놀이를 했다. 그러나 코이코이족은 다시 자기네 샘물에서 포르투갈 사람들이 물을 퍼가려고 했을 때 항의를 했다. 다가마는 그의 배에 있는 함포에 사격을 하라고 명령을 내렸고, 몇 분 지나지 않아서 코이코이족은 모두 다 사라졌다.

    우리가 알고 있는 한, 이때 죽은 사람은 한 명도 없었다. 그러나 이 모슬 베이의 방문은 결국 남아프리카 원주민들이 유럽인들을 향해 최초로 비폭력적인 정치적 저항행동을 하는 도화선이 되었다. 다가마의 선원들은 샘물 표시가 되어 있는 곳 바로 위에 커다란 나무십자가를 꽂고 파드랑(padrão, 기독교 의식을 수행하는 돌로 만든 제단—옮긴이)을 쌓았다. 다가마의 선원 중 한 사람인 알바로 벨로는 일기에 다음과 같이 썼다. "다음날, 우리가 앞에서 말한 만으로 떠나고 있었을 때, 우리는 열두어 명의 흑인들이 우리가 항해도 하기 전에 십자가와 파드랑을 모두 무너트리는 것을 보았다." 이것은 굉장한 상징들이 담겨 있는 행위였다.

    이처럼 자신들의 땅과 삶의 방식들에 닥친 새로운 위험에 관한 이야기들은 케이프 지역에 있는 코이코이족 사이에 널리 퍼졌음에 틀림없다. 다가마가 그의 함포로 포격을 한 지 13년 후에, 최초의 포르투갈인 인도 총독을 지낸 프란시스코 달메이다 백작은 신선한 물과 고기를 구입하기 위해 테이블 베이로 항해했다(당시 테이블 베이는 1503년에 이 만으로 항해를 했던 최초의 유럽인, 안토니오 데 살다나의 이름을 따서 아구아 다 데 살다나로 알려져 있었다). 이때는 코이코이족이 유럽인들에게서 비상식적인 행동을 전혀 발견하지 못했다.

우리는 1522년에 리스본에서 출판된 J. 데 바로스라는 인물의 일기를 통해서, 1510년 5월의 그 숙명적인 날에 일어났던 일을 알고 있다. 백작은 의복과 강철조각들을 코이코이족의 고기와 교환하기 위해 부하 몇 명을 코이코이족에게 보냈다. 그 사람들은 몇 킬로미터를 걸어서 코이코이족이 사는 마을들이 있는 곳으로 갔다. 그곳의 코이코이족 사람들은 그들이 차고 있던 단도와 오직 "상상으로만 알고 있던 모든 것"을 빼앗았다.

코이코이족에게 복수를 하기 위해, 콘칼루 오멘이라는 백작의 하인 하나가 코이코이족 남자 두 명을 해변으로 유인했다. 데 바로스는 이렇게 회상하고 있다. "그의 원한을 의심하고 있었기 때문에 그들은 해변으로 오려고 하지 않았다. 그래서 그는 다소 강압적으로 그들을 해변으로 끌고 가려고 했다. 그러나 그들은 그가 구입한 것을 모두 땅에 놓아두라고 했다. 그래서 그는 더 이상 어쩔 수가 없어서 피가 얼룩지고 이빨이 약간 부러진 모습으로 혼자서 총독에게로 왔다." 그들이 불쌍한 오멘을 실컷 두들겨팼다고 말하는 것이 더 좋을 듯하다.

이러한 일은 분명히 일부 다른 포르투갈 사람들에게도 일어났다. 그들은 건방진 야만인들에게 교훈을 심어주어야 했다. 달메이다는 자신이 거느리고 있는 100명이나 되는 최상의 병사들을 자기 배의 작은 보트들에 나누어 태우고 마을들이 있는 근처까지 항해해 갔다. 그는 병사들을 그곳에서 잠깐 기다리게 했다가, 잠시 후에 마을 안으로 들여보냈.

병사들은 가축 몇 마리를 에워싸고 몰이를 했고 또 코이코이족 아이들 한 무리를 붙잡아서 다시 보트가 있는 곳으로 이동하기 시작했다. 그러나 바로 그때 약 80명의 코이코이족 남자들이 "마치 죽음을 무릅쓰고 아이들을 구하려는 사람들처럼" 그들을 공격했다. 그것은 100명 대 80명의 싸움이었다. 그러나 그것은 마치 본테후웰(Bonteheuwel, 케이프타운의 흑인거주 지역 타운십들 중 하나–옮긴이) 출신의 갱들에 맞서서 론데보슈(Rondebosch, 케이프타운의 케이프타운대학교 앞에 있는 대학생촌–옮긴이) 출신의 계집아이 같은 건달들이 치르는 싸움처럼, 무척 특이한 전투였다(당시 포르투갈 사람들이 유일하게 지니고 있었던 화약무기는 전혀 효율적으로 작동하지 않는데다 묵중하고 거의 통제하기도 어려운 무기인 화승총이었다).

데 바로스는 그 싸움을 다음과 같이 묘사하고 있다. "흑인들은 너무나도 사납게 달려와서 우리 병사들 속으로 치고 들어와 소들을 다시 끌고 갔다. 그리고 (그들은 이러한 전쟁상황에 훈련되어 있기 때문에) 소들에게 휘파람을 불고 다른 신호들을 하면서, 그들은 소들을 마치 하나의 방어벽처럼 우리를 에워싸게 했다. 그리고는 그 뒤에서 불을 붙인 단단한 막대기로 밀어붙이자, 우리 쪽 몇 명은 넘어져서 상처를 입거나 가축들에게 짓밟혔다. 우리 병사들은 거의 대부분 무장을 하지 않았을 뿐만 아니라 지닌 무기라고는 단지 창과 칼뿐이었기 때문에, 그와 같은 전쟁 방식에서는 흑인들에게 거의 해를 입힐 수 없었다."

총독과 그의 병사들은 서둘러서 타고 온 보트로 퇴각했다. 하지만 거대한 파도가 쉴 새 없이 몰아치는 바람에, 선장은 이미 보트들을 안전하게 배가 정박해 있는 가까이로 끌어다 놓은 상태였다. 포르투갈 사람들은 해변에 갇힌 꼴이 되었고, 목숨을 구하기 위해서는 무조건 도망을 쳐야만 했다.

그러나 그것은 불가능한 일이었다. 데 바로스는 이렇게 이야기한다. "그들이 마침내 해변의 모래사장에 도착했을 때는 모두 다 거의 한 발자국도 뗄 수가 없었다. 이와 달리 흑인들은 모래사장 위를 너무나도 가볍게 달려서 마치 새들처럼 날렵하게, 총독을 보호하기 위해 그를 에워싸고 버티고 있는 충성스런 귀족들 쪽으로 다가왔다. 나머지 일반사람들은 무조건 앞을 향해 달리기만 했다."

달메이다 총독은 돌에 맞고 막대기에 찔려서 이미 심하게 부상을 당한 상태라, 걸음이 훨씬 더 느렸다. 마침내 코이코이족은 그를 잡아서 창으로 목을 찔러 죽이고는, 옷을 모두 벗겨버렸다. 선장을 포함한 12명의 장교와 50여 명의 포르투갈 선원들이 총독과 함께 죽었다. 그리고 나머지는 모두 중상을 입었다.

이렇게 해서 상황이 종결되자, 아마도 선장이었던 것 같은 호르제 데 멜로는 부상당한 병사들을 배로 데려다 놓고는, 다시 총독의 시신을 찾으러 갔다. "마침내 이 야만의 장소에 총독과 다른 시신들을 묻은 후에 그는 함대로 되돌아와서 그의 왕국으로 다시 항해를 시작했다." 그 야만의 장소에 여전히 머물러 있었던 사람들은 침략자들을 물리친 승리를 축하하기 위해 적절한 향연을 벌였으리라는 데 대해서는 거의 일말의 의심도 하지 않아도 될 것이다.

남아프리카에서 흑인과 백인의 폭력적인 싸움은 그후 484년 동안 계속되었다.

2. 런던에 간 아프리카 추장

:: 런던에 간 아프리카 추장

아주 훌륭한 퀴즈가 될 만한 문제가 하나 있다. 최초로 해외로 유학을 다녀온 남아프리카인은 누구였을까?

그 답은 코레이다. 케이프 반도 출신의 코이코이족 족장이었던 그는 1613년에 우리의 해변을 떠났다(그는 또한 아파르트헤이트가 종식되기까지의 380년 동안 저항과 항거의 수단으로 가장 많이 사용되었던 단식투쟁을 계속한 최초의 남아프리카 사람이기도 하다). 이것은 바로 코레의 이야기이다.

영국 동인도회사의 통치자였던 토마스 스미스 경은 17세기 전반기 동안 영국에서 가장 강력한 상인과 자본가 가운데 한 사람이었으며, 개인적으로는 당시 영국국왕 제임스1세와 친구사이였다. 1580년에 그는 고향동료인 프란시스 드레이크가 소유한 희망봉의 한 지역에 정착촌을 설립하려는 야망을 품었다. 그 장소는 "우리가 그 일대에서 보았던 가장 훌륭한 케이프 지역"이라고 묘사되어 있다.

토마스 경은 유럽과 동양 사이를 항해하는 교역선들이 나날이 증가하는 상황에서 그들에게 신선한 물과 식료품, 과일과 고기를 공급해 주는 항구로서, 아프리카의 남부 끝머리가 굉장히 중요해질 것이라고 판단하고 있었다. 그리고 그와 더불어 아프리카에는 황금이 풍부하게 매장되어 있다는 소문 또한 나돌고 있었다.

스미스의 배 몇 척이 당시에도 살다니아로 알려져 있던 테이블 베이에 정박해 있었다. 그러나 그들은 그 지역 주민들로부터 스미스 경이 원하는 정보를 얻는 데 실패했다. 스미스는 케이프 지역의 기후와 식물과 사람들에 관한 모든 것을 자기에게 이야기해 주고 나아가 원주민들 속에서 자신의 대리인으로 일해 줄 수 있는 사람을 찾기로 결심했다. 영어를 가르쳐줄 사람.

1613년 5월에 헥터호와 토마스호가 동양에서 돌아오는 도중에 테이블 베이에 닻을 내렸다. 헥터호의 선장 가브리엘 타워슨은 케이프 지역의 육지에 발을 내딛는 바로 그 순간 코레를 만났다(몇몇 역사가들은 그의 이름을 쿼레, 호레 혹은 코라라고 발음한다). 그것은 우아한 만남이었던 것 같다. 왜냐하면 코레와 그의 사람들은 소와 양 몇 마리를 청동·강철·의복과 교환했고, 영국인들에게 산에서 흘러 내려오는 개울 옆에 천막을 세워도 좋다고 허락했기 때문이다.

당시 영국인들은 코레의 나이가 마흔 살쯤 된 것으로 짐작했다. 그는 "보통 키에, 유연하고 지적일 뿐만 아니라 육체적으로 강한 사람"으로 묘사되었다. 그와 그의 아내는 어린 자식 몇 명을 데리고 있었다. 일부 보고서들은 그가 추장이었다고 이야기하고, 또 어떤 보고서들은 그가 단순히 고라코우쿠아라고 불리는 코이코이족 집단의 평범한 구성원이었을 뿐이라고 말한다.

　기나긴 여행의 피로에서 원기를 회복하고 신선한 물과 고기를 배에 충분히 저장한 후에 타워슨 선장과 선원들은 모두 배에 올랐다. 그들이 어떤 약속을 하면서 배를 타라고 유혹했는지, 혹은 강제로 배에 태웠는지는 알려져 있지 않다. 그러나 헥터호가 영국으로 항해했을 때, 코레와 이름이 전혀 알려지지 않은 또 한 명의 코이코이족 사람이 배에 타고 있었다.

　한 역사가는 배가 항해하기 시작했을 때 두 사람은 분명히 감금되어 있었거나, 아니면 "독한 술을 마셔 정신을 잃을 정도로 취해 있었을" 게 틀림없다는 판단을 내렸다. 그 이유는 해변에 살고 있는 모든 코이코이족 사람들과 마찬가지로 그들은 뛰어난 수영꾼들이어서, 최소한의 자유만 있었더라면 갑판에서 바다로 뛰어내렸을 것이기 때문이다. 또 다른 자료는 타워슨이 코레를 "몇 날 며칠 동안 계속 먹고 마시는 축제의 밤"에 초대했다고 이야기한다. 그래서 "코레와 그의 동료가 술에 취해 인사불성이 되어버렸을" 때 선장은 항해를 시작했다는 것이다.

　그 시대의 모든 기록들은 그들이 납치된 사실을 알고 물불을 가리지 않고 저항했다고 이야기한다. 두 사람은 영국인들이 강제로 자신들에게 술 등을 먹여서 옴짝달싹못하게 하려는 시도에 저항하여 단식투쟁에 들어갔다. 후에 코레의 동료는 쇠약해지고 슬픔을 견디지 못해 죽었다고 한다. 그러나 코레는 다시 먹기 시작했고, 그래서 여행이 끝날 때까지 살아남았다.

1613년 9월에 헥터호는 런던에 닻을 내렸다. 코레는 그 시대의 영국 신사들처럼 무릎 위까지 오는 꽉 죄는 반바지와 스타킹, 꼭 끼이는 구두, 망토를 차려입고 그리고 깃 달린 모자를 쓰고 배에서 내렸다. 토마스 스미스 경은 코레를 잘 돌보아서 당시 런던에서 가장 거대한 장원 가운데 하나였던 자신의 저택으로 데리고 가라고 명령했다. 사람들은 코레에게 런던의 모습들을 보여주었고, 심지어 코레는 제임스 왕을 만났을 가능성도 있다. 스미스는 개인적으로 코레를 가르쳤다.

우리는 에드워드 테리 주교가 쓴 기록들(그의 『동인도로 가는 항해』 *A Voyage to East India*는 1655년에 출판되었다)을 통해 런던에서 코레가 경험한 일들에 관해 대부분 알고 있다. 코레는 "즐겨하는 오락으로서, 밝은 색의 청동고리뿐만 아니라 그가 가장 좋아하는 금속인 청동으로 갑옷과 투구, 등걸이, 혁대를 직접 만들었다"고 테리 주교는 썼다.

하지만 코레는 즐거운 시간을 보낼 수 없었다. 런던은 불결하고 답답한 도시였다. 또한 영국의 겨울은 항상 그랬던 것처럼 축축한 회색의 고통스러운 계절이었다. 코레는 인간문명의 때가 전혀 묻지 않은 케이프 반도의 아름다움에 익숙해져 있었다. 상쾌한 공기, 거대한 테이블 마운틴과 그곳에서 흘러내리는 맑고 깨끗한 개울 그리고 황금빛 해안. 그는 신선한 생선과 자기 종족 사람들이 기른 소와 양을 들과 산에서 자라는 허브 잎사귀와 뿌리를 곁들여 요리한 음식을 먹는 것이 습관이 되어 있었다. 1613년 당시의 런던에는 인도나 이탈리아 식당이 없었다. 그래서 불쌍한 그 시대의 사람들은 너무 바싹 구워서 우울한 영국 음식을 먹는 고통을 감수해야만 했다. 그의 고향에 있는 어느 코이코이족 사람들과 마찬가지로, 필시 코레도 등을 기대고 앉아서 감미로운 케이프 지역에서 자라는 다가(dagga, 케이프 지역에서 자생하는 마리화나의 일종—옮긴이)를 파이프에 넣어 피우는 것을 즐겼을 거라고 나는 확신한다. 하지만 17세기의 영국에서는 그 즐거움을 도저히 누릴 수 없었다.

그래서 아주 분명하게 예상할 수 있듯이, 코레는 전혀 행복한 사람이 아니었다. 그는 스미스의 '관대함'이 전혀 고맙지 않았다. 무엇보다도 그는 그곳에 있는 것을 원치 않았다. 그러나 몰상식한 영국인들은 그가 고마움을 표시하지 않는다고 화를 냈고, 그래서 그를 "전혀 감사할 줄 모르는 개자식"이라고 불렀다.

테리 주교가 쓴 책에는 다음과 같은 구절이 있다. "오늘날의 사람들은 이 천박한 녀석이 자신의 예전 상황과 비교하여 현재의 상황을 지상에 있는 천국으로 여겼을 거라고 생각할 것이다. 그러나 전혀 그러하지 않았다. …결코 그 어떤 사람도 그의 태도보다 더 잘못된 용도의 예절로 다른 사람을 이가 갈리게 만들지는 않는 것 같았다. 그 누구도 그만큼 자기 나라에 있는 고향으로 돌아가고자 하는 강렬한 욕망을 결코 지니지는 않았을 것이다. 그는 우리의 언어를 조금 배우게 되자, 매일 바닥에 드러누워서 엉성한 영어로 항상 이렇게 소리를 지르곤 했다. '코레는 집으로 간다. 소울다니아가 간다. 고향이 간다.'" (당시에 테이블 베이로 사용되었던 이름은 소울다니아 혹은 살다니아였다.)

영국의 역사가 존 코프는 1967년에 출판된 『호텐토츠족의 왕』(*King*

of the Hottentots)에서 다음과 같은 입장을 피력하고 있다. "토마스 경이 그에게 살다니아에 관해 물어보려고 시도할 때마다 코레는 항상 바닥에 드러누워서 두 손으로 카펫을 내려치면서 소리를 지르곤 했다. '코레 집에 간다 — 살다니아 간다!' 그가 영어를 더 배우면 배울수록, 그 자신이 살았던 강렬한 햇빛의 나라와 원시적인 공동체로 되돌아가고자 하는 간청은 더욱더 세련되게 다듬어졌다. 그러나 그는 살다니아에 대한 정보는 단 한 조각도 제공하지 않았다."

다른 자료들은 코레가 "듣지 못하는 것처럼 행동했다"고 주장한다. 그래서 그는 스미스에게 자기를 고향으로 데려다 달라고 간청할 때만 오직 유창한 영어를 구사했다는 것이다.

코프는 또한 코레가 런던과 지방 사람들의 낯선 문화에 대해 "만족할 줄 모르는 호기심"을 가졌다고 주장한다. 코프의 주장에 따르자면, 그는 런던탑을 둘러보았고, 심지어 홀리웰 스트리트에 있는 커튼 극장에서 공연하는 셰익스피어의 극을 관람하기도 했다는 것이다.

마침내 스미스는 자신의 특별한 계획을 포기했다. 영국인들이 케이프 지역에 영구적으로 정착하려는 것을 두려워한 나머지, 코레는 자기 고향땅에 대한 정보를 단 한 가지라도 스미스에게 제공하기를 거부했던 것이다. 자기를 런던으로 데리고 왔던 바로 그 헥터호의 갑판에 코레가 다시 오른 것은 1614년 2월 26일이었다. 그 여행은 한마디로 파란만장했다. 헥터호가 모래톱에 처박혀서는 템스강 어귀를 가까스로 벗어났는가 하면, 두 달 후에는 배의 앞 돛대가 폭풍우에 찢겨나갔다. 그러다가 마침내 1614년 6월이 되어서야 테이블 베이로 항해해 들어갔다. 이렇게 해서 14개월 만에 코레는 고향으로 돌아왔다.

코레가 고향으로 돌아온 것은 그의 동료들에게 깜짝 놀랄 만한 일이었다. 그들은 이미 오래 전에 코레가 죽었다고 생각했다. 코레는 육중한 청동갑옷을 입고 갑판을 걸어나왔다. 그는 헥터호의 선원들을 뒤에 남겨두고 자기 마을로 걸어갔다. 선원들은 다시 항해를 할 때까지 코레의 모습을 더 이상 보지 못했다. 다른 코이코이족 사람들이 영국인들과 교역을 했는데, 예전과 달리 그들은 고기와 교환하는 품목으로 철이나 구리에 전혀 관심을 보이지 않고 오직 청동조각만을 고집했다.

코레의 런던유학은 전혀 예상하지 못했던 결과를 가져다주었다. 그는 무엇보다도 구리와 청동과 철이 런던에서는 너무나도 흔하고 전혀 비싼 물건들이 아니라는 것을 알게 되었다. 코이코이족이 믿고 있었던 것과는 전혀 달리, 이런 금속들은 부의 표시와는 거리가 멀었던 것이다. 코레는 이것을 명확하게 했다. 더 이상 소와 장신구들을 교환하는 교역은 없었으며, 외국인들은 돈을 지불해야만 했다.

이에 대해 테리 주교는 선원들이 입을 모아 한결같이 하던 이야기를 다음과 같이 쓰고 있다. "결과적으로 우리에게는 훨씬 더 좋은 일이었다. 만일 그가 영국을 경험하지 못했더라면 그가 돌아간 이후에 그런 일은 발생하지 않았을 것이다."

코레는 자신이 경험한 신기한 일들을 마을사람들에게 들려주느라 많은 밤을 지새웠을 게 틀림없다. 이렇게 고향으로 돌아와서는, 영국인들에 대해 훨씬 관대한 마음을 가지게 되었던 것 같으며 특히 런던에 머물었을 때 자신을 보살펴주었던 토마스 스미스 경에게 유난히 호의를 보였다. 또 그 이듬해 제임스왕의 인도특사로서 토마스 로이 경이 함대를 이끌고 테이블 베이에 도착했을 때, 코레는 로이 경을 따뜻하게 환대했을 뿐만 아니라 자기 마을에서 그를 위한 축제를 열기까지 했다. 축제에 참석했던 영국인들의 말에 따르면, 그 지역 사람들은 "토마스 스미스 경의 영국 함선들을 위하여!"라는 즐거운 영어표현의 슬로건으로 그들에게 인사를 했다. 확실히 코레는 런던에 체류했던 고통스런 세월을 낭만적으로 해소했던 것으로 보인다. 이런 이유로 해서, 몇몇 코이코이족 사람들은 런던을 방문하고 싶은 욕망을 영국인 선원들에게 표현하기도 했다.

일부 역사가들은 코레가 런던에서 돌아온 후에 고라초우쿠아족의 추장이 되었다고 믿는다. 아마도 런던여행이 그의 위치를 확고하게 만들어 주었으리라고 보았기 때문일 것이다. 그것이 진실이든 거짓이든, 오직 코레만이 간직하고 있던 영국인에 대한 신선한 우정이 그로 하여금 또 다른 코이코이족 집단인 코초쿠아족과의 싸움에서 영국의 도움을 이용하고픈 욕망을 적어도 조금이나마 품게 했을 것임에는 틀림없다.

코레가 도움을 받기 위해서 접근했던 최초의 영국인은 1615년에 토마스 로이 경과 함께 케이프 지역에 도착했던, 매우 사나운 범죄자집단의 사람들 열 명이었다. 그들은 런던에서 노상강도, 말 도둑, 소매치기와 같은 범죄를 저질러서 사형선고를 받은 사람들이었다. 그러나 토마스 스미스 경은 왕과 거래를 했다. 그는 "해외의 노역을 위해" 건장한 신체를 가진 범죄자들을 선택할 수 있었고, 그리하여 그 범죄자들은 교수형에서 벗어날 수 있었다. 이렇게 선택된 사람들은 뉴게이트 감옥에서 풀려나와 남아프리카의 케이프 지역으로 보내졌다.

월터 페이튼 선장은 범죄자 열 명을 테이블 베이에 남겨두고 인도로 떠났는데, 자신의 일기에 이렇게 적어놓았다. "우리는 그 사람들 각자에게 야생 짐승과 사람들의 공격에 대해 스스로 방어하라고 무기와 음식 같은 것들을 주었다."

이 사람들은 존 크로시를 자신들의 지도자로 뽑았다. 상류층 가문 출신의 '귀족'이었던 존 크로시는 범죄자가 되기 전까지만 해도 근위대 소속의 정예병이었다. 그러나 허구한 날 술과 싸움질로 방탕한 생활을 하다가 근위대에서 쫓겨났고, 그 뒤로는 런던시의 성벽 밖에서 노상강도질을 하고 다녔다.

코레는 적들을 공격하려는데, 자기 종족을 도와달라고 영국인들에게 간청했다. 크로시의 부하들이 인간에 대한 예의라고는 전혀 찾아볼 수 없이 코이코이족들을 대우했던 것은 분명하다. 심지어 코이코이족 여자들 몇 명을 성적으로 괴롭혔음을 암시하는 기록들도 있다. 그들 중 한 사람이 불과 며칠도 지나지 않아서 코이코이족에게 살해되었다. 그래서 크로시와 나머지 사람들은 페이튼 선장이 두고 간 보트를 타고 로번 아일랜드로 도망가서, 그곳에서 물개와 펭귄을 잡아먹고 살았다. 바로 이들이 로번 아일랜드에서 살았던 적이 있는 두번째 집단이었다. 첫번째는 배가 난파되어 로번 아일랜드에 오른 한 무리의 네덜란드 사람들이었는데, 그들은 이곳에서 1611년에 6개월 동안 살았다(최초의 유럽인들이 도착하기 전까지는 코이코이족 사람들에게는 배가 없었기 때문에 그들이 이 섬에 간 적은 없었다).

그로부터 9개월 후, 영국의 함선 '뉴 이어스 기프트' 호가 테이블 베이에 도착했다. 마틴 프링 선장의 말에 따르면, 코레가 방금 도착한 그에게 크로시와 그 일당이 섬에 있다고 말해 주었고 그는 섬으로 배를 보내 그들을 데려오게 했다. 그러나 그들을 데리러 섬에 간 사람들은 크로시와 몇 사람이 바로 그 주에 보트를 타고 내륙으로 들어가려고 시도하다가 배가 전복되는 바람에 익사했다는 얘기를 들었다.

그러나 약 3개월 뒤에 도착한 에드워드 테리 주교는 자신의 책에서 크로시가 코이코이족의 공격을 받아 그들과 싸웠고, 그 과정에서 크로시는 코이코이족에게 죽임을 당했다고 기록하고 있다.

프링 선장은 크로시 일당의 마지막 생존자 세 명을 구해서 그들을 다시 영국으로 데리고 갔다. 그러나 그들은 항구에 도착하자마자 곧바로 누군가의 지갑을 훔쳤고, 결국 붙잡혀서 사형선고를 받아 샌드위치 근처에 있는 형장에서 교수형을 당했다. 정말로 질기고 질긴 악의 업보이다.

코레는 무장한 백인 방문객들을 설득하여, 코초쿠아족과의 싸움에서 그들의 지원을 받는다는 계획을 포기하지 않았다. 1617년에 그는 한 무리의 영국인들을 데리고 가서 적들이 살고 있는 마을을 보여주었다. 그곳에는 소 1천 마리와 함께 약 5천 명의 남자들이 있었다. 이는 코레가 소집할 수 있는 숫자보다 훨씬 더 많은 사람들이었기 때문에, 영국인들은 그를 돕기를 거절했다. 같은 해 얼마 후에 한 무리의 네덜란드 사람들이 코레의 요청에 응하여, 그가 소 120마리와 양 160마리 그리고 코초쿠아족 포로 3명을 잡을 수 있게 도와주었다.

이 전투 이후로는 코레에 관한 언급은 전혀 없다. 그러다가 1627년에 웨일즈의 한 항해사가 바로 그 전해에 코레가 네덜란드 선원들에게 살해되었다고 보고했다.

이렇게 바다 건너 유학을 해서 영어를 배운 최초의 남아프리카인의 삶은 끝났다.

그러나 코레의 놀랄 만한 모험 이야기들은 분명히 더욱더 윤색되어서 코이코이족들의 저녁 화롯불가의 이야깃거리로 끊임없이 되살아났다. 아마 이 이야기들은 소와 양을 키우지 않는 코이코이족의 조그만 집단인 해안거주족 출신의 젊은 지도자로 하여금 코레가 죽은 지 정확하게 6년 후에 자발적으로 바다를 건너 여행하도록 이끌었을 것이다.

1632년에 한 영국 배는 아우초마토를 자바섬에 있는 반탐 기지로 데리고 갔다. 영국인들이 왜 이런 일을 했는지 그 이유는 정확하지 않지만, 순수하게 아우초마토에게 친절을 베풀어서 영어를 가르쳐주었던 것 아닌가 싶다. 아무튼 그들은 아우초마토가 케이프 지역에서 자신들의 우편배달부가 되어주기를 희망했고, 함선들의 이동에 관해 보고해 주기를 기대했다. 코레와 달리 그는 교역을 할 소와 양도 없었고, 강력한 코이코이족을 대표하지도 않았다.

아우초마토는 실제로 풍부한 영어를 구사할 수 있는 능력을 갖추어 돌아왔다. 그리고 얼마 후 영국인들은 아우초마토의 요구를 받아들여 그와 그의 추종자들을 로번 아일랜드로 데리고 갔으며, 또 몇 달 후에는 같은 해안거주족 사람 30명이 그곳으로 가서 이들과 결합했다. 섬에서의 생활은 바다표범이나 펭귄이 전혀 없는 내륙의 생활보다 훨씬 편안했다. 영국인들은 또한 아우초마토의 집단에게 소와 닭과 돼지도 주었다.

그로부터 몇 년 동안 아우초마토 집단은 영국인과 네덜란드인들을 위한 우편업무를 효과적으로 수행했다. 그들은 약 8년 동안 로번 아일랜드에 살면서, 한 배에서 편지들을 받아 다음에 오는 배에 전달해 주곤 했다. 1634년에 로번 아일랜드를 방문한 영국인 피터 문디는 아우초마토가 "머리에서 발끝까지 영국인 전통복장"을 하고 있었다고 보고하면서, 그를 "이 섬의 통치자"라고 불렀다.

아우초마토는 1658년에 로번 아일랜드로 다시 돌아갔다. 그러나 이 때는 자기 의지로 그곳에 간 것이 아니었고, 그의 이름도 바뀌어 있었다.

1652년 4월, 네덜란드 동인도회사의 대표 얀 반 리베이크는 케이프 지역에 최초의 영구적인 정착촌을 건설했고, 곧 아우초마토는 네덜란드인과 코이코이족 사이에서 영향력을 행사하는 중간상인이자 통역인으로서 급부상했다. 네덜란드인들은 그를 헤리 데 스트랜들로퍼라고 불렀고, 얼마 후부터는 많은 사람들이 그를 그냥 해리라고 부르기 시작했다. 그러나 그가 네덜란드인과 코이코이족 사이에서 너무나도 막강한 영향력을 행사하는 교역자로 부상하게 되자, 반 리베이크는 그를 로번 아일랜드로 추방해 버렸던 것이다.

아우초마토는 로번 아일랜드에 수감되었던 수많은 정치범들 중에서 최초의 정치범이었다. 그 마지막은 그로부터 300여 년 후에 수감된 넬슨 만델라와 월터 시술루 같은 노(老) 해방투사들이었다. 그러나 정치적 화해의 일환으로 풀려난 만델라나 시술루와 달리, 아우초마토는 섬에서 탈주했다. 1659년 11월, 그는 물이 새는 보트를 훔쳐서 밤의 어두움을 틈타 블루버그스트랜드를 향해 노를 저어갔다.

3. 부시맨과 사자의 계약

:: 부시맨과 사자의 계약

저 옛날 남아프리카에 사람이 거의 살지 않았을 뿐 아니라 대체로 자연이 전혀 훼손되지 않았을 때, 인류의 가장 큰 적은 (배고픔이나 갈증과는 별개로) 사자였다. 총기류도 없이 훤히 트인 벌판에서 산다는 것은 사자들에게 인간을 아주 쉬운 먹잇감으로 생각하게 만들었다.

지금부터 하는 이야기는 이들 고대인들 가운데 일부가 어떻게 사자들을 공격하지 않고 그들과 '계약'을 맺었는가 하는 것이다. 21세기에 살고 있는 우리 인간들은 스스로를 무척이나 영리하고 철학적이라고 생각한다. 그러나 '근대인'이 되어가는 기나긴 여정 속에서 인류라는 한 동물의 종(種)인 우리가 진정한 지식을 얼마나 많이 잃어버렸는지를 보여주는 증거가 여기에 있다.

무엇보다도 먼저 우리는 이 사람들이 누구였고, 어떻게 그들의 이야기가 수백여 년 동안 계속 살아남았는지를 알아야 한다.

2003년에 고고학자들은 케이프 남쪽지역의 스틸바이 근처에 있는 고대의 블롬보스 동굴에서 보석과 예술조각품들을 발견했다. 이것들의 가치는 7만 7천 년 전으로 거슬러 올라간다는 것뿐만 아니라, 그 당시 오늘날의 우리들과 같은 언어와 문화를 지닌 인류가 그곳에서 살았다는 증거를 제시해 준다는 데 있다. 또한 이 보석들과 예술조각품들은 이 세계 모든 곳에서 발견된 문화적 품목들 가운데 가장 오래된 것들이다. 물론 이것은 또 남아프리카가 결코 '텅 비어 있는' 땅이 아니었다는 증거이기도 하다. 우리 인류가 시작했던 바로 그 첫날부터 이곳에는 항상 사람들이 거주하고 있었다.

블롬보스에 살았던 사람들은 남아프리카의 원주민, 즉 산족 혹은 부시맨 그리고 코이코이족의 직접적인 조상들이다.

부시맨은 작은 집단을 이루어 남아프리카 곳곳을 옮겨다니며 살았던 수렵채취인들이었다. 사실 우리 조상들은 모두 지구상에 인간종이 출현한 초기 천년 동안 이러한 방식으로 살았다. 이 땅에서 사람들은 가진 것이 거의 없었으며, 따라서 사회는 대체로 계급이 존재하지 않았고 엄격한 서열구조도 없었다.

우리는 부시맨의 삶과 문화에 관해 아는 것이 거의 없다. 다만 그들이 식물, 동물, 계절, 기후 등 자연에 관해 놀라운 지식을 가지고 있었다는 것만 알고 있다. 다른 사회들은 수렵생활을 하지 않으면서부터 이와 같은 지식을 잃어버렸지만, 역사적으로 나중에 남아프리카로 이동한 사람들은 산족의 사회들로부터 이런 초기의 지식을 얼마간 다시 습득할 수 있었다.

약 3천~4천 년 전에 아프리카 그레이트 레이크스(Great Lakes)의 광대한 지역과 잠비아의 사바나 지역 주변에 살던 사람들이 물고기를 잡거나 수렵채취를 하던 생활에서 수수를 심고 가축을 기르는 생활로 옮겨 가면서, 하나의 사회가 대두하게 되었다. 그후 그 사회는 더 큰 촌락형태로 집단생활을 함에 따라 이전보다 유목생활을 덜하게 되었다. 그들은 나중에 반투어라고 불리는 공통의 언어를 사용했다.

그로부터 2천 년이 지나서 그들은 철과 금을 제련하는 기술을 습득했으며, 일부 사람들이 다른 집단들을 형성해서 아프리카 남부로 이동하기 시작했다. 또 이 무렵부터 그들은 여러 가지 파생언어를 발전시켰는데, 남쪽으로 이동한 주요한 언어집단들은 나중에 응구니족, 소토족, 벤다족, 총가족이라고 불리게 되었다.

1200년대 초에는 한 거대한 집단이 남아프리카 북쪽의 짐바브웨와 보츠와나 경계지역에 있는 마풍구브웨에 강력한 수도를 건설했다. 그후 1300년에 극심한 가뭄이 오랫동안 이어지기 바로 얼마 전에 마풍구브웨는 쇠퇴의 길을 걸었으며, 그곳에서 약 200킬로미터가 떨어진 '위대한 짐바브웨'가 그 지역에서 권력의 중심이 되었다. 이 거대한 도시의 돌로 쌓아올린 수많은 성벽들은 오늘날에도 남아 있다.

아마 1400년대 중반 무렵에 매혹적인 소집단 하나가 다른 집단과의 갈등을 피하기 위해 이 문명으로부터 탈주해서 남쪽으로 이동했을 것이라고 역사가들은 믿고 있다(그들이 진흙으로 항아리를 빚어서 거기에 장식한 방식은 그 조상이 짐바브웨 사람들이라는 것을 확실히 말해 주고 있다). 그들은 자신들을 레고야족이라고 불렀다(리호야 혹은 코이자로 불리기도 했다). 역사적으로 어떤 시점에서 레고야족은 자신들의 시보

코, 즉 종족적 상징으로 하마를 선택했으며, 그래서 많은 사람들은 그들을 바쿠붕족, 즉 하마족으로 알고 있었다.

레고야족은 돌을 낮고 둥글게 쌓아올려 오두막을 지었던 뛰어난 돌 축조기술을 지닌 사람들이었다. 그리하여 오늘날의 림포포 지역을 지나서 마리코와 제루스트 지역에 최초로 특이하고도 독창적인 돌 건축물들의 정착촌을 세웠다. 하지만 다른 집단의 침입을 받아 그곳을 떠나서, 이번에는 더 서쪽으로 이동하여 리타코에 정착촌을 세웠다. 아마 17세기에 그들은 다시 그곳을 떠났던 것으로 보인다. 그들은 더 남쪽으로 이동해서 오늘날의 윈버그·세네칼·스테인스루스·크룬스타트·프레데·베들레헴 지역과 자유공화국 북부의 거대한 지역에 정착하기 시작했다. 비록 1899~1902년의 앵글로-보어전쟁 이후에 백인 농부들이 농장의 담을 쌓고 움막을 짓는 돌로 쓰기 위해 레고야족의 오두막들을 대부분 파괴해 버렸지만, 아직도 그들 문화의 폐허가 일부 남아 있다.

흥미롭게도 다듬지 않은 돌로 된 둥근 오두막들이 고대의 영국과 아일랜드에도 세워졌던 터라, 우리는 오늘날에도 타이 모어나 홀리헤드 마운틴 그리고 케리 해변에서 조금 떨어진 스켈릭스 지역에서 똑같은 오두막들을 발견할 수 있다. 이 오두막들은 돌 대신 얼음벽돌로 만든 이글루(에스키모의 얼음집)와 매우 비슷하다. 석회반죽이나 진흙을 전혀 사용하지 않았기 때문에 둥근 지붕을 만드는 데는 굉장한 기술이 필요했다. 1993년에, 나는 자유공화국의 로젠달 시 외곽에 있는 나의 농장에서 레고야족의 마을 하나를 발견했다. 몇 년 동안 나는 수시로 건축가들과 전문 축조기술자들의 도움을 받아 일부 오두막들을 복구하려고 노력했으나, 결국 성공하지 못했다.

자유공화국과 레소토에 살고 있는 노인들의 구전전통에 따르면, 레고야족은 바알강을 가로질러서 이동하여 자유공화국에 정착한 최초의 흑인농민들이었다고 한다. 그들을 따라서 바포켕족이 그곳으로 이주했고, 또 나중에는 바쿠에나족이 그곳으로 옮겨갔다.

그러나 레고야족은 바포켕족이나 바쿠에나족과는 달랐다. 비록 많은 가축을 키우고는 있었지만, 그들은 사냥하는 것을 더 좋아했다. 그들은 창과 도끼, 활과 화살 등으로 사냥을 했으며, 또 구덩이를 파서 사냥감을 사로잡는 것을 즐겼다. 그들은 유별나게 평화적인 사람들이었고, 항상 침입자들과 맞붙어 싸우기보다는 차라리 그들로부터 도망쳐서 삶의 터전을 옮기는 쪽을 택했다. 레고야족의 이런 소심한 특성들 때문에 결국 그들은 다른 종족들에게 쉽게 공격당하는 표적이 되어 수없이 가축을 잃곤 했다.

그러나 레고야족을 다른 흑인집단들과 뚜렷하게 구분시켜 주는 특성은 부시맨에 대한 접근이었다.

케이프 식민지에 정착한 유럽인들과 마찬가지로 반투어를 사용하는 대부분의 집단들은 부시맨을 멸시했다. 여러 시대에 걸쳐서 여러 집단들이 자기 종족의 남자들에게 부시맨 여자들을 잡아와서 아내로 삼도록 부추겼지만, 자기 종족 여자가 부시맨 남자와 결혼하는 것은 결코 허락하지 않았다. 심지어 부시맨과 아주 가까운 친족관계에 있는 코이코이족조차도 자신들은 부시맨보다 우월한 존재라고 여겼다. 부시맨을 지칭하는 또 다른 이름인 산족은 코이코이족에 그 기원을 두고 있는데, 이를 좀 거칠게 번역하자면 "전혀 이득이 되지 않는 사람들"을 의미했다. 나는 부시맨에 대한 주된 편견은, 그들이 가축도 소유하지 않았고 집을 짓거나 마을을 형성하지도 않았기 때문이라고 생각한다.

그러나 레고야족은 다른 집단들과 달랐다. 그들은 평화로운 정치문화를 유지하면서 자신들이 만나는 부시맨 공동체를 오직 존경심을 가지고 대했다. 모든 역사적 증거가 레고야족의 족장이나 추장은 항상 부시맨과 협정을 맺었다는 사실을 지적하고 있다. 그래서 두 집단은 서로 공유하고 있는 지역들에서 평화롭게 공존하면서 상호이익을 도모하기 위해 협력할 수 있었다. 그 당시로서는 상당히 특이한 행동양식이었다. 당시처럼 서로 다른 언어와 종족공동체들에 있어서 표준은 서로 경계하고 대면을 회피하는 것이었다.

18세기에, 그리고 어쩌면 그 이전부터 남아프리카에서는 특별한 일이 일어나고 있었다. 레고야족과 다양한 부시맨 공동체들이 통합하기 시작했던 것이다. 그들은 서로의 언어를 배웠고, 종족간의 결혼을 했다. 심지어 몇몇 지역에서는 부시맨들이 수세대 동안 이어져 오던 문화로부터 일탈하여 사냥을 하거나 들판에서 식량을 채집하지 않고 가축을 기르기 시작했다. 또 일부는 레고야족에게서 곡식을 심어서 수확하는 문화를 배웠다.

19세기에 레고야족의 역사를 연구하고 자료를 수집했으며 또 『남아프리카의 원주민들』(Native Races of South Africa)의 저자이기도 한 조지 윌리엄 스토우는 이렇게 쓰고 있다.

"놀랍게도 레고야족은 유일하게 부시맨과 접촉했던 종족이었을 뿐만 아니라 상호교류를 바탕으로 해서 부시맨이 유지해 온 삶의 조건들을 향상시키려고 시도했다는 것이 밝혀졌다. 레고야족의 영향을 받아 매우 많은 것들이 개선되어서 부시맨들은 목축업이 지닌 삶의 가치들을 배웠다. …그들은 조상들이 수행했던 일들로부터 무척 많은 진보를 이룩했고, 새로운 친구들과 굉장히 친숙해져서 오랜 세월 동안 견고하게 유지되었던 사냥꾼의 삶이 가축떼를 소유하는 삶으로 바뀌어갔다."

스토우는 1820년에 상당히 많은 레고야족 사람들이 여전히 살고 있는 자유공화국 지역을 방문했던 캠벨 선생의 보고서를 인용하고 있다. 그는 그곳 부시맨들이 "상당수의 가축을 기르고 있을 뿐 아니라 남아프리카의 그 어떤 부시맨 종족들보다 더 문명화되어 있다"고 보고했다. "지금까지 레고야족이 줄곧 이웃종족들과 평화를 유지하면서 생활했던 것과 마찬가지로, 확실히 부시맨들은 바람직한 삶을 영위하고 있었다. 그러므로 위와 같은 사실로부터 다음과 같은 사실들이 밝혀진다. 즉 부시맨과 새로 들어온 레고야족 사이에서 싹튼 우호적인 관계와 부시맨들에 대한 레고야족의 예우로, 두 종족은 처음 만나는 그 순간부터 함께 살았다. 그들은 원주민 부시맨들이 접촉했던 그 어떤 종족들보다 더 바람직하고 상호 유리한 조건 아래서 동일한 나라를 세워서 일상적으로 서로 접촉하며 살게 되었던 것이다."

레고야족의 오두막들이 있었던 옛 터를 연구한 많은 역사가들과 인류학자들은 오두막들, 특히 오래된 오두막일수록 크기가 매우 작고 또 입구가 무척 좁고 낮다는 사실에서 이들이 난쟁이가 아니었을까 하는 궁금증을 가진다. 물론 이 사람들은 그들이 관계를 맺고 있었던 다른 흑인 농민집단들과 모습이 달랐던 것은 아니다. 그 대답은, 이 오두막들이 오늘날 우리가 집으로 사용하는 것처럼 그런 용도로 사용되었던 것이 아니라 오로지 수많은 요인들로부터 자신들을 보호해 주고 들어가서 잠자는 은신처로만 사용되었다는 것이다. 그리고 사회적인 상호작용이나 요리를 하는 공동의 공간을 만들기 위해서는 흔히 오두막들 주위에 울타리를 세웠다.

그러나 협소한 입구에 대해서는 또 다른 설명이 필요하다. 오두막은 밤에 먹이를 찾아 헤매는 사자들로부터 자신들을 보호해 주는 안전한 천국이었다. 또 레고야족이 울타리를 세운 것은 마을이나 오두막 동네 안에 있는 가축들을 굶주린 사자들의 공격으로부터 보호하기 위한 것이었다. 이런 가축 울타리에는 여느 것들보다 훨씬 작은 둥그런 오두막이 달려 있었는데, 이것은 밤에 경비를 서는 소년들이 비나 추위를 피하고 먹잇감을 찾아서 온 굶주린 사자들로부터 자신들을 보호해 줄 은신처였다.

남아프리카 중부의 초원에는 19세기 초까지 사자가 대규모로 서식하고 있었다. 그 숫자가 줄어들기 시작한 것은 인간들이 사냥을 하면서 사슴 숫자가 서서히 줄어들고 그에 따라 사자들의 먹잇감이 충분치 않게 되면서부터였다.

오늘날 남아프리카의 북서지방과 자유공화국의 지역들로 부시맨들이 이주한 이후에 다른 종족으로서는 맨 처음 이주해 왔던 레고야족은 종족과 자신들이 키우는 가축들에 대한 사자들의 수많은 공격을 겪어야 했다. 사자들은 이 느리고 쉽게 잡을 수 있는 먹잇감이 자기네 영토로 들어왔다는 행운을 도저히 믿을 수가 없었다.

레고야족이 세운 해결방안은 사자가 도저히 들어올 수 없도록 입구가 좁은 돌 오두막을 짓고 또 밤에는 가축들을 우리에다 집어넣는 것이었다. 그럼에도 수많은 레고야족 사람과 가축들이 사자의 먹이가 되었다(물론 레고야족만 사자들의 공격을 받았던 것은 아니다. 1840년대에 모쇼에쇼에 왕의 부인 하나가 타바 보시우 산 정상에 있는 그녀의 오두막 근처에서 사자에게 잡아먹혔다).

레고야족 사람들이 보기에는, 이웃에 사는 부시맨들은 사자들로부터 전혀 공격도 받지 않을 뿐 아니라 도대체 그들은 사자를 두려워하지도 않는 것 같아, 깜짝 놀랐다. 이에 대한 유일한 설명은 부시맨은 초자연적인 권능을 지녔다는 것이었다. 아마 이 같은 설명이 그리 틀리지는 않았겠지만, 부시맨이 지녔다는 권능은 매우 실천적인 방식으로 적용되었다.

부시맨들은 최고의 자연주의자들이었다. 수천 년에 걸쳐서 그들은 자신들이 접촉한 모든 동물들의 행동양식을 연구했다. 그들은 사자가 영토적인 동물이라는 것을 알았다. 각각의 영토와 그 영토에 대한 최고의 권한은 그 영토를 지배하는 수사자 한 마리가 가지고 있었다—오늘날에는 그 사자를 알파메일이라고 부른다.

부시맨들은 어떤 지역으로 이동하면, 재빨리 사자가족을 찾아서 어느 놈이 무리를 이끄는 알파메일인지 파악했다. 그리고 그 영토에 대해 권한을 지닌 모든 구성원들, 즉 수사자와 암사자와 새끼사자까지 파악했다. 또한 사자 각각의 품성, 이를테면 특히 더 공격적이라든가 혹은 장난을 잘 친다거나 성미가 더 급하다는 등과 같은 특성을 알아냈다. 나아가 알파메일이 나이가 들거나 쇠약해져서 젊은 수사자들이 알파메일을 공격할 준비를 할 때를 기다리면서 영토를 둘러싼 권한이양 과정을 세밀하게 관찰했다.

따라서 부시맨들은 알파메일 사자가 권력을 빼앗기고 다른 수사자가 그 자리를 차고앉는 때를 정확하게 알 수 있었다. 그리하여 새 지배자가 된 수사자가 알파메일이 되어 맨 처음 낮잠을 자는 그 기회를 틈타, 부시맨 가운데 최고의 사냥꾼 서너 명은 자신들만 알고 있는 숙달된 방식으로 사자에게 살금살금 기어간다. 그러고는 잠자는 사자 위에 올라서서는 있는 힘껏 목청을 높여 소리치고 비명을 지르며 몽둥이로 그 사자를 거의 정신이 잃을 정도로 반죽음이 되도록 마구 두들겨팬다.

그 가련한 사자는 너무 놀란 나머지 혼비백산하여 허둥지둥 도망을 친다. 정신없이 줄행랑을 놓았던 사자는 가까스로 정신을 차려 한숨 돌리고는 조금 전 부시맨들의 행동을 생각해 본다. 그들은 공격은 했지만 죽이지는 않았다. 그리하여 그 수사자는 자신은 물론이고 자기 무리의 사자들도 결코 이 사람들을 공격하지 말아야 한다는 것을 인식하게 된다. 당신들이 우리의 일에 참견하지 않는다면, 우리도 당신들 일에 참견하지 않겠다. 그것이 사자가 인식하는 골자였다. 잠자고 있다가 난데없이 마구 두들겨맞은 사자가 생각하는 과정을 한번 상상해 보라. 광활한 들판의 '왕'에서 단 한차례의 몰매를 맞고 거의 고양이나 진배없이 되어 버린 그 모습을 머릿속으로 그려보라.

우리는 부시맨들과 사자 사이에 맺어진 이러한 계약을 뛰어넘는 그 무엇이 있는지, 다시 말해 인간과 동물 사이에서 작동하는 일종의 심리적 관계가 무엇인지에 관해서는 결코 알 수 없을 것이다. 다만 우리가 알고 있는 것은 어렴풋이나마 부시맨들이 했던 방식과 그 일이 작동했던 방식뿐이다.

나는 이 이야기를 레고야족의 후손을 아내로 둔 한 인류학자에게서 처음 들었다. 상당히 해박한 이 인류학자는 레소토 왕국에 살고 있는 자기 아내의 할아버지와 할머니로부터 이 이야기를 들었다고 했다. 그는 이와 비슷한 다른 이야기도 들려주었는데, 그 이야기는 북아메리카 원주민집단 가운데 한 집단에 관한 것이었다. 그들 역시 수천 년 전에 그 지역의 산악지대에 사는 사자와 동일한 관계, 즉 알파메일 사자가 통치하는 바로 첫날에 그 사자를 공격하지만 죽이지는 않는 방식을 취했다고 한다.

1820~30년에 레고야족은 '리파퀘인 사태', 즉 나탈과 고산지역에서 일어난 폭력적인 대변동과 지역촌락들의 재건축 기간 동안에 소멸되었다. 살아남은 가족과 개인들은 레소토 지역으로 이주해서 바소토족과 통합되었다. 그러나 그들은 결코 자신들의 과거를 잊어버리지 않았다.

지난 50여 년 동안 레소토 왕국에 살고 있는 레고야족 후손들이 자신들을 여전히 '부시맨의 형제들'이라고 부르는 이유가 바로 여기에 있다.

2002년에 나는 레소토의 쿠싱 지역에 살고 있는 나이가 무척 많은 노인 두 사람을 만났다. 그들은 나에게 레고야족 후손이라고 자신들을 소개했다. 그들은 레고야족의 근원에 대해서는 잘 알지 못했지만, 자신들이 자유공화국 지역으로 이주한 최초의 흑인농부들이라고 믿고 있었으며, 또한 많은 지역들에 여전히 폐허로 남아 있는 돌 오두막을 건설한 사람들이 바로 자신들의 조상이라고 믿었다. 나는 그 노인들에게, 당시 레고야족의 이웃이었던 부시맨들은 사자들과 아무런 문제가 없었던 데 반해 그들의 조상들은 사자들과 이런저런 문제가 상당히 많았던 이유가 무엇이었는지 아느냐고 물었다.

"부시맨들은 우리가 이해하지 못하는 방식으로 사자들과 영토적 배치에 대한 계약을 맺었기 때문"이라고 노인들은 대답했다. 그러면서 그 '배치'에는 사자들을 이끄는 알파메일에 대한 맹렬한 공격도 포함된다고 말해 줌으로써, 부시맨과 사자 사이의 계약을 확인시켜 주었다.

조지 윌리엄 스토우는 인간과 짐승의 계약을 기록하지 않았다. 그렇지만 그는 자신의 글에서 레고야족은 부시맨들과 전혀 다른 방식으로 사자들과 관계를 맺고 있었다고 여러 번 암시했다. 그는 다음과 같이 쓰고 있다.

"우리는 쉽게 다음과 같은 사실들을 상상할 수 있다. 최초로 가축을 길렀던 사람들은 분명히 자신들이 길들이는 데 성공한 몇몇 동물들을 보존하려는 가열 찬 열망을 가지고 자신들을 에워싸고 있는 야만인들과 사나운 짐승들로부터 자신들과 가축들을 보호하기 위해 튼튼한 담을 쌓는 시도를 한 최초의 사람들이었다. 가축무리를 이끌고 삶의 터전을 옮겨가야 했던 아주 나약한 개척 종족은 남아프리카의 사자들이 우글거리는 더 깊숙한 곳으로 들어가면서, 당시 자신들이 놓여 있는 처지를 정확하게 파악했다.

그러나 전혀 알려지지 않은 시대에 이미 부시맨들이 그 지역을 소유하고 있었던 것은 분명한 사실이다. 그런데 그들은 자신들이 지닌 놀라운 지식을 이용해서, 레소토족과 전혀 비교가 안 될 정도로 편안하게 주위를 돌아다녔다. 이와 달리, 새로 이주한 사람들은 한밤중에 느닷없이 나타나는 이 거친 침입자들의 갑작스럽고 무차별적인 공격을 모든 면에서 감수해야만 한다는 것을 알았다."

또 다른 글에서 스토우는 크룬스타트 지역에 살고 있는, 역시 나이가 많고 족장이었던 카카나 씨가 레고야족과 부시맨의 관계뿐 아니라 레고야족 사람들이 사자들 때문에 겪었던 어려움에 관해 많은 정보를 제공해 주었다면서 다음과 같이 쓰고 있다.

"이 족장은 훨씬 더 많은 사실들에 대해 말해 주었다. 당시에 미처 다 셀 수도 없이 많았던 사자들은 전혀 망설임도 없이 자기네 영토로 새로 들어온 사람들을 쉽게 먹잇감으로 찾아내곤 했다. 사자들은 지체 없이 그 자리에서 수많은 레소토족 사람들을 죽여 게걸스럽게 먹어치우곤 했다. 반면에 옛날부터 그곳에 살던 사람들, 즉 부시맨들은 사자들을 전혀 의식하지도 않고 말 그대로 아무렇지도 않게 사자들과 함께 돌아다녔으며, 거대한 평원의 한복판에서 몸을 다 드러내놓고 잠을 자곤 했다."

그러나 스토우는 레소토족과 부시맨의 차이에 대해, 앞에서 말한 영토적 배치라는 환상적 이야기와는 전혀 다른 데서 그 이유를 찾고 있다.

"이러한 사자에 대한 부시맨들의 면역성은 일종의 은화식물이 지닌 독특한 특성에 대한 지식 때문이라고 사람들은 이야기한다. 그들은 그 은화식물의 가루를 몸에 바르거나 밤에 피우는 장작불 주변에 뿌려놓았다."

이러한 설명에도 일말의 진실이 있을 수 있다. 그러나 이 이야기는 부시맨들이 장작불 주위에 앉아 있지 않을 때라든가 들판에서 사냥을 하거나 식물뿌리나 과일을 채집하는 대낮에도 사자의 공격을 전혀 두려워하지 않았던 이유를 설명해 주지는 못한다.

수세기가 지난 후에도 여전히 우리는 부시맨들이 대지와 대지 위에서 이루어진 삶에 관해 알고 있었던 지식을 최소한이라도 획득하지 못하고 있다.

4. 운명적인 이끌림

:: 운명적인 이끌림

그것은 사랑이었을까? 아니면 사나운 탐욕이었을까? 어쩌면 그 둘의 혼합은 아니었을까? 우리는 알지 못한다. 우리가 이 비극적인 이야기에 대해 알고 있는 것은 모두 희망봉의 재판소 기록물들이 저장되어 있는 케이프공문서보관소에 보존되어 있다. 1700년대 초의 이 기록물들은 어떤 바람둥이들의 정신적 상태나 사건의 동기들을 이야기하는 것이 아니다.

이야기는 1695년 네덜란드의 데벤터 지역에 있는 한 마을에서 시작한다. 케이프 지역의 신흥 네덜란드 정착촌 사람들은 맥주(맥주는 네덜란드 사회에서 가장 중요한 음료이다) 제조업자가 필요했다. 그들은 데벤터 지역의 맥주제조업자인 뤼트허트 멘싱크를 채용했고, 뤼트허트는 부인 허브레흐트와 서른 살 된 아들 빌렘과 함께 1695년에 케이프 지역에 도착했다. 뤼트허트는 5년 후에 죽었고, 그의 미망인과 아들이 뒤를 이어 맥주를 제조했다. 빌렘은 케이프 지역의 유명한 반역자였던 아담 타스의 누이동생 요한나 타스와 결혼했는데, 이 결혼으로 빌렘은 케이프 지역에서 상당히 쟁쟁한 사회적 지위를 얻게 되었다. 그후 1701년에 요한나가 죽고, 빌렘은 의사의 딸 엘리자베스 링엘바흐와 결혼했다.

엘리자베스는 자신이 엄청난 실수를 저질렀다는 것을 깨닫기까지는 그리 오랜 시간이 걸리지 않았다. 결혼식을 한 바로 그날 밤에 그녀는 남편의 방에 가서 노예 수잔나와 섹스를 하고 있는 남편을 목격했다. 엘리자베스가 밤에는 수잔나를 가두어두자, 이제 빌렘은 낮에 그녀와 함께 나뒹굴었다.

그것은 빌렘의 하고많은, 그리고 때때로 너무나도 기상천외한 술책과 애정행각의 시작이었다. 얼마 후 수잔나와 함께 있는 현장을 엘리자베스에게 또 들키자, 빌렘은 수잔나를 때리고 있었던 척했다. 또 마구간에서 여자노예 둘과 함께 있는 것을 들켰을 때는, 그 여자들이 물건을 훔치고 있어서 단지 그들을 잡으려는 중이었다고 빌렘은 변명했다. 그런가 하면 그 일이 있고 얼마 안 지나서, 한밤중에 잠을 깬 엘리자베스는 남편과 자기가 함께 자고 있는 침대에 수잔나가 있는 것을 발견했다. 이때는 뭐라고 둘러댈 말이 없었던지, 빌렘은 미친 척 입가에 게거품을 질질 흘리며 완전히 널브러져서는 이상한 소리를 중얼거렸다. 또 다락방에서 섹스를 하다가 들켰을 때는 물통을 머리에 뒤집어쓰고는 줄행랑을 쳤다. 그리고는 나중에 자신은 모르는 일이라고 시치미를 뚝 떼며, 물통을 뒤집어쓰고 달아난 사람이 자기라는 사실을 부정했다.

엘리자베스는 수잔나와 섹스를 하고 있는 남편을 붙잡기도 했고, 또 다른 노예들과 섹스를 하고 있는 현장을 덮치기도 했다. 이럴 때면 빌렘은 자기 아내에게 케이프 지역에서는 구약성서에 근거해서 사는 것은 관습이라며 그녀를 때리기도 했다. 그가 갖다 붙인 이 말은 아마도 남자 노예소유주가 노예와 섹스를 하는 것을 구약성서가 인정했다는 것을 의미했을 터이다. 하지만 당시에 이것이 네덜란드 동인도회사의 정책은 아니었다.

5년 동안의 참담한 결혼생활 끝에 엘리자베스는 더 이상 견디지 못하고 자기 어머니 집으로 돌아갔다. 하지만 이혼에 대해서는 일언반구의 말도 없었다. 빌렘 멘싱크는 교회 집사에다 케이프타운 시자치위원회 위원이었기 때문에 사회적으로 상당히 안정된 지위에 있는 사람이었다.

그러다가 엘리자베스가 자기 어머니가 죽은 뒤에(그녀는 빌렘이 자기 어머니에게 독약을 먹여 살해했다고 믿고 있었다) 노예를 새로 한 명 사들였던 1709년에 모든 것이 최절정에 달했다. 이 노예는 케이프 지역에 도착한 이후에 마다가스카르의 트레인체라는 이름으로 등록이 되었다. 케이프 지역의 정착민들은 동양이나 아프리카의 이름들을 발음하는 데 어려움을 겪었을 뿐 아니라 노예들이 예전에 지니고 있었던 정체성을 파괴시켜야 했기 때문에, 원래 자기 이름을 그대로 유지한 노예는 거의 없었다.

빌렘은 나이 스물한 살의 트레인체를 보자마자 홀딱 반해 버렸다. 그가 트레인체를 자기 침대로 끌고 들어간 것은 그녀가 그 집에 도착한 지 채 이틀도 되지 않아서였다. 이후에 법정에 제출된 증거는 둘의 관계가 그녀의 의사에 반한 것이 아니었다고 말했다. 어쩌면 그녀는 빌렘을 사랑했었을 수도 있고, 혹은 둘의 관계가 자신의 자유를 위한 최선의 선택이 되기를 소망했었을 수도 있다. 빌렘은 역시 자기 노예인 마술리파탐의 이자크나 투투코레인의 허리트를 자신의 이 간통행각을 원활하게 할 수 있게 도와줄 협력자들로 이용했다.

엘리자베스는 남편이 새로운 욕망의 대상을 찾은 것을 알고는, 그 즉시 트레인체를 집 밖으로 한 발자국도 나가지 못하게 했다. 하지만 그날 밤, 빌렘은 자기 아내의 집 담을 넘어 들어가서 마당에 있는 아내의 노예 트레인체와 바로 그 자리에서 섹스를 했다.

멘싱크와 그의 기괴한 짓거리들은 정신분석가의 두 눈을 새로운 매혹거리의 발견으로 반짝 빛나게 만들었을 수도 있다. 필시 빌렘은 스스로를 매우 낮게 평가했던 사람이었던 것 같으며, 이런 낮은 자존감이 늘 그를 자신보다 사회적 위치가 훨씬 낮은 여성들하고만 성적 관계를 맺게끔 이끌었던 것으로 보인다. 심지어 그는 여자 옷을 입고 싶어하는 복장도착의 욕망을 지녔을 수도 있다. 그가 육욕으로 가득 찬 기괴한 탈선행각을 저지를 때, 가장 즐겨했던 차림새는 일본식 기모노를 걸치고 머리에는 스카프를 두르는 것이었다. 그리고 적어도 한번은 트레인체의 잠옷을 자기가 입기도 했다. 18세기 케이프 지역의 역사를 전공한 케이프타운의 역사가 나이젤 펜은 빌렘이 "트레인체의 성적 매력에 무지막지하리만큼 중독되었다"고 믿었다.

그러나 빌렘은 분명히 그의 삶을 지배했던 어머니와의 관계에서 주요한 문제들을 안고 있었을 뿐 아니라 아내와도 다소 기괴한 관계를 맺고 있었다. 마침내 그는 트레인체에게 그녀의 주인집에서 섹스를 해야 한다고 그녀를 설득하기 시작했다. 엘리자베스는 트레인체를 믿지 않았기 때문에 밤에는 자기 침대 밑에서 잠을 자게 했었는데, 바로 그 자리가 빌렘과 트레인체가 그후 몇 개월 동안 함께 잠자리를 한 곳이었다. 엘리자베스가 잠에서 깨어나지 못하도록 하기 위해, 빌렘은 트레인체에게 모종의 분말가루를 가득 채운 베개를 엘리자베스의 머리맡에 놓아두라고 일렀다. 우리는 이 하얀 가루가 어떤 성분을 지녔는지에 대해서는 알지 못한다. 하지만 나중에 엘리자베스는 그것이 사람 뼈를 갈아서 만든 가루였다고 주장했다.

이 일은 거의 1년 동안 지속되었다. 그러다가 엘리자베스는 다시 의심을 하게 되었고, 처음에는 트레인체를 헛간에서 자게 하다가 다음에는 다락에서 자게 했다. 물론 이 역시 빌렘의 짓거리를 멈추게 하지는 못했다. 그는 노예 허리트와 이자크에게 사다리를 가져와 트레인체가 자는 다락방 창문에 갖다 대게 해서, 사다리를 타고 기어 올라간 다음에 새벽 3시에 사다리를 다시 가져오게 했다.

이렇게 다락방을 들락거리다가 급기야 트레인체가 임신을 하게 되었다. 마침내 엘리자베스는 이 스캔들을 끝장내기로 결심했다. 그녀는 트레인체에게 빌렘을 현행범으로 체포할 수 있게 덫을 놓는 데 협조하라고 명령했다. 이에 빌렘의 반응은 트레인체를 강제로 도망치게 하는 것이었다. 엘리자베스는 이러한 낌새를 알아차리고, 트레인체를 감옥에 가두어 버렸다. 그러나 엘리자베스는 빌렘이 트레인체에게 하는 말을 우연히 엿듣게 되었다. 빌렘은 만약 엘리자베스가 그녀를 팔아버린다면 자기가 사겠노라고 트레인체에게 말했던 것이다. 이것도 그렇고 또 실제로 마음이

다소 누그러져서 엘리자베스는 배가 꽤 불러온 트레인체를 다시 거두어 들였다.

트레인체가 사내아이를 낳은 지 사흘 밤이 지났을 때, 빌렘은 자기 자식을 보러 몰래 그녀의 침실 창문으로 갔다. 그는 자기가 그애의 아버지라는 사실이 절대로 새어나가지 못하게 하기 위해 치열하게 작업을 했다. 그 사실이 밝혀지면 자신의 사회적 지위는 순식간에 허물어져 버릴 터였으므로, 그는 트레인체에게 절대로 아무 말도 발설하지 않겠다고 약속하게 만들었다. 하지만 사실을 다 알고 있었던 엘리자베스는 그 아이를 '혼혈아'라고 불렀다. 그리고 분명히 빌렘의 노예 허리트와 이자크도 그 사실을 알고 있었다.

이것이 바로 빌렘과 트레인체의 이야기가 비극이 되는 지점이다. 자신의 연인과 소유주 사이에서 벌어진 증오에 찬 싸움의 소용돌이 속에서 심한 강박증에 사로잡혀 있던 트레인체는 급기야 아이를 원망하기 시작했다. 어쩌면 그것은 출산의 후유증이었을 수도 있다—다만 우리는 그녀가 심각할 정도로 아이를 무시하고 심지어 유기했다는 사실만 알고 있다.

빌렘의 교사를 받아 트레인체는 씨앗이나 뿌리 따위의 정체를 알 수 없는 각종 독약재료들로 엘리자베스를 독살하기 시작했다. 그녀는 엘리자베스가 먹을 음식에 사람 머리카락과 손톱을 넣기도 했다. 빌렘은 노예 허리트에게 시체의 손을 잘라오게 해서 그것을 트레인체에게 주며 엘리자베스의 침대 밑에 넣어두라고 했다. 이 모든 일을 감당해 내기가 너무나 버거운 나머지, 트레인체는 도망을 쳤다. 그녀는 한동안 라이온스 헤드(Lion's Head, 케이프타운의 테이블 마운틴과 이어져 있는, 테이블 마운틴보다 조금 작은 산봉우리-옮긴이)에 있는 동굴에 숨어 살면서 빌렘과 며칠 밤을 보내기도 했다. 그러다가 결국 그녀는 다시 엘리자베스에게로 돌아갔다.

이번에는 트레인체의 머리가 돌아버렸다. 그녀는 자기 아들 목구멍에 오리깃털을 한가득 쑤셔넣었고, 그로부터 사흘 후에 그 아이는 죽었다. 그리고 곧바로 트레인체는 체포되었지만, 아이를 살해한 것 때문이 아니었다. 엘리자베스가 병이 들어 시름시름 앓게 되었고, 그녀는 트레인체가 자기를 독살하고 있다고 당국에 고발했던 것이다. 또 엘리자베스의 담당의사는 그녀의 변에서 오리털과 사람 머리카락을 발견했다.

재판은 1713년 2월에 시작되었다. 피고인은 트레인체와, 빌렘의 노예 허리트와 이자크 그리고 엘리자베스의 노예 카렐이었다. 그들은 엘리자베스를 독살하려고 했고 마술을 부렸다는 죄목으로 기소되었다. 빌렘 멘싱크는 어떤 죄목으로도 고발되지 않았고, 증인으로 출두하지도 않았다.

트레인체의 비극적인 이야기와 빌렘 멘싱크와 그녀의 관계에 대해 우리가 알고 있는 이야기 대부분은 이 사건의 재판기록에 나온다. 트레인체는 자기 주인을 독살하려 한 음모죄, 멘싱크와의 간음죄, 자기 자식에게 행한 범죄 그리고 다른 노예들과 공모하여 엘리자베스에게 마술을 부린 혐의가 인정되었다.

마다가스카르의 트레인체는 스물다섯의 나이에 케이프타운에 있는 공개처형장으로 끌려가서 장대에 묶여 새끼줄에 목이 매달려 죽었다. 만일 재판소의 선고가 말 그대로 정말로 수행되었다면, 그녀의 몸은 삼지창으로 갈가리 찢겨져 내버려진 채 새들에게 뜯어먹히며 썩어갔을 것이다.

멘싱크의 노예 허리트에게는 죄인의 낙인을 찍고, 목에 올가미를 씌워 교수대 아래에 세워놓고 등에 매질을 가한 다음, 로번 아일랜드로 추방해서 죽을 때까지 족쇄를 차고 중노동을 해야 하는 처벌이 내려졌다. 이자크 역시 매질을 당하고 낙인이 찍히는 벌을 받았지만, 단 2년 동안만 로번 아일랜드로 추방당했다. 이상의 선고는 1713년 5월에 언도되었다.

빌렘 멘싱크에게 일어난 최악의 사태는 간음죄로 케이프타운 시자치위원회에서 쫓겨난 것과 자기 아내가 이혼을 할 수 있는 허락을 받았다는 것이다. 이것이 바로 17~18세기에 케이프타운에서 통용된 정의였다. 멘싱크는 1721년 10월에 죽었다.

고약한 냄새가 진동하는 이 남자에 관한 마지막 이야기. 1705년에 멘싱크의 예전 장인이었던 아담 타스와 그의 오랜 친구 헤닝 휘싱의 지도 아래 한 무리의 부유한 농민집단이 케이프 지역의 통치자 빌렘 아드리안 반 더 스텔을 반대하는 탄원서 작성을 조직했다. 멘싱크는 매우 적극적인 공동 음모자인 동시에 탄원자였다.

그 탄원서에는 백인들이 불안을 느끼고 있다고 불평하는 내용이 일부 들어 있었다. 지극히 사소한 기회만 주어져도 코이코이족은 '기독교인들'을 공격할 것이며, 그와 마찬가지로 "카퍼족, 물라토족, 메스티코족, 카스티코족 그리고 모든 흑인 잡동사니들"도 기회만 되면 '기독교인들'을 공격할 것이라고 그들은 주장했다. 빌렘 멘싱크를 비롯한 탄원서 제출자들은 인종적으로 뒤섞인 수많은 결혼에 대한 혐오감을 노골적으로 드러내면서 '함족(Ham, 성서에 나오는 노아의 차남, 아프리카 흑인 함족의 조상이라고 믿음—옮긴이)의 피'는 "신뢰할 게 못 된다"고 결론지었다.

이 시대에 백인남성이 노예나 코이코이족 여성과 섹스를 하는 것은 법적으로 금지되었다. 하지만 그럼에도 불구하고 그 같은 행위는 상당히 일상적으로 이루어졌다. 만약 노예가 자유의 몸이 되어 기독교인이 되면, 결혼은 허락되었다. 이것이 바로 오늘날 남아프리카 사람들의 유전자 구성의 상당 부분이 인도, 스리랑카, 마다가스카르, 동인도제도, 앙골라, 모잠비크, 기니 같은 아프리카 나라들에 근원을 두고 있는 이유이다.

케이프 지역에 네덜란드인 영구정착촌이 형성된 후 150년 동안 약 6만 명의 노예가 남아프리카로 들어왔다. 이 기간 동안 아프리카의 남쪽 끄트머리에 살았던 사람들의 수가 매우 적었던 것을 감안할 때, 6만 명의 노예는 상당히 많은 숫자이다. 백인 정착민과 노예나 자유노예 혹은 그들 자손 사이에 이루어진 결혼은 이 기간 동안 1200쌍이 넘은 것으로 기록되어 있다. 백인이든 갈색인이든, 오늘날까지 어떤 노예조상도 두지 않았고 단 하나의 아프리칸스어만을 사용하는 사람은 단 한 명도 존재하지 않는 것 같다. 그리고 그들의 혈관 속에 이런 수많은 종류의 피가 흐르는 매우 다양한 남아프리카인들이 존재한다.

이것들은 우리가 지닐 수 있는 건강한 유전자들이다. 다만 가장 강건

하고 지력이 풍부한 노예들만이 도저히 말로 형언할 수 없을 정도의 삶을 영위해야만 했던 조건과 그들에게 주어졌던 처우를 겪으면서 살아남았다.

오늘날 21세기에서 되돌아보면, 유럽 정착민들이 원주민 코이코이족 사람들을 노예로 포획하려는 시도를 결코 하지 않았다는 것은 이상한 일이다. 어느 누구든 자신이 태어난 나라에서 노예가 될 수는 없다고 그들은 생각한 것 같다. 그들은 코이코이족을 정복했고, 때로는 이들을 몹시 포악하게 다루었다. 그들은 코이코이족의 땅을 차지했고, 이들을 농장노동자로 부려먹었다. 하지만 그들은 결코 코이코이족을 소유하거나 팔 수 없었으며, 족쇄로 묶어 가두어놓지 못했다.

노예에 대한 정착민들의 복잡한 태도를 이해하기란 훨씬 더 어렵다. 이들은 가축처럼 경매로 사고 팔렸다. 잠재적인 구매자들은 이들의 건강을 체크하기 위해 바늘로 찔러보기도 하고, 치아에서부터 항문까지 샅샅이 조사했다. 노예들이 돈을 지불하고 자유를 얻거나 혹은 어떤 유럽인이 대신 돈을 내주어서 자유를 얻게 되면, 그때부터는 가축과 같은 삶을 끝내고 다시 인간이 되었다는 편견은 너무나도 변덕스러운 이야기일 뿐이다. 수많은 백인남성들이 여자노예들과 사랑에 빠져 종종 결혼에까지 이르기도 했다. 당시 자유노예로 알려진 '자유흑인들'은 성공한 무역업자가 되거나 혹은 노예를 소유한 농장주가 되는 일도 흔했으며, 이따금 백인 정착민들을 노동자로 고용하기도 했다.

초기의 아주 흥미로운 예는 벵골의 안젤라이다. 치안판사 피터 켐프가 케이프 지역으로 데리고 온 매우 뛰어난 이 인도계 여자노예는 얀 반 리베이크에게 팔려갔다. 1662년에 반 리베이크는 그녀를 아브라함 가베마에게 팔았고, 또 가베마는 4년 후에 '순수한 선의로' 그녀를 해방시켜 주었다. 안젤라는 케이프 지역에서 자유의 몸이 된 단 세번째 노예였다.

안젤라는 오늘날 케이프타운의 '시립 럭비경기장' 지역에 조그만 땅을 얻었고, 그곳에서 야채를 재배하여 지나가는 배들에게 팔았다. 머지 않아 그녀는 스키피오 아프리카누스라는 이름의 노예까지 거느린 상당한 부자가 되었다. 안젤라는 백인사회에 진입하기 위해 백인 공동체가 요구하는 최소한의 기준들을 모두 충족시켰다. 그녀는 기독교인으로 세례를 받았고, 정규적으로 교회예배에 참석했으며, 네덜란드어로 말했다.

1669년에 안젤라는 네덜란드계 자유시민 아르놀뒤스 빌렘츠 바손과 결혼하여 빌렘, 허리트, 요하네스 등 아들 셋을 낳았다. 남편이 죽고 몇 년도 안 되어, 그녀는 자신과 남편의 농지를 두 배 이상으로 늘렸다. 그녀가 두 번의 결혼으로 낳은 자식들은 모두 백인과 결혼을 했다. 그래서 오늘날 살고 있는 많은 아프리카너 가족들은 그녀를 자신들의 조상 어머니로 모신다.

안젤라가 케이프 지역에서 이룩한 행복한 삶은 확실히 트레인체나 허리트, 이자크가 받았던 대우를 보면 알 수 있듯이, 예외였다. 노예들은 무엇보다도 우선 '돔파스'(dompas, 노예신분증)를 지니고 있어야 했다. 그들이 일터에서 이탈했을 때, 예를 들어 주인의 서신을 전달하러 간다거나 할 때는 주인이 서명을 하고 날짜가 씌어져 있는 신분증을 소지하고 있어야 했다. 양치기와 소몰이꾼 노예는 반드시 주인의 이름이 새겨진 명패를 가지고 있어야 했다. 또 이들은 밤에는 반드시 호롱불이나 횃불을 들고 다녀야 했고, 세 명 이상이 한데 모이는 것은 절대로 허락되지 않았다.

그러나 최악은 법률위반에 대한 처벌이었다. 1658년, 최초의 노예선이 도착한 지 불과 몇 개월도 안 되어 노예 몇 명이 도망을 쳤다. 결국 이들은 잡혔고, 네덜란드 동인도회사의 사법위원회는 시뻘겋게 달군 쇠로 주동자의 뺨에 낙인을 찍으라고 명령했다. 더 많은 노예들이 도망칠까 봐 우려했던 반 리베이크는 노예소유주들에게 노예들을 때리거나 함부로 다루는 것을 금하라는 명령을 내렸다.

그러나 상황은 훨씬 더 악화되었다. 1660년에는 빌렘과 클라에스라는 두 노예가 코이코이족 사람의 개들을 죽였다는 이유로 낙인이 찍히고 심한 매질을 당했다. 1669년에는 수잔나라는 이름의 노예가 동인도회사에 고용된 백인과 섹스를 해서 낳은 아기를 살해했다는 이유로 고발되었다. 그녀는 손톱을 모두 뽑히는 고문을 당한 끝에 자신의 죄를 '고백했다.' 동인도회사 사법위원회는 빨갛게 달군 쇠로 그녀의 양쪽 젖가슴을 떼어내고 산 채로 불에 태우라고 명령했다. 실제로는 선고가 다소 경감되어서 수잔나는 가마니에 집어넣어 꽁꽁 묶인 채 바다에 수장되었다.

1670년대 초에 노예 클라에스와 얀은 노상강도를 저질렀다는 죄가 밝혀졌다. 이들은 뺨에 낙인이 찍히고, 한쪽 귀가 잘리고, 족쇄를 차고 12년 동안 노동하는 형을 받았다. 1675년에는 엘베르트 디머라는 사람이 소유한 노예 앙골라의 도밍고가 양을 훔쳤다는 죄목으로 교수형을 당했다. 같은 해에 디머의 또 다른 노예 두 명은 네덜란드 동인도회사의 정원에서 양배추를 훔쳤는데, 이들은 매질을 당하고 뺨에 낙인이 찍히고 귀가 잘려나가고 평생 족쇄를 차고 노동을 하는 처벌은 받았다. 그리고 열다섯 살의 노예 체이스는 양 한 마리를 훔쳐서 교수형을 당했다.

1681년에 벵골의 루이스라는 자유노예가 소유하고 있던 코로만델의 앤소니는 매질을 당하고 낙인이 찍히고 양손의 가운뎃손가락과 코끝이 잘려나가고 남은 생애 동안 족쇄를 차고 노동을 해야 하는 형을 받았다. 앤소니가 지은 죄가 무엇이냐고? 그는 도망치려는 시도를 했었다. 하지만 그는 바타비아의 프란시스나 마다가스카르의 아르리에 비하면 차라리 다행이었다. 프란시스는 바퀴로 몸을 부러트려 죽이는 형을 받았으며, 아르리는 1679년에 살인죄로 막대기에 꽂혀 산 채로 불태워 죽이는 형을 받았다. 1689년에는 주인의 은단추를 훔친 인도인 노예가 교수형을 당해서 그 시체는 들판에 내버려져 새들의 먹이가 되었다.

이것들은 다만 노예들이 어떻게 처벌당했는지를 보여주는 몇 가지 기록사례에 지나지 않는다. 그러나 통상적으로 노예들의 코와 귀와 손을 절단하는 행위는 문제가 되었다. 1700년대 초에, 괴기한 모습을 한 엄청난 수의 노예들이 백인 정착민들, '특히 임신한 여자들'을 공격했다. 그리하여 1727년에 처벌의 수위를 낮추어서, 노예의 얼굴이 아니라 등에 낙인을 찍도록 하는 결정이 내려졌다.

그렇게 많은 노예들이 자기 주인을 공격하고 도망을 치려고 시도했다는 것은 전혀 놀라운 일이 아니다. 밤이 되면 케이프타운의 백인 거주자들은 테이블 마운틴의 산등성이에서 도망치는 노예들의 횃불을 수없이 목격할 수 있었다. 그러나 대부분은 다시 잡혀왔다. 많은 노예들이 코이코이족 사람들에게 잡혔는데, 그 이유는 백인 정착민들이 자신들에게 협력하라고 코이코이족 사람들에게 엄청난 압력을 가했기 때문이다.

한번은 케이프타운으로 이송되기 바로 직전에 자유를 찾으려고 시도했던 노예들 무리가 있었다. 이것은 그들의 이야기이다.

1765년, 케이프 지역에는 노예가 부족했다. 그래서 네덜란드 동인도회사는 메이르민호를 마다가스카르섬으로 보내 노예들을 사오게 했다. 크리스토펠 뮐러 선장은 순식간에 충분한 숫자의 노예를 찾아내어, 1766년 1월 20일에 남녀노예 140명을 배에 싣고 다시 케이프 지역으로 항해했다.

당시 노예교역의 규칙은 배에 실린 남자노예는 족쇄를 채우도록 정해 놓고 있었다. 이는 노예들의 건강(이들은 오직 건강할 때만이 값이 나갔다)을 위협할 수 있었기 때문에, 그 배의 의사는 병든 노예를 치료할 수 있는 약이 없다고 뮐러에게 경고를 했다. 그래서 노예들의 족쇄는 풀어졌다.

뮐러 선장은 배에서 축제를 벌였다. 선장과 수석기관장 올로프 야코뷔스 레이와 기관사 다니엘 반 로스토크는 성대한 파티가 되도록 많은 양의 와인을 제공하고 여자노예들에게 종족의 춤을 추게 했다.

배의 분위기는 너무나도 풀어져 있어서 2월 말경에 노예들을 감독하는 사람이 노예들에게 마다가스카르섬에서 가져온 화기와 얼마간의 투창을 깨끗이 닦아놓으라고 명령했다. 얼마 후 그는 무기들을 거두러 갔고, 한 노예가 투창으로 그의 가슴을 찔렀다. 무장을 한 경호원이 노예 한 사람을 총을 쏘아서 죽였으나, 어느새 노예들 모두가 그들을 공격하고 있었다. 뮐러 선장은 소동을 조사하러 갑판에 나갔다가 부상을 입었지만, 혼란스러운 틈을 이용해 갑판 아래로 도망칠 수 있었다. 그의 선원들이 다시 싸웠으나, 곧바로 노예들이 갑판을 장악하게 되었고 삼십 명이나 되는 경호원 대부분이 죽음을 당했다. 무장을 한 노예들이 아래로 통하는 출입구를 지키고 있었다. 살아남은 경호원 몇 명이 기관실로 기어갔는데, 노예들은 그들에게 갑판 아래로 내려가서 동료들과 함께 있어도 괜찮다고 말했다. 그러나 그들은 갑판으로 나오자마자 모두 바다로 내던져졌고, 노예들은 바다에 떨어진 그들을 향해 투창을 던졌다. 익사하지 않은 사람들은 모두 상어밥이 되었다.

함선을 항해할 줄 아는 사람들은 모두 갑판 아래에 있었다. 그들은 생감자를 먹었지만, 통에 남은 와인을 마시면서 그런대로 정신을 가다듬을 수 있었다. 사흘째 되던 날, 그들은 상당량의 화약을 폭발시켜 노예들을 깜짝 놀라게 했다. 선장이 부상당한 뒤로 총책임을 맡은 수석기관장 올로프 레이는 한 여자노예를 통해 협상을 하자고 전갈을 보냈다. 노예들도 동의했다.

그들이 내어놓은 협상안은 선원들이 아무런 해를 입지 않고 갑판 위로 다시 올라갈 수 있도록 해주는 것이었지만, 그들은 메이르민호의 방향을 다시 마다가스카르로 돌려야 했다. 선원들은 배를 통째로 폭파시키 겠다는 위협은 실행에 옮기지 않겠다고 약속했다. 레이와 그 부하들은 낮에는 서쪽으로 항해하다가 밤이 되면 슬그머니 배를 아프리카 해안 쪽 으로 나아가도록 돌렸다. 폭동이 일어났을 때, 그들은 자신들이 '펄스 베 이' 지역에 있다는 것을 알았지만, 노예들에게는 이 사실을 숨겼다. 육지 가 보였을 때 레이는 그곳이 케이프 아굴라스 근처라는 것을 알면서도, 노예들에게는 마다가스카르라고 확신시켰다. 메이르민호는 뭍에서 몇 킬로미터 떨어진 바다에 닻을 내렸다.

50~70명의 노예들은 보트 두 대에 나누어 타고 해변으로 노를 저어 갔다. 이들의 계획은 보트에 탄 사람들이 모두 다 안전하게 뭍에 내리면, 불 세 개를 밝히고 보트를 다시 보낸다는 것이었다.

한편 그 지역에 사는 백인농부들은 배를 보았고 그 배의 깃발이 펄럭 이지 않는 것을 알아챘다. 그것은 배에 뭔가 잘못된 일이 일어났다는 것 을 뜻했다. 소문이 퍼지고, 많은 사람들이 해변의 모래언덕 뒤로 모였다. 노예들이 뭍에 내렸을 때, 매복해 있던 농부들이 이들을 공격했다. 열네 명 가량의 노예들이 살해되었고, 나머지는 모두 무기를 내려놓았다.

신경이 날카로워진 선원들은 배에 있는 노예들이 자칫 일을 저지르 지 않도록 하기 위해서 즉각 세 개의 불을 밝혀야 한다는 메시지 두 개를 보냈다. 그들은 빈 술통들에다 이 메시지를 넣어서 바다로 던졌다. 기적 적으로 코이코이족 남자와 한 농부가 그 술통들을 발견했고, 메시지를 건네받은 그 지역 해안경비대장은 세 개의 불을 밝히라고 명령했다. 불빛을 본 선상의 노예들은 기쁨의 환호성을 질렀다. 그러나 그들에게는 보트가 없었고, 하는 수 없이 닻을 끊어 메이르민호를 해변으로 떠내려가게 했다.

노예들의 지도자는 다른 노예 네 명과 카누에 올라탔지만, 해변에 닿자마자 붙잡혔다. 걱정이 된 몇몇 선원들은 갑판에서 뛰어내려 헤엄을 쳐서 해변으로 갔다. 배에 남아 있던 노예들은 그제야 무슨 일이 벌어지고 있는지 깨닫고는, 아직도 갑판 아래 숨어 있던 선원들을 공격했다.

메이르민호는 암초 위에 얹혀 있었다. 천부적인 협상가였던 레이는 노예들에게 무기를 버리고 항복하면 모두 용서받을 것이라고 확신을 주었다. 노예들은 항복을 했고, 그 자리에서 족쇄가 채워졌다. 메이르민호에서 네덜란드 국기가 다시 펄럭이자, 해변에 있던 농부들은 환호성을 질렀다.

곧 이어 메이르민호는 부숴지기 시작하여 난파되고, 배에 탄 사람들은 모두 구조되었다. 살아남은 노예 112명은 케이프타운으로 이송되었다. 우리는 이들이 살았을 삶을 다만 상상할 수 있을 뿐이다.

야코 보쇼프 박사가 운영하는 이지코 박물관 팀은 메이르민호가 오늘날의 아니스턴과 스트루이스바이 사이에 있는 주텐달스블레이 계곡 입구의 호이닝네스 강어귀쯤에서 난파되었다고 결론을 내렸다. 이 지역은 오늘날 디 몬드라고 불리는 자연보호구역이다. 2004년, 이지코 박물관 팀은 자기력 측정기와 금속탐지기를 동원하여 난파선 수색에 나섰다.

5. 모호카레 계곡의 위대한 연인

:: 모호카레 계곡의 위대한 연인

모호카레 계곡의 위대한 연인이자 바쿠네아족의 위대한 음유시인을 만나기 전에, 우리는 오늘날의 바소토 민족이 가장 자랑스럽게 여기는 조상들 가운데 한 사람인 그의 아버지를 만날 필요가 있다. 약 350년 전에 살았던 모나헹은 나중에 바소토 민족을 일으킨 중요한 집단의 일원이 되는 바쿠네아족의 위대한 추장이었다. 바쿠네아족을 지금의 남아프리카공화국과 레소토의 국경에 있는 모호카레(혹은 칼레돈) 계곡으로 인도한 사람은 모나헹이었다. 그는 오늘날 푸리스버그로 알려진 포타네에 마을을 세웠고, 곧 그 지역에서 가장 강력하고 영향력 있는 인물이 되었다.

모나헹은 처음에 칼리라는 이름으로 알려졌다. 아직 젊은 추장이었던 어느 날, 그는 한 부시맨을 만났는데 그 부시맨은 그에게 그 시대의 많은 흑인농부들이 재배하던 작물 '다가'를 조금만 달라고 부탁했다. 그는 칼리에게 이렇게 말했다. "우 음페 마타코아네 모소토 오아 케 메 케틀라 우 네아 모나헹 오아코 오 모틀레." 이 말은 "모소토족 친구여, 나에게 다가를 조금 주시오, 그러면 나는 당신에게 나의 아름다운 나라를 주겠소"(성서에 나오는 야곱과 이삭과 스프 한 접시의 이야기와 매우 흡사

하다)라는 의미이다. 다만, 그 부시맨은 말실수를 했다. 세소토어가 그리 능숙하지 않았던 그는 나라를 뜻하는 '모나헹'이 아니라 땅을 뜻하는 '모나하'라고 말해야 했었던 것이다. 주위에 있던 바쿠네아족 어른들은 그 말실수에 웃음보를 터뜨렸고, 그날부터 칼리는 모나헹으로 알려지게 되었다.

그가 종족을 이끌고 오늘날 하우텡으로 알려진 지역에서 칼레돈 계곡으로 옮겨가기 바로 얼마 전, 그의 첫째부인이 아들쌍둥이를 낳았다. 확실히 쌍둥이는 그 집안의 내력이었다. 왜냐하면 모나헹의 아버지 촐로아네 역시 촐로라는 쌍둥이형제가 있었다.

거칠고 혹독했던 그 시절에 쌍둥이 중 하나라도 살아남을 수 있도록 좀더 나은 조건을 만들어주기 위해 그중 약한 아이를 죽이는 것은 이들의 관습이었다. 모나헹의 할아버지 몰레모가 촐로나 촐로아네, 둘 중 하나를 왜 죽이지 않았는지 그 이유는 알 길이 없다. 하지만 우리는 모나헹이 똑같이 생긴 두 아들을 보고, 아기들이 어찌나 예쁘고 튼튼한지 노인들의 충고를 무시하고 둘 다 살렸다는 것은 알고 있다. 악령들과 타협하여 그들의 저주에서 벗어나기 위해, 그는 아이들에게 모니야네(보잘것없는 자)와 모케셍(비난받는 자)이라는 모욕적인 이름을 지어주었다. 사실 모니야네라는 이름은 매우 예언적이었는데, 왜냐하면 그는 다소 평범하고 지루한 사람이 되었기 때문이다. 다만 모니야네는 매우 유명한 아들 때문에 기억되고 있을 뿐이다.

이와 반대로 모케셍은 17세기의 남아프리카에서 가장 용감한 인물

가운데 한 사람이 되었다.

모케셍은 모나헹이 가장 좋아하는 아들이었다. 그는 열정적이고 용감한 소년이었는데, 심지어 어떤 역사가는 그를 '행복하고 무모한' 사람이라고 부르기까지 했다. 10대에 이미 모케셍은 자신이 뛰어난 사냥꾼이며 용감하고 세련된 전사라는 사실을 스스로 입증했으며, 머지않아 자기 종족 군대의 우두머리가 되었다.

활발하고 의욕적인 모케셍은 후에 지금의 린들리와 세네칼 사이에 있는 지역에 마을을 건설했지만, 자신은 대부분의 시간을 포타네에 있는 사랑하는 아버지의 마을에서 보냈다. 그곳에서 그들은 탐험과 소몰이 혹은 이웃해 있는 종족을 공격하는 일을 계획하곤 했다.

20대가 되었을 때, 모케셍은 이미 그 지역에서 유명한 시인이자 가수, 즉 바코에나의 음유시인이 되었다. 실제로 그는 바코에나족의 전쟁과 성인식에 관한 노래를 모두 다 지었으며, 그 대부분이 지금도 여전히 레소토 지역에서는 암송되고 노래불리고 있다.

그러나 3세기가 지난 지금, 레소토와 동부의 자유공화국에 사는 나이 많은 시골사람들은 대체로 자신들의 옛 조상을 전혀 다른 이유로 기억한다. 그의 만족할 줄 몰랐던 여성탐욕. 그 많은 여자들은 모두 처녀 아니면 기혼녀들이었다. 모케셍은 최고의 숙녀들이 사랑하는 남자였다. 그는 잘생기고 잘 다듬어진 체격의 남자였고, 두려움을 모르는 사냥꾼이었으며, 용감하고 완벽한 전사였으며, 모든 남성의 지도자였다. 이 모든 것에 더해, 무엇보다도 그는 유창한 언변술을 지녔었다.

남자들 사이에서도 흔히 모케셍의 여성편력은 그의 아버지와 원로어른들과 동년배들의 경탄을 자아내게 하였다. 모케셍은 자신이 살고 있던 시대에도 하나의 전설이 되었다. 그가 정복한 여성의 수는 늦은 저녁의 화롯불가나 이런저런 술자리에서 오가는 수많은 대화의 주제가 되었다. 동료전사들은 그를 통해서 자신들의 매혹적인 환상을 생생하게 경험하곤 했다. 이들 대부분은 혹시 모케셍이 자기 아내를 유혹하지나 않았나 의심했고, 이런 의심은 생각보다 훨씬 더 많이 사실로 밝혀졌다. 그러나 어느 누구도 감히 그에게 대적하지 못했다.

그러나 모케셍의 이런 약점은 머지않아 또 다른 측면을 드러내었다. 예나 지금이나 수없이 많은 막강한 정치가들이 그러했던 것처럼, 그는 자신의 정치적 능력과 성적 기량을 분리시킬 수 없었다. 모케셍은 다른 족장들의 부인들에게 색정을 드러내기 시작했다. 그는 자주 이웃마을들을 방문하곤 했는데, 표면적으로는 그 마을의 족장에게 우호를 표하기 위한 것이었지만 실제로는 그 부인들을 탐색하기 위함이었다. 그것은 강박증이 되었다. 그는 동료족장의 아름다운 아내를 정복하기 위해 하릴없이 그곳에 죽치고 있곤 했다. 마침내 그의 아버지는 정치적 목적으로 다른 종족 족장의 딸들과 그를 결혼시키는 전략을 사용하기 시작했지만, 모케셍은 정치 같은 것은 전혀 안중에도 없었다.

데이비드 프레데리크 엘렌버거 박사는 19세기에 레소토에서 선교활동을 한 스위스 출신의 선교사였는데, 그는 바소토의 역사와 전통에 대하여 일찍이 그 누구보다도 세밀한 기록을 남겼다. 그는 모케셍에 대해 다음과 같이 기록하고 있다.

"그는 이런저런 족장의 부인들에게 욕정을 품었는데, 완력으로나 술수로 그 여자를 소유할 때까지는 결코 멈추는 법이 없었다. 타고난 용맹함과 그 명성이 어찌나 자자했던지 그와 관계를 맺은 숙녀들이 대체로 그의 관심을 전혀 꺼려하지 않았다는 것은 슬픈 일이다."

누구에게 슬프다는 것인지 나는 궁금하다.

(엘렌버거는 바소토족의 혈통과 역사, 관습을 기록하는 일에 너무 강박증을 가지고 있었다. 사람들은 그의 등뒤에서 그의 태도가 이러했다고 수군거렸다. 여러분은 하나님과 예수에 대해 알고 싶습니까? 내가 말해 주겠습니다. 그러나 우선 여러분은 나에게 여러분의 조상이 누구이고 그들이 어디서 왔는지에 이야기해 주어야겠습니다.)

모케셍은 많은 여자들을 소유했던 것 같지만, 그의 아버지와는 달리 두 번밖에 결혼하지 않았고 아들 넷을 두었다. 그의 부인들이 남편의 여성편력을 어떻게 생각했는지는 전혀 알려져 있지 않다. 둘째부인과의 사이에서 태어난 외동아들의 이름이 틀랄리였고, 그래서 모케셍은 라틀랄리, 즉 틀랄리의 아버지라는 새로운 이름으로 알려지게 되었다.

나이가 들어가면서 라틀랄리의 강박증은 더욱더 심해졌다. 그는 가축을 빼앗거나 아마도 더 중요하게는 그 족장의 가장 아름다운 부인을 납치하기 위해서, 1년에 두세 차례 전사들을 이끌고 다른 종족과의 전쟁터에 나갔다. 그는 이렇게 사로잡은 여왕들의 전시관을 세웠고, 때때로 그 지역 남성들의 질투심을 불러일으키고자 그 여자들을 줄지어 행진시키기도 했다.

 물론 그러한 강박증은 필연적으로 난관에 부딪히게 마련이었다. 어느 날, 라틀랄리는 마코아코아족의 족장인 자신의 사촌 리요를 공격하기 위해, 전사들을 아마 오늘날의 푸타디챠바 지역에 있는 마칼라네로 이끌고 갔다. 그는 이미 여러 번 사촌을 찾아간 적이 있었으며, 리요의 빼어나게 아름다운 부인 마투마네에 대한 욕정이 활활 타오르고 있었다.

 두 종족은 사이가 좋았을 뿐 아니라 무엇보다도 족장들이 인척관계였기 때문에, 그 공격은 전혀 뜻밖이었다. 라틀랄리는 자기 전사들에게조차 공격을 하는 진짜 이유를 말하지 않았다. 그가 겉으로 내세운 이유는 아버지를 대신해서 마코아코아족의 항복을 받아내고자 한다는 것이었다.

 마코아코아족은 라틀랄리의 공격에 대해 전혀 준비가 되어 있지 않았고, 라틀랄리의 전사들은 마을사람들을 다 몰아내고 아무런 어려움 없이 가축들을 모두 포획했다. 라틀랄리는 도저히 자신을 절제하지 못하고, 전사들을 이끌고 다시 포타네로 돌아오기도 전에 그 자리에서 아름다운 마투마네를 겁탈했다.

 그것은 정말이지 너무도 쉬운 일이었다. 바코에나족 전사들은 노래하고 춤추면서 사로잡은 가축을 끌고 마을로 돌아왔다. 그러나 마코아코아족과 그들 족장은 분노에 치를 떨었다. 그들은 재빨리 이웃의 바시아족에게 도움을 요청해서 침략자들을 뒤쫓았다. 채 하루도 지나지 않아서 그들은 퇴각하는 바코에나족 전사들을 향해 기습공격을 개시했다. 그들은 빼앗겼던 가축을 모두 되찾고, 라틀랄리의 다른 형제들 중 하나인 모틀로앙을 포함하여 수많은 바코에나족 전사들을 죽였다.

마코아코아족과 그들의 연합군 바시아족은 한시도 지체하지 않았다. 그들은 저 오만한 라틀랄리를 징벌하고, 리요 족장의 부인을 해방시키고자 했다. 그것은 그들의 명예에 관한 문제였다. 마투마네와 함께 먼저 이동을 한 라틀랄리와 부하들 몇 명은 곧 바시아족 전사들의 공격을 받았다.

바시아족의 족장 첼레가 라틀랄리를 칼로 찔러 죽였다. 마투마네는 다시 마칼라네로 돌아갔다. 라틀랄리에게 그녀는 너무도 많은 여왕들 중 한 명일 뿐이었다.

모나헹 족장은 라틀랄리에게 합당한 장례를 치러주기 위해 전사들을 보내 그의 시신을 거두어오게 했다. 오랫동안 유지되어 오던 평화의 전통이 깨어졌기 때문에, 마코아코아족은 그 사람들마저 공격해서 그중 몇 명을 죽였다.

라틀랄리의 시체는 황량한 들판에 내버려진 채 독수리들의 밥이 되었다.

삶에서 흔히 일어나는 것처럼 한 순간에 라틀랄리는 영웅에서 악당으로 추락했다. 그가 정복한 여자들의 이야기에 매료되었던 바로 그 사람들이 순식간에 돌변하여 그의 행동은 불명예스러운 것이라고 이야기했다. 그에게는 사람을 존중하는 마음이 없었다고 했으며, 도대체 그런 일을 저지르고 어떻게 도망칠 수 있다고 생각했는지 이해가 안 된다고 그들은 말했다. 그럼에도 불구하고 젊은이들은 여전히 바코에나족의 남성다움을 보여주는 우상으로 그에 대한 기억을 은밀히 간직하고 있다. 3세기가 지난 지금도 사람들은 포타네의 성적 우상에 대해 이야기하곤 한다.

두 아들이 마쿠아쿠아족과 바시아족에게 죽임을 당한 것은 늙은 모나헹에게 커다란 충격이었으며, 추장으로서의 그의 명예에 엄청난 타격을 주었다. 설상가상으로 모나헹의 살아 있는 아들들은 라틀랄리가 자랑스럽게 여겼던 과부와 첩들에 대한 권리를 누가 가질 것인가를 놓고 피비린내 나는 싸움을 시작했다. 모나헹은 상심한 나머지 얼마 안 있어 죽었다.

라틀랄리의 쌍둥이형제 모니야네를 비롯한 모나헹의 다른 아들들은 지극히 평범한 남자들이었고, 보잘것없는 족장들이었다. 그러나 모니야네의 아들 몰로미는 후에 위대한 모나헹 가문의 이름을 되찾게 된다.

6. 아프리카의 소크라테스

:: 아프리카의 소크라테스

남아프리카의 원주민과 약 2천 년 전에 훨씬 북쪽에서 이 지역으로 이주한 흑인농부들은 17세기에 유럽인들이 정착할 때까지 글을 읽거나 쓰지를 않았다. 이런 이유로 많은 백인들은 이들을 뒤떨어졌다고 생각했다.

내가 아프리카의 소크라테스(혹은 다른 말로 지칭한다면 공자)라고 부르는 사람의 이야기는 이들의 옛 사회들이 유럽과 동양의 사회들 못지않게 진보적이었을 뿐만 아니라 어쩌면 정신적으로 훨씬 더 발전했다는 것을 보여주는 강력한 한 가지 예일 뿐이다. 글을 읽고 쓰려면 책과 종이 그리고 글쓰기의 도구나 서재가 필요했다. 최초로 남아프리카 지역에 거주했던 사람들은 크고 영구적인 도시들에서 편안한 삶을 영위했던 사람들이 아니었다. 그들은 훨씬 더 잠정적이고 즉각적인 실존의 삶을 살았던 사냥꾼이거나 농부들이었다. 그래서 그들은 글쓰기 대신, 정보를 기록하고 전달하는 철학적인 구전의 전통을 발전시켰다.

이 이야기의 철학자는 그의 종족사람들이 글을 읽고 쓰기 몇 해 전에 죽었다. 그러나 우리는 그의 특이한 삶에 관해 많은 것을 알고 있다. 그는 모호카레 계곡의 연인 라틀랄리의 조카이며, 바코에나족의 족장 모나헹의 손자이다. 여기서부터 이야기를 시작하자.

늙은 족장 모나헹은 숨을 거두기 전의 마지막 날에 즐거움을 맛보았다—나중에 이날은 바코에나족뿐 아니라 남아프리카의 중부에 사는 다른 종족들도 기념하는 날이 되었다.

그날, 모나헹은 라틀랄리를 살해한 데 대한 보복으로 바시아 족장 첼레를 징벌하기 위해 손자 틀랄리를 보냈다. 틀랄리의 원정은 성공적이었고, 모나헹은 무척 만족스러워했다. 그러나 그게 거대한 사건은 아니었다. 바로 그날(이때가 1720년 혹은 그 무렵이었다), 라틀랄리의 쌍둥이 형제 모니야네의 부인이 아들을 낳았던 것이다. 할아버지 모나헹은 모니야네의 오두막으로 달려가서 아이의 탄생을 축하하고, 그에게 설립자 혹은 건설자를 의미하는 몰로미라는 이름을 지어주었다. 그리고는 자랑스럽게 말했다.

"이 아이는 언젠가 위대한 족장이 될 것이다. 이 아이는 수많은 마을들을 새로 세우게 될 것이다."

몰로미는 자신의 이름과 할아버지의 예언에 충실했을 뿐 아니라, 그 이상이었다. 그는 당시까지 남아프리카에서 알려진 가장 위대한 철학자이자 예언가, 의사가 되었다. 그리고 말년에는 한 젊은이를 지도하여 그에게 신성한 임무를 부여하였는데, 그후 이 젊은이는 자신의 지혜와 외교력을 동원하여 특별한 민족을 형성해서 남아프리카의 얼굴을 바꾸어 놓게 된다. 그의 이름이 바소토 민족의 창시자이며 왕인 모레나 모쇼에쇼에이다.

몰로미의 신비하고도 특이한 삶은 열서너 살 되었을 무렵 어느 날 밤에 시작되었다. 그때 그는 성년이 되는 의식을 수행하고 있는 중이었다. 이 사건에 대해서는 수많은 이야기가 회자되고 있는데, 그중 어느 하나도 평범한 것은 없다.

몰로미가 죽은 뒤, 1815년에 그의 미망인 말리에폴로는 프랑스의 선교사 토마스 아르부세에게 이렇게 말했다.

"남편은 하늘과 대화를 하곤 했어요. 남편이 열세 살쯤 되었을 때 성년식 할례를 받기 위해 몇 달 동안 오두막 생활을 했어요. 밤이 되어 동료들은 모두 잠이 들었는데, 그때 남편은 오두막 지붕이 환하게 열리는 것을 보았어요. 그리고는 하늘로 올라가게 되었어요. 그곳에서는 굉장히 많은 사람들이 모여서 회의를 하고 있었어요. 거기서 남편은 이런 말을 들었어요. '가거라. 사랑으로 통치를 하라. 그리고 네가 통치하는 사람들을 너의 가족과 형제처럼 보살펴라.' 남편은 정직하고 현명한 마음을 지니고 다시 돌아왔어요."

조금 더 정교한 또 다른 견해는 나중에 레소토 독립왕국의 수상이 된 은추 모켈레의 이야기이다. 1941년부터 모켈레는 과거를 기억하는 재능을 지닌 레소토의 노인들 여럿과 면담을 했다. 그들 대부분이 아흔이 넘은 노인들이었기 때문에, 몰로미가 죽은 지 수십 년 내에 태어나서 그 시대를 살았던 사람들이다. 1976년에 출판된 『모쇼에쇼에1세의 행적』(*Moshoeshoe I Profile*)에서, 모켈레는 이 노인들의 회상을 이용해서 몰로미의 눈에 비친 이 사건을 구성했다. 그들은 몰로미의 삶을 바꾸어 놓은 전설적인 경험을 이렇게 이야기했다.

마치 비전을 보고 있는 듯이 몰로미는 말했다. 거센 폭풍우가 몰아쳐서 세상은 온통 칠흑처럼 깜깜해졌다. 그때 그는 잠자고 있던 모파토(mophato, 성년식을 수행하는 오두막)에 몹시 밝은 빛의 덩어리가 내려앉는 것을 보았다. 지붕이 열리고, 독수리 한 마리가 오두막에 내려앉았다. 독수리는 몰로미를 등에 태우고 높은 산들을 지나 가장 높은 산봉우리로 날아갔다. 독수리는 그곳에 몰로미를 내려놓았다. 그는 할머니할아버지들이 자기 주위를 빙 둘러싸고 있는 것을 알았다.

그중 한 노인이 그에게 말했다. "나의 아이야, 두려워하지 마라. 지금 네가 있는 이곳에서 너는 옛날에 네 곁을 떠난 조상들의 영혼 '발리모'를 만나고 있는 중이다. 네 앞에는 네가 지상에 있는 동안 너를 보살피고 보호해 줄 조상들의 영혼이 있다." 노인은 계속 말했다. "너는 커서 족장이 되고, 사람들을 통치하게 될 것이다. 너의 '발리모'인 우리가 너에게 말한다. 세상으로 가거라. 그리고 너의 사람들을 잘 통치하라. 항상 정의와 연민의 원칙에 따라 행동하도록 하라. 불쌍한 이들, 특히 어린이들을 보살펴라. 너의 통치 아래서 나이 든 남자와 여자들은 보살핌을 잘 받아야 한다. 그리하여 늙음이라는 견디기 힘든 부담이 그들에게 불안의 원천이 되지 않도록 해야 한다."

또 다른 선교사 J. P. 브뤼버(Bruwer)는 20세기 초에 출판된 『반투족 사람들』(*Manne van die Bantoe*)이라는 아주 매혹적인 책에서 다음과 같이 쓰고 있다. 발리모는 몰로미에게 이렇게 말했다. "가서, 너의 사람들을 지혜와 사랑으로 통치하라. 모든 사람을 네 형제자매가 되게 하라." 1978년에 출판된 레소토에 있는 로마대학교의 L. B. B. J. 마코반 교수의 책을 포함해서 몰로미의 비전에 관한 모든 견해에 따르면, 발리모는 병자들을 치료하기 위해 몰로미에게 의학연구에 몰두하도록 가르쳤다고 말한다.

모켈레는, 몰로미에 따르면 그는 세소토어에서 '토로'(toro)라고 부르는 꿈이 아니라 '포노'(pono)라고 부르는 비전을 지녔었다는 것을 강조한다. 그는 "그의 발리모와 영혼의 합일을 이루는 축제에 참여"했다. 그래서 발리모는 꿈을 통해서 그에게 말했다. "나는 마치 현재에 일어나고 있는 것처럼 명료하게 모든 사건을 회상했고, 아주 분명하게 그들이 나에게 말한 것들을 기억했다. 그들의 명령과 지침들은 나의 마음속에 명료하고도 적절한 순서로 배치되어 남아 있다." 모켈레는 그가 면담한 노인들의 견해를 통해서 몰로미의 말을 인용했다.

몰로미의 정신적 위력은 곧 드러났다. 몰로미가 비전을 목격한 지 그리 오래 지나지 않아, 그의 아버지 모니야네 족장은 레고야족의 마호테 족장의 가축을 약탈하기 위해 다른 두 족장 리야네와 라모켈레와 음모를 꾸몄다. 급습하기로 한 날 아침 일찍 어린 몰로미는 아버지를 깨워서 이렇게 말했다.

"아버지, 저는 지난밤 내내 깨어 있었어요. 잠을 자지 않았지만, 꿈을 꾸었어요. 꿈속에서 저는 아버지가 돌아가신 것을 보았어요. 간청컨대,

이 약탈에 참여하지 말아주세요. 제발, 그냥 내버려두고 이곳에 그냥 계세요."

모니야네는 화를 내면서 아들을 계집애라고 불렀다. "가서, 다른 계집애들과 함께 물이나 길러 와라."

모니야네는 약탈의 마지막 순간에 퇴각했기 때문에, 아마 아들의 꿈이 진실인지 아닌지 궁금했었을 것이다. 그러나 약탈에 성공한 후 그는 다른 두 족장이 포획한 가축들 속에 유명한 무펠로 오아 리코모가 있는 것을 알았다. 그건 그 지역에서 유명한 황소였다. 그 거대한 몸집을 따라올 소들이 없었으며, 자부심이 가득한 검은 머리에 몸통은 순백색이었다. 모니야네는 그 황소를 기필코 자기 것으로 만들어야 했고, 곧바로 그 일을 수행했다.

리야네와 라모켈레는 자신들의 전리품, 특히 그 유명한 황소를 빼앗긴 데 대해 불만을 터트렸을 것이다. 그래서 모니야네는 그들과 전쟁을 시작했다. 전투가 치열하게 전개되고 있는 중에, 모니야네는 라모켈레 편에 서서 싸우고 있는 한 부시맨이 쏜 독화살을 다리에 맞았다.

그의 아들이 예견했던 것처럼 모니야네는 그 자리에서 죽었다.

이 사건이 일어난 뒤로, 사람들은 몰로미를 더욱 진지하게 대하기 시작했다. 사람들 속에서 그의 형상은 점점 더 커져만 갔다. 그는 흘롤로아네(백인들은 이 발음을 할 수 없었기 때문에 나중에 이곳을 클로콜란이라고 이름을 다시 지었다) 일대에서 존경받는 족장이 되었다. 그의 중심 마을은 오늘날 클로콜란시 북서쪽에 위치한 상업농장 마을인 은골릴로에에 있었다. 그는 바위에 그려져 있는 부시맨의 암벽화들 때문에 그곳을 자기 마을로 선택했다. 마을이름은 "케 멜리모 에 은골릴렝 무"(영혼들이 거기에 글을 썼다)라는 구절에서 나왔다.

그리 오랜 세월이 지나지 않아서 몰로미는 부유하고 인기 있는 족장이 되었다. 하지만 그는 자신에게 부여된 족장으로서의 수많은 임무를 참모들에게 맡겨두고 넓디넓은 지역을 여행하면서 그 지역이 요구하는 다양한 일들, 즉 상담자·치료사·정신분석가의 역할을 수행했다.

만일 오늘날에 몰로미가 살았다면, 그는 독창적인 사상가로서뿐 아니라 아마도 새로운 시대의 길라잡이가 될 스승으로서 세계적으로 유명해졌을 것이다. 그는 고도의 자기절제력을 지닌 금욕주의자였다. 굉장히 말랐고 극도로 적은 양만 먹었으며, 분명히 음식에 대한 탐욕이 없었다. 그는 단지 물과 유유만 마셨다. 담배나 다가 같은 것은 결코 피우지 않았다. 실제로 그는 자기가 만나는 모든 사람에게 담배를 피우지 말고 술을 마시지 말라고 일렀다. 그는 커다란 귀고리와 청동목걸이를 하고 있었다. 나이가 들어서, 많은 아이들의 아버지가 된 후에는 금욕생활을 선택해서 영혼을 순화시킬 수 있었다. 심지어 그는 가장 사랑하는 아내 말리에폴로와도 성생활을 하지 않았다. 그는 아이들과 함께 지내는 시간을 사랑했다. 그는 어린아이들의 마음은 오염되지 않았기 때문에 여전히 자연적 진실들을 이해할 수 있다고 설명하면서 다음과 같이 말하곤 했다. "어린아이가 훨씬 더 훌륭하다."

몰로미는 현명한 사람들과 오랫동안 철학적 토론을 하는 것을 좋아했다. 그가 죽고 오랜 세월이 지난 후에도 사람들은 자주 그가 이런 물음들을 깊이 생각했다고 기억했다. 우주는 어디에서 시작하고 어디에서 끝나는가? 생명은 무엇이고, 어떻게 창조되는가? 그는 모든 존재의 유일한 창조주가 틀림없이 있다고 강력하게 주장했으며, 영혼은 불멸한다고 믿었다.

그는 원주민 아프리카인들 이외의 그 누구와도 접촉한 적이 한번도 없었지만, 그의 믿음은 동양의 철학이나 업(karma)의 법칙(윤회사상)과 유사했다. 몰로미는 양심이 인간의 유일한 안내자라면서 다음과 같이 이야기했다.

"양심은 인간의 가장 충실한 충고자이다. 양심은 일관되게 인간에게 그의 임무가 무엇인지 보여준다. 인간이 양심에 잘 순응하면, 양심은 그에게 미소를 짓는다. 그러나 인간이 양심에 역행을 하면, 양심은 그를 벌한다. 어머니의 자궁을 떠나는 그 순간부터 양심이라는 내면적 안내자는 우리를 인도하기 시작해서 무덤에 들어갈 때까지 우리와 함께한다."

사랑하라. 그러면 사랑을 받을 것이다. 미워하라. 그러면 미움을 얻게 될 것이다. 몰로미는 항상 이렇게 말했다. 만일 네가 타인들, 특히 불행하고 약한 사람들에게 친절하고 관대하다면, 운명은 너의 친구가 될 것이다. 만일 네가 이기적이고 사악하다면, 언젠가는 분명히 불행이 너의 삶의 길을 가로질러 나타날 것이다.

몰로미는 또한 평화주의자였다. 은추 모켈레가 면담한 사람들에 따르면, 그는 자기 종족의 전투부대를 모두 다 해산시켰다. 고통스럽고 황량했던 그 시대에서는 전혀 예상치 못한 행동이었다. 그는 전사들에게 고향으로 가서, 땅을 갈고 아내와 자식들을 돌보라고 일렀다.

몰로미의 가르침들은 그가 살던 사회와 그 시대에 가장 절박한 문제들에 관한 것이었다. 이 문제들에는 족장과 왕들의 권력남용, 종족들이나 마을들 간의 무력충돌, 알코올과 다가의 남용, 미신 그리고 여성과 어린이들에 대한 잘못된 처우들이 포함되어 있었다. 그의 좌우명들은 미래의 바소토 민족을 형성하는 도덕의 일부가 되었다.

"창을 벼리는 것보다 옥수수를 빻는 것이 더 좋다." 이것은 몰로미가 죽은 뒤에도 오랫동안 거듭 암송되는 그의 격언들 중 하나이다. "평화는 나의 누이동생이다"라는 격언처럼, 누이동생은 사회에서 연약한 위치에 놓여 있는 사람이기 때문에 보살핌을 받아야 하고, 보호되어야 하며, 품어주어야 한다. 이러한 철학의 또 다른 표현은 다음과 같다. "크놉케리에 (knobkerrie, 남아프리카 사람들이 사용하는 끝에 혹이 붙어 있는 곤봉무기-옮긴이)는 전쟁에서 사람을 죽이는 데보다 곡식을 수확하는 데 사용하는 것이 훨씬 더 가치가 있다." 족장과 대장들에 대한 그의 충고는 이러하다. "당신이 판단하는 위치에 있게 될 때, 당신의 판단을 정당하게 하라. 법은 누가 가난한 사람인지 알지 못한다."

그러나 아마 그의 가장 유명한 말은, 모소토족의 한 역사가가 민주주의에 대한 요청으로 명명한 이후 오늘날까지 수많은 사람들이 부르짖었던 다음의 말일 것이다. "족장은 그 종족사람들의 은총으로 족장이 된다."

심지어 남아프리카의 원주민들을 원시인으로 업신여기거나, 기껏해야 교육이 필요한 어린아이로 간주했던 19세기 초의 유럽 선교사들조차도 몰로미를 매우 높이 평가했다. 몰로미의 삶에 관한 많은 문자기록물을 우리에게 남겨준 스위스 출신의 선교사 데이비드-프레데리크 엘렌버거 박사는 어떤 사람들은 위대하게 태어나고 또 어떤 사람들은 그들에게 인위적으로 부여된 위대함을 소유하게 된다고 자신의 생각을 피력하면서 다음과 같이 말했다. "몰로미는 위대하게 태어났다." 또 다른 곳에서는 몰로미는 평화에 대한 사랑, 모든 사람들에 대한 순수한 열정 그리고 그 지혜로 유명했다고 썼다. "그는 모든 사람의 스승이었으며, 그의 가르침은 모든 바소토 종족을 고상하게 만드는 데 최고의 효과를 발휘했다. 그는 인간과 인간 사이에 신뢰를 확립했다. 그래서 수많은 족장들과 구성원들은 한 목소리로 몰로미의 지혜와 그가 모든 사람에게 베푼 사랑을 칭송했다."

아프리카너 선교사 J. P. 브뤼버는 몰로미를 "심오한 지혜를 지닌 상담자"라고 불렀다. 프랑스 선교사 외젠 카살리스는 몰로미를 일컬어 "누구나 곤경에 처할 때면 항상 그 이름을 부르는" 위대한 자비심을 지닌 족장이라고 했다.

몰로미는 평화와 사랑과 관용과 선의의 통치에 대한 메시지를 아프리카 대륙의 다른 사람들에게 전파하는 일을 스스로 떠맡았다. 그와 동시에 몰로미는 각각의 사회에 대해 연구했으며, 무엇이 그들을 평화롭고 번영하게 해주고, 또 무엇이 그들을 갈등하고 쇠퇴하게 만드는지를 분석했다.

오직 지팡이 한 개, 물통 하나 그리고 무장하지 않은 남자들 몇 명을 동반하고 몰로미는 바알강 북부와 남부 지역들을 정기적으로 가로질러 다녔다. 그는 오늘날의 크와줄루-나탈, 트란스케이, 북(北)케이프, 음푸말랑가와 림포포 같은 멀리 떨어진 지역들을 돌아다녔으며, 보츠와나의 일부 지방들과 아마 짐바브웨까지도 방문했던 것으로 보인다. 대부분의 경우에 몇 년 동안 집을 떠나 여행을 했다. 그는 약 95년이라는 생애 동안 수만 킬로미터를 여행했음에 틀림없다.

몰로미는 남아프리카 최초의 아프리카주의자로 불릴 수 있을 것이다. 그 시대의 다른 아프리카 족장들은 극소수를 제외하면 다른 종족의 마을을 방문하는 일이 거의 없었으며, 특히 다른 언어를 구사하는 종족의 마을들은 전혀 찾아가지 않았다. 몰로미는 남아프리카에 있는 여러 집단의 다양한 문화와 관습을 찾아내는 것을 무척 즐겼다. 그는 모든 아프리카 사람들을 하나로 보았고, 모든 아프리카 사람들을 자신의 형제자매라고 선언했다. 18세기에는 매우 특이한 태도였다(몰로미는 평생 동안 백인을 만난 적이 없었던 것 같다. 1815년 이후에 비로소 최초의 백인 여행가와 선교사들이 남아프리카 중부지방에 도달했는데, 그때는 이미 몰로미는 죽었다).

몰로미의 평판과 긍정적 태도는 너무나도 잘 알려져 있었기 때문에, 여행을 하는 동안 결코 안전에 대해 두려워하지 않았다. 그는 어디서나 환영을 받았으며, 일종의 사제로 사람들과 상담을 했다.

1782년 무렵에, 몰로미는 오랜 기간 동안 림포포 계곡의 지역을 방문하여 벤다족 족장들과 여러 차례 면담을 했다. 또 칼라하리 사막의 맨 끝에 있는 지역도 여러 번 찾아갔는데, 그곳에서 그는 '개를 먹는 사람들'이라는 의미의 마-야-은챠라고 불리는 종족을 만났다. 이 사람들은 부(富)를 소와 같은 가축이 아니라 자신들이 소유하고 있는 개가 몇 마리인가로 측정했다. 사막에서는 가축을 기를 수 없었기 때문이다.

이곳을 방문해 있는 동안, 몰로미는 상당히 많은 개를 축적했는데, 아마 그것은 그곳 사람들을 치료해 주거나 그들이 안고 있는 문제에 대해 상담해 준 대가로 받았던 것으로 보인다. 그는 이 개들을 지참금으로 지불하고 그 종족 출신의 젊은 여자와 결혼을 하였다. 그 아내와 모리리라는 아들도 하나 낳았지만, 그 아이는 1883년에 레소토에서 죽었다.

몰로미가 방문한 지역의 젊은 여성이나 족장의 딸들과 결혼하는 것은 평화와 선의의 관계를 확고하게 유지하기 위한 그의 전략이 되었다. 그에게는 사십 명의 부인이 있었던 것으로 일반적으로 받아들여지고 있다—한 족장이 네댓 명의 부인을 거느리는 것이 당시의 관례였다. 하지만 이 사십 명은 몰로미가 자기 마을로 데리고 가지 않은 부인들은 뺀 숫자이다. 그는 그렇게 여자의 지참금을 지불하고, 그녀를 위해 오두막을 지어주었지만, 그녀가 마을에서 자신의 '보호자'와 성적 파트너를 선택할 수 있도록 허락했다. 다른 일례들에서 보면, 몰로미는 지참금을 지불할 능력이 없는 남자들을 위해서 아내를 구해 주고 대신 지참금을 내어 주기도 했다.

두 경우에서 볼 수 있는 것처럼 몰로미는 훌륭한 투자를 했다. 이런 부부들의 아이들은 법적으로 몰로미의 자식들이었으며, 그들의 딸들에게 건네지는 지참금은 당연히 그에게 지불되어야 했다. 몇몇 사람들은 그가 이러한 이익들을 결코 주장하지 않았다고 이야기한다. 그러나 사실의 진위와 상관없이 그렇게 많은 사람들이 그에게 빚을 졌다는 것 자체가 그에게는 이익이 되는 것이었다. 그가 죽기 전에, 그간 쌓아올린 부인과 자식의 숫자가 천 명을 훨씬 넘었다고 이야기한다.

당시의 백인 선교사들은 결코, 몰로미가 자기 계승자로 임명한 모쇼에쇼에가 이후에 그토록 흉내내고자 했던 몰로미의 전략을 충분히 이해하지 못했다. 엘렌버거 박사는 "몰로미처럼 계몽적이었던 사람이 다른 한편으로 그와 같은 성적 부정행위의 예를 보여주었고, 자신들의 양심을 살해하는 일부다처제를 스스로 부추겼다는 것은 참으로 유감스러운 일"이라고 말했다.

몰로미는 여행을 마치고 돌아오는 길에는 수많은 문화·예술품들을 가지고 왔다. 그가 가장 자랑스럽게 생각했던 물건은 북부의 한 지역에 사는 어떤 남자로부터 선물로 받은 면 손수건이었다. 그 남자는 모잠비크에 있는 포르투갈 출신의 무역상으로부터 그 손수건을 샀다고 했다. 신비하게 직조된 이 천조각에 쏟은 몰로미의 애정은 우리에게 또 한 명의 자랑스러운 아프리카의 지도자 케네스 카운다를 떠올리게 한다. 카운다는 몰로미가 죽은 지 150년이 지난 뒤에 잠비아의 대통령이 되었다. 그는 대중 앞에 모습을 드러낼 때면, 항상 하얀 손수건을 손에 꼭 쥐고 있었다. 아무튼 이것은 몰로미 자신이 전혀 알지 못하는 완전히 다른 세계와 문화를 이 옷감이 상징하고 있다는 사실을 자각하고 있었다는 것을 의미한다.

몰로미는 또한 치료사와 의사로 유명했다. 그는 치료효능을 지닌 풀이나 잎사귀, 뿌리, 나무껍질 들에 관해 완벽한 지식을 가지고 있었다. 심지어 그가 나병환자도 낫게 했다고 사람들은 말한다. 하지만 사람들에 관한 심오한 지식을 가졌던 그는 환자와 혼연일체가 되어 수많은 병의 뿌리가 정신적으로 불행한 환자의 상태에 있다는 것을 알고 병을 치료하면서 그와 동시에 정신도 치유했다.

그 시대의 흑인농부들은 가뭄이 들면 부시맨 주술사들에게 비를 내려달라고 요청했다. 그러나 몰로미가 주위에 있을 때는 그러지 않았다. 그는 그 시대의 가장 성공적인 모로카, 즉 비를 몰고 오는 사람이었다.

스위스에서 신학과 의학을 공부한 엘렌버거 박사는 몰로미가 실제로 비를 내리게 하는 권능을 지녔다고 믿고 싶어했다. 그는 다음과 같이 기록하고 있다.

그가 비를 불러오는 과정은 자세하게 알려져 있지 않다. 그러나 가뭄 때가 되면, 그는 은밀한 장소에서 외부와 완전히 차단하고, 식물이나 뿌리 등을 모아서 갈대로 뒤섞은 다음, 기도로 불러온 조상영혼들의 중재를 통해서 초월적 존재의 도움을 기원하곤 했다. 가장 지적인 원주민들과 마찬가지로 날씨를 판단하는 훌륭한 능력을 지닌 그가 비가 내릴 가능성이 있는 때를 맞추어 이런 방식을 구사했을 수도 있다. 혹은 순전히 우연의 일치였을 수도 있다. 그렇지 않으면 전능한 신께서 아무런 교육도 받지 않은 이 늙은 이방인의 기도를 들으시고 응답하셨을 수도 있다. 독자는 자신에게 적절한 설명을 선택해야 한다. 하지만 그러한 일에서 몰로미의 명성은 아주 대단했기 때문에 한번, 아니 어쩌면 더 많이 분명히 비가 내렸다는 사실은 여전히 우리에게 남아 있다.

그러나 몰로미는 결코 신성한 뼈들(아프리카의 주술사들이 주술로 사용하는 도구)로 점을 치지 않았다. 그는 가는 곳마다 마술을 사용하는 의사들을 공격했다. 한번은 방패 하나를 숨겨두고는, 이상하게도 방패가 사라져 버렸다고 알렸다. 그 지역 출신의 마술을 사용하는 의사들이 부름을 받고 와서는, 자기 뼈들로 점을 치더니 그 자리에 있는 몇 사람에게 혐의를 씌우기 시작했다. 그러자 몰로미는 마술을 사용하는 의사들을 거짓말쟁이며 사기꾼들이라고 부르면서 방패를 꺼내 보였다.

몰로미가 은골릴로에에 있는 집에 머무르고 있을 때면, 흔히 그곳은 치료를 받고자 혹은 가르침을 듣고자 혹은 시시비비를 가릴 그의 판단이 필요해서 기다리는 사람들의 행렬로 장사진을 이루곤 했다. 이와 같은 경우의 하나로, 1804년경 그가 기나긴 여행에서 돌아와 이웃마을에 있는 환자들을 돌보고 있을 때 아주 중요한 사건 하나가 일어났다.

우리는 먼저 1786년이나 그 언저리로 돌아가야 한다. 그해에 레소토 북부지역 멘코아넹의 작은 마을에서 바코에나족 모코텔리 씨족의 보잘 것없는 족장 모카차네와 바포켕족의 일원인 그의 아내 콜루 사이에서 아이가 태어났다. 모카차네의 아버지 페테는 모나헹 족장의 형제들 중 하나인 모틀로앙의 아들이다. 따라서 레포코라는 이름의 이 갓난아기는 몰로미와 먼 친척뻘이 되었다.

레포코는 말썽꾸러기 소년이었다. 그는 폭력적인 기질을 지녔으며, 어린 시절부터 장차 위대한 족장이 될 것이라고 스스로 믿었다. 모코텔리 씨족은 별로 중요하지 않은 작은 씨족이었기 때문에 이런 레포코의 믿음은 무척 생소했다. 레포코는 주변의 젊은 동료들 사이에서 대장 역할을 했으며, 자기에게 합당한 경의를 표하지 않는다는 이유로 동료 다섯 명을 죽인 적도 있었다. 그러나 그는 성년식 기간 동안 강인한 육체와 탁월한 지도력을 입증했다. 바로 이런 이유로 해서 그는 '부지런한 사람'을 뜻하는 틀라풀레라는 이름을 얻었으며, 또 다른 사람들은 그를 '결속시키는 사람'이라는 의미의 레틀라마라고 불렀다. 그러나 몇 년 지나지 않아 새로운 이름을 얻었는데, 다름아니라 남아프리카뿐 아니라 그 너머까지 그를 아주 유명하게 만든 이름, 즉 모쇼에쇼에였다.

이 젊은이의 아버지와 할아버지는 그의 기질과 이상한 행동에 특별한 관심을 기울이다가, 의학적인 치료를 받기 위해 그를 몰로미에게 데리고 갔다. 몰로미를 만나기 위해 줄서서 기다리던 사람들은, 저 현명한 노(老) 성자가 마치 온다는 것을 미리 알고 있었던 것처럼 두 남자와 그 10대 소년을 환영하는 것을 보고 깜짝 놀랐다. 그는 다음날부터 사흘 동안 특별히 시간을 내어서 이들을 상담해 주었다.

할아버지 페테는 말썽꾸러기 소년을 몰로미에게 소개했다. 레포코는 족장들 중의 족장, 수많은 하인과 가축을 거느린 최고로 강한 족장이 되겠다는 불타는 야망을 여전히 품고 있었다. 바로 이것이 그가 그토록 공격적인 이유였다. 그는 그 이유를 이렇게 설명했다. "대부분 평범한 사람이 사람들을 협박하고 위협하고 그들에게 두려움을 품게 해서 족장이 된 게 사실 아닌가요?"

모켈레가 재구성한 글에 따르면, 몰로미는 다음과 같이 대답했다.

"네 말은 일반적으로 옳다. 그러나 너는 분명히 알아두어야 한다. 평화와 정의와 보소(botho, 인간애)에 토대를 두지 않고, 족장이 된 사람에 대한 백성들의 두려움 위에 세워올린 족장의 권위는 결코 오래 가지 못한단다. 그런 족장은 통치의 어려움과 같은 시련을 결코 극복하지 못하거니와, 설령 그 시련을 극복했다고 하더라도 그와 같은 족장은 어느 누구에게도 절대 도움이 되지 않는다. …만약 네가 사람들에게 두려움을 품게 하거나 사람을 죽여서 그들을 너로부터 멀어지게 한다면, 과연 그 사람들을 다스릴 수 있겠느냐? 나는 족장도 해보고 또 이 세상 여러 지역의 크고 작은 종족들 사이를 폭넓게 다녀보기도 했단다. 이런 경험들에서 나는 명백한 사실 하나를 깨닫게 되었지. 오직 종족사람들의 소망과 인정과 지원이 있을 때만이 족장이 될 수 있으며 족장의 권위는 유지된다는 사실을 말이다."

레포코는 자기가 강력한 족장이 될 수 있도록 힘과 의술을 가지게 해달라고 몰로미에게 간청했다. 몰로미는 이렇게 대답했다. "모체 하 오 나 셀라레. 셀라레 케 펠로"(권력은 의술로 얻어지는 것이 아니다. 마음이 곧 의술이다).

둘쨋날에 몰로미는 자신의 오랜 여행경험과 결부시켜서 개인적인 철학을 자세하게 설명했다. 셋쨋날에는 젊은이에게 마지막 충고를 해주었다. 그것은 레포코를 자신의 여행길에 동반할 수 없었던 아쉬움이었다. 몰로미는 이렇게 말했다.

"그러면 너는 창을 사용해서가 아니라 진실과 정의로써 사람들을 모으는 방법을 배울 수 있었을 텐데. 네가 나와 함께 여행했더라면, 내가 정의 하나만으로 평화를 정착시킨 곳을 볼 수 있었을 텐데. 그리고 이전에는 증오와 의심이 판을 쳤지만 자연스럽고 효과적인 치유로써 사랑이 넘쳐흐르는 곳을 보았을 텐데."

몰로미는 이 세 사람이 멘코아넹에서 찾아왔을 때 레포코가 민중의 위대한 지도자가 될 운명이라는 것을 이미 알았던 것 같다. 그는 레포코와 사흘을 보내는 동안 수많은 사람들이 그의 고견을 듣고자 간청했음에도 불구하고 다른 일로 전혀 시간을 소비하지 않았다. 마침내 이들과 이별을 하면서, 몰로미는 레포코에게 다음과 같이 말했다.

"언제가 분명 너는 족장이 되어 사람들을 다스리게 될 것이다. 그들의 인간적 나약함과 결점들을 인내하는 법을 배우도록 하라. 항상 진실하고 순수한 길로 사람들을 이끄는 결정을 내리도록 하라. 그들의 항변에 대해서도 늘 정의와 연민을 가지고 처리하도록 하라. 네가 내리는 결정에 영향을 끼치거나 그 결정을 훼손시키는, 부와 지위와 특권에서 비롯되는 우월적인 요소들을 결코 허락해서는 안 되느니라."

모켈레가 노인들과 면담한 내용에 따르자면, 몰로미는 모쇼에쇼에가 바소토 민족을 건설하는 데 토대가 되었던 말씀을 설파했다.

"너는 어려움을 겪고 있는, 가난하고 도움이 필요한 사람들의 친구가 되어주고 원조자가 되어주어야 한다. 어떤 목적으로 여행하든 모든 여행자는 네가 통치하는 영역 내에서는 어디서나 보호받을 수 있어야 한다. 죽음과 고난을 피해 고향을 도망쳐 온 사람들은 네 땅에서 편안한 은신처를 찾을 수 있어야만 한다. 마땅히 너는 그 사람들을 보호해 주어야 한다. 네가 통치하는 땅은 여행자와 도망자들의 고향이 되어야 할 것이니라."

이렇게 말하고는 몰로미는 자기 귀고리 하나를 빼어내서, 권위의 상징으로 레포코의 귀에 달아주었다. 또 관대함의 상징으로 검은 소 한 마리를, 권력의 상징으로서 지휘봉(knobkerrie, 끝에 둥그런 혹이 붙은 나무로 만든 곤봉으로 무기이면서 지휘용으로 사용함-옮긴이)을 주었다. 몰레미는 두 손을 레포코의 머리 위에 올려놓고 10대 소년의 해맑은 이마에 자기 이마를 비비며 이렇게 말했다. "몰리모(Molimo, 절대적 존재)와 우리의 발리모(Balimo, 조상영혼)께서 나에게 부여해 주시어 나의 정신을 풍요롭게 만들어준 모든 경험과 지식과 지혜가 또한 네가 수행할 위대한 작업을 위하여 너의 지력으로 잉태되어 자라나서 풍요로워지리라."

이렇게 하고 레포코와 페테와 모카차네는 고향으로 떠나갔다. 몇 주일도 지나지 않아 바모코텔리의 원로들은 레포코의 행동이 얼마나 급진적으로 변했는지를 목도하게 되었다. 그로부터 약 15년 후에 레포코는 세소토어로 리파퀘인이라고 부르고 응구니어로 음페케인이라고 부르는, 1820년대부터 시작되어 남아프리카 전역을 도탄에 빠트린 대격변기에 자유를 찾아 도망친 수많은 종족과 부족 사람들을 하나의 민족으로 포용하는 놀라운 변혁의 과정을 착수했다. 타바 보시우라고 불리는 그의 산악요새 꼭대기에서 레포코는 이 모든 집단을 하나의 민족으로 뭉쳐 세우고 이를 바소토 민족이라고 불렀다. 만약 그가 그 전쟁과 고통의 시대에 중부 남아프리카를 안정시키지 못했다면, 아마 이 나라의 역사는 굉장히 달라졌을 것이다. 훨씬 더 폭력적으로 변했을 것이다. 우리는 그를 19세기의 넬슨 만델라라고 부르는 것이 아주 합당할 것이다.

(몰로미를 만나고 온 지 불과 얼마 안 되어, 레포코는 자신들과 대립하고 있던 라모나헹 족장이 가축을 급습했을 때 모쇼에쇼에라는 이름을 얻었다. 귀환길에, 찬양의 노래를 부르는 가수가 예리한 칼날의 소리를 슈웨 슈웨라고 발음하면서 레포코가 라모나헹의 수염을 잘라버린 것을 칭송했다. 그리하여 그는 모-슈웨-슈웨 혹은 세소토어로 발음하여 모쇼에쇼에가 되었다.)

『운명의 언덕, 모셰슈의 서사이야기』(Hill of Destiny, the Epic Story of Moshesh)의 저자 피터 베커의 말에 따르면, 모쇼에쇼에는 몰로미를 다시 한번 찾아갔으며, 이때가 1811년이었다. 오랜 대화를 나눈 뒤에 몰로미는 자신이 귀중하게 여기는 손수건을 모쇼에쇼에에게 주었다. 베커는 그 상황을 다음과 같이 쓰고 있다. "모쇼에쇼에에게 선물을 주면서, 그는 말루티 산맥의 남쪽에 피부가 하얀 사람들이 살고 있다고 말했다. 그리고는 모쇼에쇼에에게 그들과 우애를 다지고 교역을 시작하라고 충고했다." 베커는 이 두 사람이 1814년에 또 만났다고 주장한다. 그리고 1815년에 몰로미가 죽었다는 소식을 듣고 모쇼에쇼에는 몰로미에게 달려가 그의 장례식에 참석했다. 레소토대학교의 역사학자 마코반 교수는 모쇼에쇼에가 몰로미 주검 곁에서 몇 주일을 보냈다고 강조한다.

은추 모켈레는 모쇼에쇼에에 대해 이렇게 이야기하고 있다.

　　예수 그리스도가 사도 바울과 마태에게 한 역할 그리고 카를 마르크스가 레닌과 모택동에게 한 역할과 마찬가지로, 몰로미가 모쇼에쇼에에게 한 역할을 강조하는 것은 결코 지나치지 않다. 예수와 마르크스 그리고 몰로미는 인간사회를 재구성하기 위한 새로운 원칙들을 세웠다. 그리고 바울과 레닌과 모쇼에쇼에는 자신들이 몸담고 있는 각각의 영역에서 인간사회가 이 세계에 존재하는 인간의 실존적 삶의 확고한 토대가 될 수 있도록 새로운 사회와 국가구조, 종교제도를 건설했다. 그것들은 인간이 스스로 구성한 복합사회 속에서 인간의 안전과 생존을 보장하기 위한 것이었다.

몰로미는 1815년경에 죽었다. 그때는 리파퀘인이 일어나기, 아니 이 대격변이 일어날 조짐들이 나타나기 여러 해 전이었다. 그러나 몰로미는 임종의 자리에서 그것을 예언했다. 그는 이렇게 말했다. "내가 죽은 후에 동쪽에서 붉은 먼지구름이 생겨나 우리 종족을 먹어치울 것이다. 아버지가 그 자식들을 잡아먹을 것이다." 나중에 동쪽에서 생겨난 구름은 동쪽 해안의 줄루족 땅으로부터 흘러들어 고산지역에 사는 집단들을 압도한 집단으로 해석되었다. 자기 자식들을 먹는 아버지는 리파퀘인 기간 동안과 그후 발생한 식인주의의 현상을 지칭하는 것으로 간주되었다.

몰로미는 죽었지만, 그 불멸의 영혼은 10년 전에 그가 영예를 부여해 주었던 젊은이가 민중에 향한 그의 이상을 깨달아가는 지식 속에 평화롭게 자리 잡았을 터이다.

7. 살아 있는 무덤

:: 살아 있는 무덤

늙은 성자 몰로미는 모쇼에쇼에에 관해 또 다른 예언을 했었던 것 같다. 서로 처음 대면을 한 후 소년과 작별인사를 나눌 때 몰로미는 모쇼에쇼에에게, 소년을 자기에게 데리고 온 할아버지 페테를 특별히 잘 보살피라고 말했다.

은추 모켈레가 면담했던 바소토족의 원로들이 재구성한 이야기에 따르면, 몰로미는 이렇게 말했다.

"젊은이여, 마지막으로 너에게 당부하고 싶구나. 나이 든 페테를 늘 곁에서 보살펴주어라. 그의 애정을 마음속에 간직하고, 그를 악으로부터 보호해 주어라. 이 노인은 도저히 측정할 길 없는 심적 재능을 부여받았으며, 우리 종족의 가장 빛나는 조상영혼들과 교호하여 자신이 사랑하는 사람들을 지켜줄 것이다. 페테 노인은 아직도 많은 세월을 살 수 있을 것이다. 그러나 그가 이 지상에서 더 고상한 세계로 떠나야 할 때가 오면, 너는 그의 주검을 특별히 책임져야 할 것이다. 그의 무덤을 잘 보살피도록 하라. 오직 너만이 육신을 떠난 그의 영혼이 안전하게 조상영혼들이 머무는 곳으로 가는 데 필요한 제례의식을 수행할 수 있기 때문이다."

실제로 젊은 모쇼에쇼에는 할아버지와 무척 친했다. 할아버지의 진짜 이름은 모추아네였으나 '페테페테'라는 별명으로 불리었는데, 모든 것을 반복하는 사람을 뜻하는 이 '페테페테'가 페테(페-헤-테 pee-heh-teh로 발음된다)로 되었다. 그건 줄루어를 하는 은구니 집단의 흘루비 종족 출신인 그의 아버지 무알레가 불완전한 악센트로 세소토어를 발음했기 때문이었다.

1820년에 젊은 족장 모쇼에쇼에는 종족을 이끌고 멘코아넹에서 더 서쪽으로 가서 보타-보테지역에 있는 고원산악지역으로 이동했다. 이때가 바로 동부해안과 내륙지방에서 거대한 사회적·군사적 봉기가 막 시작했을 때이다. 또한 오늘날의 해리스미스 지역에서 살았던 소토족의 한 집단인, 틀로코아족이 응구와네 집단과 흘루비 집단을 약탈하여 그곳을 대신 차지했던 시기로부터 그리 오래되지 않았을 때이다. 바틀로코아족은 그 다음에 바모코텔리족을 공격하고, 모쇼에쇼에의 산악지방을 포위했다.

이 포위공격이 끝난 1824년 6월에, 모쇼에쇼에는 거의 뚫고 지나갈 수 없는 산악의 밀림을 가로질러 그의 선봉대가 발견한 타바 보시우라는 남쪽지방으로 거주지를 이동하기로 결심했다. 혹독한 추위 속에서 힘난하고도 기나긴 행로였다. 그 시대의 중부 남아프리카 사람들에게 말은 아직 알려져 있지 않았다. 그래서 모쇼에쇼에 일행은 짐을 짊어지고 산 속에 나 있는 발자국들을 따라 한 줄로 걸어야 했다.

이동하는 집단의 후미에는 병이 난 모쇼에쇼에의 누이동생 마밀라와 그의 두 아내 마네코와 임신을 한 마마코발로 그리고 연로한 페테가 있었다.

그들이 말리몽 근처에 있는 가파른 리페투 계곡을 통과해 가야 했을 때, 걸음이 느린 이 사람들은 뒤쳐지게 되었다. 그때, 갑자기 숲속에서 한 무리의 사람들이 뛰쳐나와 이들을 공격하며 여자들을 잡아가려고 했다. 멀찍이 앞에서 가고 있던 본 대열의 남자들이 이들의 비명소리를 듣고 달려가 구해 냈다. 그러나 늙은 페테와 그의 곁에 있던 몇 사람은 구조되지 못하고 잡혀가 버렸다.

이들을 공격한 무리는 라코초아네라는 사람이 이끌고 있던 식인종집단이었다. 그들은 지체 없이 저녁식사 때 페테 일행을 먹어치워 버렸다.

이런 일이 일어난 줄 전혀 모르는 모쇼에쇼에와 선두대열은 길을 재촉하여 그날 밤에 타바 보시우에 도착했다. 족장은 타바 보시우의 산에 도착해서야 비로소 페테가 포로로 잡혀갔다는 소리를 들었다. 그는 너무나 화가 나고 가슴이 찢어질 듯했다. 또 위대한 몰로미가 위엄을 갖추어 페테의 장례식을 치르고 필요한 모든 제례의식을 거행하라는 특별한 임무를 자신에게 내렸던 사실을 떠올리며, 모쇼에쇼에는 몹시 괴로워했다. 할아버지의 몸은 이미 식인종들에게 먹혀버렸는데, 그 임무를 어떻게 수행한단 말인가?

바코에나족의 장례관습은 매우 엄격했다. 마을의 여자들은 고인의 오두막 주위에 모여서, 큰소리로 통곡하며 돌아가신 이를 칭송한다. 오두막 안에서는, 장례를 주관하는 남자가 시신의 다리와 팔을 구부려서,

새끼줄로 태아의 자세로 묶는다. 만일 사후경직 상태가 이미 일어났다면, 시신의 힘줄을 모두 잘라서 강제로 사지를 태아의 자세로 만들어야 한다. 시신을 수습하는 남자는, 염습에 쓰기 위해 특수한 방식으로 도살한 소의 쓸개를 손목에 묶어서 그 쓸개즙으로 죽은 이의 몸을 닦는다. 그리고 시신의 발에는 신발이 신겨져 있어야 하며, 가죽망토로 온몸을 싸야 한다.

그런 다음 시신을 동쪽을 바라보며 앉아 있는 자세로 둥그런 구덩이에 모신다. 곡식과 호박씨, 지붕 이을 이엉 약간, 생전에 쓰던 파이프나 코담뱃갑 그리고 우유단지도 고인이 사후에 쓰도록 함께 넣는다. 그리고 소의 살점과 내장으로 고인의 무덤과 그 가족을 정화하고는, 납작한 돌을 시신 위에 놓고 흙으로 무덤을 채운다. 그러고 나서 고인의 가축을 무덤으로 끌고 오며, 장례식에 참석한 모든 사람이 그 쇠고기를 먹는다.

모쇼에쇼에는 페테가 저승세계로 편안하게 떠날 수 있게 무언가를 해주어야 한다고 생각했지만, 시신과 무덤이 없다는 것이 난감한 문제였다. 페테의 아들 모카차네의 부추김을 받은 종족의 원로들은 반드시 행해져야 할 일에 대해 단호하게 말했다. 라코초아네와 그 수하들을 타바 보시우로 잡아와서 죽여야 한다는 것이었다.

타바 보시우에서 모든 일이 자리 잡게 되자 곧바로 모쇼에쇼에는 라코초아네와 식인종들을 잡아가지고 왔다. 그리고는 얼이 빠져서 어찌할 바 몰라하는 그들에게 죽이지는 않겠다고 말했다. 성서에 등장하는 솔로몬처럼, 모쇼에쇼에는 식인종들이 페테의 살을 먹었으므로 그들은 할아버지의 살아 있는 무덤이 되어버렸다고 선언했다. 따라서 그들을 죽이는 것은 페테의 무덤을 모독하는 행위였던 것이다.

모쇼에쇼에는 라코초아네와 그 수하들에게 옷을 벗고 일렬로 드러누우라고 했다. 그런 다음 특별하게 도살한 소의 내장으로 그들의 몸을 문질러서 정화하는 의식을 올림으로써, 페테의 무덤을 정화했다. 모쇼에쇼에는 그들에게 삶의 방식을 바꾸도록 하라고 간곡히 말하고는 라코초아네 일행을 돌려보냈다. 그후 그들에게 소 두 마리를 선물로 보냈다.

마침내 라코초아네는 인육 먹는 것을 끊고 스스로 모쇼에쇼에의 지배 아래 들어갔다. 1833년부터 모쇼에쇼에 곁에 머물며 최측근에서 왕에게 조언을 해주었던 프랑스 선교사 외젠 카살리스는 왕이 가장 먼저 시행한 일은 사람고기 먹는 풍습을 없애는 것이었다고 1861년에 썼다. 그의 신하들은 대부분 식인종을 경멸했으며 그들을 죽이기를 원했지만, 모쇼에쇼에는 이미 너무 많은 목숨이 죽었다고 생각했고 또 식인종들 스스로 자신들의 삶의 방식이 잘못되었다는 것을 깨달았다는 것을 알았다.

카살리스는 다음과 같이 쓰고 있다.

그리하여 그는 사람을 먹는 자들은 살아 있는 무덤이기 때문에 우리는 무덤과 전투를 할 수는 없다고 대답했다. 이 말은 그가 회개시키고자 했던 저주받은 사람들을 구원하기에 충분했다. 그들은 족장의 관대함 속에서, 감히 생각지도 못했던 지난날 자신들의 지위를 되찾을 수 있는 수단을 보았고, 그들 스스로 그것을 회복하는 길을 찾았다. 그때부터 사람을 먹는 풍습은 점차 사라졌다. 수많은 민족들의 운명 속에는 한마디의 말이 새로운 시대를 이끌기에 충분한 결정적 순간들이 존재한다

세계 곳곳의 역사가와 인류학자들뿐 아니라 많은 남아프리카인들은 과거에 식인종이 있었다거나 사람을 먹는 풍습이 있었다는 근거들을 대부분 부정한다. 이는 건강한 냉소주의이다. 오랫동안 유럽인 여행가와 탐험가들은 아프리카 원주민들과 아메리카 사람들, 서인도제도의 사람들, 태평양 섬들에 사는 사람들을 식인종으로 묘사했다. 대부분의 경우 아무런 증거도 없이 이런 주장을 했으며, 또 어떤 경우는 소문에 근거한 것이었다. 이들 유럽인들은 자신들의 문화와 인종은 우월하고 원주민들은 원시적 야만인이라고 여겼다. 이들은 원주민들에게 가장 저열한 행동을 부여함으로써 자신들의 문화적·인종적 우월성과 위엄을 표현했다.

실제로 카니발리즘(cannibalism, 인간을 먹는 풍습—옮긴이)이라는 말은 서인도제도의 카리브 사람들로부터 생겨났다. 크리스토퍼 콜럼부스는 그들을 만난 최초의 유럽인이었는데, 카리브 사람들이 사람고기를 먹는다고 보고했다. 하지만 카리브 사람들이 실제로 식인종이었다는 것을 입증하는 그 어떤 증거도 제시된 적이 없었다.

인간을 먹는 관습에 대한 비난은 흔히 이방인들을 문명화할 필요성을 강조한다거나 혹은 타자를 악마화하기 위해서도 사용되었다. 예를 들어 중세 기독교인들은 유태인들이 기독교도 아이들을 먹는 것을 즐겼다

는 이야기를 퍼뜨렸다.

물론 기독교 신자들이 '그리스도의 몸'을 상징하는 빵조각을 먹을 때, 비기독교인들은 기독교인의 성찬식 세례를 인간을 먹는 풍습의 일종이라고 오랫동안 주장해 왔다.

그러나 인류가 탄생한 이후 카니발리즘은 세계 곳곳에서 다양한 형태로 존재해 왔으며, 오늘날에도 여전히 존재하고 있다. 그것이 생존을 위해 실행되었을 때는, 대부분의 문화에서 용인하는 것으로 보인다. 최근의 한 가지 예는 1972년에 안데스 산맥에서 비행기 사고를 당한 우루과이 럭비클럽의 경우이다. 생존자들은 목숨을 부지하기 위해 죽은 동료들을 먹었다. 이들에게 달리 선택할 수 있는 길이 전혀 없었다는 것이 인정되었기 때문에 이들의 행동에 난색을 표하는 사람은 아무도 없었다.

2003년과 2004년에, 국제연합과 국경없는의사회의 구호활동가들은 북한에서는 심각한 기아사태로 일부 사람들이 인육을 먹을 수밖에 없는 지경까지 되었다고 보고했다.

사람들은 파푸아뉴기니와 오스트레일리아의 원주민들이 죽은 친척이나 친구들의 고기를 먹었다고 말한다. 내적 식인주의(endocannibalism)라고 부르는 이 의식은 죽은 자의 영혼을 계속 살아갈 수 있게 한다는 의미를 담고 있었다.

사람들은 고대 아스텍문명의 사람들이 자신들의 적을 먹는 의식, 즉 외적 식인주의(exocannibalism)를 수행했다고 믿는다. 2003년에 피지섬의 한 종족은 1세기 전에 자기 종족이 족장의 머리를 만지면서 족장을 모욕한 선교사 토머스 베이커를 죽이고 먹어버린 일을 그 후손들에게 사과했다. 그리고 역시 2003년에, 국제연합은 전쟁으로 황폐해진 콩고민주공화국에서 반란군들이 적들의 신체 일부를 먹은 행위를 고발했다.

나는 남아프리카의 역사에서 이런 유의 카니발리즘이 발생한 확실한 사례 하나를 발견하게 되었다. 1865년 8월 15일에 일어난 그 사건은 모쇼에쇼에와도 연루되어 있다.

그날, 약 3천 명의 자유공화국 군대는 루 웨프너의 지휘 아래 타바 보시우를 공격했다. 1천 명의 흑인 지원병을 포함한 대부분의 군인들은 말을 타고 산기슭 주변을 돌아다니며 힘을 과시했다. 그날 아침 늦게, 웨프너와 수백 명의 병사들은 산꼭대기를 향해 직격탄을 쏘아대는 대포의 엄호를 받으며 산꼭대기로 난 주도로를 따라 이동하기 시작했다.

자유공화국 사람들은 일찍이 모쇼에쇼에의 병사들이 마티와네가 지휘하는 애송이 응구와네족 군대와 조지 캐스카트가 지휘하는 영국군대를 쉽게 무찔렀다는 교훈을 전혀 알지 못했다. 그들의 타바 보시우 공격은 실패했다. 한마디로 그 산은 쉽게 뚫을 수 없는 요새였다. 그들은 공격자들을 향해 돌을 굴리고 커다란 바위 뒤에 숨어서 산을 기어오르는 사람들에게 화살을 쏘아대는 바소토족의 전술에 대해 아무런 해결책도 가지고 있지 못했다.

웨프너와 후미의 기마병들은 도로를 따라 위쪽으로 조금 진격했다. 그러나 바소토 병사들에게 고스란히 다 드러나 보이는 지점에 다다른 바로 그 순간, 웨프너는 화살을 맞고 그 자리에서 숨졌다. 곧 이어 바소토 병사들이 공격을 했고, 보어인들은 허둥지둥 달아났다. 웨프너의 병사 11명이 죽고 30명 가량이 부상을 입었다.

웨프너는 대중적인 지도자인데다 매우 용감한 사람으로 알려져 있었기 때문에, 그의 죽음은 자유공화국 사람들에게 엄청난 충격이었다. 카를 마테이와 크리스 두 란트는 그의 시신을 찾기 위해 은밀히 산비탈을 기어 올라갔다. 그들은 웨프너의 시신을 찾아냈고, 죽어 쓰러진 또 한 명의 보어인 병사 아담 라우벤하이머 바로 옆에 있는 얕은 도랑에 시신을 묻고 진영으로 돌아갔다.

바소토족은 승리의 환호성을 올렸으며, 특히 그 유명한 루 웨프너를 죽인 것을 자랑스럽게 여겼다. 여러 견해들에 따르면, 모쇼에쇼에는 웨프너의 심장을 도려내어서 젊은 병사들을 향해 그 조각을 하나 먹으면 웨프너만큼 용감해질 수 있다고 말했다고 한다.

웨프너가 죽은 지 오랜 세월이 지나서 그의 마지막 순간들을 목격했던 바소토족 병사 한 명이 그의 누이동생 카테리나 반 루이언이 사는 해리스미스 근처의 농장을 찾아간 적이 있었다. 『운명의 언덕』(*Hill of Destiny*)의 저자 피터 베커의 견해에 따르면, 그 남자는 병사들이 웨프너의 심장을 처음에는 동굴에 매달아놓았다가 나중에 먹었다고 말했다. 그 자리에 모쇼에쇼에도 있었지만, 그는 그것을 먹는 데 끼지 않았다고 했다.

2004년 4월에 타바 보시우를 찾았을 때, 나는 한 족장과 레소토에서 가장 존경받는 역사가의 한 사람인 체디소 라마쿨라 경에게 당시 병사들이 웨프너의 심장을 먹었다는 것이 사실인지를 물어보았다. 두 사람 모두 그런 일이 있었다는 것을 전혀 의심하지 않는다고 말했다.

웨프너가 죽은 지 11개월 후에, 그의 아들 딕과 친구들 네 명은 적절한 장례식을 치르기 위해 웨프너의 유골을 찾으러 타바 보시우에 갔다. 모쇼에쇼에 왕은 웨프너의 용맹함을 굉장히 칭송했던 사람이기 때문에 어린 웨프너를 따뜻하게 맞이했다. 하지만 화가 난 딕 웨프너는 왕과 악수하는 것을 거절했다. 몇몇 자료들은 심지어 그가 모쇼에쇼에를 '카피르'(kaffir, 반투어를 사용하는 야만인이라는 의미로 백인이 흑인 아프리카인을 멸시하여 부르는 말—옮긴이)라고 부르면서 자기 아버지가 묻혀 있는 곳을 알려달라고 요구했다고 주장한다.

왕은 모욕을 당하고 당황했지만, 죽은 영웅의 아들에게 평소보다 더 많은 인내심을 보여주었다. 그 사건을 기술하는 대부분의 자료들은 딕이 모쇼에쇼에에게 사과를 했다고 하는 것으로 보아, 확실히 딕은 자신의 지나친 분노를 후회했던 것 같다. 왕의 아들 틀라디는 딕 웨프너를 데리고 그의 아버지가 묻혀 있는 장소로 가서, 그곳에서 웨프너를 존경하는 두 젊은이는 시신을 꺼냈다. 틀라디는 웨프너에게 자기네 전사들이 그의 아버지 심장을 먹었다고 분명하게 말했다. 그럼에도 불구하고 웨프너는 왕에게 고맙다는 인사를 하고, 가족농장에서 아버지의 장례식을 올리기 위해 유골을 거두어서 돌아갔다.

많은 역사가들은 남아프리카 원주민들 사이에 식인관습이 있었다고 말하는 초기 자료들에 대해 깊은 의구심을 표명해 왔다. 바소토족의 역사를 상당히 많이 기록한 선교사 데이비드-프레데릭 엘렌버거 박사는 몰로미가 남아프리카 북부에 있는 벤다족 식인종 집단을 찾은 적이 있다고 쓰면서, 많은 벤다족 사람들이 수세대 동안 인육을 먹어왔다는 것은 널리 알려진 사실이라고 말했다. 그러나 연구자들은 벤다족 사이에 식인관습이 존재했다는 증거를 전혀 찾아낼 수 없었다.

그러나 1820~30년대에 자유공화국과 레소토 지역에 사람을 먹는 관습이 존재했다는 데 이의를 제기하는 역사가는 거의 없다. 다음의 이야기들은 생존을 위한 식인주의의 좋은 예이다. 그 시대의 사회적·군사적 대격변, 즉 리파퀘인은 너무나도 심각한 기아사태를 초래했기 때문에 일부 사람들은 살아남기 위해서 사람고기를 먹을 수밖에 없었다는 사실을 암시한다.

『바소토족 사람들』(*The Basutos*)에, 외젠 카살리스는 저 악명 높은 말리몽 동굴에서 열린 라코초아네의 식인축제에 참석한 적이 있는 마피케라는 이름의 모소토족 노인과 인터뷰한 원고를 실었다. 마피케는 식인종들에게 포로로 잡힌 족장부인을 구출하기 위해 협상을 하러 동굴로 갔다. 마피케는 다음과 같이 말했다.

우리는… 식인종들이 사는 동굴로 이어진 가파른 절벽을 기어올랐다. 그러나 그곳에 거의 도착했을 무렵부터 다리가 후들후들 떨리기 시작했고, 싸늘한 공포에 간담이 서늘해졌다. 두개골과 부러진 뼛조각들말고는 아무것도 보이지 않았다. 화덕 위에

솥이 놓여 있었고, 한 여자가 솥뚜껑을 열었다. 그래서 그만 우리는 끓어서 부풀어오른 손 하나를 보았다. 남자들은 사냥하러 나갔다고 그들은 말했다.

우리가 상황을 이해하고 정신을 가다듬기도 전에, 곤봉과 창으로 무장한 사람들이 마치 바소토족 사람들이 소떼를 몰 때 내는 소리처럼 와! 와! 소리를 지르며 들어왔다. 포로도 한 명 끌고 왔는데, 키가 크고 늠름하게 잘생긴 젊은이였다. 그 젊은이가 동굴 속으로 뚜벅뚜벅 걸어 들어왔고, 그에게 동굴 한가운데 앉으라고 명령했다. 그는 우리가 방문한 목적을 설명하는 소리를 들었지만, 우리가 하는 말에 주의를 기울이는 것 같지는 않았다.

잠시 후 그 젊은이의 목에 줄을 감았고, 그는 질식해 죽었다. 나는 외투 속으로 얼굴을 파묻었다. 그러나 그 불쌍한 젊은이가 죽었다고 생각되는 바로 그 순간, 나는 그곳 주인들의 마음을 언짢게 하지 않으려고 다시 얼굴을 들었다. 그들은 마치 소를 다루듯이 능숙하게 팔다리를 잘라냈다.

19세기 초의 중부 남아프리카에서 가장 매혹적인 책 가운데 하나는 토마스 아르부세의 『선교여행』(Excursion Missionaire)이다. 최근에 이 책이 영어로 번역되었는데, 데이비드 암브로즈와 앨버트 브루츄가 편집해서 『1840년 타바 보시우에서 말리바마초 강 수원지까지 나아간 모쇼에쇼에 왕의 원정보고서를 포함한 블루 마운틴의 선교여행』

(*Missionary Excursion into the Blue Mountains, being an account of King Moshoeshoe's Expedition from Thaba Bosiu to the Sources of the Malibamatso River in 1840*)이라는 긴 제목으로 출판되었다. 기본적으로 이 책은 외젠 카살리스의 동료였던 아르부세가 모쇼에쇼에와 함께 기나긴 원정을 하면서 기록한 일기이다.

1840년 2월 15일, 아르부세와 모쇼에쇼에는 16년 전에 라코초아네의 식인종들이 왕의 할아버지를 먹어치워 버린 바로 그 장소, 말리몽에 갔다. 그들은 거대한 동굴 속으로 라코초아네를 만나러 갔던 것이다. 그 앞에서 페테의 살을 요리해서 먹었다는 폭포가 있고, 폭포 옆으로 마피케가 카살리스에게 말한 그 동굴이 있었다. 그때는 라코초아네가 모쇼에쇼에의 부하가 되어 있었기 때문에 그와 그 집단은 식인관습으로부터 벗어나 있었던 것으로 보인다.

동굴을 찾아간 그 이튿날인 일요일에 아르부세는 설교를 하고 기도회를 열었다. 그리고 다음날에는 식인관습에 대해 물어보기 위해 라코초아네와 마주앉았다. 족장의 설명은 누구나 이 세상 어디서나 발견할 수 있는 생존을 위한 식인관습에 대한 매우 훌륭한 정의였다. 그는 아르부세에게 말했다.

"식인관습의 출발은 배고픔이었습니다. 굶주림이 우리를 집어삼켜 버린 겁니다. 우리는 숫자가 많았지만, 가축도 없고 식량도 없었습니다. 평원에 사냥감은 거의 없고, 사방에는 온통 적들로 가득했습니다. 우리가 어떻게 되었겠습니까? 각자 자기가 기르던 개를 먹었습니다. 그 뒤에는 신고 있던 가죽신발을 삶아먹었고, 그 다음에는 입고 있던 낡은 양피 외투를 먹었고, 급기야 가죽방패까지 먹었습니다.

굶주린 지 엿샌가 여드레가 지나자 팔다리가 점점 더 커지는 것 같았고, 관절이 부어오르고 자꾸 졸음이 쏟아져 꾸벅꾸벅 조는가 하면 온몸이, 그중에서도 특히 목이 뻣뻣해지면서 마비가 되더군요. 하나같이 다 심한 설사를 하는 바람에 수시로 동굴을 들락날락거려야 했죠. 그러다 보니 바깥에서 하이에나에게 낚아채어서 새끼들 있는 데로 질질 끌려가기도 했습니다. 사냥이나 채집을 하러 갈 정도로 용기 있는 사람들은 사나운 짐승의 먹이가 되기 십상이었습니다. 대기근의 그 시절에 우리를 노리는 사나운 짐승들은 우리가 몹시 허약하다는 것을 알고, 들판이나 집에서도 마치 수중에 들어온 동물처럼 우리 팔다리를 먹어치우곤 했습니다.

우리가 사람들에게 달려들어 그들을 게걸스럽게 먹기 시작한 것은 바로 그때였습니다."

그 집단의 다른 족장 한 사람은 아르부세에게 이렇게 말했다.

"많은 사람들이 차라리 굶어죽는 쪽을 택했습니다만, 일부 대담한 사람들이 굶주려 기진맥진해서 들판에서 돌아오는 친구들을 보고 '여기네 몫의 고기가 있어. 이것 먹고 기운 차려'라면서 사람들을 속였습니다. 하지만 그건 사람고기였습니다. 그들은 그 고기 맛을 보자마자 무척 맛있다는 것을 알았습니다. 그러나 필시 저주받은 고기임에 틀림없었습니다. 그걸 먹은 후 며칠 동안 많은 사람들이 설사병으로 죽어나갔으니까요."

아르부세는 그 족장에게 "그런데 그 모든 잔혹한 행위들을 하면서 마음속으로 어떤 느낌이 들던가요?" 하고 묻자, 라코초아네는 이렇게 대답했다.

"속으로는 양심이 찔리고 몹시 괴로웠죠. 하지만 차츰 그런 삶의 방식에 익숙해지면서, 처음에 느꼈던 공포는 곧 습관으로 바뀌어버렸습니다. 또 하나는, 굶주리던 시대의 양심은 오늘날의 양심과 다르다는 것입니다. 특히 요즈음 와서 나 자신에 대해 부끄러워집니다. 내 팔다리를 보면서 전율을 느끼곤 합니다. 혼자말로 이렇게 중얼거리곤 하죠. 제기랄! 바로 우리 자신을 먹은 것이었어! 하고 말입니다. 모두 다 여러 가지 방식으로 자신을 정화시켰습니다만, 지금도 여전히 양심의 가책을 느끼고 있답니다."

그러나 남아프리카에서 때때로 생존 때문에 사람고기를 먹을 수밖에 없었던 것은 단지 원주민 아프리카인들만은 아니었다. 남아프리카 해안에 흘러들어서 사람고기를 먹었던 유럽인들에 관한 자료가 최소한 두 개가 존재한다. 최초의 사건은 라코초아네가 살았던 시대보다 거의 300년 전에 지금의 크와줄루-나탈 지역의 해안에서 일어났고, 또 한 사건은 페테가 죽기 131년 전에 케이프 지역 서부해안에서 발생했다.

1554년 2월, 페르낭 달베레스 카브랄 선장이 지휘하는 포르투갈 함선 상 벵투 호는 엄청나게 많은 노예와 교역상품을 싣고 인도의 서부해안을 떠났다. 아프리카 해안 근처에서 심한 풍랑을 만나 조타기계가 파손되어서 표류하다가 이스턴 케이프 해안에 있는 세인트존스 항구 남쪽의 암초에 부딪혔다. 약 140명이 익사했지만, 노예 224명과 포르투갈 선원 99명은 배를 해안가로 끌고 갔으며 그중 상당수가 부상을 입었다.

그들은 자신들이 있는 장소를 정확하게 알지는 못했지만, 동쪽해안을 따라 한참을 걸어가면 가끔 포르투갈 선박들이 교역하던 델라고아 베이에 닿을 수 있을 것이라고 생각했다. 그리하여 창에 십자가상을 매달고 길을 떠났다.

사흘째 되던 날, 그들은 2년 전 1552년 6월에 좌초된 포르투갈 상선 상 후앙 호의 잔해를 맞닥뜨리고 정신적으로 심각한 타격을 받았다. 상 후앙 호는 최초로 남아프리카에서 난파된 배로 알려져 있었다. 승무원과 승객들은 해안으로 걸어갔으나, 1553년 5월에 잉암바너라는 지역에서 발견되었을 때는 불과 22명만이 살아 있었다.

그러나 상 벵투 호의 생존자들은 더 많은 사람들이 그들의 자매함선의 불행 속에서 살아남았다는 사실을 알았다. 오늘날의 셰프스톤 항구 근처에서 그들은 인도인 노예를 만났는데, 그는 움코마스강 가까이 있는 원주민 공동체에 정착해 살고 있었다. 또 이 움코마스강에서는 우연히 하스파르(Gaspar)라는 이름의 무어인 한 명도 만났으며, 지금의 더반에서는 로드리고 트리스탕이라는 포르투갈인 선원을 만났는데 시커멓게 그을린 몸에 실오라기 하나 걸치지 않은 훌륭한 사냥꾼이 되어 있었다. 그 인도인은 코사족 사람들과 행복하게 잘살고 있었기 때문에 그들과 함께 떠나지 않겠다고 했지만, 하스파르는 자청해서 그들의 통역관이 되었고, 트리스탕은 '문명'으로 돌아가자는 그들의 요청에 따라 합류했다.

상 벵투 호 사람들은 잘 지내지 못했다. 몇몇은 병으로 죽었고, 또 몇 사람은 도중에 마주친 상당히 큰 강들을 건너다가 익사를 당했으며, 또 어떤 사람들은 사자나 하이에나 혹은 적대적인 지역주민들에게 죽임을 당했다. 카브랄 선장은 투겔라강에서 익사했다. 선장이 죽은 뒤로는 갑판장 프란시스코 피레스가 지도자의 역할을 했다.

그들은 절망적인 굶주림에 시달렸다. 상 벵투 호에서 일어났던 대부분의 사건들을 밝히고 있는 일기에서, 마누엘 데 메스퀴타 페레스트렐로는 이따금 메뚜기라든가 딱정벌레, 도마뱀을 발견하면 친구나 친척들이 서로 차지하려고 이빨로 물어뜯고 손톱으로 할퀴며 싸웠다고 쓰고 있다. 한번은 해변에서 하얀 게들을 보자마자 날것으로 먹어치워 버렸다.

"그 게들을 어찌나 허겁지겁 입 속으로 쑤셔넣었던지, 입가에는 집게발이 입술을 꽉 깨물고 대롱대롱 매달려 있었고 또 반쯤 씹힌 나머지는 꿈틀거리며 목구멍을 타고 내려갔다."

그들이 음쿠제강에 이르렀을 때, 선두행렬에 있던 선원 네 명이 극도의 배고픔을 견디다 못해 그 지역 흑인 한 명을 살해해서 그 살을 먹었다. 그들에게는 불행하게도, 그 희생자의 친구들이 향연을 즐기고 있는 그들에게 다가가서 죽여버렸다. 그런 다음 그 종족은 상 벵투 호의 나머지 사람들을 공격했다. 두 시간 동안 치열한 전투 끝에 포르투갈 사람들은 간신히 그곳을 빠져나와 멀리 북쪽으로 달아났다. 그러나 이미 스무 명도 넘게 죽음을 당했다.

1554년 7월 7일에 포르투갈인 56명과 노예 6명 등 생존자들은 델라고아 베이에 도착했다. 그러나 그들은 첫 포르투갈 배가 도착하는 11월 3일까지 기다려야 했는데, 그때는 포르투갈인 20명과 노예 4명만 살아 있었다. 그 가운데는 발가벗은 사냥꾼 로드리고 트리스탕과 기록관 페레스트렐로도 들어 있었다.

흥미롭게도 불과 40년 후 1593년에, 다른 포르투갈 배 산토 알베르토 호가 상 벵투 호와 거의 똑같은 장소에서 난파를 당했다. 역시 생존자들은 델라고아 베이까지 걸어가기로 결정했다. 그러나 이때는 그 배의 승객이었던 누누 벨루 페레이라라는 명석하고 강인한 지도자가 있었다. 그는 귀족이었으며, 전에 모잠비크의 포르투갈 지휘관으로 근무했던 적이 있었다.

페레이라는 상 벵투 호의 생존자들에게 일어났던 일들을 알고 있었으며, 그래서 해안을 따라서 가기보다는 차라리 내륙으로 가기로 했다. 그는 지역의 족장들과 식량으로 교환할 청동, 목걸이, 못, 족쇄, 실크옷감 등을 충분히 가지고 갔으며, 원주민과의 갈등을 조심스럽게 피했다.

페레이라 일행은 난파선을 떠난 지 90일이 지난 1593년 7월에 델라고아 베이에 도착했다. 난파선에서 살아남은 포르투갈인 125명과 노예 160명 중에서 포르투갈인 117명과 노예 65명이 델라고아 베이까지 갔다. 나머지 노예 95명은 죽은 것이 아니라, 도중에 마주쳤던 그 지역 흑인농부들과 함께 살겠다며 그곳에 남는 쪽을 택했다.

16세기 말에 남아프리카의 토착 흑인농부들 속에서 살게 된 이 모든 이방인들에게 일어났던 일들에 관한 정보가 전혀 없다는 것은 참으로 안타까운 일이다.

인육을 먹은 또 하나의 사건은 1693년에 발생했는데, 이것은 네덜란드 상선 데 구던 바위스 호의 승무원들과 관련이 있다. 이 배는 1693년 5월에 네덜란드를 떠나 항해를 했는데, 적도 부근에 이르렀을 때 승무원들 상당수가 괴혈병으로 고통을 당하고 있었다. 상황이 얼마나 나빴던지, 11월 11일 배가 케이프 지역 서쪽해안의 세인트헬레나 베이에 닻을 내렸을 때는 100여 명이 목숨을 잃었고, 해안가로 노를 저어갈 수 있을 만큼 힘이 남아 있는 사람은 단 일곱 명밖에 없었다.

그들은 괴혈병으로 이빨이 흔들흔들 빠질 것 같아서 배에 남은 음식조차 먹을 수도 없었다. 다만 와인 한 병과 브랜디 한 병만이 그들이 먹을 수 있는 유일한 음식이었다. 그로부터 사흘이 지나서, 해안으로 갔던 사람들은 일행 한 명을 잃어버리고 다시 배가 정박해 있는 곳으로 돌아가려고 했다. 그러나 보트가 파도에 부숴져 버려서 노를 저어서 갈 수가 없었다. 그들은 셔츠를 노에 묶어서 흔들며 고함을 치고 비명을 질렀지만, 배에 남아 있던 사람들은 아무도 알아채지 못했다. 하는 수 없이 그들은 음식과 물을 줄 수 있는 사람을 찾아나섰다.

이 사람들, 적어도 그 혹독한 시련 속에서도 살아남은 사람들이 어마어마하게 많은 코끼리와 하마, 엘란드(남아프리카 산의 덩치 큰 영양—옮긴이), 하티비스트(남아프리카 산 영양—옮긴이)와 그리고 가끔씩 사자까지도 보았다고 말하는 보고서를 읽는 일은 매우 재미있다. 지금 우리는 오늘날의 드

바르스커스보스(Dwarskersbos)와 펠트드리프트(Velddrift), 프레던뷔르흐(Vreden burg), 호페필트(Hopefield) 지역을 말하고 있는 것이다.

회계원 야코프 레피는 그 다음날에 병에 걸렸다. 그래서 목수 라우런스 티스가 그의 곁에 남기로 결정하고, 다른 사람들은 계속 이동을 했다. 그러나 레피는 죽었고, 티스는 그 자리를 떠나 길을 가다가 다행히 코이코이족의 한 집단과 만났다. 그들은 티스를 자기들 속으로 기꺼이 맞아들여 먹을 것을 주었다. 그리고는 네덜란드 사람 하나가 머물고 있는 살다나 베이로 전령을 보내주었고, 그렇게 해서 티스는 곧 구조되었다.

다른 세 사람은 상황이 그리 좋지 않았다. 절망적인 굶주림과 갈증에 지친 이들 세 명의 네덜란드인들은 아프리카 덤불 속을 빙빙 제자리에서 맴돌고만 있었다. 너무 목이 탄 나머지 바닷물을 먹는 바람에 몹시 앓게 되자, 급기야 자기들 오줌을 마시기 시작했다.

1693년 크리스마스 다음날에 그중 한 사람 얀 크리스티안즈가 죽었다. 살아남은 나머지 두 명은 서로를 쳐다보았다. 마침내 여기, 그들이 먹을 고기가 얼마간 있었다. 그 이름이 기록에 남아 있지 않은, 그 배의 군 지휘관은 자기 동료 다니얼 실러르만에게 다음과 같은 논리를 내세웠다. "만일 우리가 얀을 먹는다면, 우리는 살 것이다. 그러나 먹지 않는다면, 우리는 죽을 것이다. 하나님만이 아실 것이다. 그분은 죄라고 여기지 않으실 것이다."

실러르만은 동의했지만, 차마 친구의 몸을 토막 내는 것을 쳐다볼 수가 없었다. 그래서 그 지휘관이 고기를 자르면 자기는 불을 지피겠다고 말했다. 그들은 얀의 살을 불에 구워서 먹기 시작했다. 실러르만에 따르면, 고기는 너무 질겨서 거의 먹을 수가 없었다고 한다―너무 오랫동안 얀 크리스티안즈는 음식도, 물 한 모금도 먹지 못했던 것이다. 그렇게 식사를 하고, 그들은 나중에 먹기 위해 약간의 고기를 꾸러미에 싸서 각자 가방에 넣었다.

다음날 그들은 코이코이족의 한 집단에게 발견되었고, 그 사람들이 그들에게 음식과 물을 주었다. 그 코이코이족은 두 사람을 마을로 데리고 가려고 했지만, 그 사람들은 걸을 힘조차 없을 정도로 허약해져 있었다. 코이코이족 사람들이 그들을 부축해서 데려가려고 실러르만을 팔로 잡아당기자, 실러르만은 (아마 그 전날에 자기가 했던 일이 생각났기 때문이었을 것이다) 그들이 식인종이고 자신을 점심으로 먹으려 한다고 확신했다. 그리고는 칼을 꺼내 싸우려고 들자, 코이코이족 사람들은 그들을 내버려두고 가버렸다. 지휘관은 며칠 후 죽었다.

마침내 실러르만은 구던 바위스 호가 닻을 내린 해안으로 돌아갔다. 너무나도 기쁘게 그는 배 두 척이 구던 바위스 호를 구조하기 위해 와 있는 것을 보았고, 처음 뭍에 오른 지 42일 만에 구출되었다. 만일 친구 얀 크리스티안즈를 먹지 않았더라면, 아마 그 역시 다른 사람들처럼 죽었을 것이다.

구던 바위스 호를 구조하기 위해 온 배들은 그 배에 단 한 사람만 살아 있는 것을 발견했지만, 이튿날 그 사람은 죽었다. 항해를 시작했던 189명 가운데 두 명만이 살아남았다.

8. 불한당 개척자

:: 불한당 개척자

이주 보어인들, 즉 18세기 말까지 케이프 지역으로부터 동쪽을 향해 더 멀리멀리 이주를 했던 백인 정착민들은 하나님과 가족에게 충실한 경건하고 금욕적인 칼뱅주의 신앙인들이었다. 그리고 그들은 또한 심한 인종차별주의자들이었다. 이것이 올바른 말일까? 정확하지는 않지만, 그렇다. 그러나 그들 모두가 그런 것은 아니었다.

이것은 그러한 이주 보어인들 중 한 사람에 관한 이야기이다. 그는 이후에 아프리칸스어(Afrikaans, 네덜란드어가 네덜란드계 아프리카 정착민들과 함께 아프리카의 지리와 기후 조건에 맞게 변화된 언어. 아프리칸스어는 네덜란드계 정착민들이 아프리카너라는 민족으로 변화하는 과정에서 아프리카너 민족의 근대적 정체성 확립에 중요한 역할을 담당한다―옮긴이)로 성장한 세속적이고 단순한 네덜란드어를 사용했고, 수많은 아이들의 아버지가 되었지만 그중 백인여성들과의 사이에서 태어난 아이는 하나도 없었다. 그는 위대한 코사 족장의 어머니와 결혼했고, 유명한 응구니족 전사의 누이와 결혼했다. 그는 몸집이 거대한 남자였으며 흔히 지도자로 추앙되었지만, 백인들로부터 그런 평가를 받았던 적은 거의 없었다. 서로 다른 시기에 그는 코사족·부시맨·코이코이·소토·츠와나·벤다 집단의 실질적인 족장이었으며, 네덜란드 정착민들과 영국 식민지당국은 그를 국가의 위험한 적이라고 거듭 선언했다. 그는 남아프리카 북부지방에 정착한 최초의 백인이었다.

그의 이름은 쿤라트 데 바위스(Coenraad de Buys)이다.

쿤라트는 1688년에 칼라이스 지역에서 케이프 지역으로 이주한 최초의 위그노파 개신교도 장 뒤 바위스(Jean du Buis)의 증손자이다. 오늘날 얀 데 바위스라고 불리는 쿤라트의 아버지는 1752년에 크리스티나 셰퍼스와 결혼했고, 쿤라트는 클라인 카루(Karoo, 강수량이 매우 적어 일부 오아시스 지역에서만 농사를 짓는 준 사막지역—옮긴이)의 몽타구 지역에 있는 아버지의 농장에서 1761년에 태어났다. 그의 아버지는 쿤라트가 여섯 살밖에 안 되었을 때 가난한 사람으로 죽었다.

그가 어린 시절의 나머지 부분들을 어떻게 보냈는지는 전혀 알려져 있지 않다. 다만 그의 가족은 그가 노동을 할 수 있는 적절한 나이가 되었을 때 일한 대가를 임금으로 준다는 약속을 하고 그를 일꾼으로 고용했다. 10대 시절에, 쿤라트는 스벨렌담 지방의 데이비드 세네칼과 결혼한 이복누이 헤이르트라위 미니와 함께 그곳으로 이주했다. 쿤라트는 이익을 서로 나눈다는 약속을 하고 세네칼의 버터생산을 도왔다. 그러나 세네칼은 그가 일한 햇수에 대해 돈을 지불한다는 약속을 지키지 않고 그를 속였다. 그래서 어린 쿤라트는 그의 가족을 법정에 고발하여 재판에서 이겼다. 이것이 그에게서 자주 나타난 호전적이고 완강한 성격에 대해 우리가 알고 있는 최초의 징후이다. 아마 그의 가족들에게는 이런 기질이 있었던 것으로 보인다. 쿤라트의 삼촌 야코뷔스 데 바위스는 스벨렌담 지방의 유지를 비난하고 공격했다는 이유로 1년 동안 감옥에 갇혀 있었다.

그후 쿤라트는 스벨렌담을 떠나서 멀리 동쪽지방을 방랑하다가 아마 지금의 윌로우모어 지역에 있는 농장 하나를 1년 동안 임대를 해서, 스물두 살의 한창 나이에 농부로서 자리를 잡았다. 이 무렵의 케이프 지역에는 케이프타운, 스텔렌보슈, 스벨렌담 등 치안판사가 관할하는 세 개의 지방만 있었다. 그러나 정착농민들은 방목도 하고 농사도 지을 수 있는 땅을 찾아서 빠른 속도로 더 동쪽으로 이동했고, 그리하여 1786년에는 선데이스강 기슭에 새로운 치안판사의 관할지역이 만들어졌다. 그곳은 그라프-레이넷이라는 이름으로 불리었다.

이렇게 새로 개척한 지역에서 살아남기 위해서는 거칠고 독립적이고, 흔히 야성적이며, 또 교육을 전혀 받지 않았고 식민지당국과 지속적으로 갈등을 일으키는 그런 유형의 사람이 필요했다. 이런 사람들은 자기가 먹을 양식을 사고 자신의 생산물을 팔 수 있는 정착촌에서 멀리 떨어진 곳에서 살았으며, 사자나 레오파트·코끼리하고도 싸워야 했다. 이들이 땅을 갈아 농사를 짓기 시작하면서부터, 흔히 농가의 가축들을 도살하는 것 외에 달리 선택의 길이 거의 없는 부시맨들의 삶의 방식은 위협을 받게 되었다. 그라프-레이넷 구역이 만들어졌을 무렵에, 이들은 또 여러 세대 동안 이스턴 케이프 지역에서 농사를 짓고 살아왔으며 응구니어를 사용하는 흑인농부들과도 접촉하게 되었다. 코사족의 경우, 물론 나중에는 템부족, 몬도족, 음폰도미세족, 바카족, 흘루비족, 지지족도 코사라는 이름으로 불리게 되지만, 당시에는 그칼레카족과 라라베족으로만 구성되어 있었다. 두 집단은 더 많은 땅을 원했기 때문에, 갈등은 필연적이었다. 이처럼 백인 정착민과 코사족의 충돌은 이후 남아프리카의 정치발전에 지대한 영향을 끼쳤다.

1780년대 중반에, 쿤라트 데 바위스는 부시맨의 강 동안(東岸)에 있는 브란드바흐트 농장으로 이주했으며 그로부터 얼마 지나지 않아 부채를 안고 농장 두 개를 소유하게 되었다. 그러나 1792년에 농장 세 군데 중 한 군데의 임대료를 지불하지 않았다고 기록되어 있는 것으로 보아, 분명 그는 그리 유능한 농부는 아니었다. 그는 코사족이 자기 가축을 훔쳐가 손해를 보았으므로 자신의 부채는 탕감되어야 한다며 분명하게 자치당국을 설득했다. 농부로서 성공을 했든 못했든, 당시의 젊은 쿤라트는 거침없고 두려움을 모르고 누구에게나 환대를 받는 야생의 사나이로, 명성이 자자한 사냥꾼으로 식민지 전역에서 악명 높은 인물이 되었다.

영국 식민지총독의 부인 앤 바나드가 케이프에서 자신의 친구인 영국 국방장관 헨리 던다스에게 보낸 유명한 편지 하나에는 개척자 보어인들에 관해 이렇게 씌어 있다.

"그들은 매우 세련된 사람들입니다. 키가 무척 커서, 대부분 180센티미터가 넘으며 굉장히 진취적이랍니다. 그들의 키가 몇 센티나 되는지 정확하게 알지는 못하지만, 여기서 800~900미터 떨어진 곳에 사는 사람들은 무려 210센티나 된다는 소문은 들었습니다."

아무튼 쿤라트 데 바위스에 비추어보았을 때, 그녀의 말은 꽤 정확하다. 적어도 한번은 쿤라트를 만난 적이 있는 헨리 리히텐슈타인은 『남아프리카 여행, 1803~1805』(*Travels in Southern Africa, 1803~1805*)에서 다음과 같이 쓰고 있다.

> 거의 210센티나 되는 흔치 않은 키와 그 힘, 그러면서도 경탄할 만큼 균형 잡힌 팔과 다리, 탁월한 몸놀림, 자부심 넘치는 눈빛과 우뚝한 이마와 풍채, 행동거지에서 배어나는 확고한 위엄은 전체적으로 매우 유쾌한 인상을 풍겼다. 아마 고대시대의 영웅들이 지녔을 법한 그러한 인상이라고 생각될 터이다. 그는 적들에게는 공포를, 친구들에게는 희망과 지지를 안겨주는 살아 있는 헤라클레스의 모습 같았다.

대양과 부시맨의 강과 피시강 사이에 둥지를 틀고 있는 그 지역은 쥐르벨트라고 불리었는데, 수년 동안 코사족과 정착민들 사이에 큰 충돌이 일어났던 지역이었다. 쿤라트와 코사족의 충돌은 그가 그곳으로 이주하고 거의 곧바로 시작되었다. 그의 삼촌 페트뤼스도 그 지역에 살고 있었는데, 1788년 3월 21일에 쿤라트에게 편지 한 통을 보냈다. 기록으로 남아 있는 그 편지는 음발루족의 족장 랑가와 언쟁한 것에 대해 쓰고 있다.

> 나의 훌륭한 조카 쿤라트 데 바위스에게. 나는 랑가가 너에게

전하라는 말을 알려주어야겠구나. 네가 자기 검둥이를 때렸으니 보상금을 내어놓아야 할 것이며, 만약 보상금을 주지 않으면 그것은 하나의 도전이므로 즉각 다시 올 것이며, 기독교인들은 자기가 전쟁을 두려워한다고 생각해서는 결코 안 될 것이라고 하더구나. 그는 이 말을 허르트 크누체 앞에서 공표했다. 우리 모두의 안부를 전하며, 너의 삼촌 페트뤼스 데 바위스.

1788년 8월에 쿤라트는 다른 농부 네 명의 서명을 날조해서, 코사족이 자기들 가축을 훔쳐가고 있다고 불평하면서 의용대를 소집하여 그들을 처리해 줄 것을 요구하는 탄원서를 치안판사 앞으로 제출했다. 사실은 그 모든 것을 훔친 사람은 다름아니라 쿤라트였던 것 같다. 그라프-레이넷 치안행정국의 서기관 바헨나르는 나중에 이렇게 썼다. "보어인들, 특히 쿤라트 데 바위스는 검둥이들이 약탈을 자행했다는 거짓정보를 근거로 검둥이들과 싸울 의용대를 조직하자는 주장을 줄기차게 했다." 그 농부들의 불평은 전혀 근거가 없는 것으로 밝혀졌으며 "단순히 검둥이들에게 약탈당했다고 속여서 자신들이 더 부유해지기 위해 추진했던" 것이다.

1789년 3월에 랑가 족장과 그의 병사들이 완전무장을 하고 쥐르벨트 지역을 쳐들어와서 얼마간의 가축을 탈취해 갔다. 케이프 지역에 있었던 식민지당국은 치안판사에게 그들과 싸우기 위해 의용대를 보내는 일은 금하라고 명령했다. 식민지당국은 코사족과 전쟁하는 것을 피하고 싶었기 때문이다. 그러나 상황은 개선되지 않았고, 전쟁은 필연적이었다. 1792년 9월에 코르넬리스 반 루이언은 치안판사 앞으로, 쿤라트 데 바위스와 코사족 간의 끊이지 않는 분쟁을 해결하지 못하면 피바람이 몰아칠 것이라는 내용의 서한을 보냈다. 의용대와 코사족이 충돌한 그 피비린내 나는 전쟁은 1793년에 일어났다.

제2차 개척전쟁이라고 부르는 이 전쟁의 원인을 조사했던 호노라튀스 마이니어 치안판사는 전임자들과 달리 전쟁 당사자들 양쪽을 다 고려했기 때문에 백인농부들 사이에서 전혀 인기가 없었다. 코사족 역사에 관한 기념비적 작품인 『개척자들』(*Frontiers*)에서, 노엘 모스터트는 마이니어에 대해 이렇게 말한다.

"그는 남아프리카 백인과 흑인의 관계에 관한 도덕적 논쟁의 시작을 나타낸다. 그로부터 불과 10년도 안 되어, 이 도덕적 논쟁은 오늘날까지 이어지고 있는 대중들의 격렬한 분노의 주제로서 세계의 관심을 모았다. 그는 강력한 인도주의적 원칙에 입각해서 남아프리카 개척자들을 다스리고자 노력한 최초의 사람이었으며, 그 때문에 백인 정착민들로부터 비난을 받았다."

마이니어는 전쟁의 책임을 쿤라트 데 바위스에게 돌렸다. 그 증거로서, 쿤라트가 자기네 가축을 훔치고 아녀자들을 납치해 갔다고 말하는 코사족 대장 두 명의 주장을 인용했다. 랑가 족장은 백인들을 공격한 이유는 딱 한 가지, 무엇보다도 "폭력을 써서 그의 부인을 납치해 가서 자기 아내로 삼은" 쿤라트 데 바위스의 행동 때문이라고 마이니어에게 말했다. 코이코이족의 한 남자 게리트 쿠체는 쿤라트가 코끼리 사냥을 핑계로 대면서 코사족의 가축을 습격했으며, 가축주인도 몇 명 살해했다고 증언했다.

일부 백인농부들 역시 쿤라트의 거친 행동 때문에 병이 날 지경이었다. 지역경비대 대원이었던 허리트 라우텐바흐와 헨드리크 얀세 반 렌스버그, 요하네 보트마는 마이니어에게, 의용대를 공격했던 코사족이 쿤라트와 다른 농부 두 명, 즉 쿤라트 베자위덴하우트와 크리스토펠 보타만 그 지역에서 떠난다면 전쟁은 없을 것이라고 선언했다고 말했다. 이들은 또 쿤라트가 자기네 여자들도 훔쳐가서 "그 여자들을 그의 재산으로 만들어버렸다"고 주장했다. 마이니어는 쿤라트에게 중범죄를 적용한 소송 준비에 들어갔지만, 1795년 2월에 시민들은 이 치안판사를 그 구역에서 쫓아내 버렸다.

역사가 아가타 슈만은 1937년에 박사학위 논문의 주제로 쿤라트 데 바위스의 삶을 탐구했다. 그녀의 연구는 1938년에 『쿤라트 데 바위스, 최초의 트란스발 거주자』(*Coenraad de Buys, the First Transvaler*)라는 제목의 소책자로 발간되었다. 슈만은 오히려 쿤라트에게 동정적(그리고 마이니어에게는 적대적)이었으며, 마이니어가 제시한 증언들의 신뢰성에 대해 의문을 던졌다. 그녀는 다음과 같이 결론지었다. "[데 바위스는] 확실히 폭력적이었다. 그러나 그를 격분케 하는 심각한 도발이 있었을 수도 있다." 그러면서도 "흑인여성들을 납치하는 일은 다른 족장들이 도맡아서 했지만, 이후 그의 행적으로 판단해 보건대 그와 같은 일이 정말로 일어났던 것은 분명한 것 같다"고 덧붙이고 있다.

 전쟁으로 쥐르벨트 지역은 황폐해졌고, 쿤라트 데 바위스는 전재산을 다 잃었다. 마이니어는 그쿠누크웨베족의 차카 족장과 음발루족의 랑가 족장에 맞서서 의용군을 이끌고 피시강을 건넜다. 그러나 그곳에는 노(老) 적장, 은들람베 족장이 기다리고 있었다. 은들람베의 전사들은 차카를 죽이고 랑가를 포로로 잡았다. 충그와가 아버지를 대신하여 그쿠누크와베 족장이 되었고, 은케노가 음발루의 족장으로 아버지를 계승했다. 백인들과 함께 싸웠던 코이코이족 사람들 상당수가 백인농장에서 받은 가혹한 학대 때문에 코사족과 살기 위해 갔다. 전적으로 한 반역의 정착민으로 인해 일어난 이 작은 전쟁에는 승자가 없었다.

 네덜란드 동인도회사는 마이니어 치안판사의 부당한 파면을 조사하기 위해, 공격적인 보어인들 그중에서도 특히 쿤라트 데 바위스 때문에 그라프-레이넷을 도망쳐 나올 수밖에 없었던 O. G. 데 웨트를 파견했다. 이와 때를 맞추어 시민들은 그라프-레이넷을 독립공화국으로 선언했으며, 곧 이어 스벨렌담도 똑같은 절차를 밟았다. 두 공화국은 그 시대의 프랑스혁명으로부터 영감을 받았다.

 그러나 그리 오래 지나지 않은 1795년 6월에 제임스 크레이그 대장이 지휘하는 영국군함 네 척이 케이프 지역에 도착했다. 그해 9월 16일, 영국은 허우적거리기만 하는 부패한 네덜란드 동인도회사를 접수하고 크레이그 장군이 초대 총독이 되었다. (1803~1806년 또 한번 네덜란드에 할당된 기간을 제외하고) 그 다음 세기 동안, 영국은 식민지의 주인이었다. W. A. 데 클레르크는 『아프리카의 신교도들: 아프리카너 마을 이야기』(*The Puritans in Africa: A Story of Afrikanerdom*)에서 다음과 같이 쓰고 있다.

"신흥 아프리카너들은 너무 오랫동안 그 시대로부터 동떨어져 있었기 때문에 점점 더 퇴보하고 있었다. 이제 그들은 코사족의 모습을 한 흑인 아프리카와 대면하고 있었고, 영국의 모습을 한 세계와 대면하고 있었다."

스벨렌담공화국은 한 달도 못 되어 '주권'을 포기했다. 그러나 그라프-레이넷의 개척민들은 더 단호해졌다. 신임 치안판사 F. R. 브레슬러는 도시에서 쫓겨났고, 그가 매달아놓았던 영국국기는 전혀 환영받지 못하고 끌려 내려졌다. 그후 1년 동안 그라프-레이넷은 자치(自治)를 하다가 결국 영국의 통치에 복종했다.

그라프-레이넷으로 돌아온 브레슬러 치안판사는 1797년에 쿤라트 데 바위스에게 코사족 남자들을 살해하고 코사족 부인들을 납치하고 그의 외딴 농장에 코이코이족 남자들을 감금해 놓고 폭행했다는 고소사항들을 근거로 제시하면서 두 달 내에 케이프 식민지역을 떠나라고 명령했다.

물론 쿤라트는 그 명령을 따르지 않았다. 그는 상당 기간 동안 그라프-레이넷 지역에서 불법으로 거주했다. 1797년 말에 쿤라트의 사촌이자 그 지역에서 교활한 적으로 알려져 있던 헨드릭 얀세 반 렌스버그는 브레슬러에게 쿤라트가 피시강을 건너가서 코사족들 속에서 살고 있다고 보고했다. 반 렌스버그의 주장에 따르면, 그는 "기독교도들에 대항하여 봉기를 일으켜" 선데이스강을 끼고 있는 땅을 장악하고 브레슬러와 그 지역의 영국군 장교 존 바로스를 사로잡으라고 선동하고 있었다.

케이프 식민지의 영국 총독 매카트니 백작은 브레슬러에게 쿤라트를 소환해서 법정에 세우라고 명령을 내렸다. 당연히 이번에도 쿤라트는 명령을 따르지 않았다. 브레슬러는 살아 있든 죽은 시체이든 쿤라트를 잡아오는 사람에게는 100릭스달러(rixdollar, 영국 식민지시대의 화폐단위, 현재 남아프리카공화국의 화폐단위는 란드―옮긴이)를 포상하겠다는 공고를 내붙였다.

헤르만 힐리오메이(Hermann Giliomee)는 『아프리카너들: 한 민족의 전기』(*The Afrikaners: Biography of a People*)에서 코사족이 그의 농가를 불태워 버리고 가축을 약탈해 간 뒤로 가난하고 불쌍한 사람이 되어버린 쿤라트는 "갑자기 새로운 삶의 해방을 얻었다"고 쓰고 있다. 그때, 그는 라라베족의 응시카 족장(백인들에게는 가이카로 알려져 있었다)의 왕실 농장저택에서 살라는 권유를 받았던 것이다. 젊은 족장은 총과 말을 수중에 넣을 수 있도록 도와줄 식민지 출신의 조언자가 필요했다. 아마 응시카는 쿤라트가 자기의 적인 코사족의 적일 뿐 아니라, 네덜란드어와 코사어 그리고 영어도 자유자재로 구사하고 아프리카너 시민들과도 긴밀하게 접촉했기 때문에 그를 선택했던 것 같다. 쿤라트는 코사족의 관습과 문화와 의례에 대해 훤히 꿰뚫고 있었으며, 결혼 적령기에 있는 코사족 처녀들에게 깊은 애정을 가지고 있었다. 코사족 사람들은 그를 쿨라, 즉 큰사람이라고 불렀다. 제프 파이어스가 『팔로(남근 중심)의 집: 독립시대 코사족 민중의 역사』(*The House of Phalo: A*

History of the Xhosa People in the Days of their Indepen-dence)에서 한 말에 따르면, 쿤라트는 응시카에게 열다섯 살 먹은 자기 딸을 주기로 약속했다.

"응시카는 네덜란드 사람들과의 동맹을 굳건히 다지기 위해 바위스의 딸과 결혼하기를 희망했다."

1798년 말경, 그라프-레이넷의 시민들은 영국의 지배를 타도하고 "옛 그라프-레이넷의 애국주의를 부활시키는" 계획을 세웠다. 이 계획은 그 지역 농부 아드리안 반 야르스펠트가 사기죄로 치안행정국 감옥에 갇혔을 때 시작되었다. 반란의 지도자 마르티뉴스 프린슬로는 치안판사를 파면시킬 목적으로 농민들을 무장의용대로 조직했다. 그러나 그는 누구보다 강력한 사람이 필요했다. 그는 쿤라트 데 바위스에게 도와달라는 서신을 보냈다.

1799년 2월 10일, 프린슬로와 데 바위스는 시민들을 소집하여 회합을 가졌다. 그 회합에서 "치안판사직을 쿤라트 데 바위스에게 양도"하기로 결의하였다. 그후 법정재판에서, 프린슬로는 쿤라트의 계획은 "흑인들을 시민군에 가담시켜 그라프-레이넷을 다시 쟁취하고, 자신들의 행동에 가담하지 않는 사람은 모두 사형에 처하고 가축은 일시적으로 흑인들에게 위탁하는 것"이었다고 밝혔다.

현명하게도 쿤라트는 자기가 그라프-레이넷 지역에서 활동하는 것은 위험하다는 것을 깨달았다. 불법거주자라는 선고가 내려져 있었기 때문에, 발각되는 즉시 총에 맞아 죽을 수도 있었고 혹은 잡혀서 추방당할 수도 있었다. 그래서 그와 그 친구들은 브레슬러 치안판사에게 케이프타운의 식민지 총독 앞으로 쿤라트의 불법거주자 신분을 철회해 줄 것을 요구하는 서한을 쓰라고 강요했다. 우리는 그들이 치안판사를 어떻게 강요했는지는 알지 못한다. 다만 나중에 브레슬러는 자기 목숨을 구하기 위해서 편지를 썼다고 했다. 편지는 다음과 같이 씌어져 있다.

시민 쿤라트 데 바위스 역시 마을에 나타나서, 쿤라트는 불법거주자라고 선고한 1789년 2월 14일자 지령으로 매카트니 백작이 치안판사에게 보낸 명령서를 귀하께서 부디 철회해 주시기를 청하였습니다. 그리하여 저희는 귀하께서 그에게 이전의 시민의 자유를 다시 하사해 주십사 하는 저희의 청을 이에 덧붙여 간청 드리는 바입니다. 앞으로 그는 훌륭한 시민이 되겠으며 이와 같은 호의에 충분히 보답하겠다고 스스로 약속하였습니다. 이와 더불어 저희가 볼 때 앞에서 언급한 데 바위스의 행동은 모든 측면에서 이와 같은 면책의 가치 이상을 지니고 있다는 것을 저희는 귀하께 보장드릴 수 있는 바입니다.

총독은 정말로 쿤라트를 사면해 주었다. 그러나 그 명령은 곧 번복되었다. 반란이 총 한 방 쏘아보지 못하고 용두사미로 끝나버리자, 죽었든 살았든 쿤라트의 머리와 다른 반란자들의 머리에는 1천 릭스달러의 현상금이 걸려 있었다. 이처럼 어이없는 이야기가 끝난 지 얼마 안 되어 코사족과 정착민들 사이에 또 전쟁이 일어났다. 그리고 또다시 일부 사람들은 쿤라트를 비난했는데, 이번에는 그가 코사족을 부추겨 정착민을 공격하게 했다는 이유에서였다.

이 무렵 쿤라트는 그라프-레이넷을 이미 마음속으로는 접어버렸고, 반란에 가담했던 얼마간의 시민들과 영국 식민지군대에서 탈영한 영국인 몇 명 그리고 코이코이족 아내와 코사족 아내와 자식 등 자신의 대가족으로 이루어진 총천연색 무리를 이끌고 멀리 동부해안으로 이동할 계획을 세우고 있었던 것으로 보인다. 그는 식민지정부에 대항할 만한 힘이 충분히 있었다. 그는 네덜란드 당국을 증오했던 것만큼이나 영국 식민지를 증오했다. 사실 그는 어떤 형태이든 정부가 존재하는 땅에서는 전혀 살고 싶어하지 않았다. 그가 동료시민들에게는 식민지당국에 저항하도록 선동하지 않았을지라도, 코사족과 코이코이족에게는 그렇게 했다.

그는 코사족의 응시카 족장에게 영국인들은 '바다의 부시맨들'이라고 말했는데, 코사족에게 그것은 비열한 도둑들이라는 의미였다. 프란시스 던다스 장군은 나중에 코사족 속에 살고 있는 데 바위스와 그의 동료 문제아들에 대해 이렇게 썼다.

"나는 늘 흑인들의 땅에 은신해 있는 그라프-레이넷 출신의 사람들이 그 야만인들에게 우리에 대해 잘못된 인상을 심어줌으로 해서 미래의 악의 씨앗을 뿌리고 있다고 확신하고 있었다. 비록 그 열매가 아직 드러나지 않았다 하더라도 무법의 악당들이 그곳에 머물고 있는 한 현재의 평온을 심각하게 해칠 근원이 저 거대한 피시강 저편에서 자라고 있을 것이다."

1799년 말경, 쿤라트는 '위대한 장소'라고 이름 붙인 그의 정착촌에서 응시카 족장과 함께 행복하게 살고 있었다. 그는 족장이 그라프-레이넷의 치안판사와 식민지 당국자들에게 보내는 편지를 쓰는 것을 도와주었고, 그의 통역자겸 조언자 역할을 했다. 당시 그에게 부인은 최소한 한 명, 마리아라는 코이코이족 여성이 있었지만, 여러 명의 코사족 내연의 처들과 많은 자식들도 거느리고 있었다.

그러나 이제 쿤라트는 족장의 어머니이자 라라베족의 황태후인 에세와 결혼함으로써 응시카에 대한 영향력이 한층 더 커졌다. 그녀는 "무지막지하게 뚱뚱한" 여자로 묘사되고 있다. 식민지 관료 헨리 리히텐슈타인 박사의 견해에 따르면 "이런 유의 결혼에서 그들의 관계는 흑인종족들의 관습을 따르는 것으로 결론이 내려졌다. 그래서 그리 오랜 시간이 지나지 않아 그는 종족 전체에 베푸는 그녀의 배려뿐 아니라 그녀의 서열에서 나오는 거의 무한한 영향력을 함께 공유하게 되었다." 여행가 존 캠벨은 다음과 같이 보고했다. 쿤라트는 "호색적인 기질의 남자였다. 솔로몬처럼 그는 수많은 부인과 내연의 처와 정부를 거느렸다. 가이카의 어머니는 이런 여자들 중 한 명이었다." 또 쿤라트는 이웃해 있는 템부족에서도 가정을 꾸리고 있었는데, 그곳에는 최소한 한 명의 부인과 자식들이 여럿 있었다.

응시카의 위대한 장소에서 쿤라트 데 바위스는 런던선교협회 소속의 요하네스 반 더 켐프 박사와 절친한 친구사이가 되었다. 반 더 켐프는 동료인 존 에드먼즈와 함께 피시강을 건너가서 코사족 속에서 활동한 최초의 선교사였다. 반 더 켐프의 여행기는 우리가 이 기간 동안의 쿤라트에 관해 알고 있는 이야기들 상당 부분의 출처이다.

쿤라트는 반 더 켐프의 보호자가 되었고, 몇몇 경우에는 선교사들의 편에 서서 코사족 족장들과의 중재에 나서기도 했다. 쿤라트는 반 더 켐프가 주관하는 설교모임과 기도회에도 참석했으며, 자신은 하나님이 그들을 이 세상에 보내셨다고 굳게 믿는다며 선교사에게 말했다. 이 수염 덥수룩한 거인이 보여준 우정은 반 더 켐프가 자기 여행기에 "오, 우리의 신이시여, 당신의 행하심은 너무 놀라워 도저히 말로 표현할 길이 없나이다!"라고 쓸 정도로 그를 감동시켰다.

아마 두 사람은 모두 이방인인데다 개성이 강하고 다소 괴짜인 구석이 있었기 때문에, 서로를 좋아했던 것 같다. 네덜란드에서 태어난 반 더 켐프는 신발을 신지 않고 모자도 쓰지 않았는데, 이런 것들은 이스턴 케이프의 뜨겁고 울퉁불퉁한 산악지방에 사는 보어인들은 물론이고 코사족조차 거의 하지 않는 행동이었다. 응시카가 보기에도 너무나 이상한 행동이었던지, 그 같은 보호장비를 거부하는 이유를 그에게 물었다. 반 더 켐프는 그것은 하나님의 뜻이라고 대답했다. 나중에 그는 이렇게 썼다.

"거의 2년 가까이 지금도 하고 있는 것처럼 나의 두 발에 평화의 복음이라는 신발이 신겨질 수 있다면, 맨발로 걷는 게 무슨 문제가 되겠는가? 나의 머리가 구원의 헬멧으로 보호를 받을 수 있다면, 머리에 모자를 쓰지 않는다는 게 도대체 어쨌단 말인가?"

노엘 모스터트는 반 더 켐프와 쿤라트의 우정관계를 다음과 같이 쓰고 있다.

> 이 놀랄 만한 개척자와 선교사 사이에 나타나는 특별한 우정은 그가 이미 젊은 코사족 족장과 유지해 오던 우정과 마찬가지로, 기묘한 형태로 조화를 이루었다. 응시카와 쿤라트의 나이차는 쿤라트와 반 더 켐프의 나이차와 대략 비슷했다. 보어인은 유럽과 아프리카라는 두 문화 사이에서 매개적인 인물로 존재하는데, 18세기에서 19세기로 접어들면서 이러한 연결고리를 건드리는 그 무언가가 있었다. 새로운 세기인 동시에 그것을 뛰어넘는 새로운 시대의 문턱에서 세 남자는 때로는 서로 뒤엉켰다가 또 때로는 서로 독립적인 관계를 맺는 이상한 트리오를 형성하는데, 이것은 이미 사라져 버린 것과 이제 시작된 것을 상징하는 것이기도 하다.

이 시기 동안 쿤라트에게 또 한 차례 사면이 내려졌다. 이번에는 던다스 장군이 제안한 것이었다. 던다스가 쿤라트를 사면한 유일한 이유는 그를 식민지로 다시 돌아오게 함으로써 응시카 족장과 떼어놓으려는 것이었다. 너무나 당연하게도 영국인들은 쿤라트가 코사족과 자신들의 관계를 훼손시키고 있다고 믿었기 때문이다. 그런데 이번에는 쿤라트가 거절했다.

1937년의 박사학위 논문에서, 아가타 슈만은 쿤라트가 식민지 당국으로부터 사면을 받아 불법자로서의 생활을 끝낼 수 있는 기회를 거부한 이유를 다음과 같이 설명하고 있다.

"아마 그는 원주민 여성들과의 관계 때문에 비난받으면서 가난에 허덕이는 농부로 식민지에서 살기보다는 한 무리의 우두머리로서 또 가이카의 귀중한 조언자로 사는 것이 더 낫다고 생각했을 것이다. 흑인들의 땅에서 그는 자유롭고 편안한 생활을 할 수 있었으며, 확실히 사냥을 해서 식민지지역과 총기류나 필수품으로 교환할 수 있을 만큼 충분한 양을 얻을 수 있었다."

그러나 쿤라트와 선교사들의 우정은 응시카 족장에 대한 그의 영향력을 희생시켜서 이루어진 것이었다. 그가 템부족 속에 거느리고 있던 부인 때문에 족장의 어머니 에세와의 결혼은 이미 시들해지고 있는데다, 이제 그녀는 쿤라트의 선교사 친구들이 그 지역에서 비를 내리게 하는 데 있어서 제1인자라는 자신의 위치를 위협하고 있었기 때문에 화가 났다(1799년 크리스마스 날, 응시카는 반 더 켐프에게 비가 내리도록 기도를 해달라고 청했고, 그는 그렇게 했다. 몇 시간이 지나자 비가 내리기 시작하여 그간 심각했던 가뭄이 해갈되었다. 응시카는 반 더 켐프의 하나님에게 깊은 감명을 받았지만, 그의 어머니는 전혀 기뻐하지 않았다. 쿤라트는 즉각 응시카에게 비를 내리게 하는 새로운 사람을 소개해 준 '중개수수료'로 소 몇 마리를 요구했다…).

자신의 세계를 침범한 이 모든 백인들 사이의 음모에 시달리고 있었던 족장은 반역자 보어인 시민들과 영국인들이 자신을 단지 이용하려고만 한다고 점점 의심하기 시작했다. 그는 선교사들이 영국 첩자라고 생각하기 시작했으며, 그들을 자기네 촌락으로 데리고 왔다는 이유로 쿤라트를 비난했다. 위대한 장소에는 의심과 공포가 넘쳐흘렀고, 마침내 응시카는 쿤라트를 자기 오두막 가까이 오지 못하게 했다.

쿤라트는 족장에게 메신저를 보내 이와 같은 대우 때문에 위대한 장소를 떠날 작정이라고 통보했다. 자신이 심각하다는 것을 보여주기 위해 그는 소들을 모으고, 말에 안장을 올렸다. 예상했던 대로, 응시카가 찾아와서 설명을 요구했다. 쿤라트는 그에게 이렇게 말했다. "너는 나를 네 아버지처럼 여기겠다고 선언했다. 그러나 요즈음 네가 나에게 하는 행동은 그렇다는 생각이 전혀 들지 않는다." 그러면서 응시카가 반 더 켐프를 무례하게 대하고 위협하는 것은 개인적으로 자신을 모독하는 것과 다름없다고 설명했다. 응시카는 사과를 하고 오래 전부터 내륙 깊숙이 돌아다녀 보고 싶어했던 반 더 켐프의 소망을 허락해 주었다.

족장의 사과에도 불구하고 위대한 장소의 분위기는 개선되지 않았고, 반 더 켐프와 다른 백인들은 생명에 대한 두려움을 느끼기 시작했다. 1801년 12월 31일, 쿤라트와 반 더 켐프, 영국인 탈영병 다섯 명과 그외 보어인 시민 네 명 그리고 쿤라트의 부인과 내연의 처와 자식들은 코끼리 사냥을 나가는 것처럼 가장하고 위대한 장소를 떠났다(만일 응시카가 자신들이 식민지지역으로 돌아갈 작정이라는 것을 알았다면 자신들을 모두 죽였을 거라고 그들은 믿었다). 그들은 동쪽을 향해 걸어가다가, 케이강 근처에서 북쪽으로 방향을 바꾸어 먼 길을 돌아서 다시 그라프-레이닛으로 향했다. 그들은 여러 차례 부시맨들의 공격을 받았으며, 일행 중 적어도 다섯 명은 죽임을 당했다. 반 더 켐프는 강을 건너다가 거의 익사할 뻔했으나, 쿤라트가 용감하게 구해 주었다. 5월에 이들 일행은 그라프-레이닛에 도착했다. 반 더 켐프는 남아서 그곳에 살고 있는 수많은 코이코이족 사람들 속에서 일했다. 그러나 쿤라트 데 바위스는 응시카 족장과의 관계를 수습하기 위해 곧바로 위대한 장소로 돌아갔다.

이 기간, 1802년 후반기 동안에 쿤라트는 나탈 지역으로 갔던 게 틀림없다. 나중에 그의 아들 마이클은 아버지와 함께 코사족이 사는 땅 저 너머에 있는 또 다른 사람들이 사는 땅으로 갔다고 사람들에게 말했다. 그곳에서 그의 아버지는 두려움에 잔뜩 주눅이 든 족장과 은드완드웨족(은데벨레족 혹은 마타벨레족이라고 불리기도 한다)의 사나운 전사 음질리카지의 누이를 선물로 받았는데, 그녀를 다시 식민지지역으로 데리고 와서 합법적으로 결혼을 했다. 아가타 슈만은 쿤라트가 1813년의 공식 자료에서 처음으로 엘리자베스라는 부인을 언급하고 있는 데 주목하고서, 이 부인이 음질리카지의 동생일 수도 있다고 생각했다. 그러나 이 '엘리자베스'는 또한 쿤라트가 매우 애착을 가졌던 알고아 베이 동부의 고나쿠아 종족 출신의 코이코이족 여성일 수도 있다.

1803년 1월 1일, 네덜란드의 바타비아공화국은 영국으로부터 케이프 지역 식민지의 통치권을 다시 넘겨받아 야코뷔스 아브라함 데 미스트 대장과 얀 빌헬름 얀센스 중장이 공동 총독으로 취임했다. 그들이 맨 처음 우선적으로 처리한 사안은 동부 개척지역의 위험한 혼돈상태를 해결하는 것이었다. 그들은 정치범 전원을 사면했으며, 케이프타운의 성에 구금되어 있던 그라프-레이넷 반란자들을 방면했다. 다음으로, 그들은 코사족과 함께 살고 있는 모든 보어인들이 식민지지역으로 다시 돌아오기를 원했고 이런 목적으로 쿤라트 데 바위스와 응시카 족장과의 회담을 마련했다. 그 회담 후에 얀센스는 쿤라트를 두고 "식민지에서 가장 위험한 인물"이자 "지적이면서 파격적인 인물"이라고 언급했다.

역사적 사건들에서 나타난 이러한 변화는 쿤라트에게 하나의 전환점이 되었다. 그는 곧 식민지지역으로 돌아와서 스벨렌담 지역에 있는 돕콤스트 농장에 정착했다. 그곳에서 1804년 식민지의 군의관 헨리 리히텐슈타인 박사는 그를 만났다. 리히텐슈타인은 쿤라트를 "살아 있는 헤라클레스"라고 썼지만, 이 찬사도 충분치 않았던지 더 많은 말을 했다.

"우리는 그에게서… 그의 태도와 대화 속에 나타나는 어떤 겸손함, 은근한 사양심을, 그의 모습과 풍채에 배어 있는 온유함과 친절함을 발견했다. 이런 것들은 그가 여러 해 동안 야만인들 속에서 살았다는 것에 대해 일말의 의심도 품지 못하게 했으며, 우리가 그에게 가졌던 편견을 불식시키는 데 있어서 그의 대화보다 훨씬 더 큰 기여를 했다. 그는 우리가 질문하는 주제들에 관해 기꺼이 정보를 제공해 주었지만, 자기 자신이나 자신과 흑인들의 관계에 대해서는 조심스럽게 이야기를 피해 갔다. 이따금 일종의 의미심장한 미소와 함께 드러나는 이런 신중함은 그를 더욱더 흥미로운 인물로 여겨지게 했으며, 그의 이야기가 자아내는 흥분

이상으로 우리의 연민을 자극했다. 이럴 때 그의 얼굴에 떠오르는 미소는 그가 지닌 힘들의 내면적 의식을 말해 주었는데, 그의 인내심은 두려움의 결과가 아니며 또 진실이나 자신의 개인적 명성을 희생시켜서 다른 사람의 호기심을 충족시키는 것을 수치로 여긴다는 것을 그 미소에서 자연스럽게 읽을 수 있었다."

모든 것을 감안하여 평가하더라도, 이 기간 동안 쿤라트는 스벨렌담 지역에서 최선을 다했으며 그후에도 조지아 지역에서 합법적으로 정착해서 살려고 노력했다. 그는 케이프타운의 식민지당국에 불법신분의 상태를 철회하고 합법적인 시민으로 인정해 달라는 청원서를 공식적으로 제출했다. 이는 지극히 당연한 일이었다. 당시의 기록들에는 그가 자기 자식 셋에게 세례까지 받게 한 것으로 나와 있다.

견실한 시민이 되기 위한 쿤라트의 선의와 노력은 거의 10년 동안 지속되었다. 그러나 그가 다시 모반을 했을 때는 예전보다 훨씬 더 많은 것을 포기해야 했다. 불행하게도 쿤라트가 공식적인 기록이나 여행기를 쓸 만한 백인 관료라든가 여행가 혹은 선교사들이 거의 없는 곳을 돌아다녔기 때문에 이후 10년 동안 그의 행적에 관한 정보는 극히 드물다.

우리는 쿤라트가 1814년 쉰두 살의 나이에 어떤 계기로 케이프 식민지를 마지막으로 떠났는지 전혀 알지 못한다. 물론 백인 이웃들은 그를 좋아하지 않았다. 그 이유는 주로 그와 함께 사는 흑인여자들과 코이코이족 여자들을 비롯하여 커피색 피부의 여러 아이들 때문이었고, 또 그가 혼혈('잡종') 하인들을 학대하고 살해해서 고발당한 한 백인여성에 대해 불리한 증언을 했기 때문이었다. 시민들 사이에서 '스바르테 오메 강'으로 알려졌던 그 여자는 순회법정에서 쿤라트의 옛 친구인 요하네스 반 더 켐프와 그의 동료선교사 제임스 레드와 함께 일괄적으로 벌금형에 처해졌다. 아마 쿤라트는 새로 도입된 엄격한 사냥법에 심하게 좌절하였을 터인데, 그로 인해 자기가 가장 좋아하는 활동 한 가지를 할 수 없게 되었다. 선교사 존 캠벨은 네덜란드가 케이프 지역을 영국에 다시 양도했기 때문에 쿤라트가 떠나버렸다는 이야기를 들었다고 일기에 썼지만, 이것이 쿤라트가 떠난 동기임을 말해 주는 다른 자료는 전혀 없다.

거의 2세기가 지나서, 상당한 연구 끝에 내가 쿤라트 데 바위스를 이해하기 위해 택한 쪽은 동시대 시민들 속에서의—그리고 식민지의 회초리 아래서의 세속적이고 통제적인—삶은 그의 성격이나 자유와 모험을 사랑하는 그의 성향과 배치되기 때문에 더 이상 견딜 수 없었다는 것이다. 또한 나는 쿤라트가 자기가 속한 사회의 백인들 대부분을 좋아하지 않았다는 느낌을 받았다. 노엘 모스터트는 이에 동의하는 다음과 같은 글을 썼다.

> 어린 시절 그가 겪은 일들을 알게 되면 정말이지 그가 같은 보어인들을 좋아하거나 신뢰하지 않았을 뿐 아니라 존중조차 하지 않았다고 믿게 된다. 이따금 그는 그들의 멍청함과 경솔함, 공포심에 대해 노골적으로 비난했다. 뿐더러 그는 그들의 질투심과 살벌한 싸움, 저속하기 짝이 없는 상호비방 역시 잘 알고 있었다.

145

그의 삶은 저 관습에 얽매이지 않는 개척자가 평범하고 관습에 충실한 사람들에게 가졌던 일종의 경멸이었으며, 그는 자신과 나머지 사람들 사이에 선명한 경멸의 선을 그었다.

이번에는 쿤라트는 가리프(혹은 오렌지) 강 주변의 북쪽 변경지방으로 갔다. 그곳은 동쪽보다 훨씬 더 폭력이 난무하고 혼란스러운 변방이었다. 당시 이 북쪽 변경지방에는 부시맨과 코라족 혹은 코라나족이라고 부르는 코이코이 집단, 그리쿠아족 그리고 세츠와나어와 세소토어를 구사하는 흑인농부들이 살았다. 당시에 바스타즈족으로 알려져 있던 그리쿠아족은 보어인과 코이코이족 그리고 식민지에서 도망친 노예의 피가 뒤섞인 집단이었다. 이들은 아프리칸스어를 썼으며, 다른 지방이나 흑인농부 집단과 달리 유럽식 복장을 하고 다녔고 총기류와 말을 사용했다. 이후에 이들의 발자취를 좇았던 부어트레커(Voortrekker, 1820~30년대에 케이프 지역의 영국 식민지에서 벗어나 북부 내륙지역으로 이주하여 트란스발공화국과 오렌지공화국을 개척한 네덜란드계 백인들—옮긴이)들이 아니라 바로 이들이 오렌지 강 계곡과 트란스오란예라 불리는 오렌지강 북쪽지방의 진정한 개척자들이었다. 이들은 스스로 차리구리쿠아족의 시조 족장의 이름을 따라서 그리쿠아족이라 칭했다.

이곳이 바로 쿤라트와 그의 첩들 및 아들딸들의 대규모 수행원들과 그들의 가족들이 이주해 간 지역이었다. 그는 그 지역을 맨 처음으로 찾은 백인 정착민들 가운데 한 사람이었다. 동쪽 변경지방은 연륜이 오래

된 코사족 사회구조에 의해 얼마간의 법과 질서와 사회적 안정이 갖추어져 있는 데 비해, 북쪽은 법과 규율이 일절 존재하지 않는 변방이었다. 이곳에서 사회는 사병집단으로 이루어져 있었다. 페트뤼스 피나르라는 보어인이 독일군 탈영병 얀 블룸이 지휘하는 강력한 군대를 고용했다. 그런데 블룸이 자기 군대를 만들기 시작했을 때 그의 자리가 클라스 아프리카너라는 우를람 코이코이족 사람에게 넘어가 버리자, 이 때문에 결국 블룸은 피나르와 그 가족을 죽여버렸다. 그 밖에도 단처라는 이름의 코사어를 구사하는 한 남자가 코사족 무리를 이끌고 다니며 마을을 습격하여 약탈했는가 하면, 몇몇 크리쿠아족 의용대들도 똑같은 소행을 하고 다녔다. 쿤라트 데 바위스는 단처와 손을 잡고서 도망노예와 탈영병, 그리쿠아족, 코이코이족, 코사족, 부시맨 들로 구성된 의용대를 조직했다.

1815년 중반에, 케이프타운의 식민지당국은 오래 전부터 제기되었던 쿤라트에 대한 불만들을 처음으로 접수하기 시작했다. 그리쿠아족과 부시맨들 속에서 활동하던 선교사들은, 쿤라트가 사람들에게 선교사들이 그들을 식민지정부에 팔아넘겨서 강제로 식민지군대에 집어넣을 것이라고 말하고 다닌다고 불만을 토로했다. 또 선교사들은 쿤라트가 오늘날의 쿠루만 지역으로 가서 세츠와나어를 구사하는 그 지역 사람들에게 선교사들을 거부하도록 영향력을 행사했다고 보고했다. 식민지 사무관에게 제출된 쿤라트의 행동보고서에는 "다년간 개척민들에게 악영향을 끼친 유별난 성격의 소유자로서 그 반역적인 행위와 나쁜 습성들은 오래 전부터 익히 알려져 있는 식민지 거류인"이라고 언급되어 있다.

식민지 변방지대 총사령관 안드리스 스토켄스트룀은 쿤라트가 지금의 킴벌리 지역에 살고 있는 것을 알아냈다. 그는 쿤라트가 그 지역에서 갈등과 전쟁을 일으키는 것을 예의 주시하고 있었지만, 그의 목에 현상금을 거는 것 외에 할 수 있는 일이라고는 전혀 없었다. 이와 같은 일이 수없이 되풀이되었다.

스토켄스트룀은 쿤라트에 대한 걱정으로 밤을 지새웠다. 많은 그리쿠아족 사람들은 그를 지도자로 받아들이기 시작했으며, 그의 지휘하에 츠와나족의 가축을 강탈해 가기도 했다. 스토켄스트룀은 데 바위스 문제를 어떻게 처리할지 고민하면서 가리프강으로 여행을 했다. 그곳에서 윌리엄 앤더슨 선교사는 그에게 쿤라트는 그 지역 사람들의 정신 속에 "그들 스스로 정부로부터 완전히 독립된 존재로, 충분히 자기방어를 할 수 있을 만큼 강력하고 독자적인 민족으로 생각해야 한다"는 것을 심어주었다고 말했다.

스토켄스트룀은 위협과 약속을 적절하게 배합해서 제시하면서 그리쿠아족 족장들이 쿤라트를 잡아서 식민지정부에 넘겨주도록 설득했다. 1818년에 족장들은 의용대를 파견하여 쿤라트를 찾아나섰지만, 쿤라트는 이 소식을 접하고 더 북쪽으로 달아났다. 부인과 자식들까지 섞여 있는 그의 패거리는 이동이 더딜 수밖에 없었기 때문에, 그리쿠아족 의용대는 그를 따라잡을 수 있었다. 그들은 매복하고 있다가 도망노예 아렌트와 함께 샘터로 물을 길러 내려가는 쿤라트를 사로잡으려고 했으나, 두 사람은 재빠르게 그들의 포위망을 빠져나갔다. 쿤라트가 거느리고 다니는 무리가 얼마나 무시무시한지는 널리 알려져 있었던 터라, 그리쿠아족은 더 이상 그를 추적하지 않았다.

그러나 쿤라트는 이제 더 이상 트란스오란예 지역에서는 자신을 환영하지 않는다는 소식을 접하고는, 1818년 후반기 내내 무리를 이끌고 훨씬 더 북쪽으로 이동하기 시작했다. 그때 쿤라트의 나이가 쉰일곱이었다. 그로부터 18개월쯤 지나서, 스토켄스트룀은 그를 찾아 다시 길을 떠났는데, 이번에는 쿤라트에게 사면과 남아프리카 내륙에 관한 정보를 맞교환하자는 협상을 하기 위해서였다. 하지만 그는 데 바위스 무리의 근처에도 다가가지 못했다. 스토켄스트룀은 보고서에 이렇게 쓰고 있다.

"내가 쿤라트에 관해 수집할 수 있었던 정보 가운데 확실하다고 장담할 수 있는 것은, 쿤라트는 1818년에 그리쿠아족으로부터 도망친 뒤로 상당 기간 동안 시베넬이라 불리는 보추와나족의 한 족장 곁에 머물러 있었다는 것이 전부이다. 이들은 고카족으로부터 소떼 1400마리를 약탈하여 반은 시베넬 족장이 갖고, 나머지 반은 데 바위스가 끌고 떠났다. 그리쿠아족 사람들이 바위스를 뒤쫓으면서 보낸 두번째 보고서에 따르면, 그는 이 나라의 저 위쪽에 있는 편안하고 원활한 소통이 가능한 동부 해안지방으로 떠났다."

그러면서 스토켄스트룀은 이렇게 덧붙였다.

"이 방랑자를 만날 수 없었다는 것이 유감이다. 그는 굉장히 많은 지역을 돌아다녔으며, 따라서 가장 유용한 정보를 우리에게 제공해 줄 수 있다. 그는 무기가 고갈된 뒤로는 무리를 이끌고 이 종족에게서 저 종족에게로 쫓겨다니며 말 한 필도 없이 혹독한 기후와 극도의 피로에 노출되어 지낼 수밖에 없었던 쉼 없는 삶에 완전히 녹초가 되어버렸다. 이미 한쪽 편에서의 용도를 상실해 버린, 실로 가련하기 짝이 없는 사람이다."

존 캠벨 선교사 역시 남아프리카 전역에 떠돌아다니는 쿤라트에 관한 험담과 난폭한 소문들을 믿고, 여행기에 다음과 같이 썼다.

"아프리카너, 바위스는 늘 자기 생명을 노린 공격에 대해 두려움에 떨며 제대로 잠도 자지 못한다고 한다. 총 세 자루를 한시도 떼어놓지 않고 늘 곁에 두고 있으며, 자기 아내에게 탄약을 장전하는 방법을 가르쳐 주고는 공격을 받았을 때 자기는 오직 총만 쏠 수 있게 해두었다. 그는 참으로 불쌍한 사람이며, 그의 가족은 그에게 잡혀 있는 포로들이다."

이 보고서들은 쿤라트를 증오하던 선교사와 식민지 관료들이 바라마지 않던 것을 충족시켜 주었다. 1818~24년에 갖가지 소문들이 무성했는데, 그 가운데서도 쿤라트와 그 가족이 살해당했다는 소문이 가장 믿을 만한 것으로 회자되었다.

노엘 모스터트의 연구에 따르면, 1818년 이후 쿤라트는 "소토족의 한 족장 마을에서 다른 족장 마을로 옮겨다니며 어떤 사람에게는 군사적 역량을 제공하고 또는 어떤 마을을 습격하기도 하면서… 그는 북쪽으로 갔다. 어떨 때는 데 바위스가 최고의 족장으로서 다양한 흑인종족 마을들을 직접 다스리기도 했다."

그리쿠아족의 공격에서 쿤라트와 함께 살아남은 도망노예 아렌트는 여행가 조지 톰슨에게 "악명 높은 무법자 쿤라트 바위스는 마카바 족장이 다스리는 영역에서 안전하게 편히 살고 있으며, 그곳에 도착한 바로 그날 족장에게서 소 50마리를 선물로 받았다"고 말했다.

대부분의 자료들이 한 가지 점에서는 일치한다. 쿤라트가 결국에는 무기가 바닥이 나서 창과 화살을 가지고 본격적인 사냥에 나서기 시작했다는 것이다. 또한 서구식 복장을 벗어버리고 그 지역 사람들처럼 가죽을 걸치고 다녔다. 2미터가 넘는 키에 긴 머리와 아래로 길게 늘어뜨린 수염과 반나체의 태양에 그을린 이 거인이 아프리카 덤불을 헤치고 다니는 모습을 한번 상상해 보라.

쿤라트의 거처에 관한 마지막 공식자료는 스티븐 케이 선교사가 1821년에 스토켄스트룀에게 보낸 편지인데, 그 편지에는 쿤라트의 마차가 추엔냐네 북쪽을 "엿새인가 여드레 동안 쉬지 않고 가다가" 부숴져 버리는 바람에 더 북쪽으로 가기로 결심했다는 소문을 들었다고 씌어져 있다. 이 마지막 자료에서 우리가 추론할 수 있는 것은 쿤라트가 오늘날의 자유공화국과 북서지대, 음푸말랑가, 림포포 지역들을 거쳐 갔다는 것이다.

그로부터 15년이 지나서 쿤라트의 아들 마이클이 제공한 정보 외에는 쿤라트 데 바위스에 관한 이 자료 이후의 행적을 기록한 것은 더 없다. 마이클은 일행이 림포포강을 따라 길을 가던 도중에 자기 어머니는 열병에 걸려 죽었다고 말했다.

"아버지는 어머니를 잃고 가슴이 찢어질 듯 슬퍼했다. 비탄에 잠긴 아버지는 그곳에서 우리를 떠나겠다고 말씀하셨고, 우리는 더 이상 길을 가지도, 되돌아가지도 못했다. 종국에는 백인들이 올 것이라고[그리하여 우리를 찾아낼 것이라고], 주님이 우리를 돌보아주실 거라고 아버지는 말씀하셨다. 다음날 아침에 아버지는 보이지 않았다. 밤사이에 우리를 떠나셨던 것이다."

아내의 죽음에 몹시 상심한 쿤라트 데 바위스는 어둠 속으로 걸어 들어갔으며, 다시는 그의 모습을 볼 수 없었다. 자살을 했을까? 사자에게 물려 죽었을까, 아니면 자기 아내의 목숨을 앗아갔던 열병에 그 역시 걸려 죽었을까? 우리는 알지 못한다.

그가 뒤에 남겨두고 간 가족들은 그가 줄곧 걸어서 모잠비크로 갔다는 소문을 들었다. 확실히 그의 딸 하나의 남편은 그를 찾아 그곳까지 갔으며, 장인이 소팔라에서 어떤 여자와 결혼했다는 소문을 들었다고 말했다. 이 소문의 진위를 확인할 길은 없다. 아마 그의 가족들은 이 불멸의 남자가 죽을 수도 있다는 사실을 도저히 믿을 수 없었을 것이다. 자연히 그가 아직도 살아 있다는 것을 확인시켜 주는 이야기들만 믿을 수밖에 없었을 것이다.

아가타 슈만은 이렇게 믿고 있다. "더 이상 가족을 지켜줄 수 없다는 것을 느낀 그는 자기 아들이 1838년에 루이스 트리카트의 열병에 걸린 부어트레커 무리를 위해 했던 것과 똑같은 일을 할 생각이었을 거라고 추측하는 것이 더 합리적이다. 그때 그의 아들은 쿤라트가 1798년부터 주기적으로 손을 뻗쳐보려고 시도해 왔던 델라고어 베이의 포르투갈 사람들에게 도움을 청하러 갔었다. 사람들은 그가 포르투갈인 영토에 들어가 새로운 바위스 가문을 일으켰다는 쪽보다는 열병에 걸려 구원의 손길도 전혀 받지 못한 채 죽어갔다는 쪽을 훨씬 더 믿고 싶어하는 경향이 있다."

아마 이 수수께끼 같은 남자의 불처럼 격정적인 삶은 미스터리로 끝났다는 게 적절할 듯싶다. 아프리카의 광야에서 홀로 생을 마감했다고 말이다.

나의 고향 크론스타트의 역사교사들은 쿤라트 데 바위스에 관해 단 한번도 말해 준 적이 없다. 노엘 모스터트가 강조하는 것처럼 "쿤라트 데 바위스는 그 어떤 변경지역이나 그 어떤 상황에서도, 권력쟁탈과 산적행위가 횡행하던 곳에서는 하나의 전설이었을 터이지만, 전통적인 아프리카너 영웅들의 전당에는 그의 자리가 없었다. 그는 모든 역사교과서에 각주로 처리되는 존재, 잠시 읽기를 멈추고 반추해 보지 않고는 결코 지나칠 수 없는 존재, 별로 중요하지 않은 인물로 취급되지만 장대한 삽화를 제공하는 존재이다. 그는 매우 곤혹스러운 존재일 수 있고 또 수많은 아프리카너 민족주의자들에게는 그렇게 비쳤음에 틀림이 없지만, 초기 개척시대에 상호교환이 가능한 다양한 모든 것들을 구현하고 있었기 때문에 결코 무시하고 지나칠 수 없는 인물이다."

쿤라트 데 바위스는 남아프리카에 늘 존재한 모든 유전적 기질을 실질적으로 구성하는 하나의 가족군─나중에 이들은 바위스족(Buys-volk)이라고 불리게 되었다─을 남겼다. 바위스족 사람들은, 머지않아 인종적으로 배타적인 백인 아프리카너 민족주의의 요새가 되는 트란스발 지역의 진정한 아프리카너 개척자들이었다. 여러 해 동안 벤다족 사람들 속에서 살면서, 그 지역을 찾아온 모든 부류의 사냥꾼과 모험가들과 이주자들의 통역자겸 안내인 역할을 했다. 이들은 스스로 아프리카너라고 생각하면서 아프리칸스어를 구사했으며, 특히 쿤라트의 아들들은 그 지역의 일부 흑인종족들에 대항하여 부어트레커들의 지도자 헨드리크 포트히터와 공동전선을 펼쳤다. 벤다족의 라벨레 족장은 크란스포르트 근처의 땅을 바위스가 사람들에게 양도했으나, 트란스발공화국의 폴 크루거 대통령은 그들에게 오늘날의 비보와 마카도(예전의 루이스 트리카트) 지역 사이에 있는 땅을 주었고, 그곳에 후손들이 지금도 살고 있다. 현재는 바위스도르프라고 불리고 있다.

 아프리카너들의 역사책에서 기껏해야 각주로 처리되는 것 이상으로는 한번도 인식된 적이 없었던 사람의 이름을 좇아서 만든 도시가 오늘날까지 남아프리카에 존재하고 있다.

9. 샤카의 여인들

:: 샤카의 여인들

줄루족의 왕 샤카는 아마 남아프리카 역사에서 가장 전설적인 인물일 것이다. 출발은 초라했지만 마침내 민족을 세우고 아대륙 전체의 역사를 바꾸어놓은 천재적인 군사전략가. 그러나 그의 삶에서 중요한 역할을 했던 두 여인, 그의 어머니 난디와 자신의 삶을 고스란히 그에게 바쳤던 팜파타의 이야기를 아는 사람은 거의 없다.

난디는 남아프리카 동부해안에 살던 응구니족의 소(小)부족 엘랑게니족 족장의 아름답고 의지가 강한 딸이었다. 어느 날(아마 1786년이었을 것이다), 그녀는 마음속으로 흠모하고 있던 이웃의 소부족 줄루족의 족장 센장가코나와 사랑에 빠졌다(그가 지나가다가 개울에서 목욕하고 있는 그녀를 보았다고 이야기하는 사람들도 있다). 그녀가 사랑하는 남자의 어머니는 엘랑게니족 출신이었고 이는 두 사람이 사촌이어서 친척 간의 결혼이 허용되지 않는다는 것을 의미했기 때문에, 그녀는 결혼은 전혀 생각할 수가 없었다. 그러나 그녀는 매우 독립심이 강한 여성이었으며, 사랑의 유희는 그녀의 취향에 딱 들어맞았다.

하지만 그것은 실제로 단순한 사랑의 유희를 넘어서게 되었다. 응구니족에게는 남자와 여자들이 서로의 생식기를 맞대고서 삽입까지는 안 가는 그런 성적 놀이에 참여할 수 있는 관습이 있었다. 난디와 센장가코나도 바로 이런 성적 놀이를 즐겼다. 다만 적어도 한번은 이들이 자제력을 잃었던 것만은 분명하다.

센장가코나 족장은 정신을 차리고 보니, 엘랑게니족의 사신이 와서 그와 부족원로들에게 그가 난디에게 임신을 시켰다고 말했다. 얼마간 불명예스러운 스캔들이 아닐 수 없었다. 그는 난디에게 외출금지령이 떨어졌다는 것을 알게 되었고, 또한 족장의 신분으로서 자신의 충동을 좀더 잘 통제했었어야 했다. 아무튼 난처해진 줄루족 원로들은 난디의 상태는 필시 우샤카(uShaka)의 소행, 다시 말해 이따금 여성의 생리주기를 교란시켜 불규칙하게 만드는 장내 기생충의 소행일 따름이라는 모욕을 안겨서 그 사신을 돌려보냈다.

그로부터 7개월쯤 지나서 엘랑게니족 사신이 줄루족 족장의 거처를 다시 찾아왔다. 그 사신은 빈정거리는 어투로 원로들에게 자기네 족장은 지금 당장 난디와 그녀의 우샤카(그녀는 사내아이를 낳았다)를 보낼 수 있노라고 말했다. 이렇게 해서 그의 이름이 샤카가 되었다. 그는 기생충이라는 이름을 얻었던 것이다.

난디가 자신과 센장가코나의 관계에 대해 품을 수 있었던 모든 낭만적인 생각들은 순식간에 사라져 버렸다. 족장은 그녀를 세번째 부인으로 맞이하는 것 이외에는 다른 선택의 여지가 없었거니와, 창피스러운 추문 때문에 결혼식조차 올릴 수도 없었다. 그녀는 줄루족 사람들에게서 창녀

취급을 당했을 뿐만 아니라 남편 또한 변변치 못한 남자라는 것을 깨닫게 되었다.

　비록 그들 사이에는 놈코바라는 딸이 하나 더 있었지만, 두 사람의 관계는 흡사 사나운 폭풍우 같았다. 난디는 아마 초기 페미니스트의 면모를 지녔던 듯해서, 온순하게 센장가코나를 자신 마음과 몸의 주인으로 받아들이지 않았다. 이에 대한 벌로, 센장가코나는 그녀를 움막 몇 채만 있고 외부와 완전히 차단된 곳으로 가서 살게 했다. 그러다 보니 그녀는 사람들과 교류를 할 수 없었고 부족사람들 사이에서 평판은 더더욱 나빠졌다.

　샤카는 예닐곱 살 무렵에 목동이 되었다. 그의 아버지에게는 애지중지하는 귀여운 염소 한 마리가 있었는데, 이 염소를 샤카가 맡게 되었다. 그런데 어느 날 불행한 사건이 발생했다. 샤카가 잠시 염소에게서 눈을 뗀 틈을 타, 개가 그 염소를 죽여서 먹어치워 버린 것이다. 그러잖아도 골칫거리 아내와 아둔하기 짝이 없는 그 어린 자식에 대해 참을 만큼 참았다고 생각한 센장가코나는 이를 빌미로 모자와 어린 아기 놈콤바를 엘랑게니 종족에게 보내고는 자신이 그녀를 위해 지불했던 로볼라(lobolla, 아프리카 원주민들이 결혼할 때 남자가 여자의 오빠나 외삼촌에게 지불하는 결혼지참금—옮긴이)를 돌려달라고 강력하게 요구했다. 말할 필요도 없이 이 사건으로 난디는 자기 종족에게서도 전혀 환영을 받지 못하게 되었다. 남자가 여자의 지위를 결정하는 모든 것이었던 사회에서 난디는 자신을 돌봐줄 남자도 없이 두 자식을 키우는 외롭고 명예스럽지 못한 어머니였다. 설상가상으로 이 모든 불행은 난디가 젊고 우아한 숙녀로 변모할 수 있는 길을 가로막았다. 그러나 여전히 그녀는 강철 같은 의지와 면도날 같은 혀를 가지고 있었다.

자기 어머니가 종족들에게 달가운 존재가 아니라는 사실과 어머니에게 끊이지 않고 따라다니는 악의로 가득 찬 소문은 어린 아들에게 깊은 상처를 주었을 뿐 아니라, 엘랑게니족 아이들까지도 이를 구실로 소년을 몹시 잔인하게 못살게 굴었다. 그는 아버지가 원치 않았던 자식이라며 늘 조롱을 받았다. 오늘날까지 전해지고 있는 몇 가지 이야기에 따르면, 이따금 아이들은 소년의 숟가락을 불속에 집어던지고는 그것을 꺼내서 억지로 혀로 핥게 한다거나 소년의 손에 펄펄 끓는 음식을 올려놓고는 그것을 떨어트리면 흙이 묻은 더러운 음식을 개처럼 핥아먹게 했다.

이 모든 일을 겪으면서 어린 샤카는 자기 아버지가 족장이고 어머니는 족장의 딸이라는 사실을 알게 되었으며, 이것은 자기를 못살게 구는 아이들이 평민인 것과 달리 그에게 위엄을 부여해 주는 요소였다. 그 자신의 고통과 어머니가 겪는 고난은 비록 건강한 관계는 아닐지라도 둘 사이에 깊은 유대감을 형성시켜 주었다. 그는 한낱 소년에 불과했지만 어머니의 삶에서 어엿한 남자가 되어야 했고, 마찬가지로 그녀 또한 적의로 가득 찬 세상에서 아들에게 유일한 위안이었다.

그러나 훨씬 더 잔혹한 운명이 어린 소년에게 닥쳤다. 그 시대의 응구니족 어린 소년들은 사춘기 때까지 옷을 전혀 입지 않았다. 몇몇 역사가들은 샤카가 소년으로서 생식기가 너무 작았으며, 심한 남성주의의 응구니족 사회에서 이것은 특히 뼈아픈 조롱의 대상이 되었다고 기록하고 있다. 도날드 모리스는 1965년에 출판한 『창을 닦기』(*The Washing of the Spears*)에서 다음과 같이 쓰고 있다. "그의 다른 약점들에 더해 그의 성기는 사춘기가 될 때까지도 몹시 작았던 것 같은데, 목동들은 옷을 전혀 입지 않았기 때문에 그로서는 단 한 순간도 그 사실을 잊을 수가 없었다." 1955년에 나온 『샤카 줄루, 줄루제국의 탄생』(*Shaka Zulu, The Rise of the Zulu Empire*)에서, E. A. 리터는 샤카가 열한 살이었을 때 일어난 사건을 묘사하고 있다. 샤카보다 나이가 많은 소년목동 둘이 그를 가리키며 이렇게 소리쳤다. "아케 니-보네 움톤도 와케, 우파나 놈 순두 은제!"(Ake ni-bone umtondo wake, ufana nom sundu nje!) — "저 녀석 자지를 봐라, 쬐끄만 지렁이처럼 생겼네!" 샤카는 그 두 소년을 거의 죽일 뻔했다.

그가 이런 문제를 터놓고 이야기할 수 있는 사람은 오직 난디뿐이었다. 그녀는 아들을 자신의 '작은 불'이라고 부르면서, 너는 사자와 같은 용기를 지녔으며 언젠가 이 땅에서 가장 위대한 족장이 될 거라고 끊임없이 그에게 상기시켜 주었다. "나는 네 눈 속에서 그것을 읽을 수 있어." 줄루족 역사가들은 그녀가 그에게 들려준 이야기를 이렇게 보고하고 있다. "네가 화가 나면 너의 두 눈은 태양처럼 활활 타오르지만, 고통스러워하는 나에게 위로의 말을 속삭일 때면 너의 두 눈은 더할 수 없이 부드러워진단다."

샤카가 작은 성기 때문에 얼마나 심하게 상처를 받는지 이해해 준 여자가 두 사람 더 있었다. 샤카 아버지의 다른 부인들인 음카비와 랑가자나였는데, 그녀들은 샤카에게 전혀 걱정할 필요가 없다면서 어렸을 때 성기가 작았지만 어른이 되어서는 여느 남자들 못지않게 아니 그보다 훨씬 더 큰 성기를 가진 사람들을 여럿 보았다며 위로해 주었다(샤카는 강력한 통치자가 된 후, 이 두 여자를 자신의 군사통치조직에서 더 높은 지위로 승격시켜 주었다).

열다섯 살이 되자, 샤카는 성인식을 수행하기 위해 또래의 소년들과 함께 센장가코나가 지배하는 왕립조직에 들어가야 했다. 줄루의 역사가들은 음카비와 랑가자나의 말이 옳았으며, 그녀들의 말대로 실제로 샤카의 성기는 상당히 자랐다고 강조한다. 그 자부심이 얼마나 대단했던지, 이 사내는 성인식이 끝나고 받은 허리띠 옷, 우무차를 입기를 거부할 정도였다. 그는 모든 사람들, 특히 자신을 놀리며 못살게 굴었던 사람들이 예전에 그 볼품없던 물건이 얼마나 크게 자랐는지 두 눈으로 직접 확인하고는 부러워하고 질투하기를 바랐다. 그가 허리띠 옷을 입지 않겠다고 거부하자 그의 아버지와 원로들은 크게 화를 냈고, 그는 다시 어머니에게로 돌아갔다. 종족사람들의 압력 때문에 마지못해 그는 음-은세도를 걸치는 데 동의했다. 이것은 겉만 살짝 가리는 조그마한 덮개로, 그의 남성다움을 상징하는 성기의 크기는 여실히 드러났다.

난디와 샤카의 외롭고 비참한 생활은 머지않아 더욱더 나빠졌다. 1802년에 엘랑게니족 마을에 심각한 기근이 덮치자, 사람들은 먹을 것을 조금이라도 더 차지하기 위해 이 모자를 마을에서 무참하게 내쫓아버렸다. 거지들처럼 난디는 자식들을 데리고 문전걸식하며 떠돌아다니다가 마침내 이웃해 있는 음베드웨니족 출신의 겐데야나라는 남자와 함께 살게 되었다. 난디를 진심으로 사랑한 이 남자는 그녀를 행복하게 해주었으며(이때 이미 그녀는 이 남자와 사이에 아들이 하나 있었는데 이름은 응그와디였다), 한동안 함께 지냈다.

그러나 이제 열여섯 살이 된 샤카는 이 낯선 마을에서 자기가 있을 만한 자리가 없었다. 그들은 다시 이 마을을 떠나서, 이번에는 조베 왕이 다스리는 음테트와족의 일원인 들레체니 부족 속에서 살고 있던 난디의 여동생에게로 갔다. 들레체니 부족의 우두머리 응고마네는 난디와 그녀의 아이들을 매우 자상하게 대해 주었고, 그래서 그들은 그곳에 머물렀다. 그곳에서 음비야라는 한 남자가 샤카의 양아버지 역할을 해주었는데, 실로 샤카로서는 난생처음 긍정적인 남성이자 아버지의 상을 만나게 된 것이었다. 하지만 그의 인생에서 조금 늦은 편이라고 할 수 있었다.

난디와 놈코바는 행복해했으며, 샤카도 처음으로 활기를 띠었다. 이제 활력 넘치는 늠름한 체격에다 빈틈없고 기민한 머리와 강인한 성격을 겸비한 그는 순식간에 마을 젊은이들의 지도자가 되었다. 이때 놈코바는 팜파타라는 새로운 친구를 사귀었는데, 그녀의 나이가 열일곱 살이고 샤카는 열여섯 살이었음에도 불구하고 그녀는 그를 만난 첫날부터 멋있는 샤카에게 홀딱 반했다. 열아홉의 나이에 아세가이(assegai, 가는 투창—옮긴이)와 곤봉만 가지고 맨손으로 레오파트를 죽였을 때, 샤카는 그 지역 주민들 사이에서 지역의 영웅으로 격상되었다. 팜파타는 주위에 있는 모든 사람들에게 샤카는 우리 종족이 지금까지 알고 있는 족장들 중에서도 가장 위대한 족장이 될 거라고 큰소리로 말했다. 샤카를 영웅으로 숭배하는 팜파타의 이 같은 마음은 그가 죽을 때까지 전혀 시들지 않고 변함없이 이어졌다.

바로 그 무렵 음테트와족 사람들 내부에서 음모가 꾸며지고 있었다. 조베 왕을 살해할 음모를 꾸몄던 그의 두 아들 중 하나는 그 자리에서 죽임을 당했고 다른 아들 고동와나는 도망을 쳤다. 그후 조베 왕이 세상을 떠나자, 도망을 갔던 아들은 스스로 방랑자라는 의미의 딩기스와요라고 칭하면서 마을로 돌아왔다. 이 딩기스와요가 음테트와족의 족장이 되었을 때, 샤카는 그의 군대에 징집되었고 그의 인생은 완전히 바뀌었다. 곧바로 샤카는 군인으로서 탁월한 능력을 보였으며, 족장이 각 부족을 차례로 정복하면서부터 딩기스와요의 최고의 전사가 되었다. 샤카는 그 시대에 주로 사용하던 아세가이라는 기다랗게 생긴 던지는 무기 대신 짧고 찌르는 무기를 썼으며, 더 빠르고 민첩하게 움직이기 위해 신발을 신지 않고 맨발로 싸웠는가 하면, 성공적인 공격형 진용을 창안해 냈다. 이런 천재적인 군사혁신들은 이후에 그를 남아프리카에서 가장 두려운 전사의 반열에 올려놓았다.

다른 모든 군인들과 마찬가지로 샤카는 전투에서 처음 사람을 죽인 뒤에 "자기 도끼를 씻어내는 의식", 즉 여자와 성적 접촉을 하는 의식을 치러야 했다. 전투가 끝나고 돌아오는 길에 맨 처음 만나는 처녀와 성관계를 가지는 것이 전통적인 관례였다. 샤카는 자기가 맨 처음 만나는 처녀가 누이동생의 친구인 팜파타가 아닌 다른 여자가 되는 일이 일어나지 않도록 용의주도하게 준비했다. 그러나 당시 실제로 일어났던 일에 대해서는 설이 여러 가지이다. 많은 줄루족 연대기 역사가들은, 샤카는 팜파타가 아름답고 지적인 여자라는 것을 이미 알고 있었고 두 사람은 샤카의 외양간에서 열렬한 사랑을 나누었다고 이야기한다. 그러나 또 어떤 역사가들은 샤카는 평생 동안 독신으로 지냈으며, 전투가 끝난 뒤에 맨처음 만나는 여자는 팜파타가 되도록 그 자신이 꾸몄다고 주장한다. 왜냐하면 팜파타라면 자신들이 실제로 성적 접촉을 하지 않았다는 것을 다른 사람들에게 절대 말하지 않을 터였기 때문이라는 것이다.

어느 쪽이 진실이든 그때부터 팜파타는 샤카에게 헌신하는 삶을 시작했다. 매일매일 그는 전사로서 명성을 날렸고, 그녀는 그의 오두막에 가서 청소하고 불을 밝혀놓았다. 그녀는 샤카의 안전을 위해 생고마(sangoma, 우리의 한의사와 같은 아프리카에서 전통적인 의술을 수행하는 사람인데, 아프리카의 생고마는 우리의 무당과 같이 정신적인 치유도 담당한다—옮긴이)들에게서 약과 부적들을 사는 데 모든 것을 다 썼다. 그가 군사작전을 마치고 돌아올 때면, 그녀는 부상당한 데를 치료해 줄 만반의 준비를 하고 기다리는 사람이었다.

이 시기 동안, 딩기스와요 군대의 총사령관으로 새로 임명된 샤카는 자기 어머니에게 머지않아 종족의 가장 위대한 여족장이 되실 거라고 말했다고 한다. 그는 어린 시절부터 줄곧 자신의 어머니가 의당 누렸어야 할 모든 특권과 권력을 그녀에게 안겨주고자 갈망했다. 또한 그때 자신은 모든 사람이 예상하고 있는 것처럼 팜파타와 결혼을 하지는 않을 거라고 말하여 어머니를 깜짝 놀라게 했던 것으로 전해진다. 그러면서 팜파타는 어머니 다음으로 "내 마음 가장 가까이 있는" 여자라고 덧붙였다. 요컨대 그의 말인즉슨, 족장의 아들은 늘 위험에 처해 있기 때문에 자신은 후손을 원하지 않는다는 것이었다. 하지만 이것이 모두 진실이 아니었을 수도 있다.

샤카가 스물여덟 살 무렵이 되었을 때, 그의 생물학적 아버지인 줄루족의 족장 센장가코나가 죽었다. 그는 눈을 감기 전에 자신의 여덟번째 부인의 아들 시구자나를 후계자로 임명했다. 샤카와 딩기스와요는 크게 분노했고, 그리고 샤카는 의붓동생 응그와디를 시구자나에게 보내서 그 지역을 떠나라고 경고했다. 그러나 그 둘은 싸움을 하게 되었으며, 그 싸움에서 시구자나는 목숨을 잃었다. 아니, 어쩌면 샤카가 응그와디에게 시구자나를 죽이라고 지시를 내렸을 수도 있다. 그러자 딩기스와요는 샤카에게 종족의 지휘권을 장악하라고 말하고는, 이 사실을 줄루족에게 공표하기 위해 샤카와 함께 최정예 군대를 그곳으로 보냈다.

이제 샤카는 줄루족의 족장이 되었다. 그러나 당시 줄루족은 여전히 작은 부족에 불과했다. 그의 첫번째 임무는 난디와 자신을 모욕하고 억압했던 부족사람들을 모두 난디가 함께 참석한 일종의 1인 법정인 그의 앞으로 데려오게 하는 것이었다. 그는 삼촌, 즉 난디는 임신을 한 것이 아니라 단순히 기생충에 감염된 것이라고 말했던 무들리부터 재판을 하기 시작했다. 샤카는 이렇게 소리쳤다고 한다. "모두, 들어라. 여기 계신

나의 어머니 난디에게 친절하지 않는 사람은 그 누구든 죽음을 면치 못할 것이요, 그 죽음 또한 고통스러울 것이다." 무들리는 칼에 찔려서 죽었고, 나머지 열 명 가량은 곤봉에 맞아서 죽었다.

그리고 얼마 후 줄루 군대를 새로 만들어서 곧바로 샤카는 자신과 어머니에게 너무나 많은 슬픔을 안겨주었던 엘랑게니 종족에게 복수를 하러 갔다. 다시 그는 대중연설을 하고는, 자신을 괴롭히고 조롱했던 사람들과 어머니에게 고통을 가했던 사람들을 하나도 빠짐없이 자기 앞으로 데리고 오게 했다. 그는 사건을 하나하나 다 열거한 다음에, 그들 모두에게 사형을 언도했다. 마치 자기를 조롱했던 사람들에게 그의 남성성이 얼마나 커졌는지를 일깨워주기라도 하는 것처럼, 그는 그들의 흘끗거림이 자기 몸을 더럽혔다고 말하면서 그들 앞에서 옷을 벗고 몸을 씻었다. 그리고 "나와 나의 어머니를 비방하는 사람들에게는 어떤 벌이 기다리고 있는지 보여주는 증거"로서, 그와 그의 어머니를 가장 악랄하게 괴롭혔던 사람들은 예리한 창에 찔려서 새들이 쪼아먹도록 들판에 내던져졌다. 이렇게 해서도 목숨이 붙어 있는 사람은 불태워 죽였고, 괴롭히는 정도가 다소 덜했던 사람들은 몽둥이로 때려죽였다.

다음으로 샤카가 한 일은 역시 자신을 모욕했던 풍가세 족장이 다스리는 부텔레지 종족을 정복하는 것이었다. 이 전투에서 샤카는 처음으로 공격대형을 뿔의 모양으로 배치하는 혁명적인 전술을 사용해서 대대적인 승리를 거두었다. 바야흐로 자기 아버지의 종족이름을 따라서 줄루족이라는 새로운 민족을 만들고자 하는 샤카의 열망이 본격적으로 드러나기 시작했다.

또 이때는 그가 궁정에서 데리고 있던, 샤카의 처녀들을 수집하기 시작하던 때이기도 하다. 샤카의 권력이 최고조에 이르렀을 때, 그 궁정에는 1천 명이 넘는 처녀들이 있었다. 처음에는 100명쯤 되는 부텔레지 종족의 처녀들로 시작했는데, 이 여자들을 아버지의 부인들과 어머니 소속으로 나누어 배치했다. 이 노년의 여성들은 자신들에게 배치된 젊은 여자들이 모두 처녀성을 지키도록 돌보는 임무를 맡았으며—샤카는 이 처녀들을 누이동생이라고 불렀다—가장 못생긴 남자들만 골라서 이들을 경호하는 임무를 맡겼다.

그러나 이따금 자연의 힘은 공포보다 더 강한 법, 몇몇 처녀들은 처녀의 순결성을 지키지 못했다. 만약 그들 가운데 다른 남자와 성관계를 가졌다고 의심되는 여자가 있으면, 샤카는 그 여자와 그 연인을 죽였다고 어떤 역사가들은 기록하고 있다. 심지어 이 '누이동생들'에게서 태어난 아기들 몇 명도 자기 손으로 죽여버렸다고 한다. 그런가 하면 그 시대 역사에 관해 전해져 내려오는 일부 구전들에 따르면, 이 여자들은 샤카의 후궁이었고 샤카는 정기적으로 이 모든 여자들을 성적으로 만족시켜 주었다고 한다.

이제 샤카에게 남아 있는 적 가운데 부텔레지 종족 다음으로 가장 큰 적은 1818년에 딩기스와요를 살해했던 은드완드웨족의 족장 즈위데였다. 샤카의 군대와 은드완드웨족의 피할 수 없는 전쟁의 기운이 감돌기 시작하자, 팜파타는 자신이 너무도 사랑하는 남자가 행여 큰 부상을 당하지나 않을까 몹시 걱정을 했다고 한다. 그리하여 그녀는 샤카에게 이상한 계획에 대한 이야기를 꺼냈다. 그녀가 결혼한 여자의 옷을 입고 혼자서 은드완드웨족 군대 쪽으로 걸어가서는, 그들 앞에서 옷을 다 벗는다는 것이었다. 이런 충격적인 전술은 필시 그들을 혼란에 빠뜨리고 넋을 잃게 할 것이며, 설령 그들이 자신을 공격하여 죽인다 하더라도 이 계획은 줄루 군대의 공격을 보다 쉽게 해줄 거라는 게 그녀의 설명이었다. 또한 이와 같은 일은 자신이 샤카의 신부라는 자부심을 느끼게 해준다고 그녀는 말했다. 샤카는 생명의 위험을 무릅쓰고 내어놓은 그녀의 제안에 깊은 감동을 받았지만, 만약 자신이 발가벗은 여자의 뒤에 몸을 숨긴다면 줄루족은 결코 머리를 들고 다닐 수 없을 거라며 그 제안을 물리쳤다.

계속된 전투에서 7천여 명이 넘는 은드완드웨족 사람과 1천여 명의 줄루족 사람들이 죽었다. 하지만 여기서 그치지 않고 얼마 후 두 종족 간의 더 큰 전쟁으로 번졌고, 마침내 그 전쟁에서 은드완드웨족은 완전히 패배했다. 이제 샤카는 북부의 응구니어를 사용하는 모든 종족의 실질적인 족장이자 딩기스와요의 계승자가 되었다.

이 시기 동안 샤카에 관한 이야기의 상당 부분은 영국인 헨리 프란시스 핀에 의해서 씌어졌다. 런던에서 의과의 보조원으로 일하던 핀은 1809년에 영국을 떠나 아버지와 형제들이 있는 케이프타운으로 갔다. 그는 원주민 사람들에게 매료되었고, 재빨리 코사어를 배웠다. 1824년 4월에 그를 비롯한 소규모 무리는 오늘날의 더반으로 항해해 가서 전설적인 전사의 왕을 만난다는 희망을 안고, 전투를 끝내고 고향으로 돌아가는 샤카의 한 부대를 따라갔다. 그후 여러 해 동안 핀은 샤카와 많은 시간을 보냈다. 그는 줄곧 여행기를 기록했지만, 어떤 시점에 그간에 기록해 놓은 것을 몽땅 잃어버리는 바람에 나중에 그것들을 대략적인 메모와 기억을 바탕으로 해서 재구성해야 했다. 이렇게 재구성된 글이 나중에 『헨리 프란시스 핀의 일기』(The Diary of Henry Francis Fynn)로 출판되었다.

핀의 기억들이 얼마나 믿을 만한지는, 사실 확인할 길이 없다. 다만 그는 샤카가 신뢰했던 몇 안 되는 백인들 중 한 사람이라는 것을 매우 자랑스럽게 여겼고, 왕과 함께했던 경험담을 사람들에 이야기하기를 무척 좋아했던 것만은 분명하다. 그가 보고 들었던 것을 얼마나 윤색했는지, 혹은 샤카의 통치 아래 있는 사람들의 관습과 제례와 행동을 잘못 이해하지는 않았는지, 우리는 알지 못한다. 그렇지만 그가 들려준 이야기들은 여전히 매혹적이다.

핀이 샤카의 궁정 크랄(kraal, 가축을 키우는 오두막 여러 채와 사람들이 거주하는 전통적인 아프리카 촌락이 모여 있는 마을 전체를 총칭하는 말—옮긴이)에 도착했을 때, 족장은 수천 명의 전사와 여자들을 향해 연설을 하고 있었다. 확실히 그는 백인들에게 강한 인상을 심어주고 나아가 어떤 면에서는 약간 위협을 가하기 위해 그들이 보는 앞에서 시위를 하고 있는 중이었다. 그의 궁정에 있는 처녀들은 춤을 추었으며, 전사들은 행진을 했고, 그의 방대한 가축떼는 도열을 해서 그들 앞을 지나갔다. 핀의 말에 따르면, 샤카가 한 손을 들어 신호를 보내자 그의 부하 몇 명이 그 자리에서 죽임을 당했다. 이와 같은 일은 백인들이 방문할 때마다 일어났고, 마침내 샤카가 자신의 절대적 권력을 과시하는 방법으로 인식되었다.

핀과 그 동료들은 또 왕실의 목욕에 참석하라는 요구를 받았다. 샤카는 자신의 일상적인 목욕을 공적인 축제로 만드는 습관을 지니고 있었다. 남녀로 구성된 시종들 앞에서 그는 천천히 옷을 벗고, 식물성 기름과 진흙으로 만든 비누로 온몸을 칠한 다음 물로 깨끗이 씻어내고는 다시 식물성 기름과 황토를 몸에 바른다.

1827년 10월, 핀은 샤카와 함께 코끼리 사냥을 하고 있는데 궁정에서 난디가 매우 아프다는 전갈을 보내왔다. 그들은 황급히 발길을 돌려 난디가 임종하기 바로 전에 궁정에 도착했다. 샤카는 왕의 권위를 상징하는 무공훈장으로 성장(盛裝)을 하고, 어머니의 시신 옆에서 서서 20분 동안 조용히 눈물을 흘렸다. 그리고는 북받치는 슬픔을 이겨냈다고 핀은 말했다.

샤카가 먼저 외침을 쏟아냈고, 이를 신호로 거의 상상할 수 없을 정도로 어마어마한 대중적 광란이 이어졌다. 수만의 백성들이 하나같이 "더할 수 없이 애끊는 무시무시한 탄식"을 토해 내며 장례식장으로 몰려 들어왔다. 이러한 통곡은 저 멀리 사는 전사와 여자들이 도착하면서 밤새도록 이어졌다.

이튿날 정오가 되자 대중들은 질서정연하게 모여들어 샤카를 둘러싸고 커다란 원을 이루어서 전쟁노래들을 불렀다고 핀은 기록하고 있다.

"노래가 끝나자 샤카는 몇 사람에게 그 자리에서 의식을 거행하라고 명령했고, 울부짖음은 지금까지보다 훨씬 더 격렬해졌다. 더 이상의 명령은 필요가 없었다. 그러나 오로지 자신들의 극도의 슬픔을 족장에게 확인시키는 데만 골몰해 있는 듯 군중은 무지막지한 대량학살을 시작했다. … 더 이상 눈물을 흘릴 힘이 없는 사람들—울다가 숨이 차서 물을 마시려고 강 가까이 갔다가 발견된 사람들—은 모두 흥분하여 날뛰는 사람들에게 뭇매를 맞아 죽었다. 오후에도 내가 계산하건대 7천 명은 족히 되어 보이는 사람들이 이 무지막지한 무차별적인 학살에 빠져 있었다."

난디가 죽은 지 3일째 되는 날 장례식이 거행되었다. 어떤 사람은, 난디의 여자시종 열 명을 팔다리를 모두 부러뜨려 산 채로 그녀와 함께 매장해서 그녀를 동반하도록 했다고 말한다. 샤카는 1만 2천 명의 사람들에게 1년 동안 그녀의 무덤을 보호하라고 명령했다. "나는 세계를 정복했지만 나의 어머니를 잃었다. 내 입은 쓰디쓴 침으로 가득하고 맛을 느낄 수 있는 감각이 내 인생에서 사라져 버렸다"라고 샤카는 말한 것으로 알려져 있다.

그러나 샤카는 혼자만 슬퍼하는 것을 원치 않았다. 그래서 백성들이 어떻게 자기와 함께 슬픔을 나누어야 하는지 그 방법을 자세하게 설명한 포고령을 발표했다. 누구든 1년 동안 절대 곡식을 심어서는 안 되었다. 누구든 당시 응구니족의 주식이었던 우유를 절대 마셔서는 안 되었다. 대신 소에서 짜낸 우유를 땅에 쏟아버려야 했다. 누구든 절대로 성관계를 맺어서는 안 되었다. 따라서 그해에 임신한 여성은 모두 그 남편과 함께 죽임을 당할 것이었다. 샤카의 부대는 그가 다스리는 영역을 돌아다니면서 이상의 규칙들을 강제했으며, 이 과정에서 수천이 넘는 사람들이 죽임을 당했다. 갈라라는 이름을 가진 한 남자가 샤카를 직접 대면하고서 더 이상 민족을 파괴하지 말라고 읍소할 때까지, 이 광기는 3개월 동안 지속되었다. 기이하게도 샤카는 이 남자의 말에 귀를 기울였을 뿐만 아니라 그에게 가축 몇 마리를 보상으로 주고 포고령도 철회했다. 그러나 어머니가 죽은 뒤로 샤카의 행동은 점점 더 차적으로 기괴하게 변해 가기 시작했다.

피비린내 나는 이 모든 이야기는 어머니의 죽음에 대한 샤카의 정신적 외상(trauma) 이상의 것과 관련이 있음이 틀림없는 듯하다. 핀은, 샤카가 잠재적인 적들을 향해 만약 자신의 어머니의 죽음이 그와 같은 피바람을 몰고 왔다면 자신의 죽음은 그보다 더 엄청난 결과를 가져올 것이라는 메시지를 보내고 있다는 인상을 받았다. 나탈대학의 존 라밴드 교수는 『모래밧줄: 19세기 줄루왕국의 흥망성쇠』(*Rope of Sand: The Rise and Fall of the Zulu Kingdom in the Nineteenth Century*)에서 "샤카는 자신의 적과 정치적 반대자들을 제거하기 위한 명분을 만들기 위해서… 용의주도하게 이들에 대한 대중적인 적대감을 불러일으킬 기회로 이용"한 것은 분명하다고 쓰고 있다.

난디의 죽음과 관련하여 가장 특이한 사항은, 줄루 역사를 기록한 대부분의 기록자들이 바로 샤카 자신이 그녀를 살해했다는 소문을 언급하고 있다는 점이다. 도날드 모리스의 자료에서는, 샤카 아버지의 누이동생 음은카바위는 샤카가 자기 어머니를 독살했다고 확신하고는 그 증거를 샤카의 이복형제들과 다른 원로들에게 제시했다고 이야기한다. 리터 백작은 난디의 죽음이 "비록 확실치는 않지만 일반적으로 샤카 자신에게 그 원인이 있는 것으로 받아들여졌다"고 말한다. 라밴드 교수는 "면면히 이어져 내려오는 줄루족의 전통"에서는 샤카가 자기 어머니를 살해했다고 믿고 있다고 기록하면서 다음과 같이 덧붙인다. "백성들이 샤카에게서 등을 돌리도록 하기 위해 그런 악의적인 소문을 맨 처음 퍼뜨린 사람은 다름아니라 샤카를 왕위에 올리는 데 주요한 공헌을 한 고모 음은카바위였다는 것은 설득력 있는 이야기다. 음은카바위는 그를 암살할 마음을 품고 있었다."

샤카가 섹스에 대해 다소 특이하고 강박적인 태도를 보였던 것은 의심의 여지가 없다. 그는 신하들의 성생활의 모든 측면을 규제하려는 시도를 하였는가 하면, 걸핏하면 강제적인 금욕생활을 통제의 무기로 사용했다. 일반적으로 군인은 마흔 살 전까지는 결혼하는 것이 금지되었으며, 여성들로만 구성된 조직들에는 섹스가 일절 허용되지 않았다. 이시고들로, 즉 왕실에 소속되어 있는 여자들이 성관계를 하다가 발각되거나 임신을 하면 얼마나 많이 죽임을 당했는지 보여주는 자료들은 헤아릴 수 없이 많다.

불우했던 어린 시절과 결부된 이런 금지령들, 소년시절 생식기 크기에 대한 정신적 외상, 남성성을 과시하고 공개적으로 목욕하는 이상한 습관, 지나치게 밀착된 모자관계, 형성기 동안 역할모델이 될 만한 긍정적인 남성상이 전혀 부재했던 점 그리고 한번도 결혼한 적이 없었다는 사실, 이 모든 것은 필연적으로 학자들 사이에서 샤카가 게이가 아니었을까 하는 의구심을 불러일으켰다. 도날드 모리스 같은 몇몇 저자들은 샤카가 게이였다는 사실을 전혀 의심하지 않는다. "그가 잠재적인 동성애자였다는 것은 의문의 여지가 없다. 그의 생식기가 더뎠지만 이전보다 훨씬 더 커졌다는 사실에도 불구하고 그가 항상 공중들에게 환히 다 노출되어 있는 곳에서 목욕하는 것을 커다란 자부심으로 여겼다는 점을 미루어보건대 아마 그는 성불구자였을 것이다." 확실히 모리스는 성적 불구가 동성애와 동일하지 않다는 지점에까지는 이르지 못했던 것 같다.

줄루어를 구사하는 역사가들과 줄루족 전통주의자들은 대체로 샤카가 정력이 넘치는 섹스기계였다고 강조하면서, 자신의 핏줄은 늘 생명의 위협을 받을 터이므로 자손을 원치 않는다고 샤카 자신이 이야기한 이유를 받아들인다. 리터 백작은 수많은 부인들을 다 성적으로 만족시키면서도 자신의 오르가슴을 자제할 줄 아는 줄루 족장들의 능력을 언급하면서 다음과 같이 썼다.

"1200명이나 되는 후궁을 거느린 매우 뛰어난 능력과 정력을 가진 남자가 단 한번밖에 확실한 임신을 시키지 않음으로써 일종의 자제력 기록 같은 것을 세웠다. …또 그는 자기가 만족을 얻는 것보다는 오히려 상대방을 만족시킬 수 있다는 것을 더 자랑스럽게 여겼다."

그렇지만 바로 이렇게 쓴 리터 백작이 난디와 샤카가 나눈 대화 하나를 기록하고 있는데, 이 대화에서 난디는 샤카가 자식을 낳지 않아서 자신이 얼마나 불행한지 토로하고 있다.

"샤카가 평소 주장하던 대로 자신의 금욕생활을 옹호하자, 난디는 여전히 손자를 얻기 불가능하다는 것을 알고 슬피 울었다. 샤카는 그녀를 위로하려고 했지만, 그녀는 화를 내면서 무엇보다도 1천 명이 넘는 젊은 여자들을 장막 속에 가두어놓고 만족을 느끼지 못하는 생활을 하게 만드는 그의 어리석음을 비난했다. 거의 치명적일 정도로 심한 조롱을 퍼붓고서야 그녀의 비난은 그쳤다. 그녀는 이렇게 의미 있는 말을 던졌던 것이다. '이따금 나는 목동들이 너를 심하게 놀리며 조롱하면서도 너의 성적 능력에 관해서는 빠트리지 않았었나 하는 의심이 들더구나. 아무래도 너는 성적 능력이 결여되어 있는 게 분명한 것 같구나.' 어린 시절 받았던 수모가 여전히 쓰라린 상처로 남아 있는 샤카로서는 그 말이 골수에 사무치게 아팠다. 잠깐 동안 그의 얼굴은 분노로 일그러졌다. 그렇게 한동안 아무 말 없이 있다가 샤카는 그 자리를 떠났다."

리터가 언급하고 있는 "단 한번밖에 확신한 임신을 시키지 않음으로써"라는 내용은 핀 역시 언급하고 있다. 이들의 견해에 따르면, 한번은 샤카가 난디의 처소를 찾아갔는데 난디가 남자아이 하나와 놀고 있었다는 것이다. 샤카가 난디에게 웬 아이냐고 묻자, 그녀는 음부지카지라는 어린 소녀가 낳은 샤카의 자식이라고 말했다는 것이다. 그러자 샤카는 다음과 같이 반응했다고 리터는 말한다. "그런 말씀을 하시다니요? 어떻게 그런 일이 일어날 수 있답니까?" 그후 그 아이는 '템벨란드'로 보내어졌고 다시는 그 아이의 소식을 들을 수 없었다고 리터와 다른 기록자들은 말한다.

또 다른 견해들에 따르면, 난디가 너무도 간절히 손자를 원한 나머지 샤카 휘하에 있는 군인 한 명을 샤카의 하렘에 있는 여자 하나에게 붙여주어서 아이를 낳게 하여 데리고 왔다는 것이다. 그리고 샤카는 자기 어머니를 비롯하여 여러 사람이 있는 자리에서 아이의 어머니와 대면하고는 자신은 한번도 그 여자 곁에 간 적이 없었다고 주장했다고 한다.

바소토 민족의 모쇼에쇼에 왕 역시 샤카의 섹슈얼리티에는 뭔가 이상한 점이 있다는 의구심을 가졌다. 적어도 한 명 이상의 모소토족 노인들이 나에게 모쇼에쇼에는 이미 샤카가 가축 같은 유용한 선물보다는 자칼이나 수달 혹은 수사슴이나 고양이의 매끈매끈하고 부드러운 가죽이라든가 타조, 두루미, 공작새, 흑과부새(천인조의 일종) 같은 새들의 예쁜 깃털을 선물로 받는 것을 더 좋아한다는 사실을 알고 있었다고 말했다. 모쇼에쇼에는 이와 같은 선물을 샤카에게 늘 보냈는데, 그것은 줄루족 족장은 강력한 군대를 가지고 있고 이런 족장을 자신의 우군으로 삼는 것이 유리하다고 판단했기 때문이다. 모소토족 노인 한 명은 나에게 이런 질문을 했다.

'바소토족이 기르는 아름다운 소보다 가죽이나 깃털을 더 좋아한다면, 그 남자는 어떤 부류일까요? 게다가 자식은 그 시대 모든 남자의 자부심이라 할 수 있었는데, 그런 자기 소생의 자식이 그에게는 어디 있었나요? 그토록 강력한 왕이었던 그가 아들로 왕가의 혈통을 계승하겠다는 생각을 하지 않았던 이유는 도대체 뭘까요? 우리 왕은 100명도 넘는 부인과 수많은 자식들을 거느렸습니다. 바로 이것이 그 시대에 살았던 진정한 남자들의 모습입니다. 하지만 샤카는 단 한 명의 부인도, 단 한 명의 자식조차 없었습니다."

리터는 궁정에 소속되어 있던 어린 소년들 몇 명이 "왕의 처소에서 왕이 소녀들을 애무하는 모습을 몰래 훔쳐보는 습관이 있었다"는 이야기를 들려주고 있다. 샤카는 그 소년들을 잡으라고 명령했지만, 늘 그들은 재빨리 도망쳐서 다른 소년들 틈에 섞여버려 찾아낼 수가 없었다. 그래서 샤카는 궁정에 있는 어린 소년들을 전부 다 몽둥이로 때려죽이라고 명령했다. 아마 사람들은 남성적인 용맹성을 드러내 보이기를 좋아했던 사람에게 어울리지 않는 다소 극단적인 행동이라고 여겼을 터이다. 과연 소년들이 자신들의 왕이 정말로 여자들과 성관계를 맺고 있었다면, 혹은 앞에서 난디가 언급했던 목동들 사이에서 떠돌던 소문들이 사실이 아니었다면, 그런 위험을 무릅쓰고 훔쳐보려고 했었을까?

존 라밴드는 자기 책에서 샤카의 섹슈얼리티 문제를 본격적으로 다루지는 않았지만, 이시고들로에 살고 있는 여자들과 그가 성관계를 가졌다는 것을 수긍하는 것 같다. "샤카는 왕권을 놓고 자리다툼을 하게 될 경쟁자의 출생을 막기 위해 이시고들로에 있는 여자들 중에서 자신의 아이를 임신한 여자는 습관적으로 사형에 처했다고 한다."

또 라밴드는 많은 역사가들이 언급한 또 한 가지 소문도 신빙성이 있다고 보는 것 같다. 다름아니라 한때 샤카는 자기 어머니를 맹렬하게 공격했다는 소문이다. 이야기는, 이 사건이 난디가 손자로 거두기를 원했던 소년과 연관이 있음에 틀림없는 것으로 전개된다. 라밴드는 이렇게 쓰고 있다. "자신의 잘못을 인정하지 않는 난디에게 화가 머리끝까지 치솟았던 그는 불을 피우려고 허리를 구부리고 있는 그녀를 창으로 찔렀다. 그 날카로운 창끝은 그녀가 입고 있는 가죽치마를 뚫고 항문 바로 위를 찔렀다." 난디가 죽자 "샤카는 몹시 자책하며 괴로워했다"고 라밴드는 덧붙이고 있다.

우리는 샤카의 섹슈얼리티에 관한 진정한 사실을, 다시 말해 그것이 평범한 것을 벗어나 있다는 사실 외에는 결코 알 수 없을 거라고 생각한다. 물론 그는 이성애적 사람이며 그의 어린 시절 경험과 어머니와의 특별한 관계가 결국 여성, 성관계, 결혼, 부성애에 대해 (잠시 동안) 기능장애를 일으키는 태도를 낳게 했다는 해석도 상당히 가능할 수 있다.

그러나 팜파타와 그의 관계에 이르면, 이런 가능성에 대해 의구심을 갖지 않을 수 없게 된다. 그녀에 대해 언급하는 역사가라면 누구나 그녀는 샤카에게 헌신하는 삶을 살았을 뿐 아니라, 샤카도 그녀를 매우 좋아했으며 실제로 그녀를 사랑하고 존경했고 그녀를 아름답다고 생각했으며 그녀가 해주는 조언에 자주 귀를 기울였고 상당히 많은 시간을 그녀와 함께 보냈다고 이야기한다. 샤카가 다른 여자를 좋아하고 존경했다거나 혹은 함께 시간을 보냈다는 언급은 어디에서도 찾아볼 수 없다. 그런데 왜 그는 팜파타와 성관계를 맺지 않았을까? 설령 그가 자식을 원치 않았다 하더라도 그녀와 결혼하지 않은 이유는 도대체 무엇일까?

그에 대한 팜파타의 충성심은 하나의 거대한 서사시였다. 이 서사시는 샤카가 열여섯 살 되었을 때부터 시작해서 마흔두 살쯤 그가 죽을 때까지 이어졌다. 그리고 마치 로미오와 줄리엣의 이야기를 미국 텔레비전의 멜로드라마처럼 지루하게 엮어가는 식으로 끝을 맺는다.

팜파타에 관해 가장 많이 쓴 역사가는 리터 백작이었다. 리터 백작의 아버지 C. L. A. 리터 선장은 영국 군인이자 나탈 지역 초대 치안판사였다. 그리고 리터 선장의 숙소 담당병사 은젱가반투 에마-보비니는 딩기스와요 휘하에서 샤카와 싸웠던 줄루족 전사 마홀라의 아들이었다. 저자의 외할아버지 C. W. 포셀트 목사는 맨 처음 줄루족 속으로 들어갔던 선교사들 가운데 한 사람이었다. 1890년에 태어난 저자는 매일 은젱가반투에게서 샤카의 이야기를 들으며 줄루족 여성들 손에서 자라났다. 리터가 샤카에 관한 책을 쓰는 데 일차적으로 사용한 줄루족의 자료는 시그난다 쿠베 족장의 이야기였는데, 그는 소년시절에 샤카의 궁정에서 시중을 들었으며 나중에 가장 중요한 줄루족 연대기 역사학자의 한 사람이 되었다. 이따금 학식 높은 학자들은 사건들에 대한 리터의 해석이 지나치게 낭만적이고 비과학적이라고 공격했지만, 내가 보기에는 그가 줄루족의 구전역사를 세밀하게 반영했다고 충분히 인정할 수 있다.

샤카는 폭력적인 행동과 권위주의적인 태도 때문에 점차 인기가 시들해져 갔으며, 1828년 9월에 두쿠자에 있는 왕의 처소에서 이복형제 음랑가나와 딩가네의 창에 찔려서 죽었다. 두쿠자의 사람들은 모두 충격을 받고 도망쳤다. 리터는 그 다음에 일어난 극적인 장면들을 훌륭하게 묘사하고 있다. 팜파타는 자신의 영웅이 죽었다는 소식을 듣고, 그의 시신이 어디에 있는지도 모른 채 무작정 사람들이 다 떠나고 없는 황량한 처소로 달려갔다.

그녀는 천둥과 번개가 치고 세차게 퍼붓는 폭우를 뚫고 달려갔으며 "팜파타가 궁정의 처소에 도달했을 때, 거의 눈이 멀 정도로 내려치는 휘황한 번개불빛 아래로 그곳이 환히 드러났다. 몇 미터쯤 떨어진 저 앞에 누워 있는 왕의 시신을 그녀는 보았다. 그녀는 사랑하는 이 곁에 털썩 주저앉아 흐느껴 울면서 그의 얼굴을 손가락으로 쓰다듬기 시작했다. 하지만 그녀는 자신의 연인—자신의 세계를 지배하는 타이탄(Titan, 그리스신화에서 하늘의 신 우라누스와 땅의 신 가이아 사이에서 태어난 거인이며 장사의 아들로 태양신으로 일컬어짐-옮긴이)—이 죽었다는 것을 도저히 믿을 수 없었거니와 믿으려고도 하지 않았다. 그 순간 번쩍 번개가 치며 그의 얼굴을 비추어 주었고, 그녀는 생기 없는 그의 두 눈을 보았다. 도저히 피할 수 없는 진실이 엄습하면서, 그녀는 분노에 사무치는 울음을 터트렸다."

팜파타는 울타리에서 뽑아낸 막대기를 들고 굶주린 하이에나들과 싸우면서 밤을 하얗게 지새우며 샤카의 시신을 지켰다. 당시 상황을 리터는 다음과 같이 기록하고 있다. "먹이를 빼앗긴 하이에나들은 팜파타를 빙 둘러싸고 원을 이루어서 마치 낄낄거리며 발작적인 웃음을 터트리듯 소름 끼치는 무시무시한 소리를 내며 포효했다." 하지만 그녀는 동이 틀 때까지 꿈쩍 않고 버텼고, 마침내 하이에나들은 떠났다.

팜파타는 스스로 목숨을 끊을 마음을 먹고 시신 주위에 나 있는 자기 발자국들을 깨끗이 없애고는 근처에 있는 오두막에 숨었다. 그러나 그녀는 그러한 과정과 정반대되는 결심을 하게 되는데, 무엇보다도 샤카에게 합당한 장례식이 치러지는 것을 보아야 했고 또 샤카는 자기가 그의 동생 응그와디와 다른 동맹군들에게 가서 딩가네의 반역행위를 알려주기를 원했을 것이라고 생각했기 때문이다.

그날 아침, 딩가네와 음랑가나와 또 이들과 공모한 음보파는 하이에나들이 샤카의 몸뚱어리를 얼마나 남겨놓았는지 보기 위해 그를 살해했던 장소로 다시 갔다. 그들은 어마어마하게 많은 하이에나들이 시체를 가운데 놓고 빙빙 돌았던 증거가 역력했음에도 불구하고 샤카의 시체가 전혀 손상되지 않은 것을 보고 "벼락을 맞은 듯한" 충격을 받았다. 딩가네가 검은 소를 도살해 가지고 와 그 가죽으로 샤카의 시체를 싸서는 곡식을 저장하는 빈 구덩이에 묻어준 것은 아마 그에 대한 경외심이었을 것이다(이 매장지는 그후 곧바로 백인농부가 소유한 땅의 일부가 되었는데, 샤카의 무덤은 오늘날 스탕거 시의 중심가 지하 어디쯤일 것이다).

샤카가 제대로 매장된 데 만족한 팜파타는 샤카가 늘 가지고 다녀서 유명해진 작은 창을 움켜쥐고 16킬로미터쯤 떨어진 곳에 있는, 샤카의 가장 충실한 동맹군이었던 응고마네의 처소로 달려갔다. 그녀는 그에게 샤카가 살해되었으며 분명히 음보파의 군대가 이곳에도 곧 들이닥칠 것이라고 알려주었다. 응고마네는 청년 한 명을 그녀에게 붙여주면서 함께 응그와디에게 가서 이 상황을 전하게 하고는, 가족을 데리고 산으로 도망쳤다.

팜파타는 약 160킬로미터 떨어진 응그와디의 처소를 향해 출발했다. 그녀가 대동한 젊은 남자와 함께 투겔라강을 건너가고 있는데, 저 멀리 음보파 군대의 창들이 햇빛을 받아 번쩍거리는 것이 보였다. 리터는 다음과 같이 쓰고 있다. "그녀는 줄루 전사들의 행군속도를 결코 오판하지 않았지만, 또 여자의 몸인데도 불구하고 그들과의 거리를 더 크게 벌리기로 결심했다. 그날 온종일 그녀는 물 몇 모금 마시느라 잠시 쉰 것 외에는 줄곧 속보로 걸어갔다." 줄루족 노인들은 "극도로 지쳐 금방이라도 쓰러질 듯하면서도 뛰어가는 두 젊은이가 영락없는 도망자들로 보였던지라" 그들을 멈추어 세웠고, 그렇게 제지당할 때마다 그녀는 샤카의 작은 창을 휘둘렀다. 그러면 그들은 아무 소리 하지 않고 그녀를 통과시켜 주었다. 그것이 위대한 왕의 창이라는 것을 모르는 사람은 아무도 없었기 때문이다.

팜파타는 한시도 쉬지 않고 달리고 또 달렸다. 리터의 말은 계속 이어진다. "깊은 슬픔에 빠져 있었기 때문에 오로지 팜파타의 의지력만이 그녀 자신을 계속 달리게 만들었다. 발가락이 모두 다 헐고 발은 퉁퉁 부어올랐다. 그녀는 잠깐이라도 멈추어 서서 쉬는 것을 두려워했다. 그러면 다시는 일어날 수 없을 것이라는 생각이 들었기 때문이었다." 설상가상으로 몇 번씩 길을 잃어 헤매기도 했다. 결국 그녀와 함께 가던 청년은 중도에서 포기해 버렸다. "그는 팜파타처럼 거의 초자연적인 의지력을 지니지 못했기 때문에 인간의 본성으로는 더 이상 견뎌낼 수 없었을 것이다."

팜파타는 계속 뛰고 또 뛰어서, 마침내 응그와디에게 가서 샤카의 참담한 소식을 전했다. 그는 즉각적으로 자신이 거느린 소규모 군대를 소집했고, 그 이튿날 음보파의 병사들이 들이닥쳤다. 응그와디와 그의 병사들은 용감하게 싸웠지만, 수적으로 너무 뒤떨어져 말 그대로 중과부적이었다. 응그와디는 팜파타와 여자와 어린아이들을 데리고 마을 한가운데 축사로 퇴각했다. 하지만 곧 음보파와 그의 병사들이 그곳까지 좁혀 들어왔다. 음보파는 병사들에게 그들을 모조리 다 죽이고 팜파타만 생포하라고 다그쳤다. 응그와디는 공격해 오는 적 여덟 명을 죽이고 스스로 목숨을 끊었다고 한다.

그 다음 일어난 일은 리터의 묘사를 그대로 인용하겠다.

"응그와디가 쓰러지자, 팜파타는 마침내 자기 차례가 왔다는 것을 알았다. 그녀는 샤카의 작은 창으로 심장 맞은편에 있는 두 늑골 사이를 힘껏 찍어 눌렀다. 그리고는 단말마의 비명을 지르며 푹 쓰러졌다. 여자들과 어린아이들을 닥치는 대로 쓰러뜨린 대학살이 일어나기 직전이었다.

어떤 사람들은 그녀가 우―샤카! 하고 마지막으로 외쳤다고 말한다."

10. 핑크색 삐라 재판

:: 핑크색 페다 재판

19세기의 마지막 수십 년 동안, 남아프리카에서 방대한 양의 다이아몬드 매장지와 금광이 발견되면서 이 나라 역사의 흐름을 극적으로 바꾸어놓았다. 그것은 또한 권력을 가진 사람들이 엄청난 재산을 축적함에 따라 집어삼킬 듯이 적나라한 탐욕과 비정함이 판치는 시대를 열었다. 그때 만들어진 몇몇 제국들은 지금까지도 살아남아 있다.

지금부터 하는 이야기는 그 시대의 권력이 얼마나 탐욕적이고 전횡을 일삼았는지 흘끗 들여다보는 데 불과할 따름이다. 유명한 두 남자, 영국의 제국주의자 세실 존 로즈와 그의 동료 린더 스타 제임슨이 이 드라마의 주인공들이다.

이 이야기는 걸출한 인재들을 많이 배출한 사우어 가문의 일원인 화려한 경력의 소유자 한스 사우어에서부터 시작된다. 그의 형 J. W. 사우어는 케이프주의 막강한 정치가로서 각료를 지내기도 했으며, J. W. 사우어의 아들 폴은 초대 국민당 정부에서 각료였고 또 1948년 이후 아파르트헤이트 정책의 토대가 되었던 보고서의 집필자이기도 하다. 한스는 자유공화국의 스미스필드에서 태어나 1881년에 영국의 에든버러대학에서 의학박사 자격을 취득했다.

1882년 남아프리카로 돌아온 젊은 의학박사는 일반개업의사로 일하기 위해 곧장 킴벌리의 다이아몬드 광산지대로 갔다. 그가 도착한 바로 다음날, 그 도시의 위생검사관 데니스 도일이 그를 방문했다. 전염성 강한 천연두가 케이프 지역을 초토화시키고 있어서, 다이아몬드 광산주들은 전염병이 킴벌리까지 확산되면 "광산에서 일하고 있는 원주민들이 어느 날 갑자기 감쪽같이 다 광산을 빠져나가 버리는 일이 일어날까 봐" 우려하고 있었다. 도일은 사우어에게 천연두에 걸리지도 않았고 예방주사를 접종했다는 의료증명서도 가지지 않은 사람들을 그리퀄랜드 웨스트로 못 들어오게 막는 일을 해달라고 요청했다.

이튿날 사우어는 한 무리의 경찰들과 함께 지금의 12번 국도변에 있는 리치 타운 근처의 모더강과 리트강이 합류하는 지점에 캠프를 설치했다. 그곳은 킴벌리로 들어가는 주도로였다. 사우어는 도일에게 어떤 법적 권한에 근거해서 자신이 사람들을 모더강을 건너지 못하게 하거나 격리수용할 수 있는지 물었다. 사우어는 1937년 런던에서 발간한 『아프리카의 과거』(*Ex Africa*)에서 이렇게 쓰고 있다.

"그는 산을 올라가고 있는 병력을 가리키며 이렇게 말했다. '저기 당신의 법이 있습니다. 그리고 저 뒤에는 킴벌리 도시운영위원회가 있습니다.' 그러면서 그는 '그리고 또 도시운영위원회 배후에는 세실 로즈 씨가 확고하게 버티고 있습니다' 하고 덧붙였어야 했겠으나 그렇게 하지는 않았다."

1년여 동안 사우어와 경찰들은 킴벌리로 들어가는 수천 명의 사람들을 멈추어 세워놓고 예방접종을 하고 격리수용을 함으로써, 그 저주받은 전염병이 다이아몬드 광산지대까지 확산되는 것을 막았다. 그는 당시를 이렇게 회상하고 있다.

"어떨 때는 족히 1800명은 되는 사람들을 그와 같은 목적을 위해 설치한 거대한 캠프에 격리수용한 적도 있었다. 아무런 법적 권한도 없이 이 사람들을 억류하여 소독하고 살균하고 예방주사를 맞게 했다. 물론 많은 사람들이 격렬하게 저항했지만, 그럴 때마다 늘 물리력을 동원하여 이들을 복종하게 만들었다. 그 결과 한때 나는 퀸스 하이웨이에서 폭행과 구타, 사람들과의 충돌 등 19차례나 되는 행동을 취했지만, 이와 같은 행동이 어떤 식으로든 문제가 되었던 적은 한번도 없었다. 신기하게도 이 모든 문제가 흐지부지되어 버리다가 언제 그런 일이 있었냐는 듯이 깨끗이 사라져 버렸다. 나는 그 이유를 열두 달이 지나서야 비로소 알게 되었다."

사우어는 킴벌리로 들어가지 못하게 막을 때 가장 애를 먹어야 하는 사람들이 변호사와 판사들이라는 것을 알았다. 법조계 사람들과 번번이 실랑이를 벌이다가 급기야 고등법원에 두 건이나 고소를 당하기까지 했지만 "이 고발사건들 역시 어떤 은밀한 힘의 불가사의한 영향력 아래서 흐지부지되어 버렸다." 그로부터 14개월 후, 사우어는 킴벌리로 돌아가던 길에 이 모든 계획을 세우고 배후에서 조종한 "사람이 바로 로즈, 로즈 혼자였다"는 사실을 알게 되었다. 그리고 3년 후에 로즈는 주요한 다이아몬드 관련업체 모두를 드비어스 컴퍼니로 합병하였고, 드비어스는 오늘날도 여전히 세계 다이아몬드 무역을 지배하고 있다.

또 이 기간 동안 다이아몬드 광산의 보스들은 자신들의 교역권을 보호하기 위해 라이선스도 없는 범죄집단 사람들을 통해서 커팅도 하지 않은 다이아몬드를 사들이고 거래했다. 그러면서도 다이아몬드의 밀반출을 막기 위해 그 많은 흑인 광산노동자들을 고용기간 동안에는 절대 광산 밖으로 나가지 못하게 했다. 경찰과 광산경비원들은 하루 생산량을 기초로 해서 다이아몬드를 밀반출했다는 의심이 가면 즉각 그 사람에게 올가미를 씌웠고, 머지않아 이렇게 끌려온 사람들로 모든 감옥과 노역장이 초만원을 이루었다. IDB ─ 이른바 불법 다이아몬드 구입(illicit diamond buying) ─ 죄를 지은 사람들은 절차에 따라 25년형의 중노동과 구금형이 선고되었다.

한동안 사우어는 킴벌리에서 로즈나 제임슨, 알프레드 바이트, 오토 바이트, 조지 고흐, 바니 바나토 등과 같은 광산업계의 거물들과 사냥을 하고 사교활동을 하는 여유로운 생활을 했다. 그러다가 1883년에 오늘날의 음푸말랑가 지방으로 장기 사냥여행을 떠나, 지금의 사비 지역 근처에 있는 맥 맥에서 잠시 쉬게 되었다. 사비는 포르투갈 식민지였던 모잠비크의 수도 루렌쇼 마르케스(지금의 마푸토)로 뻗어나가기 직전에 사금이 발견되었던 곳이다.

사우어와 제임슨 박사의 개업의(開業醫) 동업자인 오스카 소머실트 박사는 마푸토 만에서 인하카 섬으로 가는 배를 탔다. 그들은 그곳을 책임지고 있는 포르투갈인 장교에게 잔뜩 술을 먹여 곯아떨어지게 해서 자기들이 타고 갔던 배에 감금시켜 놓고는, 그 섬을 영국령으로 복속시켜서 모잠비크인 흑인병사들을 즐겁게 해주었다. 이것은 2일천하로 끝났다. 만 이틀이 지나자 그들은 섬을 재탈환하기 위해 포르투갈 함포선이 급파되었다는 소식을 전해 들었다. 한스와 오스카는 마푸타강 상류 쪽으로 도망쳐서 거기서부터 걸어서 남아프리카로 되짚어가다가, 도중에 포르투갈 경찰에게 붙잡혀서 루렌쇼 마르키스에 투옥되었다. 그로부터 몇 주일 동안 케이프타운과 런던과 파리와 리스본 사이에 긴급한 외교적 공방이 오간 다음에야 그들은 다시 걸어서 맥맥으로 돌아왔다.

이곳에서 사우어는 금광 채굴권을 사들이고 있는 린더 제임슨을 다시 만났다. 그리고 얼마 후 이웃에 있는 리덴버그에서 사우어와 제임슨은, 당시 유명한 일화가 되었던 포커게임을 하였다. 킹 카드 넉 장을 손에 쥐고 있었던 사우어는 절대 질 리가 없다고 생각했다. "당시 내가 가진 현금자산의 전부라고 할 수 있는 800파운드로 허풍을 떨었다"고 그는 회상한다. 그러나 제임슨은 그가 더 많이 배팅하도록 했고, 결국 사우어는 자기가 가진 소와 마차와 총, 의료장비와 부츠까지 몽땅 다 판돈으로 걸었다. 그러자 제임슨은 쥐고 있던 카드를 펼쳐 보였다. 스트레이트 플러시였다. 사우어는 이렇게 쓰고 있다. "나는 테이블을 박차고 일어나 넓은 세상으로 뛰쳐나왔다." 나중에 제임슨이 수술도구와 부츠는 돌려주었지만, 두 사람의 친구관계는 깨어졌다. 그러나 그로부터 얼마 지나지 않아 두 사람은 또 다른 문제로 민사법정에서 서로의 얼굴을 싸늘하게 노려보게 될 터였다.

　제임슨과 포커게임을 하고 곧바로 사우어는 킴벌리로부터 무시무시한 천연두가 발생했으니 즉시 돌아와 달라는 내용의 전보 한 통을 받았다. 그리고 며칠 후 그는 우편마차를 타고 킴벌리로 돌아왔다.

　마차가 도시에 들어설 무렵, 사우어는 어린 소년들이 사방으로 뛰어다니며 만나는 사람마다 핑크색 삐라를 나누어주는 것을 목격했다. 삐라에는 다음과 같은 글이 인쇄되어 있었다. "펠스테드 농장에서 발생한 병은 천연두가 아니라, 천포창과 관련 있는 일종의 피부 모근병이다." 그리고는 사우어의 포커 친구인 제임슨과 다른 네 명의 의사들의 서명이 있었다. 사우어는 이런 질병은 한번도 들어본 적이 없었을 뿐 아니라, 곧이어서 모잠비크 사람들 한 무리가 천연두에 걸렸다는 의심이 들어 킴벌리 외곽에 있는 펠스테드 농장에서 경찰들에게 제지를 당했다는 이야기를 들었다. 제임슨 박사와 여섯 명의 의사대표단은 그들을 조사하러 갔고, 그것은 정말로 천연두라는 보고서를 케이프 주정부에 제출했다. 그때가 바로 당국에서 이 질병에 대한 경험이 많은 한스를 킴벌리로 보냈을 때였다. 그런데 일주일 후에 제임슨은 말을 바꾸어서 그것은 천연두가 아니라 굉장히 희귀하지만 완치가 가능한 피부병의 일종인 천포창이라고 주장했다.

　사우어는 현장조사를 하기 위해 펠스테드 농장으로 가서, 사람들이 "한 치 의심의 여지도 없이 순전히 천연두"로 고통당하고 있는 것을 발견했다. 그는 이 사실을 케이프타운에 보고했고, 전염병을 다루는 그 지역 보건의료 담당관으로 임명되었다.

불과 며칠 사이에 전염병은 급속도로 퍼져나갔고 사람들, 그중에서도 특히 흑인 광산노동자들이 죽어가기 시작했다. 핑크색 삐라에 서명한 의사들—사우어는 이들을 "천포창에 걸린 사람들"이라고 지칭했다—가운데 사우어에게 그러한 사례를 보고한 사람은 단 한 명도 없었지만, 다른 의사들은 매일매일 상황보고를 했다. 사우어는 광산노동자들의 주택단지에는 병에 걸린 사람이 상당히 많고 시체가 거리 여기저기 널려 있다는 얘기를 들었지만, 들어가는 것이 허용되지 않았다. 결국 그는 킴벌리 외곽에 있는 뒤 투아의 판 주택단지로 밀고 들어가 '현장의 참혹한 실상'을 목격하였다. 그 많은 시체들하며, 무시무시한 병의 마지막 단계에서 신음하는 그 많은 환자들. 그는 얼마나 많은 노동자들이 허위 사망진단서로 이미 땅에 묻혔는지 확인할 길이 전혀 없었다.

"이 사건에 대한 나의 보고서가 곳곳에서 악의에 가득 찬 적대감을 불러일으키는 바람에 나는 회진을 할 때마다 무장을 한 위생경찰들을 대동하고 다녀야 했다"고 사우어는 쓰고 있다. 광산 권력자들과 사업가들이 그를 가장 증오했지만, 상점주나 백인 사업가들, 심지어 백인 광부들까지도 그를 싫어했다.

이런 음모를 꾸민 이유는 단순했다. 만일 킴벌리에 천연두가 발병했다는 사실이 알려지게 된다면, 흑인 노동자들은 도망을 치고 고향으로 돌아갈 것이며 그렇게 되면 광산의 모든 활동은 마비되어 버릴 것이다. 광산의 보스들과 그 하수인들은 자신들의 이익이 줄어드는 것을 감수하느니 차라리 수백 명이 죽어가는 것을 보는 쪽이 더 나았을 것이다.

케이프타운 정부에 보낸 사우어의 보고서와 또 킴벌리의 신문들에서 이 질병이 정말로 천연두임을 알리는 보고서를 발간했음에도 불구하고, 제임슨과 그의 주인들은 2년 동안이나 기만적인 음모를 계속 꾸며왔다. 그 사이에 매일 사람들은 죽어갔으며 그 대부분이 흑인들이었지만 평범한 백인시민들도 일부 있었다. 사우어가 주민들에게 예방접종을 해줄 수 있는 것보다 더 빠른 속도로, 흑인 노동자들이 일을 찾아 외부로부터 흘러 들어와서 병든 노동자와 죽은 노동자들을 대신하여 고용되었다. 하지만 사우어는 이들이 사는 곳에 접근하는 것조차 거부당했기 때문에, 이 사람들 역시 필연적으로 질병에 감염될 수밖에 없었다. 제임슨과 다른 의사들이 다이아몬드 광산지역에는 천연두가 없으며 현재 이곳에 만연해 있는 질병은 전혀 해가 없는 피부질환이라고 주장하는 한, 킴벌리의 시민들은 예방접종을 한다거나 격리수용을 한다거나, 심지어 전염병의 발병사례들을 당국에 보고해야 할 필요성을 전혀 느끼지 못했다.

사우어는 광범위하게 적용되는 새로운 공중위생법 제정운동을 시작했으며, 이 법이 통과되면 식민지정부는 천연두를 발병시 반드시 신고해야 하는 질병으로 공표하게 될 것이었다. 마침내 그의 형과 그가 잘 알고 지내던 또 한 명의 저명한 케이프 지역의 정치가 존 X. 메리먼의 로비에 힘입어 이 법안은 가까스로 통과되었다.

사우어는 다음과 같이 기록하고 있다. "이 훌륭한 법이 통과됨에 따라 나는 다이아몬드 광산지역에서 가장 인기가 없는 사람이 되었다. 킴벌리의 상류사회는 나에게 등을 돌렸고, 주민들은 다행스럽게도 내가 지나갈 때 침만 뱉었을 뿐이었다."

사우어를 반대하는 캠페인의 일환으로, 그가 이 병을 천연두라고 주장하는 이유는 그로써 떼돈을 벌 수 있기 때문이라는 소문이 퍼졌다. 그러던 어느 날, 어떤 사람이 그에게 시 행정장관의 비서가 자기 앞에서 그와 같은 비방을 하더라고 말해 주었다. 사우어는 "예쁜 말채찍 한 자루"를 사가지고 그 사람을 보기 위해 그의 사무실로 찾아갔다. 그리고는 그 사람에게 당신이 한 말은 중상모략이며 만약 진심으로 잘못을 뉘우치는 사과문을 언론에 발표하지 않으며 이 채찍으로 사정없이 때려주겠노라고 말했다. "이 소리를 듣고 그는 긴 자를 움켜쥐고는 나를 찌르려고 달려들었다. 나는 일격을 가하여 쉽게 그를 바닥에 때려눕히고는 말채찍을 가볍게 한번 휘둘렀다."

그런 다음, 단지 B씨라고만 신원이 밝혀져 있는 사우어를 비방한 이 사람은 그리퀄랜드 웨스트의 고등법원에 그를 고소했다. 사우어는 그에게 100파운드를 배상하라는 명령을 받았다. 사우어는 다음과 같이 언급하고 있다. "고소인이 중상모략을 했다는 것이 인정되었으므로 판결은 잘못된 것이었다. 하지만 실제로는 다이아몬드 무역의 영향력이 너무나도 거대했기 때문에, 그들에 대항해서 싸우고 있는 쪽이 정의를 획득한다는 것은 매우 어려운 일이었다." 그러나 이것이 그가 천연두 전염병을 퇴치하기 위해 싸우는 동안 법정에 나타난 마지막 모습은 아니었다.

한 아일랜드인 젊은이가 사우어에게 시골에 사는 자기 친구가 킴벌리 병원에서 천연두로 죽었는데, 죽기 전에 제임슨 박사와 그의 동료의사 월프 박사에게 수술을 받았다는 말을 했다. 즉시 사우어는 경찰에게 병원에 방역선을 설치하라고 말하고는 강제로 병원 내로 진입했다. 그리고 간호사를 비롯한 병원직원들 전원이 최근 천연두 예방주사를 접종했다는 사실을 알아냈다.

그때 월프 박사가 병원에 도착해서 사우어를 내쫓으려고 위협하자, 이에 사우어는 경찰에게 "저 사람을 병원 밖으로 쫓아내라"고 소리쳤고 경찰들은 사우어의 말을 따랐다. 사우어는 병원 안을 돌아다니며 조사한 결과, 천연두로 죽은 사람들의 시체가 발견되었을 뿐만 아니라 몇몇 천연두 환자들은 격리수용 조치를 취하지 않은 채 다른 환자들 속에 섞여 있기까지 했다. 또 젊은 아일랜드인의 시체도 발견했는데, 화농한 부스럼이 온몸을 뒤덮고 얼굴과 머리가 심하게 부풀어오른 것으로 보아 천연두가 심해져서 죽은 것이 확실했다. 뿐만 아니라 죽은 사람 친구의 말대로 기관지 절개수술을 한 흔적까지도 있었다. 사우어는 그 수술이 "전혀 쓸모도 없거니와 할 필요도 없는, 거의 범죄에 가까운 행위"라는 것을 한눈에도 알 수 있었다.

그 다음날, 사우어는 직업윤리에 크게 어긋나는 시술을 행한 의사들과 그 보조의료인들을 고발하는 충실한 보고서를 당국에 보냈다.

"나의 보고서가 발간되자 다이아몬드 광산지역은 물론이고 남아프리카 전역에 일대 센세이션을 불러일으켰다. 전국적으로 의료인들의 거센 저항이 확산되었고, 여론이 들끓어올랐다."

보고서가 발간되고 이틀 후에 린더 제임슨 박사는 사우어를 명예훼손으로 고등법원에 고소했다. 또 그는 단지 사우어가 천연두로 돈을 벌어들이고 있기 때문에 그렇게 진단했을 뿐이라는, 일전에 말채찍을 얻어맞았던 사람의 중상모략을 되풀이했다. 이에 사우어는 똑같은 죄명으로 맞고소를 했다. 법원은 사우어에게 2천 파운드를 제임슨에게 배상할 것을 명했고, 제임슨에게도 2천 파운드를 사우어에게 배상할 것을 명했다. 사우어는 이 판결은 다이아몬드 보스들의 압력에 저항한다는 것이 불가능함을 보여주는 또 하나의 사례라고 평가했다(사우어가 유일하게 런던대학교를 졸업한 의사였기 때문에 그의 견해가 킴벌리의 다른 의사들보다 훨씬 비중 있게 받아들여진 게 틀림없다고 한 제임슨의 발언 역시 사우어를 크게 화나게 했다. 당시에는 에든버러대학교가 유럽 최고의 의과대학이었다고 사우어는 반박했다).

아직 사우어는 음모에 연루되어 있는 의사들에게 어떤 행동을 취하진 않고 있었다. 그런데 월프 박사가 불트폰테인 옆에 있는 도시에 사는 그린호프 부인이라는 환자를 왕진했었다는 사실을 알게 되었다. 월프 박사가 환자를 보고 그 집을 나서려고 할 때, 환자의 친구인 사스필드 부인은 무슨 병이냐고 물었고 월프는 그저 가벼운 폐렴증세라고 답했다. 그러면 자기 친구를 만나봐도 괜찮겠느냐고 사스필드 부인이 물어보자, 월프는 아무 문제 없으니 걱정하지 말고 친구를 만나라고 근엄한 표정으로 그녀를 안심시켜 주었다.

사스필드 부인이 들어가서 친구를 보니, 환자는 혼수상태였다. 온몸에 고름이 가득한 종기가 나 짓물러 있었다. 정확히 천연두의 잠복기간인 12일 후에는 사스필드 부인에게서도 이 병의 증상들이 나타났다. 사우어는 그녀가 그린호프 부인으로부터 전염되었다는 사실을 전혀 의심하지 않았고, 그래서 월프 박사에게 살인 혐의를 물어야 한다고 주장했다. 그러나 사우어는 증인심문에서 사스필드 부인이 그린호프 부인이 아닌 다른 사람으로부터 감염되었을 가능성을 완전히 배제할 수 없었다. 그래서 월프는 무죄판결을 받았다.

몇 달 동안 사우어가 정치적 압력을 가한 끝에 마침내 식민지정부는 사운더스 박사(그는 런던대학교를 졸업했다)를 파견하여 다이아몬드 광산지역을 휩쓴 이 질병을 조사하게 했다. 몇 주일을 지체한 뒤 그가 내린 판단은 명백했다. "현재 킴벌리에 만연해 있는 질병은 천연두이다."

일단 대중들이 이 사실을 믿게 되자 대부분 자발적으로 천연두 예방접종을 하게 되었고, 1885년 말쯤 되자 다이아몬드 광산지역에서 이 병은 깨끗이 사라졌다. 사우어는 정확한 사망자 수를 제시하지는 않았지만, 자신의 책에서 여러 차례 이 전염병이 도는 동안 사망한 사람이 "수천 명에 이르며, 특히 원주민들"이라고 언급하고 있다. 그러면서 이렇게 결론짓는다. "이 많은 사람들은 그 핑크색 삐라에 서명한 자들이 취한 행동의 직접적인 결과로 그 병에 전염되었고 죽음에 이르렀다고 나는 확신한다는 것을 말해 두어야겠다."

이 사건은 세실 로즈나 린더 제임슨를 비롯한 그 밖의 다이아몬드 거물들과 그들에게 빌붙은 의사들이 그후 축적하게 될 재산에 거의, 아니 전혀 영향을 끼치지 않았다. 사실 그들은 훨씬 더 많은 해악을 끼쳤다. 1886년에 비트바터스란트에서 금이 발견되었을 때, 그들 역시 전세계 수만 명의 외국인들과 마찬가지로 그곳으로 몰려갔다. 이것은 그곳에 몰려든 사람이 곧 폴 크루거 대통령의 트란스발공화국 시민의 수보다 더 많았다는 것을 의미했다.

 1890년대 중반에, 크루거 정부와 이 외국인 거주자들 사이의 긴장은 폭발하기 직전까지 이르렀다. 세실 존 로즈는 다시 린더 제임슨과 손을 잡고 세계 최대의 매장량, 믿어지지 않을 만큼 무진장한 그 금광맥을 대영제국이 거머쥐기를 갈망했다. 아프리카 남부대륙 전체가 영국의 수중에 들어오기를 꿈꾸었던 로즈는 남아프리카 전체에서 관건은 트란스발공화국이라고 판단했다. 그리고 이와 같은 계획을 가장 쉽게 추진할 수 있는 방법은 정치적 통제권을 외국인 거주자들에게 넘기는 것이라고 로즈와 린더 제임슨은 생각했다.

 그리하여 식민지 케이프의 수상 로즈와 주로 외국인 거주자들로 구성된 정치적 압력단체인 개혁위원회(Reform Committee)의 지도자들은 베추아날랜드(Bechuanaland, 오늘날의 보츠와나공화국)의 영국 보호령에서 트란스발공화국을 침공하는 것과 때를 같이하여 요하네스버그에서 외국인 거주자들이 봉기를 일으키는 계획을 은밀하게 획책했다. 그런 다음 영국의 고위 당국자가 식민지 케이프로부터 이동하여 트란스발에 대한 영국의 통치권을 선포할 것이었다. 린더 스타 제임슨이 트란스발을 쳐들어갈 부대의 지휘를 맡고 있었다.

그 계획은 비참하게 실패했다. 제임슨은 '봉기'가 연기되었다는 것을 알았음에도 불구하고 1895년 12월 30일에 침공작전을 수행하기로 결심했다. 보어인들은 이 첩보를 입수했고, 이에 피트 크로녜 장군의 의용대는 1896년 1월 2일 도른코프에서 제임슨의 부대를 항복시켰다.

폴 크루거는 제임슨을 영국으로 보내 재판을 받게 했고, 그곳에서 제임슨은 유죄판결을 받아 감옥으로 갔다. 로즈는 수상 자리를 내어놓아야 했으며, 나중에 그의 이름을 따서 로데시아(Rhodesia, 오늘날의 짐바브웨공화국)라고 불리게 되는 땅을 식민지로 만드는 데 온힘을 기울이기 위해 떠났다. 이 이야기에서 가장 놀랄 만하면서도 전혀 뜻밖의 전개과정은 한스 사우어가 로즈나 제임슨과 대립했던 적이 있었음에도 불구하고 음모에 깊이 개입되어 있는 개혁위원회의 위원이었다는 사실이다. 그러나 그가 침공계획을 사전에 알고 있었다거나 무장봉기에 동의했다는 증거는 없다. 사우어는 위원회의 다른 위원들과 함께 반역죄로 재판에 회부되었지만, 가담의 정도가 경미하다는 것이 인정되어 3개월 동안 감옥생활을 하다가 나왔다.

제임슨의 침공으로 트란스발공화국과 영국은 도저히 회복이 불가능할 정도로 관계가 악화되었다. 1899년 10월 11일 트란스발공화국은 영국에 선전포고를 했고, 2년 9개월 동안 격렬했던 전쟁은 남아프리카의 얼굴을 영원히 바꾸어놓았다.

로즈와 제임슨이 핑크색 뻬라 사건 이후에 그들의 행로를 멈추었다면, 그렇게 큰 비극이 발생하지는 않았을 것이다.

11. 형제의 분열

:: 형제의 분열

'형제의 분열'(Broedertwis)이라는 말은 오랫동안 남아프리카의 주요한 정치어휘의 일부를 이루었다. 이는 형제간의 싸움을 의미하지만, 일반적으로 생물학적 형제들 사이의 불일치라는 글자 그대로의 의미로 사용되기보다는 오히려 과거 동지나 가까운 동료 혹은 같은 종족집단 출신의 사람들 사이에서 일어나는 파국이나 갈등을 뜻한다.

이것은 모든 '형제간의 분열'의 모태가 되는 이야기인데, 이때는 문자 그대로의 의미로 사용되고 있다. 이 이야기는 모든 시대를 통틀어서 가장 유명한 아프리카너 영웅들 가운데 한 사람, 즉 100여 년 동안 전해져 내려오며 어린아이들에게 들려주던 영광의 이야기들의 중심에 서 있는 사람과 아프리카너의 공식 역사에서 거의 언급조차 되지 않는—혹은 자부심이 흘러넘치는 화롯가나 식탁에 둘러앉아 은밀하게 입에 올리는—그의 동생(쿤라트 데 바위스와 약간 비슷한 인물)을 그리고 있다.

이것은 크리스티안 데 웨트 장군과 피트 데 웨트 장군의 이야기이다.

크리스티안 루돌프와 피터르 다니엘 데 웨트의 부모는 훗날 '대이주'(Great Trek)라고 불리게 되는, 1838년 이후에 북부 내륙으로 들어간 이스턴 케이프 이주보어인들의 대이주에 참여한 젊은 보어인 이주자들이었다. 데 웨트 가족은 오렌지자유공화국에서 농장을 운영했는데, 이 오렌지자유공화국은 1854년에 보어공화국이 되었다가 10년 후에는 트란스발공화국으로 선포되었다. 크리스얀이라고 불리기도 한 크리스티안은 1854년에 태어났고, 피트로 알려져 있는 피터르는 1861년에 태어났다.

크리스티안과 피트는, 당연히 크리스티안의 이름을 따라 붙인 오늘날 데웨츠도르프의 도시지역에 있는 아버지의 농장 니우베야르스폰테인에서 함께 자랐다. 1879년에 피트는 트란스발공화국의 하이델버그 근처에 있는 그의 농장에서 크리스티안과 함께 일을 했다. 그러나 머지않아 그들은 농장 일 이상의 많은 것을 공유했다.

19세기 말로 접어들면서, 영국은 킴벌리에서 다이아몬드가 발견되고 요하네스버그에서 금이 발견된 뒤로 보어인의 공화국들에 점점 더 많은 관심을 보이기 시작했다. 1880년 12월 8일에 두 형제는 국민회의에 참석하기 위해 크루거스도르프 외곽에 있는 파르데크랄로 말을 타고 갔는데, 그곳에서 트란스발공화국 시민들은 영국이 자기네 공화국을 합병하려고 획책하는 데 대해 저항할 것을 결정했다.

그해부터 크리스티안과 피트는 같은 의용대에 들어가서 보어인들이 제1차 자유의 전쟁이라고 부르는 전쟁에서 영국과 싸웠다. 1881년 2월 27일 마우바에서 조지 콜리 장군이 이끄는 영국 군대를 꺾고 영광스러운 승리를 얻은 전투에서 두 형제 모두 큰 활약을 했다.

1881년에 전쟁이 끝나고 형제는 자유공화국으로 돌아와, 크리스티안은 헤일브론 지역에 있는 농장으로 갔고 피트는 그 이웃에 있는 린들리 지역으로 갔다. 또 둘 다 자유공화국 의회의 의원으로 선출되었다. 피트는 1898년을 프리토리아에서 보냈는데, 그곳에서 폴 크루거 대통령의 친구가 되었다. 크리스티안 역시 1885년에 트란스발 국민회의에서 일했기 때문에 대통령을 잘 알고 있었다.

1899년 10월에 대영제국과 트란스발공화국 사이에 전면전, 즉 앵글로-보어전쟁 혹은 제2차 자유의 전쟁이 발발했을 때, 두 형제는 자유공화국이 무장을 해서 자매공화국에 협력해야 한다는 데 대해 열광적으로 찬동했다. 그들, 피트는 린들리 의용대 부대장으로, 크리스티안은 헤일브론 의용대의 일반시민군으로서 말을 타고 전쟁터로 나갔다.

헤일브론 의용대 대장 루카스 스테인캄프가 전쟁이 일어나고 곧바로 병에 걸리는 바람에 그를 대신해서 크리스티안이 대장 직무대행으로 임명되었다. 그들은 피트가 속한 부대를 포함하여 자유공화국의 다른 의용부대들과 함께 10월 30일에 나탈 국경지역에 있는 니콜손스네크에서 영국 군대와 맞붙었다. 300명의 보어인 병사들은 신속하게 850명의 영국 군대를 밀어붙여 항복을 받아냈다. 이는 크리스티안의 화려한 무공의 시작이었다. M. T. 스테인 자유공화국 대통령은 깊은 감명을 받은 나머지 1899년 12월에 크리스티안을 피트 크로녜 장군 휘하의 야전사령관으로 임명했다.

피트 또한 처음에는 니콜손스네크에서, 이어서 11월에는 레이디스미스의 포위공격에서 부대원들을 탁월하게 지휘했다. 12월 16일, 피트의 지휘 아래 있는 한 부대가 팔코프의 영국군 요새를 함락시켰다. 형이 장군으로 임명된 지 며칠 후에 피트도 스테인 대통령에 의해 장군으로 승진되어, 남부전선을 총괄하는 총사령관이 되었다. 그때 그의 나이는 불과 서른여덟 살이었다.

피트는 전쟁 초기단계에 직접 전투를 하는 장군으로 크게 유명세를 떨쳤다. 그는 E. R. 그로블러와 J. H. 슈만 장군의 방어적인 정책에 반대하고, 또 한 명의 유명한 보어인 장군 코스 데 라 레이와 연합작전을 펼쳐서 적에 대해 더욱더 공세적으로 나갔다.

1900년 2월에 피트의 오랜 친구인 크루거 대통령은 스테인 대통령에게 크로녜 장군 휘하부대의 전투력을 강화하기 위해 피트와 그 부대원들을 서부전선으로 이동시켜 줄 것을 요청했다. 서부전선으로 이동하던 중에 피트는 파르데버그에서 크로녜가 병사 4천 명과 함께 투항했다는 말을 들었다. 그것은 엄청난 타격이었다. 그후 피트의 부대는 크리스티안의 부대와 협력하여 1900년 3월과 4월에 아브라함스크랄, 사나스포스트, 데웨츠도르프에서의 전투를 승리로 이끌었다.

두 형제 사이에서 처음으로 의견차이가 드러나기 시작한 것은 1900년 4월 말경이었다. 피트는 모든 전력과 에너지를 투입하여 정면대결을 해서 영국군을 물리쳐야 한다고 보았지만, 크리스티안은 후방에서 적을 공격하고 교란시켜야 한다고 판단했다. 알베르트 그륀들링흐는 『투항자들과 협력자들』(*Die 'Hensoppers' en 'Joiners'*)에서 피트 데 웨트는 형보다도 재래식 전쟁기법을 더 신뢰했다고 말한다. 크리스티안의 비정규적이면서 비재래식 전투는 그의 전략을 나타내는 특징이 되었으며, 그는 여전히 초기 게릴라전쟁 전술가의 한 사람으로 받아들여지고 있다.

재래식 전쟁기법 여부에 관계없이 피트 데 웨트는 매우 존경받고 성공한 군사지휘관이었다. 1900년 5월에 로버츠 장군이 자유공화국을 합병한 지 이틀 후에 피트의 부대는 그의 고향 린들리 근처에서 제국 기마의용대 제13대대의 468명을 포로로 잡았다. 그 포로들 가운데는 영국 귀족이 상당수 포함되어 있었다. 영국으로서는 심대한 타격이었고, 보어인들에게는 사기를 크게 북돋워주는 사건이었다.

크리스티안은 전투부대들을 더욱 빈번하게 이동하게 하고 후방에서 영국군을 공격하여 보급로와 통신로를 파괴하는 등 게릴라 전법을 계속 발전시켜 나갔다. 1900년 3월 31일, 그는 블룸폰테인 동쪽의 사나스포스에서 R. G. 브로드우드 여단장의 부대를 패퇴시키고, 탄약과 군수물자가 가득 실린 마차 116대를 포획했다. 영국군은 159명의 인명손실을 입었지만, 보어인 쪽의 인명손실은 13명에 불과했다. 이 전투는 크리스티안을 전설적인 인물로 만드는 단초가 되었으며, 전쟁이 끝날 때까지 줄곧 그는 영국군이 가장 싫어하는 눈엣가시 같은 존재였다.

(내가 어렸을 때, 포로수용소에서 살아남았던 나의 할머니 알베르타 두 프레즈는 나에게 크리스티안 데 웨트의 이야기를 들려주셨다. 사실 할머니는 똑같은 이야기를 여러 번 하시고 또 하셨던 것이다. 만약 그들이 보어전쟁 때 존재했다면 도시의 전설 같은 느낌을 풍기겠지만, 할머

니는 마치 그 일이 당신에게 일어났던 것처럼 이야기하셨다. 할머니가 자유공화국의 가족농장에 살 때 영국 군인들이 그곳을 지나가게 되었다. 할머니의 어머니—혹은 숙모나 고모였는지, 잘 기억나지는 않는다—는 그들에게 커피를 마시겠느냐고 했고, 그들은 좋다고 했다. 그래서 증조할머니는 그들에게 블랙커피를 좋아하는지 아니면 화이트를 더 좋아하는지 물었고, 바로 그 순간 그들은 자리에서 벌떡 일어나 걸음아 나 살려라 하고 달아났다. 아프리칸스어에서는 화이트를 '위트'wit라고 발음하는데, 그것이 그들에게는 흡사 데 웨트처럼 들렸던 것이다. …아무튼 이건 나의 할머니가 들려주신 이야기였다.)

그런데 크리스티안은 자신을 게릴라라고 부르는 것을 강하게 거부했다. 전쟁회고록 『보어인과 영국인의 전쟁』(*Die Stryd tussen Boer en Brit*)에서, 크리스티안은 영국인들이 보어인들을 처음에는 '폭도'라고 부르다가, 다음에는 '얼뜨기 무리' 혹은 '도적떼'라고 부르더니 "급기야 보어인들에게는 게릴라는 모욕적인 이름이 붙여졌으며, 그 지도자들은 게릴라 지도자라고 부르고 있다. 영국이 우리를 게릴라라고 부를 정도로 그렇게 무례할 수 있는지 도저히 이해할 수가 없다. …만일 영국 정부가 건재해 있는데도 그 수도가 다른 나라에게 점령당했다면, 그 적이 영국인들을 게릴라라고 부를까? 그것은 분명히 아니다!"라고 말한다.

그러나 1900년 중반, 피트는 전쟁에서 도저히 이길 수 없다는 것을 깨닫기 시작했다. 영국제국의 군대는 그 병력과 무기와 보급품 면에서 비교가 안 될 정도로 월등했다. 3월에 영국은 수도 블룸폰테인을 함락시켰고, 곧 이어 정부가 임시로 옮겨가 있는 지역들을 차례로 함락시켰다. 7월에는 크리스티안과 함께 싸웠던 미카엘 프린슬로 장군이 휘하의 3천 병사들과 함께 항복했다.

피트가 항복을 고려하고 있음을 처음으로 드러낸 것은 5월이었는데, 그때 그는 영국군 이안 해밀턴 장군에게 보내는 편지에서 이러한 가능성을 의논했다. 그리고 6월에는 메슈언 경과 6일간의 휴전에 합의했다. 며칠 후에 크리스티안은 이 휴전문제를 의논하기 위해 고급장교 회의를 소집했고, 그 자리에서 두 형제는 서로에게 화를 내며 공개적으로 불화를 드러냈다. 피트는 크리스티안을 비롯한 지도자들이 보어인들은 유럽으로부터 지원을 받을 것이라고 말함으로써 국민들을 호도하고 있다고 비난했다.

그 회의에 참석했던 장교들 가운데 한 사람인 H. G. 데 웨트의 말에 따르면, 형제간에는 다음과 같은 말들이 오갔다.

"피트 데 웨트 장군은 그들을 향해 자신은 이 전쟁을 끝내야 할 시기를 고민하고 있다고 말했다. 또 다른 강대국이 개입할 것이라는 말은 시민들을 허허벌판으로 잘못 인도하는 조작된 기만이다, 설령 원한다 할지라도 유럽의 강대국들은 공화국을 지원하러 올 수 없을 것이다, 자신은 이런 고의적인 기만행위에 한통속이 되어 가담할 뜻이 없다고 말했다. 결국 이 나라는 완전히 황폐해지고 말 것이며, 아무것도 모르는 아녀자와 어린아이들이 고통을 겪게 될 것이다. 크리스티안 데 웨트 장군은 위대한 전사이지만, 성미가 매우 급한 것으로 잘 알려져 있었다. 또 그는 자기 생각과 다른 견해들을 참을성 있게 듣고 포용하지를 못했다. 그는 왈칵 화를 내며 동생 피트를 모욕했다. 그러자 피트 데 웨트 장군은 이렇게 말했다. '나는 손을 떼겠다. 더 이상 사람들에게 전혀 희망 없는 명분을 위해 목숨을 바쳐 싸우라고 명령하지 않겠다. 우리나라를 철저하게 폐허로 만드는 공범자가 되지는 않겠다.'"

여전히 피트는 투쟁을 계속했으며, 6월 말에는 선거를 통해 자유공화국 최고사령관으로 선출될 수 있는 기회를 만들기까지 했다. 하지만 이 선거는 스테인 대통령에 의해 갑자기 중단되었다. 그는 선거절차를 무시하고는 직접 크리스티안을 최고사령관으로 임명했던 것이다. 이에 몹시 실망한 피트는 불화를 야기한 장본인이라며 대통령을 비난했다.

7월 19일, 피트가 부여잡고 있던 마지막 지푸라기가 끊어졌다. 전설적인 대니 서론과 그는 R. G. 브로드우드 장군의 월등한 군사력에 밀려 퇴각을 하지 않을 수 없었던 것이다.

그 다음날 피트는 린들리에서 크리스티안을 만나 그에게 평화를 고려해 볼 때가 되지 않았냐고 물었다. 몹시 화가 난 크리스티안은 "너 미쳤니?" 하고 소리를 질렀다. 그리고 나흘 후, 피트와 고급장교 몇 명이 영국 군대와 항복을 협상하기 위해 린들리로 갔다. 1900년 7월 26일, 크론스타트에서 피트는 영국군 장교에게 항복했다.

크리스티안은 동생이 항복했다는 소식을 듣고, C. C. J. 바덴호르스트 장군에게 이렇게 말했다. "내가 총을 쏘아죽였어야 했는데."

8월에 피트는 두 공화국의 지도자들에게 기회를 주겠다며 다음과 같이 경고했다. "외국의 중재를 청하거나 아니면 우리의 독립을 보장해 줄 정당을 만들어라. 만약 6개월 안에 그렇게 하지 않으면, 나는 전쟁을 종식시키기 위해서 필요한 모든 행동을 다 취할 것이다." 그리고는 더반으로 떠나서 12월 중순까지 그곳에서 머물렀다.

돌아오는 길에 피트는 크리스티안의 부인 코르넬리아에게 전쟁을 끝내도록 남편을 설득해 달라고 간청하기 위해 그녀를 만나러 갔다. 하지만 그녀는 그의 방문을 '불쾌함의 근원'이라고 부르면서, 그 지역 경찰서장에게 그가 다시 찾아오는 것을 원치 않는다는 자신의 말을 전해 달라고 요청했다. 그러나 피트의 부인 수잔나는 남편의 견해를 매우 적극적으로 지지했다. J. B. M. 헤르초그 장군과 오스카르 힌트라허가 6월에 피트를 만나러 그의 농장에 갔으나 농장에는 그녀 혼자만 있었다. 그들의 말에 따르면, 그녀는 영국군이 얼마나 많은 농장에 불을 질렀고 또 얼마나 많은 재산을 징발해 갔는지를 "그칠 줄 모르고 이야기했다"고 한다.

고향으로 돌아온 피트는 자유공화국 시민평화위원회를 구성했다. 자유공화국의 보통시민들을 위하여 전쟁을 포기한다는 자신의 선언에 충실하게, 그는 영국군들이 여자와 어린아이를 대하는 방식에 대해 끊임없이 저항했다. 심지어 그는 켈리-케니 장군에게까지 찾아가서 "보어인 여성들과 관련하여, 전쟁을 수행하는 방식"에 대해 항의했다.

1901년 1월 11일에는 형에게 보내는 공개적인 편지를 썼으며, 이 편지는 『블룸폰데인 포스트』(*Bloemfontein Post*)지에 실렸다. 또 같은 해에 아거스 컴퍼니에서 소책자로도 출판되었는데, 나는 그 원본을 케이프타운 국립도서관에서 찾아냈다. 이 책은 『형제가 형제에게 보내는 찬양할 만한 가치가 있는 편지: 데 웨트가 데 웨트에게 책임감을 호소하는 목소리』(*Broeder tot Broeder. Een prijzenswaardige Brief. Een smeekstem tot De Wet. De Wet's verantwoordelikheid.*)라는 상당히 부담되는 긴 제목을 달고 있다.

네덜란드어로 씌어진 이 편지는 이렇게 시작한다(번역은 내가 했다).

사랑하는 형에게. 형이 저에게 몹시 화가 나 있으며, 만약 저를 보면 아마 죽일 거라는 얘기를 들었습니다. 더 이상 아무 죄 없는 무구한 피를 흘리게 하는 일이 없기를 바랄 따름입니다. 이미 너무 많은 피를 흘렸습니다. 제가 엄청난 반역죄를 저질렀다고 비난하고 계신다는 것을 알고 있습니다. 그러나 부디 제게 사태를 정확하게 설명할 기회를 주시기 바랍니다. 그리고 형이 아무런 편견을 갖지 않고 하나님께서 부여하신 상식으로써 사태를 읽기를 간절히 청합니다.

이 전쟁이 처음 일어났을 때부터 정부에 대해 제가 해야 할 의무를 다하지 않았습니까? 그리고 비록 제가 가장 용맹스러운 군인의 한 사람은 아니라 할지라도, 제가 할 수 있는 최선을 다해 싸웠습니다. 저는 정당한 평가를 받고 싶습니다. 결국 우리가 영국 군대에 정복당하고 또 우리가 잃어버린 것을 되찾는다는 것이 속절없는 희망이라는 것을 알았을 때 제가 어떻게 했나요? 분별

없는 태도로 무기를 내려놓았나요? 아닙니다. 저는 대통령에게 평화를 고려해 달라고, 이 나라를 황폐화시키고 주민들을 모두 죽게 만들기보다는 차라리 이 나라를 이양할 것을 청하는 편지를 썼습니다.

영국과의 전쟁을 계속하는 것은 하나님의 말씀을 어기는 일일 뿐 아니라 잘못된 정치이기도 하다고 말하면서, 피트는 계속해서 다음과 같이 쓰고 있다.

다시 한번 간청드립니다. 불타오르는 형의 모든 열정을 한쪽으로 밀어놓고 잠깐 동안이나마 상식으로써 판단해 보세요. 그러면 우리나라 국민들이 할 수 있는 최선은 전쟁을 포기하고, 새로운 정부에 충성하고, 대의제 정부를 구성할 시도를 하고, 케이프 식민지와 나탈처럼 재정적으로 가능한 한 빨리 자립하여 우리나라를 우리 스스로 다스리고, 우리 아이들이 교육을 받을 수 있도록 하고, 우리 국민을 남아프리카 미래를 구성하는 국민으로 구원하는 것이라는 제 견해에 동의하실 것입니다.
이와 달리, 만약 전쟁이 앞으로 몇 달만 지속된다면 우리 국민들은 이 나라의 노동계급으로 전락해 버리고 자칫 온전한 민족으로 존재하지 못하고 사라져 버릴지도 모를 정도로 비참해질 것입니다. 아니, 대다수 국민들이 이미 그와 같은 상태에 있습니다.

그러면서 이렇게 끝을 맺는다.

도대체 형은 눈이 멀었나요? 형은 트란스발공화국의 장군들과 시민들에게 기만당하고 있다는 것이 보이지 않습니까? 지금 형은 무엇을 하고 계십니까? 그들은 우리가 싸우고 있는 것의 1/10도 싸우지 않거니와, 그들의 나라는 우리 자유공화국만큼 폐허가 되어버리지도 않았습니다. 그들은 무기를 버릴 준비를 하고 있습니다. 형이 어떻게 나올지 보려고 그저 기다리고 있을 뿐입니다. 형이 패배한다거나 항복한다거나 혹은 포로로 잡히면, 바로 그 순간 그들은 항복할 것입니다.

그리고는 "형의 최선을 기대하며, 기다리겠습니다. 동생 P. D. 데 웨트 올림"이라고 쓰고 서명을 했다.

1901년 6월에 피트 데 웨트는 투항자에서 협력자로 돌아섰다. 그가 보어인 지도자들에게 전쟁을 중단하지 않으면 자기가 전쟁을 끝내기 위해 "행동에 나서겠다"고 경고한 지 약 10개월 후에 그와 평화위원회 위원들은 영국 군대 편에 서서 정찰을 하고 안내를 해주는 역할을 하기 시작했다. 또 그는 영국 최고사령부에 조직화된 시민정찰대를 구성할 것을 제안했으며, 이것은 1902년에 '오렌지강 식민지의용대'의 결성으로 이어졌다(1900년 5월 28일 육군 총사령관 로버츠 경은 공식적으로 자유공화국을 병합하여 오렌지강 식민지라고 이름을 바꾸었다). 피트의 공동

지휘관은 역시 탁월한 전직 보어군 지휘관 스테파누스 빌로넬이었다. 자유공화국 장교들이 빌로넬을 장군으로 진급시키라고 제안했으나 그는 진급을 사양하고 그로부터 2주일 후에 항복했다.

트란스발공화국에서도 오렌지강 식민지의용대와 유사한 조직인 '전국스카우트'가 협력자들을 회원으로 해서 조직되었다(의용대도 종종 전국스카우트라는 이름으로 불리었다). 전국스카우트의 지도자 중 한 사람은 피트 크로녜 장군의 형제인 안드리스 크로녜 장군이었다. 바야흐로 보어인 장군 두 명이 자신들의 국민들에게서 등을 돌리고 적군에게 협력했는데, 둘 다 유명한 보어인 장군들의 형제였다.

피트 데 웨트와 마찬가지로 안드리스 크로녜는 군사지휘관으로 뛰어난 기록을 남겼다. 1902년 1월에 그는 포체프스트롬 회의에서 '협력'의 이유를 다음과 같이 설명했다.

"우리는 영국 군대와 싸워서 이길 가망이 없다는 것을 완벽하게 알고 있다. 따라서 전쟁포로들과 시민 포로수용소에 있는 그 가족들을 생각한다면, 우리 자신을 위해서 가능한 한 피를 흘리지 않고 전쟁을 종식시키는 데 최선을 다해야 한다. 아니 전쟁을 끝내야 한다, 하루라도 빨리."

1902년 2월에 피트 데 웨트는 크론스타트에서 열린 대중집회에서 이렇게 말했다.

"나는 지금도 이 전쟁이 일어나기 전과 전혀 다름이 없이 나의 국민들을 사랑합니다. 어느 한 순간도 국민들의 최고의 이익을 위해 싸우지 않은 적이 없습니다. 비록 나라의 독립을 잃었지만, 우리를 대우해 주고 또 우리가 바라던 정부에 의해서 그 독립이 우리에게 이어지고 있음을 하나님께 감사드립니다. 우리는 빠른 시일 안에 평화를 되찾기를, 그리고 하나의 공통된 이해관계를 가진 아프리카너로서, 이 아프리카 땅의 우리 모두가 형제로 함께 살고 충심으로 우리 정부를 지지하는 그날이 곧 밝아오기를 계속 희망할 것입니다."

1902년에 전쟁이 끝나고 두 공화국이 독립을 상실한 뒤로 오랫동안 협력자들은 증오의 대상이 되었다. 아프리칸스어의 작가 외젠 마라이스는 이렇게 썼다.

"거기에는 바다처럼 깊고 하나님의 땅만큼 넓은 증오가 있다…. 그들은 전세계를 통틀어 가장 고상한 우리의 이름을 불명예로 더럽혔기 때문에 우리는 마음속 저 깊은 곳에서부터 이 사람들을 증오한다. 그들을 용서한다는 것은 망각하는 것만큼이나 불가능하다."

전쟁이 끝나고 크리스티안 데 웨트는 크론스타트의 한 집회에서 협력자들과 투항자들을 가리켜 "자기 국민을 죽인 살인자들"이며 돼지우리 속에 있어야 마땅할 사람들이라고 말했다. 그해 말, 피트가 크론스타드에 있는 그랜드 호텔에서 술을 마시고 있는데, 크리스티안이 걸어 들어왔다. 알베르트 그륀들링흐가 인용한 한 목격자의 말에 따르면, "그들은 서로 보자마자 사납게 달려들어 끔찍한 소동을 일으켰다. 그들을 서로 떼어놓지 않았더라면, 필시 난투극이 벌어졌을 것이다. 그러고 나서 크리스티안은 저런 검둥이 반역자와 한 지붕 아래 있지 않겠노라고 말하며 돌아서서 나가버렸다."

크리스티안은 자서전에서 보어인들이 전쟁에서 패배한 것은 협력자들 때문이라고 비난하는 경향이 점점 더 짙어졌다. 그는 "투항자들이나 협력자들, 즉 보어인 탈영자들"이 영국군에 협력하면서부터 영국군의 정찰활동과 첩보활동은 가공할 만한 수준이었다고 쓰고 있다. 전쟁이 후반단계에 접어들면서 그들은 보어인 군대에 엄청나게 야간공격을 해대었는데 "바로 우리의 혈육인 전국스카우트"의 길잡이 노릇이 없었더라면, 도저히 있을 수 없는 일이었다는 것이 그의 견해이다.

"이 배신자들이 우리에게 얼마나 엄청난 재난을 안겨주었던가! 앞으로 나는 그들을 그들의 진정한 이름(그것은 반역자를 의미했다)으로 부르겠다. 그들은 아프리칸스어를 사용하는 사람들뿐만 아니라 주로 불충한 시민들에 의해 곤경의 구렁텅이로 떨어진 두 보어 공화국처럼 어려움에 처해 있는 전세계 모든 민족이 영원히 혐오하는 그 이름을 짊어지고 다녀야 할 것이다." 그는 이 책에서 피트 데 웨트에 관해 수없이 많이 언급하면서도 단 한번도 그를 형제라고 부르지 않는다. 첫 장에서는 데 웨트 장군이라고 부르다가, 뒤로 가면서는 그저 '전국스카우트의 피트 데 웨트'라고만 지칭한다.

전쟁이 끝나고 몇 년 동안 전국스카우트에 대한 증오는 아프리카너 사회를 갈가리 찢어놓았다. 주로 싸움은 죽을 때까지 싸우기로 결심한 '결사항쟁론자들'과 '협력자들' 사이에서 일어났다.

과거 스카우트 단원들은 직업을 구할 수도 없었으며, 교회위원회 위원으로도 선출되지 못했다. 네데르다위츠 헤르보름데 케르크(Neder duits Hervormde Kerk) 교회는 스카우트 단원이었던 사람들에게 신성한 교회공동체에 들어오려면 자신의 죄를 낱낱이 고백할 것을 요구하기까지 했다. 이것은 1904년에 기존의 교회에서 이탈하고 7개의 지회를 거느린 '스카우트 교회'의 결성으로 이어졌지만, 교회는 그리 오래 버티지 못했다.

알베르트 그륀들링흐는 '협력자들'에 관해 쓴 책에서 이들에게는 계급적 차이가 존재했다면서, 전국스카우트의 구성원들 대부분이 스스로 싸워서 지켜야 할 것을 가졌다고 믿지 않았던 자작농이나 소작농들이었다고 말한다(어렸을 때 1950년대 말과 60년대 초에 크론스타트에서 살 때, 나는 어떤 집이 가족 중에 과거에 부역을 했던 사람이 있는지 알고 있었다. 우리는 그런 집안사람들은 훌륭한 아프리카너라고 여기지 않았다).

크리스티안 데 웨트는 전쟁이 끝나고도 한참 후까지 파국적인 종말론자였다. 1914년 폭동의 지도자였던 그는 그해 11월에 체포되었다. 6년형을 선고받고 감옥에 갇혔지만, 6개월 만에 풀려났다. 그는 1922년 2월 23일에 죽었고, 블룸폰테인에 있는 '여성기념공원' 기슭에 묻혔다.

그로부터 7년 후에 피트는 린들리 시내에 있는 조그만 집에서 숨을 거두었다. 그가 가진 재산이라고는 500파운드 정도 나가는 땅뿐이었다. 두 형제는 결코 화해하지 않았다.

대부분의 아프리카너들은 피트 데 웨트를 반역자로, 아프리카너 역사에서의 수치스러운 한 페이지로 생각한다. 1900년 중반에 그가 했던 주장들의 타당성을 진지하게 생각해 보는 사람은 없었다. 막강한 영국제국과의 전쟁은 실제로 도저히 이길 수 없는 전쟁이었으며, 당시에 두 보어인 공화국이 항복했었더라면 영국의 그 무시무시한 초토화 정책이 아프리카너들(과 남아프리카)을 그 정도로까지 유린하고 황폐화시키지는 않았을 것이다. 결국 2만 6251명의 보어인 여성과 어린이들 그리고 아마 훨씬 더 많은 흑인 남아프리카인들(공식적인 집계는 1만 4154명이다)이 끔찍한 포로수용소에서 죽었으며, 3만여 가구의 보어인 농가와 몇 군데 도시가 완전히 파괴되었으며, 수십만 마리의 양과 소와 말이 도륙당했다. 그리고 수천 명의 남자들—그 가운데 일부는 아홉 살밖에 안 된 어린 소년들이었다—이 세일론과 버뮤다, 세인트헬레나, 케이프 지역의 전쟁포로 수용소로 끌려갔다. 나의 할아버지는 세일론에서 2년 동안 갇혀 있었다.

그후 아프리카너들은 비록 전쟁에서 졌지만 평화를 얻었다고 말했을 것이다. 1910년 5월 31일, 케이프 지역과 나탈, 트란스발, 오렌지 자유 공화국은 각각 백인들만의 자치정부로 구성된 남아프리카연방공화국이 되었다. 그로부터 51년 후에 아프리카너들은 남아프리카를 하나의 공화국으로 선언했을 때 공화제를 향한 자신들의 꿈을 다시금 깨달았다. 그것은 정확히 33년 동안 이어졌다. 1994년, 반체제적인 아프리카너들은 남아프리카가 그 고유의 민주주의로 이행하고 변모하는 과정에서 다시 한번 중요한 역할을 담당했다.

12. 피에 물든 쿨리

:: 피에 물든 쿨리

아마 남아프리카에는 역사적으로 특정 시기 동안 사람과 문화가 독특하게 합류되는 것과 관계 있는 무언가가 있는 것 같다. 혹은 어쩌면 부질없는 것일 수도 있다. 그 설명이 무엇이든지간에 아프리카의 남쪽 끄트머리는 후대에 세계에서 가장 탁월한 성자로 일컬어지게 되는 두 사람이 등장했던 장소이다. 마하트마 간디와 넬슨 만델라.

두 사람의 위대함은 무엇보다도 먼저 남아프리카의 인종차별주의와 억압 속에서 탄생했다. 하지만 우리는 두 사람이 너무나 다르다는 것을 거의 상상도 하지 못한다. 손으로 짠 면 도티(dhoti, 허리에 두르는 남자용 천-옮긴이)와 숄을 두른 키가 작고 금욕적이며 자기를 내세우지 않고 조용하게 이야기하는 간디. 그리고 화려한 색깔의 셔츠를 입은 키가 크고 힘이 넘치고 만나는 사람을 모두 압도하는 천부적인 힘을 지닌 자부심 강한 만델라.

그러나 그들은 또 많은 점을 공유하고 있다. 두 사람 모두 요하네스버그에서 변호사가 된 시골소년들이었다. 두 사람 모두 남아프리카 감옥에서 많은 시간을 보냈다. 두 사람은 감옥에서 풀려나 남아프리카의 국가수장과 개별면담을 가졌다. 간디는 1908년 1월 30일에 얀 스뮈츠 수상과 만났으며, 만델라는 1989년 7월 5일에 P. W. 보타 대통령과 만났다. 두 사람 모두 원래의 이름보다는 깊은 애정이 담긴 다른 이름으로 불리었다. 모한다스 카람찬드는 위대한 영혼이라는 뜻을 지닌 마하트마로 불리었고, 넬슨 롤릴랄라는 자신의 코사족 이름인 마디바로 불리었다. 두 사람 다 인간의 자유와 존엄에 대한 사랑으로 삶을 살았고, 인내와 끈기로 삶의 축복을 받았다. 마하트마는 식민지 억압과 불의에 대한 비폭력적 저항의 국제적 아이콘이었으며, 마디바는 줄곧 남아프리카 민주주의의 아버지이자 아프리카 르네상스의 상징이었다.

진실과 평화와 통일과 존엄성을 위한 혹독하리만큼 헌신적인 삶으로써 간디는 만델라나 마틴 루터 킹, 아웅 산 수지 같은 우리 시대의 가장 위대한 해방의 영혼들에게 크나큰 영감을 불어넣었다.

오늘날에도 남아프리카의 거리들에서 수없이 발생하는, 간디와 같은 '도도한 쿨리'에게 육체적인 공격을 가하는 쩨쩨한 인종차별주의자들이 인간애에 대한 그의 헌신이 어떻게 이루어졌는지 알게 되기를 간절히 바랄 뿐이다.

가족들은 모냐 혹은 마누라고 부르기도 했던 모한 간디는 1869년 10월 2일에 인도 포르반더에서 태어났다. 그는 런던에서 법률가의 교육을 받았으며, 스물네 살의 나이에 대형 무역소송 사건을 맡은 인도계 법률회사의 초청으로 남아프리카에 왔다. 처음 인도인들이 남아프리카에 오기 시작한 것은 1860년부터로, 사탕수수 농장의 계약직 노동자들이었으며, 그 뒤로 인도인 무역업자와 전문직 종사자들도 몇 명 남아프리카로 이주했다.

간디는 1893년 5월 23일에 더반에 배로 도착했다. 간디가 압둘라 셰스의 초청을 받아서 남아프리카에 상륙하여 맨 처음 받은 인상은 "인도인들이 그리 존중을 받지 못하고 있다"는 것이었다. 곧 그는 개인적으로 이에 대해 경험하게 되는데, 이틀 후에 더반 법정에 섰을 때 치안판사는 그에게 터번을 벗으라고 명령했다. 그는 즉각 거절하고 법정을 떠나버렸다. 그리고는 그 지역 신문에 이 사건에 관한 편지를 써서 보냈다. 이를 둘러싸고 열띤 논쟁이 벌어졌는데, 흔히 그 논쟁에서 간디는 '환영받지 못하는 방문객'으로 지칭되곤 했다. 이렇게 해서 간디는 인종차별주의와의 투쟁을 시작했다.

일주일 후에 간디는 재판이 열리기로 되어 있는 프리토리아를 향해 떠났다. 그는 일등석 열차표를 예매했고, 피터마리츠버그까지는 모든 것이 순조로웠다. 그런데 피터마리츠버그에서 백인 승객 한 명이 탔고 간디와 같은 객실이었던 그 승객은 간디의 피부색을 보고는 승무원 두 명을 불러서 '저 쿨리'(또 백인들은 이따금 대부분의 타밀어 이름 끝에 붙는 '-사미'를 가지고 인도인들을 '사미스'라고 불렀다)를 보호 칸으로 옮기라고 말했다.

자서전에서 간디는 이 사건을 다음과 같이 서술했다.

"하지만 나는 일등석 표를 가지고 있는데요" 하고 나는 말했다.

그러자 그 사람이 "그건 문제가 안 돼. 내가 너에게 말하는데, 너는 반드시 짐칸으로 옮겨야만 한다"라고 대꾸했다.

"내가 너에게 말하는데, 나는 더반에서 이 객석에 타고 여행을 할 수 있게 되어 있다. 그러니 나는 계속 이 칸에 앉아서 가겠다."

이번에는 승무원이 말했다. "아니, 너는 그렇게 할 수 없어. 너는 이 객석을 떠나야만 해. 그렇지 않으면, 치안경찰을 불러서 너를 끌어내도록 할 테다."

"네 마음대로 하라. 내 발로 가는 것은 거부한다."

치안관이 왔다. 그는 손으로 나를 잡고 밖으로 밀어냈다. 나의 짐도 밖으로 내동댕이쳐졌.

나는 다른 칸에 가기를 거부했고 기차는 기적을 울리며 떠나 버렸다.

간디는 플랫폼에서 추운 밤을 지새우고, 다음날 철도회사 총지배인에게 전보를 보냈다. 지배인은 자기 승무원들의 행동을 옹호했지만, 그럼에도 불구하고 간디는 기차를 탈 수 있어야 한다는 명령을 내렸다. 그는 아무 사고 없이 찰스타운까지 기차를 타고 갔으며, 찰스타운이 종착역이어서 그곳에서 역마차를 타고 요하네스버그까지 가기로 했다.

역마차를 담당하고 있던 백인이 처음에는 그의 승차를 거부하더니, 간디가 이미 요금을 지불한 표를 내어 보이자 그에게 마차 칸 밖에 있는 좌석에 앉으라고 말했다. 그가 생각하기에 '쿨리'가 백인 승객들과 함께 앉는다는 것은 적절치 못했기 때문이다. 간디는 분노가 끓어올랐지만, 더 이상 지체하지 않고 요하네스버그에 가고자 했기 때문에 그 자리에 앉았다.

그런데 마차가 파르데코프에 도착했을 때쯤, 마차주인은 마차 칸 밖에서 담배를 피우려고 평소에 자기가 앉던 자리를 다시 내놓으라고 요구했다. 그는 더러운 옷 한 벌을 바닥에 홱 내던지더니, 간디에게 이렇게 말했다. "사미, 넌 여기 앉아. 내가 마부 옆에 앉을 테니까."

간디는 분노가 끓어서 넘쳐흘렀다. 그는 백인에게 말했다. "나는 분명히 안에 앉도록 예약이 되어 있었는데 불구하고 나를 이곳에 앉게 한 사람은 바로 당신이었어. 나는 모욕을 참았다. 그런데 지금 당신은 밖에 앉아서 담배를 피우고 싶다고 나를 당신의 발밑에 앉으라고 하잖아. 그렇게는 못하겠어. 하지만 내가 안에 들어가 앉을 준비는 되어 있다."

그 사람은 득달같이 간디에게 달려들어 귀를 때리며 그를 바닥에 내동댕이치려 했다. 이렇게 갖은 욕설을 퍼부으며 매질을 하는 동안, 키가 작고 바싹 마른 간디는 마차의 청동 손잡이만 꽉 움켜쥐고 있었다. 결국 백인 승객 몇 사람이 거들고 나서서 간디는 다시 한번 자기 좌석에 앉을 수 있었다.

요하네스버그에서 간디는 호텔에 투숙하려고 했지만, 그럴 때마다 호텔 지배인은 그를 흘끗 쳐다보고는 빈 방이 없다고 말하곤 했다. 간디는 자기가 겪은 일을 요하네스버그에서 새로 사귄 인도인 친구들에게 들려주었다. 그들은 웃음을 터뜨리며, 자신들이 겪은 인종차별 경험담을 수도 없이 늘어놓았다. 그 가운데 한 사람인 압둘 가니 셰스는 그에게 이렇게 말했다. "우리가 이렇게라도 이 땅에서 살 수 있는 것은 오직 돈을 벌기 위해 어떤 모욕을 받아도 전혀 개의치 않기 때문이오. 그러니 지금 우리가 여기 있는 거요. 이 나라는 당신 같은 사람들을 위해 존재하는 나라가 아니오."

간디는 친구들의 충고를 물리치고, 프리토리아로 가는 기차도 일등석을 타고 가겠다고 고집했다. 경비원은 그를 밖으로 걷어차 버리려고 했으나, 같은 객실의 백인 승객이 자신은 그와 같은 칸에 함께 있어도 상관없다고 말했다. 그러자 경비원은 "당신이 쿨리와 함께 여행하시고자 한다면, 내가 상관할 바가 아니죠" 하고 중얼거리면서 그 자리를 떠났다.

이런 경험들은 청년 간디에게 깊은 인상을 심어주었을 뿐 아니라, 그가 처음으로 정치적 행동으로 나서는 계기가 되었다. 그는 프리토리아에 거주하는 모든 인도인들의 회의를 소집해서, 그 자리에서 남아프리카에서 인도인의 사회적·정치적 위치에 관한 생애 최초의 대중연설을 했다. 그들은 옛 트란스발 지역으로 들어갈 때는 인두세를 내야 했는가 하면, 오렌지자유공화국의 경우에는 심부름꾼으로 일할 때만 출입이 허용되었다. 인도인들은 공공도로로 통행할 수 없었으며, 오후 9시 이후에 외출을 하려면 허락을 받아야만 했다.

간디는 프리토리아의 거리들, 그중에서도 특히 대중광장으로 가는 프레지던트 스트리트를 따라 산보하는 것을 좋아했다. 이것은 그가 매일 폴 크루거 대통령의 소박한 집 앞을 지나다녔다는 것을 의미했다. 대통령을 경호하는 경찰은 한번도 그를 귀찮게 하지 않았다. 그러던 어느 날 새로운 경찰이 그 자리에 왔고, 그 경찰은 경고도 없이 그를 발로 걷어차면서 인도에서 큰길 한가운데로 밀어냈다. 간디의 백인 친구가 이 광경을 보고, 간디에게 난폭하게 행동한 그 경찰을 고소한다면 기꺼이 목격자로 증언을 해주겠다며 끼여들었다. 간디는 이렇게 대답했다. "저 가련한 사람이 무엇을 알겠는가? 그에게는 모든 유색인들이 다 똑같을 것이다. 필시 그는 나를 대했던 것과 똑같은 식으로 흑인들도 대할 것이다. 나 개인적인 불만사항을 가지고 법정에 가지 않겠다는 나 나름의 규칙을 만들었다." 그러나 그 사건을 계기로 간디는 남아프리카의 인도인들이 보다 나은 대우를 받을 수 있도록 싸우겠다는 결심을 더욱더 굳히게 된다.

그를 남아프리카에 오게 했던 법률소송이 해결된 후, 간디는 더반으로 돌아갔다. 그에게 경의를 표하기 위해 마련한 환송파티에서, 간디는 나탈 의회가 인도인들에게서 의원선거권을 박탈할 계획이라는 신문기사를 읽었다. 그를 초청한 사람들은 이 사안을 알지도 못하고 있었다. 그가 그 문제를 설명해 주자, 사람들은 그에게 그냥 머물면서 자신들이 입법안 저지투쟁을 할 수 있게 도와달라고 간청했다.

간디는 떠나지 않고 남아서, 나탈 최고법원의 변호사로서 개업허가를 내어달라고 신청했다. 법조계에서는 백인 이외의 다른 사람이 변호사 개업을 하는 것을 절대로 허용하지 않고 있었기 때문에, 그들은 몇 가지 기술적인 문제를 근거로 들면서 간디의 허가신청을 반대했다. 결국에는 이러한 반대들이 최고법원에서 기각되고 간디는 변호사 개업허가가 났지만, 법정에서 터번 쓰는 것은 금지되었다. 간디는 불만이었으나, "더 큰 싸움을 위해 힘을 비축하기"로 결심하고 이를 받아들였다. 당시 그는 "평생 동안 진리를 향한 끊임없는 싸움은 나에게 타협의 아름다움을 인식하도록 가르쳐주었다"고 말했다.

간디는 인도인들의 권리를 위한 투쟁을 하기 위해서는 공식적인 조직이 필요하다고 생각하고, 그가 남아프리카에 도착한 지 정확히 1년 후인 1894년 5월에 나탈 인도인의회를 결성해서 초대 의장으로 선출되었다. 이 운동은 수십 년 동안 인도 정치적 저항의 최전선에 서 있었으며, 마침내 남아프리카 해방운동, 즉 아프리카국민회의에서 핵심적인 역할을 담당했다. 이 의회가 거둔 최초의 승리는 인도인 계약노동자들의 세금을 25파운드에서 3파운드로 낮춘 것이었다. 간디는 두 개의 정치 선전물, 즉 『남아프리카의 모든 영국인들에게 호소』(*An Appeal to Every Briton in South Africa*)와 『인도인 참정권을 위한 호소』(*The Indian Franchise: An Appeal*)라는 팸플릿을 출판해서 광범위하게 배포했다. 간디는 나탈과 트란스발의 정치계에서 빠른 속도로 낯익은 이름이 되어갔다.

남아프리카에서 3년 동안 지내다가 간디는 1896년에 고향으로 돌아가 6개월을 머물렀다. 하지만 그동안에도 그는 팸플릿과 신문을 통해서 남아프리카 인도인의 권리를 위한 운동을 계속해 나갔다. 그는 나데리호와 함께 인도를 출발한 증기선 쿨랜드호를 타고 남아프리카로 돌아왔다.

그런데 이 두 배는 봄베이에서 출항했을 때 그곳에 유행성 전염병이 돌고 있었다는 이유로 더반 항구에서 격리조치를 당했는데, 진짜 이유는 더반의 백인들이 인도인 이주자들을 가득 실은 그 배가 입항하는 것을 원치 않았다는 것이었다. 그 배들이 항구 바깥에 정박해서 기다리고 있는 동안, 백인 압력단체들은 항의집회를 열어서 선박 소유자들을 향해 위협을 과시했으며, 심지어 그 배들을 모두 인도로 돌려보낸다면 운임 일체를 다 지불하겠다는 제안까지 했다.

이 항의집회의 실질적인 타깃은 간디였다. 나탈 식민지정부의 지원을 받고 있는 백인들은 간디를 향해, 인도에 머물면서도 자신들의 명예를 훼손시켰을 뿐만 아니라 인도사람들을 배에 가득 태워서 나탈 지역으로 몰고 와서 그 지역을 "시궁창으로 만들려고 한다"고 비난을 퍼부었다. 그러나 간디의 지도 아래 승객들은 한 발짝이라도 움직이기를 거부했고, 23일 후에 두 배는 항구에 닻을 내리는 것이 허락되었다.

폭력사태가 일어날까 봐 우려한 항만당국은 간디에게 날이 어두워지면 배에서 내리라고 충고했다. 그러나 만약 그가 마치 도둑처럼 한밤중에 남아프리카로 돌아온 것이 되면, 네거티브 선전에 악용될 수 있다는 판단이 내려졌다. 그는 아내와 세 자녀를 자동차로 먼저 보내고 나서, 대낮에 배에서 내려 몇 킬로미터 떨어진 숙소로 걸어갔다.

그는 백인들 몇 명이 자기를 알아보았을 때조차도 항구를 떠나지 않았다. 백인들이 그를 보고 소리를 치기 시작하자, 간디 일행은 좀더 빨리 이동하기 위해 인력거를 탔다. 그러나 군중은 점점 더 불어났고 갈수록 거칠어졌으며, 급기야 인력거가 옴짝달싹도 할 수 없는 지경이 되었다. 백인들은 간디를 향해 돌이며 썩은 달걀, 그 밖에 무기가 될 만한 것들을 던졌다. 누군가가 그의 터번을 벗겨버리자, 군중들은 우르르 달려들어 그를 때리고 발로 차기 시작했다. 나중에 그는 이렇게 썼다.

"나는 정신이 가물가물해져서 어떤 집의 현관 난간을 붙잡고 서서 숨을 가다듬으며 정신을 차리려고 했다. 하지만 도저히 그럴 수가 없었다. 그들은 나에게 달려들어 주먹으로 때리고 발로 찼다."

간디는 자기를 알고 있었던 그 지역 경찰서장의 부인 알렉산더 여사의 도움을 받아 간신히 구출되었다. 그녀는 간디와 군중들 사이에 서서, 군중들이 자신을 먼저 때리지 않고는 간디를 때릴 수 없도록 양산을 펴서 그를 보호했다. 이윽고 경찰이 도착해서 그를 머물기로 되어 있는 집으로 안전하게 데려다 주었다.

하지만 곧바로 군중들은 그 집을 에워싸고 구호를 외쳤다. "우리가 간디를 처벌하겠다!" 경찰서장은 간디에게 가족과 친구의 재산을 보호하고자 한다면 그 집을 떠나는 게 좋겠다고 권했다. 간디는 인도인 경찰 복장을 하고는, 얼굴을 검게 칠하고 인도인 상인처럼 옷을 입은 백인 경찰의 보호를 받으며 대기하고 있던 마차에 올라타고 그 지역 경찰서로 갔다. 이 일이 진행되고 있는 동안, 모험심이 강한 경찰서장 알렉산더는 집 밖으로 나가서 "늙은 간디를 신 사과나무에 매달아라"라는 노래를 부르며 군중들을 즐겁게 해주었다. 잠시 후 간디가 무사히 빠져나갔다는 전갈을 받은 서장은 그 집을 에워싸고 있는 사람들에게 대표를 뽑아 집

안으로 들어가서 간디가 없는 것을 확인해 보도록 했다. 그렇게 해서 군중들은 해산되었다. 식민지당국은 간디에게 그를 공격한 사람들을 고소하라고 했지만, 간디는 그들을 분노하게 한 책임은 백인 정치지도자들에게 있다면서 당국의 제안을 거절했다.

당시 간디에게서 찾아볼 수 있었던 특이한 점은 영국에 대한 충성심과 대영제국이 자비로운 나라라는 믿음이었다. 그는 집회에서 어김없이 영국국가를 불렀고, 이따금 공개적으로 영국을 옹호하기도 했다. 그는 자서전에서 다음과 같이 썼다.

"내가 남아프리카에서 보았던 유색인에 대한 편견은 영국의 전통과 완전히 반대되는 것이라고 생각했다. 그래서 나는 그 같은 편견은 일시적이고 일부 지역에서만 나타나는 현상일 뿐이라고 믿었다. 그러니 나는 영국인들과 왕실에 대한 충성심 경쟁을 하고 있었다."

이것은 앵글로-보어전쟁 때 개인적으로는 "보어인들을 전적으로 지지하는" 공감을 가졌음에도 불구하고 1899년에 자발적으로 나서서 1100명으로 구성된 의료부대를 결성하여 영국군에 봉사를 한 이유를 설명해 줄 것이다. 간디는 "내가 영국 시민으로서의 권리를 요구한다면 영국제국을 지키기 위해 참여하는 것 또한 나의 의무라고 생각했다"고 설명했다. 1906년에도 똑같은 행동을 했는데, 그때도 간디는 인두세에 반대하며 일어난 줄루족 반란을 진압하기 위해—이 과정에서 줄루족의 밤바타 족장이 영국군에게 목숨을 잃었다—출병한 영국군에 복무할 인도인 지원병들로 구성된 의료부대를 조직했다. 이 당시에 간디는 비록 한

시적이지만 영국군의 특무상사로 임명되기까지 했다. 또 흑인들은 3천 명 넘게 목숨을 잃었지만, 영국 군대의 사망자는 24명에 불과했다.

간디는 피닉스라는 더반 북쪽에 있는 한 농장에서 공동체 생활을 시작했다. 그곳에서 친구들과 함께 『인도인의 의견』(Indian Opinion)이라는 신문도 발간했다. 그러나 1906년에 남아프리카 거주 인도인들에게 강제로 주민등록을 하게 해서 그들의 지문을 기록으로 보관하는 새로운 법이 선포되었을 때, 그는 요하네스버그로 가서 무저항운동을 조직하는 일을 도와주었다. 이 운동은 영적 힘이라고 번역될 수 있는 '사티야그라하'라고 불리었으며, 그 철학은 폭력적인 법률에 대한 정직하고 비폭력적인 저항이었다. 또 필요하다면 감옥에 가는 것도 감수했지만, 그 법률을 제정했거나 강요하는 사람들에 대해 항상 존중심을 잃지 않았다.

간디는 지문날인을 거부하여 감옥에 갇힌 지도자들 가운데 한 사람이었으며, 협상을 하기 위해 그를 스뮈츠 수상의 집무실로 데리고 간 것도 이때였다. 그는 스뮈츠가 제시한 타협안을 받아들이고 자기 추종자들에게도 그 안을 받아들이도록 설득했지만, 그 가운데 일부는 그가 '매수당했다'고 동요를 일으켰으며 상당수가 간디를 물리적으로 공격하기까지 했다. 결국 스뮈츠는 자신이 제시한 타협안을 마지막까지 지키지 못했고, 간디를 비롯한 많은 사람들은 협상서류를 공개적으로 불태웠다. 이 때문에 그는 다시 감옥으로 끌려갔다.

이듬해부터 저항은 더욱더 확대되었고, 간디는 요하네스버그와 블룸폰테인, 폴크스뤼스트, 밸포어, 더반의 감옥에서 세월을 보냈다. 수많은 인도인 노동자들과 탄광광부들이 사티야그라하 운동에 참여했으며, 수많은 사람들이 간디가 지도했던 나탈에서 트란스발까지의 거대한 저항 행진에 동참했다. 남아프리카연방이 수립된 지 4년이 지난 1914년에, 스뮈츠와 간디 간의 여러 차례 회담을 거친 끝에 비로소 정부는 몇 가지 타협안을 제시했으며 저항운동은 끝이 났다.

1914년 7월에 간디가 인도로 떠나자, 스뮈츠 장군은 이렇게 선언했다. "성자가 우리의 해변을 떠났다. 그가 영원히 떠나버리기를 진심으로 희망한다!"

간디는 정말로 남아프리카로 다시 돌아오지 않았다. 그러나 그의 비폭력 저항정신은 계속 이어져서 아프리카국민회의의 아파르트헤이트 법률에 대한 저항—1961년까지 무저항을 유지하다가 그때부터 제한적인 무장투쟁 전략이 합의되었다—을 고무하는 영감으로 기여했다.

간디의 감옥생활은 끝나지 않았다. 그후 30년 동안 그는 영국의 인도 통치에 대한 비폭력적 저항에 온몸을 다 바쳤으며, 그 사이 2천 일 이상을 감옥에서 보냈다. 인도는 1947년 8월에 독립을 획득했다. 그로부터 1년 후에 간디는 암살을 당했다.

13. 보어인 노스트라다무스

:: 보어인 노스트라다무스

    넬슨 만델라가 죽은 지 7일 후에 수많은 흑인들이 요하네스버그 교외지역들로 몰려가서 백인들을 모두 학살할 것이다. 이것은 '긴 칼들의 밤' 혹은 '요하네스버그의 밤'이라 부를 수 있으며, 남아프리카의 모든 백인들을 몰살하려는 전국적인 운동의 출발을 나타내는 신호일 것이다.

    극우주의자들이 믿고 있는 미래에 대한 이런 종말론적 예언은 글을 거의 읽을 줄 몰랐던 보어인 예언가의 예언을 충실하게 해석한 것이다. 1864년에 태어나 1926년에 세상을 떠난 이 예언가의 이름은 니콜라스 피터르 요하네스 얀서 반 렌스버그로, 사람들에게 시너(Siener, 선지자 혹은 예언자) 반 렌스버그로 알려져 있다.

    시너의 예언들은 최근 몇 년 사이에 남아프리카에서 부상하고 있는 대부분의 우익 광신도들을 고무하는 영감이 되어왔다. 그들은 시너를 세례 요한과 거의 동등한 존재로 간주한다. 2003년에 블룸폰테인 고등법원에서는 헤르퀼레스 빌존과 레온 피콕이 시너의 백인살육 예언을 미리 제압하기 위해 바알 댐을 폭파시켜 그로부터 '테러의 밤'을 일으킬 계획을 세웠다는 증거가 제시되었다. 같은 해에 부레마흐라고 부르는 전투적

근본주의자들의 집단이 쿠데타와 전국적인 테러를 계획했다는 혐의로 프리토리아 고등법원에 출두했다. 이들이 시너의 백인학살 예언을 믿고 흑인들을 테러하고 대규모로 살해하여 "그 사건을 앞당기고자" 한 계획을 세웠다는 증거가 쏟아졌다. 심지어 이들은 단원을 모집하는 집회에서 시너의 모습이 크게 드러나는 비디오테이프를 보여주었다.

남아프리카의 우익 웹사이트들(www.siener.co.kr 같은 웹사이트까지 있다)은 정기적으로 시너의 예언들을 토론하는 것을 특징으로 하고 있다. 예를 들어 2004년 8월에 타냐 두 프레즈는 자유전선 웹사이트에다 자신은 시너의 예언들을 심도 있게 연구해 왔으며 시너가 하나님의 진정한 예언자라고 성령께서 확인시켜 주셨다는 글을 올렸다. 또 거의 1세기 전에 시너는 국민당이 그 이름을 바꿀 것이며 '말쑥한 젊은이'가 결국 당을 파괴할 것(2004년 8월에 아프리카국민회의와 연합한 신국민당의 지도자 마르티누스 반 샬크비크를 지칭함)이라고 예언했다고 쓰기도 했다. 그녀는 시너가 예언한 백인학살, 즉 '긴 칼들의 밤'에 관한 최근의 해석도 믿었는데, 경찰국과 국방부와 정보국 요원들로부터 흑인들이 이미 이 사건의 계획을 착착 진행시키고 있다는 증거를 입수했다고 말했다.

시너 반 렌스버그는 평생 동안 수백 가지의 예언을 했지만, 그를 가장 유명하게 만들고 확고한 예언가로서의 신뢰감을 안겨주었던 사건은 1914년 7월에 일어났다. 그때 시너는 보어전쟁의 영웅 코스 데 라 레이 장군이 앞으로 몇 달 중의 어느 달 열다섯 번째 날에 죽을 거라는 청천벽력 같은 경고를 했던 것이다. 데 라 레이는 그해 9월 15일에 다른 사람으로 오인되어 총에 맞아 죽었다.

어렸을 때는 클라시로 알려져 있었던 니콜라스 반 렌스버그는 1864년 8월 30일에 볼마란스타트 근처의 농장에서 태어나, 오토스달 외곽에 있는 리트카윌 농장에서 자랐다. 일곱 살 때 학교에 들어갔지만, 농장에서 일할 사람이 필요했던 그의 아버지는 3주 후에 그를 집으로 데리고 왔다. 그후로 클라시는 다시 학교에 간 적이 없었다. 그러나 어머니의 도움으로 그는 네덜란드어로 씌어진 성서의 단어들을 하나씩 하나씩 따라 읽을 수 있었다. 그외에는, 심지어 신문도 읽어본 적이 없었지만 비상한 기억력으로 성서의 대부분을 암송할 수 있었다고 한다.

클라시는 허약하고 소심하면서도 집중력이 강한 아이였다. 어릴 때부터 줄곧 농장에서 일을 했는데도, 닭이나 양을 죽이는 것을 견딜 수 없어했다. 조용하고 감수성이 예민한 어머니 아니는 유난히 아들을 보호하려고 했으며, 아들과의 유대가 매우 돈독했다. 그리고 클라시의 푸른 눈은 독특했는데, "놀라울 정도로 슬픈" 눈이라든가 '마치 끝을 모를 만큼 깊은 심연에서 당신을 바라보는 것과 같은' 눈, "비밀스러운 우울함"이 깃들인 눈으로 묘사되었다. 불과 스무 살의 나이에 머리와 수염이 회색으로 변한 탓인지, 어른이 되어서는 자기보다 훨씬 나이 많은 사람들도 그를 '옴 니클라스'(Oom Nichlaas, 니클라스 아저씨)라고 불렀다.

코르트코스라는 이름으로 더 잘 알려져 있는 그의 아버지 빌렘은 무뚝뚝하고 까다로운 사람이었다. 그는 자기 아들이 '계집애 같은 아이'라는 데 무척 실망을 했으며, 언젠가는 자기 대신 농장을 꾸려나갈 강건한

'사내아이'를 간절히 원했다. 클라시는 아무런 쓸모도 없을 뿐더러 양들 돌보는 일말고는 할 줄 아는 게 하나도 없다고 떠벌이곤 했다. 그래서 클라시는 매일 아침 일찍 성서와 약간의 음식을 들고 들판으로 나가서, 그곳에서 성서의 글자 하나하나를 어렵게 판독했다. 그는 무지무지하게 외로운 어린 소년이었다.

  클라시는 겨우 일곱 살밖에 안 되었을 때 처음으로 환영을 보았다. 그때 그의 아버지는 여행을 떠나 오랫동안 집을 비우고 있었는데, 반 렌스버그 농장에서 일하는 소몰이꾼 한 명이 아니에게 와서 스켈쿠스라는 코라나족 갱단의 두목이 그날 밤 클라시의 농장을 침입할 계획을 세우고 있다고 알려주었다. 아니는 도망을 치려고 짐을 싸기 시작하는데, 그런 어머니에게 클라시는 하나님께서 꿈에 나타나 우리를 보호해 주신다고 하셨으니 오늘 밤은 농장에 그대로 머물러 있어야 한다고 말했다. 클라시가 떠나지 않겠다고 하자, 결국 그의 어머니는 클라시말고 또 세 아이들과 함께 그냥 집에 있기로 결정했다. 클라시는 어머니와 함께 뜬눈으로 밤을 꼬박 새웠다. 첫 새벽의 희뿌연 빛 속에서 그들은 스켈쿠스와 그 부하들이 집 주위를 어슬렁거리는 것을 보았지만, 그들을 공격하지는 않았다. 다만 뚜렷한 이유도 없이 그 사람들은 갑자기 달아나 버렸다. 그날 밤에 스켈쿠스 패거리들이 왜 공격을 하지 않았는지 혹은 무엇에 놀라 그렇게 부리나케 줄행랑을 쳤는지, 아무도 알지 못했다.

  시너는 매우 종교적이었을 뿐 아니라 민족주의적 성향이 무척 강했다고 할까, 혹은 그 스스로 그렇게 인식하고 있었던 것처럼 애국주의자였다. 앵글로-보어전쟁 때 시너는 거의 대부분의 시간을 코스 데 라 레이 장군 밑에서 복무했다. 일부 역사적 견해에 따르면, 그는 자주 전선에도 배치되었지만, 총을 가지고 다닌 적은 한번도 없었다고 한다. 혹은 그가 총을 가지고 있었지만 결코 사용한 적은 없었다고 주장하는 견해들도 있다.

전쟁이 일어난 지 얼마 안 되었을 때인 1899년 10월에 시너는 자신이 보았던 가장 유명한 환영 가운데 하나를 보게 된다. 그가 데 라 레이의 의용대에 소속되어 킴벌리 근처에 머물고 있었을 때인데, 한밤중에 그는 동생을 흔들어 깨웠다. 그리고는 무엇엔가 심한 충격을 받은 듯 안절부절못하면서, 영국인들이 보어인들의 집과 농장을 불태우고 여자와 어린아이들을 잡아가는 것을 보았다고 예언하듯이 말했다. 동생은 걱정하지 말고 다시 자라고 했다.

다음날 아침 늦게 시너는 부대가 주둔한 근처에 있는 언덕의 덤불 아래서 발견되었다. 그의 상태는 참혹했다. 밤새도록 울어 눈은 시뻘겋게 충혈이 되었고, 머리와 수염은 풀어헤쳐져 엉망이었으며, 맨손으로 얼마나 땅을 파헤쳤는지 손톱이 다 갈라지고 피가 흘러 꼴이 말이 아니었다. 마치 극도의 정신적 충격을 받은 듯 얼굴은 뒤틀리고 일그러져 있었다. 나중에 그는 친구들에게 악마와 싸우다가 거의 정신을 잃었다고 말했다.

시너는 자신이 본 끔찍한 환영을 다시 한번 설명했다. 그는 보어인들이 짙은 어둠으로 뒤덮인 대지 위로 도망치는 모습을 보았다. 이어 거대한 군중들 속에 보어인 여자들과 아이들이 보였고 아이들은 처절하게 울부짖고 있었다. 여자들은 절망한 나머지 자포자기 상태가 되어 영국 병사들이 마구잡이로 밀어붙이는 대로 떠밀려갔다. 시녀는 사방에서 집과 들판이 불타고, 그 한가운데 마치 불길에 에워싸인 듯 그들이 서 있고 온 나라가 화염과 연기로 뒤덮인 광경도 보았다.

그로부터 불과 2년 후에 영국은 초토화 정책에 들어가, 보어인 농장들을 거의 대부분 불태우고 소와 양을 모조리 다 도륙하고 여자와 아이들을 집단수용소로 몰아넣어서 결국 그곳에서 약 2만 7천명의 여자와 아이들이 죽었다(나중에 시녀의 딸 둘이 마페킹에 있는 집단수용소에서 죽었다. 그는 딸들이 죽기 일주일 전에 사다리를 기어오르는 딸들의 환영을 보았고 그들이 죽을 거라는 것을 알았다).

시녀의 환영은 이 전쟁에서 보어인들이 패배할 것이라는 사실을 함축하고 있었기 때문에, 일부 보어인들 사이에서는 그의 평판이 형편없이 추락했다. 그를 겁쟁이고 정신이 좀 이상한 별난 사람이라고 생각했던 보어인들은 걸핏하면 그를 조롱했으며, 한번은 조리돌림을 당하기까지 했다. 또 시녀가 자기가 본 환영을 이야기해 주는 대가로 어떻게 담배를 요구했는지 떠벌이고 다니는 보어인 병사들도 있었다.

전쟁에서 시녀의 역할과 가장 위대한 전쟁영웅 가운데 한 사람인 코스 데 라 레이에게 끼친 그의 영향력에 관해서는 여러 가지 해석이 존재한다. 데 라 레이의 전기작가인 요하네스 메인티예스는 다음과 같이 쓰고 있다.

시너는 너무나도 우직하고 도저히 거부할 수 없는 신앙심을 지닌 사람으로서 다가왔기 때문에, 데 라 레이는 니콜라스 반 렌스버그가 이야기하는 것이면 무엇이든 심각하게 받아들이고 신중하게 취급하지 않을 수 없었다. 또 데 라 레이는 아무런 이유도 없이 시너가 자기 인생 속으로 들어오지 않았을 것이라고 생각했었을 수도 있다. 전쟁이 계속됨에 따라 수천 명의 사람들은 시너의 환영을 가지고 의견이 분분했으며, 또 데 라 레이가 그를 확고부동하게 믿고 있었기 때문에 시너의 환영들도 사람들에게 믿음을 주었을 수도 있었다.

1914년 반란에서 시너의 역할에 대한 책을 쓴 A. W. G. 라트 교수는 시너가 데 라 레이에게 '중요한 영향'을 끼쳤다고 믿는다. 하지만 시너가 군사전문가가 아니었기 때문에 장군이 그에게서 군사적인 조언을 받지는 않았을 거라고 그는 말한다. "그럼에도 시너의 환영들은 데 라 레이가 전쟁의 작전을 수립할 때 고려해야 할 사항들을 찾아가는 데 중요한 정보가 되어주었다. 이런 측면에서 시너는 데 라 레이의 군사작전들에서 간접적으로 중요한 역할을 했었을 수 있다."

시너의 또 다른 전기작가 아드리안 스니만은 데 라 레이가 사기꾼이라든가 기회주의자를 알아보는 특별한 재능을 가지고 있었다고 이야기한다. 따라서 만약 시너가 협잡꾼이었다면, 데 라 레이가 결코 그를 가리켜 "우리 민족의 메신저" "내가 인정하고 존경하는 위대한 힘의 도구"라고 지칭하지 않았을 거라고 스니만은 말한다.

라트는 의용대의 일부 대원들은 시너가 함께 있을 때면 매우 대담하게 행동했다는 것을 하나의 사실로 제시한다. 만약 그가 주변에 영국군은 한 명도 없다고 말했다면, 그들은 그날 밤 보초를 세우는 것은 쓸데없이 힘을 낭비하는 거라고 여겼다. 시너가 예견한 영국군대의 동향이 얼마나 정확한 것으로 판명되었는지를 보여주는 이야기는 무척이나 많다.

한번은 리슈텐버그의 헤르보름데 케르크에 사는 어떤 노인이 자기 형을 처벌해 달라고 교회위원회에 요청했는데, 그 이유가 자기 형이 시너를 예언자라고 생각하고 그가 하는 말은 모두 다 믿기 때문이라는 것이었다. 교회위원회는 시너가 하나님의 사람인지 아니면 엉터리 예언가인지 조사하기로 결정하고, 데 라 레이 장군과 뒤 투아 목사에게 조사를 수행하라고 명령했다. 시너의 농장으로 가는 도중에 데 라 레이의 말 한 마리 보키가 문제를 일으켜서, 그는 다른 말을 빌려서 마차를 끌게 했다. 그들이 농장에 도착했을 때, 시너는 다짜고짜 데 라 레이에게 그의 '오랜(old) 친구'는 어디 있느냐고 물었다. 어떤 친구를 말하느냐고 장군이 되묻자, 시너는 이렇게 대답했다. "늙은(old) 보키 말입니다. 당신이 리슈텐버그를 떠날 때는 보키가 당신 마차를 끌고 있는 것을 보았거든요." 데 라 레이와 뒤 투아는 시너가 '하나님의 사람'임은 한 치도 의심할 여지가 없다고 교회위원회에 보고했다.

1901년 4월에 시너는 데 라 레이에게 머지않아 하늘에서 혜성을 보게 될 것이며, 그 꼬리는 '브이'(V) 자 모양일 거라고 말했다. 그리고 몇 주일 후에 보어인들은 브이 자 모양의 혜성을 보았다. 그러나 시너가 이 '브이'가 평화를 뜻하는 프레더(vrede)라고 했는지 아니면 도망치다를 뜻하는 플뤼흐(vlug)라고 했는지에 대해서는 의견이 분분하다.

또 시너는 제1차 세계대전에 대해 몇 가지 예언을 했다. 앵글로-보어전쟁이 끝난 직후에, 그는 유럽에서 (영국과 독일을 상징하는) 붉은 황소와 푸른 황소가 싸우는 광경이라든가 동유럽의 초토화되어 버린 땅 위를 양떼가 이리저리 몰려다니는 모습, 러시아에 드리워져 있는 검은 장막, 인간으로 변해 있는 돼지들, 사자의 머리를 한 메뚜기들 같은 환영들을 보았다. 그는 이 전쟁에서 영국이 패배할 것이라는 예감을 사람들에게 심어주었으며, 이는 보어인들 사이에서 커다란 희망을 불러일으켰다. 또 한번은 1911년에 사람들에게 유럽이 거대한 뇌운으로 뒤덮여 있는 것을 보았다면서, 이윽고 비가 내리기 시작했는데 그 빗방울은 물이 아니라 핏방울이더라는 것이었다. 그와 동시에 황소 다섯 마리가 서로 뒤엉켜 격렬하게 싸우는 환영을 보았다고 그는 말했다.

데 라 레이 장군은 시너가 1914년에 자기에게 말해 주었던 임박한 전쟁과 파괴적인 전염병의 환영에 대한 이야기를 했다. 시너는 수많은 민족들이 깊은 어둠 속으로 빨려 들어가고 수백만 명이 전투에서 죽임을 당하는 모습을 보았다고 그에게 말했다. 그러나 전쟁이 끝난 뒤에는 시꺼먼 옷이 온 땅을 감싸 버리고 수백만 명도 더 되는 사람들이 무시무시한 질병으로 죽는 것을 보았다고 말했다. 이것은 1918년의 심각한 유행성 독감으로 설명되었다.

시너는 1914년의 반란에서 적극적으로 활동했는데, 당시 아프리카너 지도자들은 남아프리카 정부가 영국 편을 들어 싸우기로 하고 지금의 나미비아인 남서아프리카의 독일 식민지를 장악하기로 결정한 데 반대하여 무장저항을 일으켰다. 아프리카너 역사에 관한 기념비적 저작에서 헤르만 힐리오메이(Hermann Giliomee)는 반란의 지도자 중 한 사람이었던 데 라 레이는 "리슈텐버그 출신의 종교적 신비주의자 니콜라스('시너') 반 렌스버그의 영향을 받고 있었다. 데 라 레이는 무장한 시민들의 집회를 소집해서, '보어 민중의 해방을 위한' 하나님의 부르심을 받은 시너 반 렌스버그의 환영을 적극적으로 설파했다"고 말한다.

반란은 실패로 끝나고 말았다. 시너를 비롯한 많은 지도자들이 붙잡혀서 감옥으로 갔다(시너는 요하네스버그에 있는 성채에서 복역했는데, 그곳은 그보다 몇 년 전에 모한다스 간디가 복역했던 곳이기도 하다. 오늘날 이 감옥은 새로운 헌법재판소의 일부가 되었다). 몇몇 목격자들은 시너의 환영이 반란의 불길을 치솟게 하는 데 한몫했다고 증언했다. 이런 영향력 때문에 그는 적어도 2주일 동안 독방에 감금되어 있었다.

그러나 시너는 결코 총을 지니고 있지 않았다는 증언 또한 있었다. 그의 재판에서 판사는 시너에게 이렇게 말했다.

"당신은 밤에 고기를 너무 많이 먹는다. 그것이 바로 당신이 환영을 보고 꿈을 꾸는 이유이다. 그러나 당신의 꿈과 환영을 당신 혼자만 간직할 것을 명한다. 그렇게 하지 않으면 전쟁이 끝날 때까지 당신을 감옥에 가두어놓을 것이다."

시녀는 자신도 어찌할 수가 없다면서, 바로 이 순간에도 뭔가 보인다고 대답했다. 이에 판사가 "무엇이 보이는가?" 하고 물었고, "죽은 내 아들이 보인다"고 시녀는 대답했다. 이 이야기에 관한 몇 가지 해석에 따르면, 이 심리가 진행되고 있는 동안 법정 경호관이 판사에게 다가가더니 봉투 하나를 건넸다. 판사는 그것을 열어보고 시녀에게 이렇게 말했다. "당신 아들이 죽었군요." 그날 시녀는 재판정에 나오기 전에 함께 수감되어 있는 동료들에게 검은 옷을 입은 아내가 보이더니 이어 장례마차가 지나가는 모습을 보았다고 말했다. 그는 그것이 아들이 죽을 것임을 의미한다는 것을 알았다.

1914년에 감옥에 있는 동안, 시녀는 동료죄수들에게 희망을 잃지 말아야만 한다고, 모두 다 아프리카너 민족에 대한 희망을 잃어서는 안 된다고 말했다. 또 한번은 영국에 있는 하얀 털이 드문드문 난 돼지 한 마리를 보았는데, 이것은 흑인 민족들이 대영제국에 대항해서 들고일어난다는 것을 의미했다—어떤 사람들은 약 50년 후에 나타난 아프리카의 우후루(Uhuru, 민족의 독립과 자유를 의미하는 스와힐리어) 시기를 예언한 것이라고 말한다. 이 돼지에게 드문드문 나 있는 하얀 털은 일부 백인들도 대영제국에 저항한다는 것을 의미했는데, 이후에 이 환영은 지금의 짐바브웨인 로데시아에서 이안 스미스가 일방적인 독립선언을 하는 것으로 해석되었다. 그때 시녀는 말끔하게 털을 다 깎은 똑같은 돼지가 블룸폰테인에 매달려 있는 것도 보았는데, 이는 아프리카너 민족이 다시 고유의 깃발을 가진 공화국을 세우게 된다는 것을 의미한다고 그는 말했다(남아프리카는 1961년에 백인 아프리카너 정부의 공화국이 되었다).

시너는 성채에 갇혀 있는 죄수들 중 누가 언제 풀려날 것이라고 늘 예언하곤 했다. 한번은 115명의 이름을 죽 써내려가더니 이 사람들은 모월 모일에 석방될 것이라고 말하기까지 했는데, 정확히 그의 말대로 되었다.

시너는 어린 소녀 세 명이 유모차에 누워 있는, 너무나도 선명한 환영을 보았다. 한 소녀는 머리가 길고 검었고, 또 한 소녀는 검은 피부였으며, 나머지 한 소녀는 금발에 곱슬머리였다. 긴 머리 소녀가 가장 빨리 성장하여 일어나 걸었으며, 그 다음이 검은 피부의 소녀, 마지막이 곱슬머리 소녀였다. 그 자신의 해석에 따르면, 이것은 아일랜드가 영국으로부터 가장 먼저 해방되고, 그 다음이 인도이며, 마지막이 남아프리카를 의미한다는 것이었다. 또 그는 아일랜드의 남부가 독립공화국을 세운다는 내용의 환영도 몇 가지 보았다.

시너가 보았다는 모든 환영 가운데, 그의 위대한 친구이자 영웅인 코스 데 라 레이의 죽음에 대한 예언은, 그 이야기의 여러 가지 변형이 존재함에도 불구하고 가장 상세하게 기록되어 있다. 1914년 7월 14일 토요일에 시너는 사전에 알리지도 않고 느닷없이 리슈텐버그의 교외에 있는 데 라 레이의 농장을 방문했다. 시너는 거기에서 90킬로미터 가량 떨어진 곳에 살고 있었으며, 그전에는 한번도 데 라 레이의 농장을 찾아온 적이 없었다(두 사람은 서로를 옴 코스, 옴 니클라스라고 불렀다). 데 라 레이는 자신의 오랜 친구를 보는 순간 그가 절망적인 소식을 가지고 왔다는 것을 금방 알았지만, 다음날 아침까지 아무 말 하지 말고 그냥 있으라고 말했다. 그래서 그날 밤은 제대로 쉴 수 있었다.

이튿날 아침 일찍, 데 라 레이의 딸 폴리는 두 사람이 나누는 대화를 옆에서 들었다. "그분은 아버지를 무척 사랑하셨기 때문에" 이야기를 하는 거의 내내 그의 눈에는 눈물이 그렁그렁했다고 폴리는 말했다. "옴 코스, 이것은 심각한 일이오. 당신에게 무슨 일이 일어날 거요. 당신 모습이 보일 때마다, 당신 머리가 발가벗겨져 있었소. 그래서 몹시 심각한 일이라는 걸 알게 되었소."

시너는 리슈텐버그 상공에 숫자 1과 5가 씌어진 흰 종이가 매달려 있는 것을 보았다고 했다. 또한 해외에 있는 남아프리카의 중요한 지도자가 말쑥하게 차려입고 금줄이 달린 모자를 쓰고 칼을 차고 있는 모습도 보았다(데 라 레이는 폴리에게 그가 당시 독일에 있었던 C. F. 베이어스 장군의 이야기를 하고 있는 게 틀림없다고 속삭였다). 그는 검은 글씨로 씌어진 15라는 숫자가 다시 보이더니, 남아프리카로 돌아온 그 중요한 사람이 차고 있던 칼을 풀어놓으며 이제 더 이상 차지 않겠다고 선언했다고 말했다. 그리고 다시 모자를 쓰지 않은 데 라 레이가 보였다.

눈물을 주르륵 흘리며 시너는 자기가 본 환영을 계속 열거했다. 데 라 레이의 부인 노니와 그의 아이들을 태운 기차가 보였다. 아름다운 꽃들이 수북이 놓여 있었고 음식도 많이 차려져 있었지만, 그들은 음식을 입에 대지도 않았다. 그곳에는 데 라 레이도 있었으나, 그는 모자를 쓰고 있지 않았다(데 라 레이는 모자를 쓰지 않고 외출한 적이 한번도 없었다). 말쑥하게 차려입은 그 사람도 그곳에 있었다. 기차는 여러 곳에 멈추어 섰고, 그때마다 사람들이 기차에 올라탔다. 그들 모두 몹시 슬퍼했다고 시너는 말했다.

그 기차가 리슈텐버그에 도착했으며, 그 도시의 상공에는 검은 천이 내걸려 있었고 깃대에 반쯤 내린 깃발들이 펄럭이고 있는 모습이 보였다. 슈바이처-레네커에서 온 말을 탄 의병대원 한 명과 여러 대의 기차들도 보였다. 이렇게 설명을 다하고는 시너는 한참 동안 말없이 아버지를 바라보았다고 폴리는 말했다. 이윽고 그는 이렇게 말했다. "옴 코스, 당신은 조심해야만 합니다."

그로부터 3주일 후에 제1차 세계대전이 발발하였다. 이 무렵 시너의 환영은 이미 널리 알려져 있었다. 하지만 그것은 '15'라는 숫자가 아프리카너들이 다시 해방되는 날로 해석될 정도로 크게 왜곡되었다. 9월 15일에 포체프스트롬에서 대규모 '민중집회'가 열렸다. 조직위원들은 시너를 모셔오기 위해 차를 보냈으나, 그는 그 대행사에 참석할 수 있었음에도 불구하고 그곳에 가는 것을 거절했다. 그날, 베이어스 장군(말쑥한 차림에 금줄을 두른 모자를 쓰고, 다시는 칼을 차지 않겠다고 했던 사람)은 유럽에서 돌아와서, 연방방위군의 의병대장직을 사임했다.

데 라 레이는 기차를 타고 요하네스버그로 가서, 9월 15일 오후 늦게 베이어스 장군과 함께 차를 타고 포체프스트롬으로 떠났다. 그들을 태운 차가 랑라흐터—어떤 사람들은 오렌지 그로브라고 말하기도 한다—까지 왔을 때, 경찰이 도로를 봉쇄하고 차들을 멈추어 세우고 있었다. 그

광경을 본 순간, 두 장군은 경찰이 데 라 레이를 찾고 있다고 생각했다. 경찰이 요하네스버그의 지역들을 공포에 떨게 하고 있던 포스터(Foster)라는 위험한 범죄집단을 색출하고 있다는 것을 그들은 몰랐던 것이다. 장군들은 운전기사에게 도로 봉쇄선을 뚫고 지나가라고 지시했고, 경찰은 그들에게 총을 쏘았다. 데 라 레이는 치명적인 총상을 입고 그 자리에서 숨졌다. 쓰러진 그는 머리에 모자를 쓰고 있지 않았다―차가 멈춘 후에 바람에 날려간 게 틀림없었다(어떤 사람들은 데 라 레이가 정말로 경찰의 표적이었다고 이야기하고, 또 어떤 사람들은 경찰이 베이어스를 죽이고자 했다고 믿고 있다).

40여 대의 특별기차가 장군의 장례식으로 추모객들을 수송했으며, 슈바이처-레네커 의병대가 말을 타고 장례식에 참석했다. 시너 반 렌스버그는 이미 두 달여 전에 이 광경을 자세하게 보았던 것이다. 그의 환영은 반란에 관한 연방정부의 조사보고서에서도 언급되고 있다.

한번은 시너가 한 친구에게 환영이 보일 때 겪게 되는 육체적 경험을 이야기했다. 뭔가가 짓누르는 듯 머리 뒤쪽에 압박이 느껴지면서 정신이 몽롱해진다. 그러면 눈을 지그시 감고 팔베개를 하며 자리에 눕는다. 이윽고 감은 두 눈 앞에서 흐릿한 상이 감지되며, 그 상은 점점 더 짙어지면서 마침내 폭풍우를 동반한 구름이 떼를 지어 돌아다니는 것처럼 느껴진다. 그리고는 형상들이 보이기 시작한다. 모든 것이 상징의 형태로 나타나는데, 교육이라고는 받아본 적이 없는 그에게는 이 모든 상징들이 자신의 작은 세계, 이를테면 동물이라든가 농기구, 자연의 풍경들과 관계가 있었다. 그리고 모두 다 총천연색으로 나타났다.

그는 이 상징들을 스스로 판독해야만 했지만, 그 자신도 해석하지 못하는 경우도 자주 있었다. 바로 이 대목이 수십 명의 '시너 전문가'가 등장하게 된 배경이다. 이 전문가들은 시너가 보았던 원래의 환영을 취합해서 자신들의 관점과 편견에 따라서 그 상징들을 해석했다. 최근 몇 년 사이에 우익 아프리카너들 사이에서는 이것이 시너의 꿈들에 대한 새로운 설명을 창안해 내는 독자적인 산업으로 자리 잡기에 이르렀다.

그러나 그의 상징들 중 몇 가지는, 그것이 담고 있는 의미가 이미 시너가 살아 있을 때 명백하게 밝혀졌다. 즉 붉은 황소는 영국을, 푸른 황소는 독일을 의미했으며, 보어인 지도자나 모자를 쓰지 않은 친구는 머지않아 죽을 예정이었고, 또 조각상은 감옥에 갇히는 것을 나타냈으며, 짚으로 엮은 지붕을 인 집은 아프리카너 정부나 정치지도자를 가리켰는가 하면, 물 위에 떠 있는 코르크 마개는 배를 상징하는 등등이었다. 자기 나름의 스타일을 지닌 시너 전문가인 아드리안 스니만은 비록 그 설명의 출처들은 밝히지 않고 있지만, 시너 상징들의 목록과 그 의미를 적극적으로 수집해 왔다. 그리하여 그는 다음과 같이 말한다. 즉 복숭아는 금 또는 부를 의미하며, 개는 공무원을 상징하며, 태운 우유죽은 고통을 겪고 있는 국민을 의미하며, 불 위에 커다란 냄비가 올려 있으면 그것은 정부에 대항하여 반란이 일어난다는 것을 표시하며 그리고 새 모자는 새로운 정부, 흰 목걸이를 걸고 있는 노란 개는 아프리칸스어 이름을 가진 영국인이거나 "영국에 충성하는 보어인"을 나타내며, 노란 바퀴는 이슬람이며, 너무 익은 옥수수는 골칫거리가 일어날 조짐이라는 것이다.

　라트 교수는 종종 시너 자신이 모든 상징이 무엇을 의미하는지 알지 못했으며, 때때로 해석이 잘못되기도 했다고 지적한다. 몇몇 환영은 너무나도 복잡한 상징성을 내포하고 있었기 때문에 수많은 방식으로 해석될 수 있었다고 라트는 말한다.

　또 시너는 정치적이지 않은 환영이나 어떤 상징을 담고 있지 않은 환영들도 보았다. 예를 들어 그는 자기가 살고 있는 리덴버그 지역에서 다이아몬드가 발견될 것이라고 예언했으며, 실제로 7년 후에 그 지역에서 다이아몬드가 발견되었다. 그의 아들은 다이아몬드 광부가 되었는데, 시너는 아들이 언제 커다란 다이아몬드를 발견할 것이며 또 언제 그의 일꾼들이 그 다이아몬드를 훔치게 될지 예언했다.

　그러나 지금까지도 다이아몬드 채굴업자들 사이에서 회자되고 있는 시너의 가장 유명한 다이아몬드 예언은 웨스트 트란스발 지역의 땅속에 묻혀 있는 크기가 양의 머리만한 다이아몬드와 관련이 있었다. 그의 환영에서 어떤 정보가 나왔으며 또 그 환영이 어떻게 대중적인 전설로 성장하게 되었는지는 명확하지 않으나, 이 다이아몬드가 저 유명한 칼리넌 다이아몬드보다 3배나 큰 9318캐럿은 될 거라는 소문은 무성했다.

　"커다란 양의 머리 다이아몬드"가 누덕누덕 기운 넝마 같은 바지만 입는 몹시 가난한 사람에게서 발견될 거라고 시너가 말했다는 소문은 순식간에 퍼져나갔다. 그때부터 많은 광부들이 셔츠를 입지 않고 자기가 가진 것 중에서 가장 낡은 바지만 입고 일을 하기 시작했다. 또 한 가지 소문은, 그 다이아몬드가 프리토리아 근처에 있는 포플러나무 숲에서 발견될 거라는 것이었다. 며칠도 되지 않아서 극성맞은 광부들에 의해 숲의 나무란 나무는 모두 다 뿌리째 뽑혀나갔지만, 아무것도 발견되지 않았다. 그리고 30년 후에 블룸호프 근처에서 새로운 다이아몬드 채굴지역이 개발되었을 때, 수백 명의 채굴업자들이 양의 머리 다이아몬드가 그곳에서 발견될 것이라는 희망을 안고 몰려들었다.

시녀에 관한 책을 몇 권 집필하였고 또—그가 사용하고 있는 언어를 가지고 판단하건대—우익성향을 지닌 아드리안 스니만은 시녀의 다른 예언들을 하나의 긴 목록으로 기록하고 있다. 그는 이 옛 예언가가 제2차 세계대전과 독일의 분단, 공산주의의 발흥, 헨드리크 페르부르트(Hendrik Verwoerd) 수상의 암살, 앙골라에 쿠바군 등장, 짐바브웨와 나미비아의 독립, 체르노빌의 핵폭발, P. W. 보타와 F. W. 데 클레르크가 주동이 된 아프리카너 민족의 '배반', 베를린장벽 붕괴, 넬슨 만델라의 석방과 아프리카국민회의(ANC)와의 협정체결 등을 정확하게 예언했다고 쓰고 있다. 심지어 시녀가 에이즈 확산까지도 예언했다고 말한다. 하지만 스니만이 인용하고 있는 환영들은 대부분 다른 많은 방식들로 해석될 수도 있다.

오늘날 극우주의자들 사이에서 널리 알려져 있는 시녀의 환영 하나는 다음과 같이 진행된다. 시녀는 이스턴 케이프 지역 쪽에서 낡은 마차 바퀴 하나가 굴러오는 것을 보았다. 몇 차례 비틀거리더니 마침내 제대로 중심을 잡고 온 나라를 굴러다니면서, 먼저 바퀴살 하나가 빠져나가고 이어 테두리가 부서지더니 이윽고 서서히 새로운 바퀴가 되었다. 그 바퀴는 베레니깅에서 멈추어 섰다. 뱀 한 마리가 아프리카의 저 멀리 북쪽에서 기나긴 초원을 가로질러 스르르 미끄러져 와서 역시 베레니깅에 자리를 잡더니 그곳에서 똬리를 틀었다.

이 환영을 둘러싸고 갖가지 기상천외한 해석들을 내어놓았지만, 다음의 설명이 특히 인기를 끌고 있다. 이스턴 케이프 지역은 아프리카국민회의의 가장 강력한 근거지이자, 민주적인 남아프리카의 초대 대통령과 2대 대통령이 되는 넬슨 만델라와 타보 음베키가 태어난 곳이기도 하다. 그리고 뱀은 반역의 상징인 동시에 공산주의 위협의 상징이기도 하다. 베레니깅은 전 국가수반 F. W. 데 클레르크의 의회 지역구였으며, 또 그가 변호사 개업을 했고 국가수반이 된 후에 처음으로 연설을 한 장소이다. 1994년에 아파르트헤이트를 폐지하고 백인지배를 종식시킨 협상을 한 당사자들이 바로 데 클레르크와 만델라였다. 더 무슨 말이 필요하겠는가…

1915년 4월 4일에 시너는 자신이 보았던 상당히 저명한 한 지도자의 장례식 환영에 관해 말했다. 갑자기 엄청나게 큰 불이 보이고, 발가벗은 사람들이 나타났다. 그러다가 칠흑처럼 캄캄해지더니, 반짝반짝 빛나는 쟁반 위에 은빛의 편지가 나타났다. 시너는 죽기 직전에, 자신은 아프리카너 국민들이 어느 날 "모든 일을 직접 자신들의 손으로 다루게 될" 것이며 떠나기를 원하지 않는 사람들은 죽이는 것을 보았노라고 말했다. 맹렬한 폭풍우가 휘몰아치기 전에 거대한 침묵이 있을 것이다. 피가 가득 찬 들통은 넘쳐흐르고, 아프리카너 국기는 그 핏속에 잠길 것이다. 그러고 나서 이 '피로 물든 국기'가 자유를 찾은 아프리카너 마을들 위에서 휘날릴 것이다.

현재 이와 같은 환영들과 또 이보다 훨씬 더 애매모호한 환영들은, 만델라가 죽은 뒤에 백인들에 대한 엄청난 살육이 벌어질 거라는 많은 극우주의자들의 믿음의 근거가 되고 있다. 반짝이는 쟁반 위의 은빛 편지는 앞으로 아프리카너 민족이 겪어야 할 시련을 상징한다고 그들은 말한다. '불순한' 아프리카너들은 모두 불에 타 죽을 것이다. 그런 다음 '진정한' 아프리카너들이 들고일어날 것이며, 피의 혁명을 거친 후에 백인들만의 새로운 아프리카너 공화국을 남아프리카에 건설할 것이다.

사실 이것을 진지하게 받아들이는 일부 미치광이들이 존재하지 않는다면, 한낱 우스갯소리로 치부해 버릴 것이다.

아마도 저 가련한 시녀 노인은 무덤 속에서 돌아눕고 있을 거라고 나는 추측한다.

14. 아프리카의 흑인 유태인들

:: 아프리카의 흑인 유태인들

이 이야기의 가르침은 다음과 같은 것이다. 설령 그것이 1천여 년 전에 일어난 사건과 관계된 이야기라 할지라도, 아프리카 사람들의 구전역사와 기원이야기가 지닌 진정성을 감히 무시하지 마라.

사람들이 기억할 수 있을 때부터 줄곧 남아프리카에는 흑인집단들이 있었는데, 그들은 자기들 말에 귀를 기울이는 모든 이들에게 자기들은 1천여 년 전에 이스라엘에서 왔다고 말했다. 남아프리카의 북부지방에 살고 있는 그들은 스스로 렘바족이라 칭하며, 짐바브웨에 살고 있는 렘바족은 밤웨니예 혹은 바렘바족으로 알려져 있고, 모잠비크에 사는 렘바족은 바세나족으로 알려져 있다. 400년 전에 유럽에는 위대한 건설자들이자 의료인인 무어인의 피를 물려받은 흑인 아프리카인들이 짐바브웨의 음베렝구아 산 근처에 살고 있다는 보고서들이 있었다. 폴 크루거 대통령은 그들의 존재를 분명히 믿었는데, 왜냐하면 그들을 흑인 유태인이라고 불렀기 때문이다.

그러나 이 사람들이 이 대륙에 살고 있는 다른 아프리카인 집단들과 매우 다르고 또 전형적인 유태인 관습과 제례를 상당히 많이 지켜나가고 있다는 사실에도 불구하고, 지난 세기나 요즈음 사람들 사이에서 렘바족의 이야기를 믿는 사람을 거의 찾아볼 수가 없다. 남아프리카와 이스라엘을 비롯하여 그 밖의 지역에 살고 있는 유태인들조차도 이들의 존재를 진지하게 받아들이지 않았다.

지금까지도 쿠라트 데 바위스의 후손들처럼 남아프리카 북부지방의 벤다족 속에서 살고 있는 이 고대 셈족에 관한 흥미로운 이야기는 남아프리카 사람들에게 일반적으로 알려져 있지 않다.

과학자들은 렘바족이 어디에서 기원하였고 어떻게 남아프리카로 오게 되었는가 하는 그들의 환상적인 이야기를 대했을 때 냉소적인 반응을 보였다. 그러나 그들의 이야기를 더할 수 없이 세심하게 연구한 유전학자와 인류학자와 역사학자 들은, 이야기의 진상이 1천여 년 동안이나 오직 부모가 그 자식들에게 이야기해 주는 식으로만 전해져 내려왔음에도 불구하고 본질적으로 진실하다는 것을 알게 되었다.

20년 전에, 런던에 있는 '동양학·아프리카학연구소'의 '유태인학센터' 책임자인 튜더 파피트 박사는 남아프리카를 방문해서 에티오피아의 흑인 유태인 팔라샤스족의 이스라엘로의 대이동에 관한 자신의 책을 주제로 해서 강연을 한 적이 있었다. 그때 그는 청중석을 가득 메운 얼굴이 하얀 사람들 속에 유태인들의 챙이 없는 모자 야멀크를 쓰고 앉아 있는 흑인들 몇 명을 보았다.

호기심이 생긴 그는 강의가 끝나고 나서, 그들에게 다가가 어디에서 왔느냐고 물어보았다. 그랬더니 그들은 "다소 흥미진진하기는 하지만 믿기 어려운" 대답을 했다. 자신들은 유태인들이며 1천 년도 훨씬 전에 조상들이 중동에서 아프리카로 왔다는 것이었다.

파피트가 자신들의 말을 믿지 않는다는 것을 알고, 그 사람들은 주말을 림포포 지방에서 보내지 않겠냐고 권하여 함께 가서 그에게 렘바족 노인들도 소개시켜 주고 자신들의 문화도 보여주었다. 파피트는 수긍을 할 수밖에 없었지만, 무척 놀란 것만은 사실이었다. 나중에 그는 이렇게 말했다. "그들이 셈족과 모종의 연관성이 있는 것이 거의 확실하다는 것을 알 수 있었다. 왜냐하면 내가 보기에 그들이 지켜나가고 있는 전근대적인 종교적·사회적 관습에는 본질적으로 중동지방 고유의 속성들이 배어 있는 것 같았기 때문이다." 그들의 문화와 관습은 남아프리카의 흑인집단들과 달랐다. 그들은 렘바족이 아닌 사람과의 결혼을 허용하지 않았다. 이에 대해 파피트는 이렇게 말한다. "그들은 자신들 사이에서 바센드지, 즉 이방인이라고 부르는 다른 모든 사람들에 대해, 명실상부한 셈족이 지닌 혐오감을 품고 있었다."

동물을 도살하는 그들의 제례 또한 전혀 아프리카식이 아니라 상당 부분 중동지방과 비슷했다. 소년들은 각자 이 제례에서 사용할 칼을 받았으며, 그것을 평생 동안 지니고 있다가 죽을 때 함께 묻히게 될 터였다.

파피트는 렘바족 이야기를 연구 프로젝트의 중심 주제로 설정하고 수개월 동안 그들과 생활하면서 연구를 할 정도로 그들에게 매료되어 있었다. 그는 이야기를 추적해 나가면서 아프리카 곳곳에서 단서들을 수집했는데, 인도양에 이르렀을 때 단서들이 사라져 버리고 더 이상 추적이 되지 않았다.

렘바족 노인들이 조상들에게서, 또 그 조상들은 그들의 조상들에게서 들은 이야기는 이러하다. 약 2500년 전에 이름이 부바인 남자가 지도하는 한 유태인집단이, 추측건대 교역 때문에 유대를 떠나 예멘에 정착했다. 그곳에서 그들은 도시를 건설해서 세나라고 불렀다. 지금도 여전히 세나는 렘바족의 문화에서 기원의 장소로서 중요한 역할을 담당하고 있을 뿐 아니라 영적인 의미도 지니고 있다. "어느 날 우리는 세나에서 만나리라" 하고 렘바족 노인이 다른 노인에게 말하곤 한다.

약 1천 년 전에 어떤 일이 일어나, 부득이 그들은 그곳을 떠날 수밖에 없었다. 구전역사에 따르면, 그들은 '푸셀라를 건너서' 아프리카로 왔다. 렘바족은 푸셀라가 무엇인지 명료하게 알지는 못하지만, 아무튼 이런 식으로 그 이야기는 전해져 내려왔다. 부바는 지금 렘바족의 한 가문의 이름이다.

그들은 아프리카 동부해안까지 흘러 들어왔고, 그곳에 새로운 정착지를 건설해서 역시 세나라고 이름을 붙였다. 그리고는 내륙으로 들어갔는데, 그 이야기에 따르면 내륙에서 그들은 위대한 짐바브웨 왕국의 돌로 만든 도시를 건설하는 데 도움을 주었다. 이 기간 동안 그들은 하나님의 율법을 어겨서―어떤 사람들은 쥐를 먹음으로써 율법을 어겼다고 말하지만, 전통적으로 렘바족은 쥐나 토끼 같은 설치류를 먹지 않는다―아프리카에 있는 몇몇 종족들 속으로 뿔뿔이 흩어져 버렸다. 남아프리카로 온 렘바족은 림포포 지방의 루이스 트리카르트, 폴로크완네, 차네인,

소호얀두 지역에 정착했다.

파피트보다 훨씬 전인 1908년에 한 렘바족 사람이 작가 H. A. 위노트(『주트판스버그 지역의 발렘바족』 *The Balemba of the Zoutpansberg*의 저자)에게 이렇게 말했다.

"우리는 푸셀라의 맞은편에 있는 아주 먼 곳에서 왔다. 우리는 커다란 배를 타고 있었다(어떤 사람들은 나무에 올라타고 있었다고 말한다). 거센 폭풍우가 휘몰아쳐 우리 모두를 거의 결딴내 버렸다. 배는 부숴져 두 동강이 나버렸다. 그 한쪽에 매달려 있던 우리는 이 나라 해안가에 닿았고, 다른 사람들은 두 동강 난 배와 함께 흘러갔는데 지금 그들이 어디에 있는지 모른다. 우리는 산을 타고 넘어서 바나위족 사람들 속으로 들어갔다. 그곳에 우리는 자리를 잡고 살다가, 얼마 후에 남쪽으로 이동하여 트란스발 지역으로 왔다. 그러나 우리는 바나이족이 아니다."

혹자는 예멘을 떠난 집단은 남자들로만 이루어져 있었다고 믿는다. 렘바족을 주제로 박사학위 논문을 쓴 남아프리카대학교의 마그델 르 루스 신학박사는 동부해안에 사는 렘바족의 친척들로부터 고향땅에서 전쟁이 일어났다는 이야기를 들었다. 이는 결혼을 하기 위해 고향으로 갈 수 없다는 것을 의미했으므로, 그들은 그 지역의 반투어를 사용하는 집단 출신의 처녀들과 결혼했다.

남아프리카의 렘바족은 어린 소년들에게 할례를 해준다. 그들은 돼지와 멧돼지와 하마를 먹지 않으며, 돌잉어 같은 비늘이 없는 생선을 먹지 않는다. 그들은 아프리카의 다른 곳에서 전혀 찾아볼 수 없는 악기들을 연주한다. 오랜 전통을 지키는 이 사람들은 유태인의 정결한 음식율법인 '코셔'(kosher)와 매우 유사한 식사규범을 따르는데, 동물은 정해진 사람들이 도살하며 우유와 고기는 절대 섞지 않는다. 만약 렘바족 남자가 렘바족이 아닌 여자와 결혼하고자 한다면, 그 여자는 복잡하고 지루한 의식절차를 거쳐서 '개종'을 해야 한다.

한 렘바족 여자는 파피트 박사에게 이렇게 말했다. "우리는 이스라엘 지방에서 왔으며, 우리는 세나에서 왔으며, 우리는 바다를 건넜다. 우리는 길고 아름다운 유태인의 코를 가져 굉장히 아름다웠으며, 우리의 생김새에 대해 자부심이 대단했다."

렘바족이 축제나 장례식 때 자주 부르는 노래에는 다음과 같은 구절이 있다.

"우리는 세나에서 왔네, 우리는 푸셀라를 건넜네, 우리는 세나를 다시 세웠다네. 세나에서 그들은 파리처럼 죽었다네. 우리는 후드지에서 칠리마니로, 칠리마니에서 웨드자로 왔다네. 종족들은 짐바브웨로 갔다네. 그들은 성벽을 쌓아올리고 언덕에서 살았다네. 음왈리(Mwali, 천지창조의 유일신)가 별을 보내셨네. 짐바브웨에서 음베렝웨까지. 음베렝웨에서 둠그헤까지. 우리는 북을 가지고 다녔네. 우리는 벤다로 왔다네, 솔로몬이 우리를 인도하셨다네."

르 루스는 렘바족 사이에서, 고대 이스라엘 종족들의 '성궤'와 유사한 역할을 담당하는 것으로 일컬어지고 있는 신성한 북에 관해 이야기한다. "일찍이 우리는 신성한 민족이었기 때문에 북을 가지고 있었으며, 일찍이 우리는 현명한 민족이었기 때문에 책을 가지고 있었다"고 그들은 말한다. 어떤 사람들은 원래의 신성한 북이 지금도 여전히 짐바브웨 둠그헤 산의 동굴 속에 감추어져 있다고 믿는다. 음베렝와에 있는 사제는 그에 관해서 르 루스에게 이야기해 줄 수 없다면서 "우리는 오직 할례를 받은 사람들에게만 밝힐 수 있도록 하기" 때문이라고 그 이유를 말했다. 한 정보제공자가 파피트에게 그 '책'에 관해서 이야기해 주었는데, 그 책은 오래 전부터 자신들이 가지고 있던 것이었으나 "그러나 아랍인들이 시기를 해서 그 책을 파괴해 버렸다. 우리 것은 음웨니예족에 관한 책이었다. 그들의 것은 알라에 관한 책이었다"고 했다. 또 어떤 렘바족 사람은 자기 할아버지들이 이야기하시기를, 아주 오래 전에 렘바족은 가죽으로 만든 성서 한 권을 가지고 있었는데 그만 잃어버렸다고 했단다.

2002년에 죽을 때까지 렘바족의 정신적 지도자이자 렘바족문화협회의 대표를 지냈던 마차야 마디바 교수는 파피트 교수에게 남아프리카에 머무는 동안 예멘에 가서 세나라는 이름을 가진 곳이 있는지 찾아봐 달라고 부탁했다. 그래서 파피트 교수는 예멘의 이맘(imam, 이슬람의 종교적 지도자이며 이슬람교의 신학자—옮긴이)들에게 알아봐 달라고 했고, 그들은 곧바로 이 나라 남부에 있는 외딴 계곡에 그런 이름을 가진 도시가 있다고 알려주었다.

그가 발견한 것은 렘바족의 이야기와 일치했다. 세나에서 바다로 나가기 위해서는 마실라 강을 건너야 하는데, 이 마실라가 렘바족의 '푸셀라'와 매우 유사하게 들린다. 아라비아의 남부해안에 있는 세이허트라는 항구도시는 아프리카로 가는 배를 띄우기에는 이상적인 도시였을 것이다—에티오피아와 지부티, 소말리아는 좁은 해협의 맞은편에 있다. 그 시대의 배들은 케냐나 탄자니아 혹은 모잠비크까지도 능히 갈 수 있었기 때문에, 아마 그들은 며칠 만에 뭄바사나 잔지바르 아니면 소팔라에 닿을 수 있었을 것이다.

파피트는 렘바족의 기원에 관한 구전을 확실하게 증명해 주는 것으로 보이는 정보의 흥미진진한 단편들을 밝혀내었다. 세나가 위치해 있는 하드라마우트 계곡에는 사디키족과 하미지족처럼, 렘바족과 똑같은 이름을 사용하는 종족들이 많이 살고 있다. 그런데 그들은 도대체 무슨 이유로 세나를 떠나 아프리카로 갔을까? 파피트는 약 1천 년 전에 세나의 중심 도시 주변의 농사를 지탱해 주었던, 돌로 축조한 거대한 댐이 무너졌다는 것을 알아냈다. 세나에 살고 있는 사람들은 파피트에게 그 지역은 댐의 물 없이는 그렇게 많은 사람들을 유지시켜 나갈 수 없었기 때문에 상당수 주민들이 떠날 수밖에 없었다고 말했다.

최근 파피트 박사는 그간의 연구작업을 『사라진 도시로 가는 여행』(*Journey to the Vanished City*)이라는 제목의 책으로 출판했다.

렘바족은 자신들의 구전전통들을 확인시켜 주는 이 같은 작업에 대해 무척 기뻐했으며, 이를 자신들이 진정으로 중동 출신의 유태인이라는 궁극적인 증거로 받아들였다. 하지만 렘바족이 이 새로운 정보를 증거로 간주한 한편으로, 일부 냉소적인 과학자들은 절묘하게 일치한 것일 수 있다고 주장했다. 이 지점에서 유전학자들의 이야기를 들어보자.

유전자 이야기는 렘바족으로 시작하지 않는다. 이 이야기는 (랍비와 대립되는 역할을 하는) 유태교 사제인 칼 쇼레키 박사가 과연 유전자 비교가 사제들, 즉 코나힘을 모세의 형 아론의 후손으로 받아들이는 유태인들의 일반적인 믿음을 입증해 줄 수 있는가 하는 의문을 제기하는 것에서부터 시작한다. 그는 Y, 다시 말해 남성 염색체를 대상으로 한 인간집단 유전학의 전문가인 미국 애리조나주의 마이클 하머 박사와 접촉했다.

다른 염색체들과 달리, Y염색체의 유전물질은 세대를 거듭해도 변하지 않는다. 이 Y염색체들은 때때로 발생하는 돌연변이의 가능성과는 별개로, 아무런 변화 없이 아버지에게서 아들로 계승된다. 이는, 각 혈통의 돌연변이 패턴이 다양한 것과 마찬가지로 Y염색체의 연구는 한 인구집단의 역사를 재구성할 수 있는 정확한 도구라는 것을 의미한다.

쇼레키의 예상은 타당성이 있는 것으로 밝혀졌다. 유전학자들은 유태교 사제계급의 경우, 그들이 세계 어디에 살든 DNA의 한 가지 패턴인 '코헨 유전자번호'가 우세하게 나타나지만, 다른 유태인 인구집단에게서는 이것이 드물게 나타나고 또 유태인이 아닌 인구집단 속에서는 사실상 부재하다는 것을 확인했다. 그들은 아슈케나지 사제들의 45%와 세파딕 사제들의 56%가 이 코헨 번호를 가지고 있는 데 비해 일반 유태인 주민들은 3~5%에 불과하다는 것을 발견했다.

옥스퍼드 주민을 연구하는 유전학자 데이비드 골드스타인은 코헨 번호를 가진 사람들이 얼마나 오래 전까지 한 조상을 공유했는가를 계산함으로써 이 발견을 더욱 발전시켰다. 그는 이것이 2600년에서 3100년 전 사이의 어디쯤이라고 결론 내렸는데, 이는 유태인들이 출애굽이 일어났다고 믿고 있는 시기와 상당히 가깝다. 유태인들은 3천 년 전에 이집트로부터 대탈주가 이루어졌다고 믿으며, 그후 모세는 아론 형의 남자후손들에게 사제직을 임명했다.

골드스타인은 튜더 파피트와 그의 조교인 런던 유니버시티 칼리지 '발생인류학연구소'의 네일 브래드만이 렘바족으로부터 수집한 DNA 샘플들을 조사했다.

남아프리카에 살고 있는 렘바족 남성의 9%가, 유태인 계보의 확실한 증거라 할 수 있는 코헨 유전자번호를 가지고 있는 것으로 밝혀졌다. 그러나 유대에서부터 선조들을 이끈 지도자의 이름을 따랐던 렘바족의 한 씨족인 부바의 경우, 이 코헨 번호를 지닌 남성의 비율이 기왕의 유태인 사제계급과 같거나(53%) 더 높았다. 부바족은 12개의 렘바족 씨족 중에서 가장 역사가 오래되었고 최상류 가문으로 알려져 있다.

파피트와 브래드만은 또 예멘에 사는 하드라마우트족의 사람들에게서 DNA샘플을 수집해서 렘바족의 DNA와 비교해 보았다. 그 결과, 렘바족의 Y염색체와 하드라마우트족의 Y염색체 사이에 상당히 닮은 점이 있다는 것을 발견했다.

남아프리카의 과학자, 비트바터스란트대학교의 트레보어 젠킨스 교수도 렘바족을 대상으로 DNA 비교실험을 했는데, 이들 렘바족이 함께 살고 있는 벤다족 사람들과 유전적으로 엄청나게 다르다는 것을 찾아냈다. 그는 이렇게 이야기한다.

"1천여 년 전에 중동 출신의 남자들이 바닷길로 이곳으로 왔다는 것은 의심의 여지가 있을 수 없다. 그들이 결혼과 출산을 통해 이 지역 주민들에게 기여한 것은 지금까지도 모든 남자들에게 변형되지 않고 남아 있는 독특한 Y염색체 하나였다. 어떤 면에서 우리는 그들의 구전전통을 확인한 셈이다."

렘바족과 파피트 교수는 확인한 이 모든 결과들에 크게 고무되었다. 한 세대를 평균 25년으로 보고 렘바족이 1천 년 전에 예멘을 떠났다는 전제를 받아들인다면, 렘바족이 아프리카에 온 것은 대략 40세대 전이 된다. 유대를 떠나 세나의 도시를 건설했다는 이 유태인들의 이야기는 본질적으로 올바르고 정확한 것이다.

당시 파피트는 『뉴욕타임스』에서 다음과 같이 말했다. "이런 터무니없는 얘기를 듣고 많은 동료교수들은 나에게 심한 비난을 퍼부었다. 그들은 선교사들이 렘바족에게 그들의 기원에 대해 다른 의식을 심어주었다고 생각했기 때문이다. 인류학자로서 나는 무릇 사람들이 자신에 관해 이야기하는 것을 귀담아들어야 하고 너무 오만해서는 안 된다는 인식을 가지고 있었다. 그들이 이야기하고 있는 것들이 근본적으로 올바르다는 것이 밝혀졌다."

파피트의 연구를 높이 평가한 렘바족은 그를 명예 렘바인으로 받아들였다. 렘바인의 전통에서는 외부의 남성이 렘바인이 되는 것을 금지하고 있기 때문에, 이는 특별한 영광이었다. 이와 같은 배타성은 10세기도 넘게 코헨 유전자번호가 그들 속에서 보존되어 온 이유를 설명해 준다.

근대의 렘바인들은 상당수가 기독교도이다. 이 때문에 일부 유태인들은 렘바족을 받아들이는 것을 상당히 꺼려하고 있다. 렘바족의 중견 문화지도자 가운데 한 사람인 랍손 우리가는 자기 종족사람들이 남아프리카와 짐바브웨에서 맨 처음 접촉했던 식민지정부가 기독교인들이었다고 설명한다.

"렘바인들은 근대화와 도시화의 물결 속에서 고립되어 살 수 없었다. …세월이 흐르고 새로운 세대들이 태어남에 따라, 조상의 땅으로부터도 고립되어 있었던 우리들 대부분은 기독교도가 되었다. 그것만이 기술을 습득하고 학문을 발전시킬 수 있는 유일한 길이었기 때문이다."

그러나 우리가는 이렇게 덧붙이고 있다. "우리의 정체성에 대해 의문을 제기하는 사람들에게는, 결코 우리의 종교를 증명하려는 것이 아니라 우리의 정체성과 근원을 밝히고자 하는 것이라고 대답한다. 가령 우리는 자기 아버지가 렘바인이기 때문에 자기는 렘바인이라고 믿는다. 요컨대 우리는 일부 사람들이 우리에게서 빼앗아가려고 하는 우리의 역사적·종교적·문화적 유산을 되찾고자 하는 것뿐이었다." 그러면서 그는 의구심을 품고 있는 유태인들에게, 렘바족은 랍비의 유태주의를 실천하지 않는다면서 왜냐하면 "우리는 랍비의 유태주의가 탄생하기 전에 이스라엘을 떠났기" 때문이라고 단호하게 말한다.

렘바족이 아프리카에 온 지 몇 세기 동안, 그들은 반투어를 사용하는 사람들 속에서 살았으며, 남아프리카에서 자신들이 속해 있는 벤다족 집단의 언어를 쓰기 시작하면서부터 점차 고유의 언어를 잃어버렸다. 또 여러 세대를 지나오면서 필연적으로 종족간 결혼이 이루어짐으로 해서 피부는 점점 더 검어졌고, 아프리카의 전통과 관습으로부터 영향을 받지 않을 수 없었다.

여러 가지 그들의 풍습이 본질적으로는 유태의 것이지만, 아프리카 분위기를 강하게 지니고 있다. 렘바족이 아닌 여자가 렘바족 남자와 결혼할 때 드리는 정화의식이 한 가지 예이다. 결혼을 앞둔 이 여자는 개미언덕을 기어 올라가야 하는데 그러면 개미들이 그녀의 '돼지피부'를 물어뜯기 때문이며, 또 그녀가 지닌 비렘바족의 불순성을 태워 없애기 위해서 그녀의 몸에 불을 갖다 댄다. 그리고 이방인의 영혼을 모두 토해 버리도록 날고기를 반드시 먹어야 한다. 그런 후에 그 여자는 오두막에 있는 구멍 속으로 머리를 집어넣으며, 이렇게 머리를 다 깎고 나서 기어서 그 구멍을 통과한다. 이제 비로소 그녀는 렘바인이 되는 것이다.

르 루스 박사는 할례는 렘바인의 문화와 신앙에서 중심을 이룬다고 지적한다. 음베렝와의 고위 성직자인 즈비노완다 즈비노완다는 자신들의 할례의식은 구약전서의 그것과 매우 유사하다고 르 루스에게 말했다. 렘바족 생활에 관한 민족지학적 설명들을 보면 대부분 수세기 전에 렘바족이 남아프리카로 할례를 가지고 들어와서 벤다족과 소토족과 총가족에게 퍼트렸다는 데 대해 동의한다고 르 루스는 말한다. 렘바족은 1250~1450년에 그 지역에서 가장 강력한 거대도시로 성장했던 위대한 짐바브웨에서 모든 할례를 수행했던 사람들이 바로 자신들의 조상들이라고 주장한다.

1999년부터 이스라엘과 미국을 비롯한 세계 곳곳에 많은 유태인들이 남아프리카의 렘바족을 찾았으며, 또 몇몇 렘바족 지도자들은 초청을 받아서 이스라엘을 방문했다. 지금 렘바족 마을에서는 유태교회당을 세우고 렘바인들에게 동시대 유태주의를 알리는 프로그램들이 추진되고 있다.

앞으로는 머나먼 옛날로부터 아프리카 사람들의 기원과 사건들에 관한 이야기를 들으면, 늙은 아낙네들이 읊어대는 그저 그런 이야기라고 무시해 버리기 전에 다시 한번 생각하라. 이 할머니들은 우리에게 가르침을 주는 한두 가지를 가지고 있을지도 모른다.

15. 나치 암살단

:: 나치 암살단

1936년 베를린. 올림픽대회에서 남아프리카의 가장 커다란 희망이었던 스물세 살의 라이트헤비급 권투선수 시드니 로비 라이브란트는 남아프리카 선수단이 입장행진을 할 때 대표단 기수로서, 독일 지도자 아돌프 히틀러가 갈색 제복을 입고 손을 앞으로 쭉 뻗어 나치경례를 하며 서 있는 연단을 지나간다. "우향우!" 하고 라이브란트가 우렁차게 외치자, 남아프리카 선수단 전원이 고개를 돌려 충통을 바라본다.

그 젊은 운동선수의 인생—과 남아프리카 역사과정의 대부분—을 바꾸었던 순간이었다.

나중에 라이브란트는 자서전에서 이렇게 썼다. "나는 그분을 똑바로 바라보았다. 갑자기 나는 이상한 감정에 사로잡혔다. 당시 나를 매혹시켰던 것이 그 수수한 제복이었는지 아니면 매력적인 개성이었는지 아직도 잘 모르겠지만, 마치 어떤 최면의 힘이 나를 사로잡는 것 같았다. 더 이상 행진곡 소리가 귀에 들리지 않고, 그저 기계적으로 행진을 했다."

라이브란트가 '차렷!' '경례!' 하고 외치자, 술렁이며 약간 혼란이 일어났다. 그건 그가 사전에 약속한 영어가 아니라 아프리칸스어로 구령을 외쳐서 일부 선수들이 그의 말을 알아듣지 못했기 때문이다. 계속해서 라이브란트는 쓰고 있다.

"전적으로 나의 잘못이었다. 히틀러를 보는 순간, 내 심장에서는 독일계 아일랜드인의 피가 맹렬하게 용솟음쳤다. 그래서 나는 모국어로 구령을 붙였던 것이다. 아마 나는 총통에게 강한 인상을 남기고 싶었던 것 같다. 데 웨트 장군의 언어로 그에게, 영웅적 민족의 후손들이 당신 앞에서 행진하고 있다고 말하고 싶었다. 아돌프 히틀러가 데 웨트 장군과 보어인들을 매우 높이 평가한다는 것을 나는 알고 있었다."

독일 신문들은 올림픽대회에서 라이브란트가 '가장 흥미 있는' 선수라고 공공연히 말했다. 그는 다소 기이한 인물이었는데, 이를테면 침대에서 잠을 자려 하지 않을 정도로 광신적으로 건강을 챙겼으며 자기수양을 강화시키기 위해 정기적으로 금식을 하는 헌신적인 채식주의자였다. 오, 그리고 그는 독일어로 말하고 독일 성을 가졌다. 자신을 그토록 혹독하게 채찍질하는 주된 동기는 메달을 획득한 최초의 아프리카너가 되기 위해서였다고 라이브란트는 말했다. 그렇게 되면 공식적인 스프링복 재킷에 아프리칸스어로 글자를 새겨야 한다는 주장도 할 수 있다고 생각했던 것이다.

그러나 그가 열심히 훈련을 해야 하는 또 다른 이유가 있었다. 그는 열아홉 살 때부터 남아프리카의 챔피언이었지만, 올림픽대회가 개최되기 얼마 전에 엄지손가락이 부러지는 바람에 1932년 올림픽대회에는 참가하지 못했다. 1934년 제국대회에서 그는 경기가 시작한 지 불과 몇 초

만에 당시 영국 챔피언이었던 조지 브렌난을 때려눕혔으나, 허리 아래를 가격했다고 하여 실격패를 판정받았다. 그는 이것을 "보어인에 대한 적대적인" 결정이라고 간주했고, 그후 영국을 더욱더 격렬하게 증오하게 되었다.

베를린에서 라이브란트는 초반 두 경기를 쉽게 이겼다. 준준결승전의 상대는 체코슬로바키아 출신의 권투선수였다. 2라운드가 끝나갈 무렵 라이브란트는 상대선수의 옆머리를 너무 세게 가격하다가 그만 손가락뼈가 부러져 버렸다. 극심한 고통에도 불구하고 그는 경기를 계속하여 판정승을 했다. 선수단 담당의사는 그에게 앞으로 남은 경기는 포기하라고 했지만, 라이브란트는 의사의 말을 일축해 버리고 프랑스 선수 로저 미슐로와 대결하기로 결심했다. 시합 전에 그는 손이 심하게 부어서 글로브를 낄 수가 없어 잘라내어야 했다.

시합을 관전하던 그 많은 사람들 대부분이 라이브란트를 응원했던, 말 그대로 굉장한 대전이었다. 그는 오직 왼손 하나만 가지고 프랑스 챔피언이자 유럽 챔피언인 상대선수와 싸웠다. 경기가 끝나고 라이브란트와 그의 코너 그리고 관중들은 라이브란트가 이겼다고 확신했다. 그러나 승리는 프랑스 선수에게 돌아갔으며, 관중석에서는 심판들을 향해 거센 야유를 보냈다. 다음날 『스타』(Star)지에 기고한 남아프리카 스포츠 저널리스트 프랭크 로스트론은 라이브란트의 왼손 사용은 정말 대단했으며, 경기를 지켜본 대부분의 사람들이 라이브란트가 승리했다는 데 대해 동의했다고 썼다. 마지막 라운드에서 라이브란트가 이겼다는 것은 의심할 여지가 없었는데, 자기가 심판들의 채점표를 살펴보았더니 한 심판이 이 마지막 라운드를 미슐로에게 4점을 주었더라고 그는 말했다. 이렇게 해서 결국 프랑스 선수는 판정승을 거두었다. 미슐로는 계속 승리하여 금메달을 획득했다.

라이브란트는 베를린 올림픽에서 언론매체로부터 받은 관심 이상으로 대중들을 매료시켰다.

나치독일은 전쟁을 준비하고 있었다. 당시 서남아프리카는 독일의 소중한 식민지였으며, 남쪽에 자리 잡고 있는 각종 광물자원이 풍부한 남아프리카가 독일을 지원한다면 크게 도움이 될 수 있었다. 이미 서남아프리카에는 나치를 지지하는 독일인들이 상당히 많이 살고 있었을 뿐 아니라, 남아프리카의 중추적인 아프리카너 민족주의자들의 영국에 대한 증오심과 친독일 성향은 널리 알려져 있었다. 따라서 독일 군부는 독일의 계획에서 중요한 역할을 담당할 요원 모집에 착수하는 것이 좋겠다고 판단했다. 나치는 남아프리카로 방송하는 단파 라디오방송국 〈라디오 체센〉(Radio Zeesen)을 이미 가지고 있었다.

매우 공교롭게도 젊은 남아프리카 복싱선수와 이름이 똑같은 나치 고위급 지도자가 있었다. 독일제국정부의 철학자 알프레트 로젠베르크 박사의 조교 게오르크 라이브란트 박사였다. 라이브란트 박사에게는 베를린 올림픽에서 로비 라이브란트를 친구로 만들라는 임무가 주어졌고, 이어 그는 독일 선수단과 함께 히틀러를 면담하는 자리에 초청을 받은 각국 선수 30명 속에 로비가 포함되도록 하는 등 치밀하게 준비를 했다.

이상한 습관을 가진 젊은이에 관한 기사를 읽었던 것을 기억하고 있던 히틀러는 미소를 지으며 로비를 맞이하였고 잠시 환담을 나누기까지 했다. 그후 수십 년 동안 로비가 소중히 간직하게 될 순간이었다(나중에 그는 히틀러를 예수 그리스도와 비교했다).

자서전에서 로비는 게오르크 라이브란트 박사는 자기와 친척사이라고 주장했지만, 명백히 이건 사실이 아니었다. 로비의 아버지 메이더는 여러 세대 전부터 가족들이 남아프리카에 살아온 아프리카너였다. 매우 흥미롭게도 로비의 어머니 수잔 마거리트 조이스는 윌리엄 조이스의 사촌이었는데, 그는 나치를 위해 라디오 프로파간다를 제작했던 저 악명 높은 하우-하우 경으로서 전후(戰後)에 국가전복죄로 대영제국에 의해 처형당했다.

올림픽이 끝나고, 로비는 베를린에 있는 독일제국 체육교육아카데미의 입학승인을 받았다. 라이브란트 박사는 로비가 최고위급 당 행사에 참석할 수 있도록 초청장(과 나치친위대 경호원)을 만들어주는 등 적극적으로 지원했다. 그러나 1936년 말에 로비는 올림픽대회에 참가하기 전까지 다녔던 철도경찰청의 공무원 시험을 보기 위해 급히 프리토리아로 돌아왔다. 하지만 그는 시험합격 후에도 공무원으로 임명되지 못하자 사표를 내고 프로 권투선수로 나섰다. 그리고 불과 6개월 만에 남아프리카 헤비급 챔피언이 되었다.

프로선수로 진출한 로비는 경기를 하기 위해 런던으로 갔으나, 몇 차례 경기를 치르고는 흥미를 잃고 공부를 하기 위해 런던체육대학에 들어갔다. 학부를 졸업하고는 덴마크와 핀란드, 폴란드, 헝가리에서도 몇 강좌를 이수하고는 다시 독일로 가서 제국 아카데미에 들어갔다.

로비는 총통과 독일과 국가사회주의에 푹 빠졌다. 그는 이렇게 썼다. "국가사회주의를 향한 애정이 더욱 깊어질수록 그만큼 민족과 조국에 대한 사랑도 커져만 갔다. 이후에 이와 같은 성장과정은 완전한 성숙단계에 도달했다. 나는 단순히 확신에 차고 헌신적인 국가사회주의자가 아니라 광신자였다."

1938년 8월 말 독일은 폴란드를 침공했고, 1939년 9월 3일에는 영국과 프랑스가 독일에 선전포고를 했다. 나치의 계획에서 로비의 역할은 갑자기 더 긴요해졌다. 두 사람이 그 계획을 입안했는데, 외국에서 친나치운동을 활성화시키는 책임을 맡은 독일 해외조직의 수장 에른스트 볼레(그는 케이프타운에서 태어났으며, 아버지는 케이프타운에 있는 대학의 교수였다)와 서남아프리카 총영사를 지냈던 루돌프 카를로바가 그들이었다. 두 사람 모두 남아프리카의 정치에 정통했으며 아프리칸스어를 조금 구사했다(나중에 로비는 루돌프 카를로바를 "아프리카너들의 독일인 아버지"라고 불렀다).

그러나 나치 사령부가 로비에게 자신들의 계획을 알려주기도 전에, 로비는 남아프리카로 돌아갈 수 있게 해달라고 카를로바에게 허락을 구했을 정도이다. 로비는 남아프리카에서 무장봉기를 조직해서 친독일 정부를 건설하고 싶다고 말했다. 이는 독일인들이 생각하고 있던 것과 정확하게 일치했다.

'바이스도른'이라는 암호명이 붙은 이 계획은 간단했다. 로비는 호전적인 반전·친독일 아프리카너 조직인 '오세바 수색대'와 연락을 취하면서 이 조직을 더욱더 급진적으로 만들어야 했다. 우선 이 나라를 동요시켜 불안을 조장하기 위해서 파괴활동을 전개할 것이었다. 그런 다음 로비가 윈스턴 처칠이 이끄는 전쟁내각의 각료이기도 한 남아프리카의 얀 스뮈츠 수상을 암살하기로 되어 있었다. 각료들 전원과 오스발트 피라우나 D. F. 말란 같은 지도적인 정치가들은 감금해야 했다. 남아프리카 천연자원의 거의 대부분을 통제하고 있는 (전쟁이 장기화되면 독일에 반드시 필요하게 될) 인물인 에르네스트 오펜하이머 경 역시 암살대상에 포함되어야 했다. 그 밖에 저명한 유태인 지도자들도 제거되어야 했는데, 이것은 유태인들 대부분이 이 나라를 떠나야 한다는 것을 의미한다고 입안된 자료들에는 서술되어 있다.

국방군 총사령관 빌헬름 카나리스 제독과 그 수하의 파괴활동분과 총책임자 에르빈 폰 라하우젠 드 비브르몽 소장은 이 바이스도른 작전의 세부사항들을 독일군부의 수장 히틀러에게 보고했다. 히틀러는 이 계획을 승인했고, 일찍이 만난 적이 있었던 젊은 권투선수가 책임자라는 사실에 매우 흡족해했다.

카를로바는 로비에게 독일시민 자격을 부여하고, 그를 독일군대에 소속시켜서 총통리더십스쿨에 보내 정치 조직화작업과 프로파간다에 관한 교육을 받도록 했다. 또 그는 활강비행사와 낙하훈련병, 파괴활동가의 훈련도 받았다. 로비는 가끔 자신이 '나약하다'고 생각하거나 자신에게 흡족한 경의를 표하지 않는 사람들과 사적으로 부딪히기는 했지만, 매우 열성적이고 탁월한 생도이자 훈련병이었다. 그에게 파괴활동을 교육했던 선생은 보고서에서 로비는 "조직화 임무를 수행한다거나 신중한 결정을 내리는 것이 불가능한 광신자이다. 사람들에게 아량을 베풀 줄 모르고 편협한 성격 때문에 그는 다른 사람과 협력해서 일하는 데 적합한 인물이 못 된다. 그렇지만 지칠 줄 모르는 에너지와 전혀 두려움을 모르는 용맹성은 그가 단독으로 파괴활동을 하기에 이상적인 인물임을 말해 준다." 이후에 이 평가는 전적으로 옳았음이 증명되었다.

로비에게는 발터 켐프라는 암호명이 주어졌다. 그리고 그는 당시 나치요원들을 웨일스로 태워다 주고 있던 경험이 풍부한 요트선수 크리스티안 니센을 소개받았고, 니센은 로비를 요트에 태워서 남아프리카의 서부해안으로 데려다 주었다.

로비는 또 독일군대에 복무하고 있는 프랑스인 에밀 도르너를 소개받았는데, 무선통신 기사인 그는 그들과 함께 가기로 되어 있었다. 로비는 도르너가 부드럽게 악수를 청하는 데 대해 즉각 혐오감을 느끼고는 카를로바에게 도르너말고 다른 사람으로 바꾸어달라고 요청했다. 카를로바는 그 요청을 받아들이지 않았다.

1941년 4월 2일, 라이브란트와 니센, 도르너 그리고 독일인 선원 네 명은 요트 킬로에호를 타고 해외로 나갔다. 선상에서 라이브란트는 미화 1만 4천 달러와 무선송신기, 옷이 든 가방, 권총 한 자루와 고무 구명보트를 지급받았다.

275

항해하는 거의 내내 라이브란트는 니센이나 도르너와 사사건건 부딪힌데다 배멀미까지 심하여, 넌덜머리가 날 정도로 지독한 항해였다. 급기야 배를 탄 지 2주일이 지나서 라이브란트는 니센에게 무전사가 적의 첩자로 의심되므로 자기는 그와 함께 상륙하지 않겠다고 말했다. 그는 이와 똑같이 램버트 만에서 접속하기로 되어 있는 독일인 요원도 의심하고 있었다. 그래서 니센에게 램버트 만에서 내리지 않고 더 북쪽으로 가서 미첼스 만에서 상륙하겠다고 말했다. 니센이 요트를 돌려 다시 독일로 돌아가겠다고 위협하자, 라이브란트는 선장에게 권총을 겨누면서 정확하게 자기가 말한 대로 움직이지 않으면 죽이겠다고 위협했다.

약 5주일 후인 1941년 6월 10일, 나마쿠알란트 해안이 그들의 시야에 들어왔다. 라이브란트는 구명보트가 전복될 경우에 대비하여 추위를 이겨내기 위해 몸에 바셀린을 발랐다. 그런 다음 독일인 선원을 흘끗 쳐다보며 그의 발뒤꿈치를 걷어차고는 오른손을 번쩍 들어서 지난 몇 달 동안 사용하고 있던 특이한 인사법으로 그들에게 인사를 건넸다. "완전한 승리! 사색기를 높이 휘날리자!"(사색기는 옛 트란스발공화국의 국기였다) 그리고는 해안 쪽으로 고무보트를 저어서 가다가, 해안에서 불과 몇 미터 떨어지지 않은 곳에서 배가 뒤집혀버렸다.

라이브란트는 고무보트를 갈가리 찢어서 땅에 파묻었다. 만의 하나 자기가 잡힌다 해도 요트에 탄 사람들이 독일로 떠날 시간적 여유가 충분하다고 확신하고 있었다. 그리고 필요하다면 독일 잠수함이 자기를 그곳에 떨어뜨려 놓고 갔다고 이야기를 꾸며대기로 바로 그 자리에서 결심했다. 그는 여러 경우에서 이 이야기를 써먹게 될 터였다. 한참 후에 그가 재판정에 섰을 때, 경찰은 나마쿠알란트 해안에서 잠수함 한 정을 보았다는 어부들을 증인으로 내세웠다. 라이브란트 사건의 재판관들은 그가 정말로 잠수함으로 남아프리카 해안에 도착했다고 생각했다. 잠수함 이야기는 라이브란트의 연극적 감각과 강한 자존감에 호소했기 때문에, 그 이야기가 필요했던 때가 훨씬 지나서까지도 라이브란트와 잠수함 이야기는 마치 실과 바늘 같은 인상을 사람들에게 심어주었다.

라이브란트는 며칠 동안 물 한 모금 먹지 못하고 비틀거리며 돌아다니다가, 결국 가지고 있던 무전송신기를 땅속에 묻어두었다. 거의 기절하기 직전에 가까스로 헨드리크 리티라는 목동을 만나, 그에게 가장 가까운 농장으로 가는 길을 가르쳐달라고 했다. 농장을 찾아간 라이브란트는 조스 엥엘브레흐트라는 주인에게, 자기 이름은 얀 스미트이며 프리토리아의 대학생인데 길을 잃었다고 말했다. 엥엘브레흐트는 라이브란트의 이야기가 허점투성이인데다 출입이 금지되어 있는 다이아몬드 광산 지역을 통과해 왔기 때문에 몹시 수상쩍게 여겼다.

엥엘브레흐트가 라이브란트의 이야기가 사실인지 확인하기 위해 그가 온 길을 되짚어 가보려고 하자, 라이브란트는 그를 막아서면서 사실 자신은 독일로부터 중대한 임무를 띠고 잠수함을 타고 그곳에 도착했다고 고백했다. 라이브란트에게는 다행히도, 엥엘브레흐트 역시 얀 스뮈츠라는 인물뿐 아니라 전쟁에서 영국 쪽에 가담하겠다는 스뮈츠의 결정에 분개하고 있었다. 그래서 그는 라이브란트의 비밀을 지켜주었으며, 라이브란트가 묻어두었던 무전송신기를 가지러 가기까지 했다. 라이브란트는 무전기를 다시 땅에 묻었는데, 이번에는 엥엘브레흐트 농장이었다. 엥엘브레흐트는 이웃들이 '스미트 씨'를 케이프타운으로 데려다 주도록 주선해 주었다.

라이브란트의 다음 임무는 '오세바 수색대', 특히 이 조직의 준군사 부대인 '폭풍의 추적자들'과 접촉해서 협력하는 것이었다. 옛날 여자친구를 통해서 그가 맨 처음 접촉한 사람은 케이프 지역에 사는 오세바 수색대의 부사령관 J. A. '삼보크' 스미스 장군이었다. 그것은 전조가 매우 불길한 만남이었다. 라이브란트는 얀 스뮈츠가 아프리카너들을 무장해제시키는 것을 너무 순순히 받아들였으며 또 나약하고 과대망상과 두려움에 빠져 있다며 오세바 수색대의 지도력을 강하게 비난했다—그는 그들을 속이 텅텅 빈 깡통 병사들이라고 불렀다. 라이브란트는 오세바 수색대가 자신의 지도를 받고 "자신의 지도력에 충성할 것"을 요구했다.

라이브란트를 '얼뜨기 신출내기'라고 불렀던 스미스는 자유공화국에 있는 자신의 동료 크리스 데 야허 장군에게 혈기방자한 이 얼뜨기를 떠넘겨버렸고, 야허 장군은 라이브란트를 믿지 않았던 터라 그에게 헨드리크 에라스무스라는 사람을 딸려 보내면서 나마쿠알란트에 있다는 무전송신기를 가져와서 지금까지 했던 말을 증명해 보이라고 했다. 에라스무스는 라이브란트의 충실한 심복 가운데 한 명이 되었다.

데 야허 장군은 독일제 무전기를 보자마자 감격한 나머지, 바로 지금 이 라이브란트와 오세바 수색대의 지도자인 총사령관 한스 반 렌스버그

박사가 만날 때라고 판단했다. 이것은 바이스도른 작전에서 중요한 단계로 진입하는 것이었다.

그 회합은 프리토리아와 실버톤 사이의 평원에 있는 카레이 나무 아래서 극도로 비밀리에 이루어졌다. 라이브란트는 완전무장을 하고 반 렌스버그의 차를 에워싸고 있는 경호원들에 인도되어 차 안으로 들어갔다. 두 사람은 몇 마디도 나누지 않아 곧 서로에 대해 좋지 않은 감정을 품게 되었다. 라이브란트의 말에 따르면, 반 렌스버그가 맨 처음 물었던 것이 아돌프 히틀러가 당신 편으로 서신을 보냈느냐 하는 것이었다. 히틀러가 반 렌스버그라는 이름을 결단코 단 한번도 들어본 적이 없었을 것이라고 확신한 라이브란트는 거짓말을 했다. 그렇다, 총통께서는 만약 오세바 수색대가 명실상부한 국가사회주의 운동조직으로서 나치독일과 협력할 준비가 되어 있다면, 〈라디오 체센〉이 선전방송을 할 것을 명령하셨다고 라이브란트는 대답했다. 이에 오세바 수색대 장군은 라이브란트에게 '폭풍의 추적자들'에서 훈련담당 직위를 주겠다고 제안했고 라이브란트가 이 제안을 일언지하에 거절하자, 장군은 이 젊은이에게 무모한 파괴활동을 하면 결코 용서치 않을 것이라고 경고했다.

라이브란트는 자서전에서, 자기가 오세바 수색대에 개입한 것은 전적으로 그 조직이 이 비밀회담 이후 곧바로 국가사회주의 운동단체라고 자기네들 멋대로 선언했기 때문이라고 주장했다.

회담을 하고 며칠 후에 라이브란트는 오세바 수색대 내에 퍼져 있는 자기에 대한 악성루머를 들었다. 그는 미리 약속도 하지 않고 곧바로 에라스무스와 함께 차를 타고 반 렌스버그 집으로 갔다.

반 렌스버그는 라이브란트를 독일의 첩자라고 노골적으로 비난했다. 성질이 격한 라이브란트는 질풍처럼 방을 가로질러 가서 오세바 수색대 지도자의 멱살을 움켜쥐고는, 그를 얀 스뮈츠의 꼭두각시라고 부르며 절대로 가만두지 않겠다고 위협했다. 그 방에 있던 사람들이 두 사람을 뜯어말려 간신히 떼어놓았고, 반 렌스버그는 사과를 했다.

나중에 반 렌스버그는 라이브란트는 "자기가 생각한 것말고는 어떤 의견도 받아들이려고 하지 않는 옹고집에다 자만심이 차고 넘쳤다. 내가 보기에 그가 당시의 남아프리카 장면을 그림으로 묘사해 내기란 거의 불가능할 것 같았다"고 썼다. 라이브란트는 반 렌스버그가 아프리카너들의 지도자로 '부적절한 사람'이며, 더욱이 1914년 반란의 지도자들을 색출해서 잡아들이던 부대에 복무한 게 틀림없기 때문에 과거가 의심스러운 인물이라고 썼다. 그러면서 반 렌스버그를 '가장 용서할 수 없는 적'이라고 묘사했다.

라이브란트가 시도한 광신자집단의 모집은 애초에 바랐던 것보다 훨씬 더 성공적이었다("나는 정치적 고등룸펜들이 아니라 용기와 행동을 다 갖춘 사람을 찾고 있었다"). 민활한 라이브란트는 조촐하게 채용면담을 하는 자리에서 독일 이야기며 히틀러를 만났던 이야기, 나치즘과 아프리카너 민족주의 혹은 반공주의와 종교적 광신주의를 기괴하게 뒤섞어 늘어놓는 궤변으로 사람들을 넋이 나가게 만들었다. 그 자리에 온 사람들은 대부분 오세바 수색대 아니면 폭풍의 추적자들의 멤버들이었으나, 이제는 새로운 충성을 서약해야 했다. 그는 자신의 임무를 '카를로바 작전' 그리고 자신의 운동을 '국가사회주의의 항거'라고 명명했다.

헨드리크 에라스무스와 그의 형 도르스는 라이브란트와 매우 밀착되어 있었다. 헨드리크는 무모하지만 혁신적인 카렐 서론에게 그를 소개시켜 주었다. 정부에서 사적으로 소지하고 있는 무기 일체를 경찰에 인계하라고 발표했을 때, 카렐은 경찰의 기록부를 훔쳐내서 거대한 장총 무기고를 손에 넣었다. 또 프리토리아의 이스코르 지역에서 어마어마한 양의 다이너마이트와 뇌관도 탈취했다. 이렇게 해서 카렐은 트란스발 지역 국가사회주의 항거의 지도자가 되었다.

로비는 몇 년 만에 처음으로 포체프스트롬에 사는 부모님을 만나러 갔지만, 실제로는 전에 런던에서 교류하던 옛 친구를 우연히 만나게 되어 시내에 머물렀다. 포체프스트롬대학에서 화학을 가르치는 강사인 루이스 르 루스 박사는 그후 '항거'의 단원들에게 폭탄 제조법을 가르치고 훈련시키게 된다.

이렇게 채용된 사람들은 모두 라이브란트가 작성한 다음과 같은 '피의 맹세'에 서약을 하고, 각자 피로써 서명을 해야 했다. "나는 남아프리카의 아프리카너 민족의 자유와 독립을 위해, 나아가 아프리카너 민족의 특성에 적합한 아돌프 히틀러의 사상을 토대로 국가사회주의 국가의 건설을 위해 노력하고 투쟁할 것이다. 나는 하나님 앞에서 이 신성한 맹세를 서약하노니, 아프리카너로서 나는 앞으로 목숨이 다할 때까지 그 누구도 아닌 오직 로비 라이브란트의 사람이 되어 국가사회주의 항거의 지도력에 따라 온 마음과 영혼, 육체와 정신을 다 바쳐 민족과 조국을 위하여 충실히 임무를 수행할 것이다." 그런 다음 "나는 없고, 나의 민족이 모두다! 하나님께서 우리와 함께하리니, 사색기를 높이 휘날리자!" 하고 맹세는 끝난다.

후보단원들은 어두컴컴한 방으로 인도되어 로비와 조직의 간부들이 마스크를 쓰고 가운을 걸치고 서 있는 앞에서 서약을 하도록 되어 있었다. 그런 후에는 후보단원들에게 장전이 된 총을 지급하고는, 모르는 사람을 방으로 들여보내어 그 사람 머리에 총을 쏘라고 명령을 했다. 찰각, 찰각 하고 권총에서 두 번 소리가 나면, 권총을 회수하고 가입을 축하한다며 단원으로 받아들였다. 만약 총 쏘기를 주저하거나 거부한다면, 그 사람은 탈락되었다.

한스 반 렌스버그는 자신이 아무 일도 할 수 없는 자리에 앉아 있다는 것을 그제야 깨달았다. 오세바 수색대 내의 온건파들은 남아프리카에서 내전이 일어나는 것을 피하고자 했지만, 강경파들은 로비 라이브란트의 선동에 고무되어 더욱더 호전적인 행동으로 더 강하게 밀고 나가고 있었다. 라이브란트가 공개적으로 반 렌스버그를 비난하며 몰아붙이자, 이에 힘을 얻은 이들 요원들은 점점 더 렌스버그를 '스뮈츠의 꼭두각시'라고 떠벌이고 다녔다. 라이브란트의 혁명적 복음이 퍼져나갈수록 그만큼 지도자로서의 위상 또한 발돋움해 나갔다. 사람들은 그가 실제로 히틀러를 한 차례 이상 만났다고 생각했으며, 그가 정말로 독일군 낙하산병이며 파괴활동 훈련을 받은 사람인 걸로 알았다.

그러나 남아프리카 경찰당국은 라이브란트가 남아프리카에 잠입해서 '국가사회주의의 항거'를 조직했다는 사실을 전혀 모르고 있었다. 카렐 서론이 이스코르 지역을 기습적으로 공격한 데 대한 격렬한 비난이라든가 라이브란트 갱단의 날로 거세어지는 파괴활동이 바로 오세바 수색대와 반 렌스버그 눈앞에서 버젓이 일어나고 있었다.

그리하여 반 렌스버그는 라이브란트가 남아프리카로 돌아와서 반란을 조직하고 있다는 사실을 정부에 알리기로 결심했다. 그는 오세바 수색대 트란스발 지역의 지도자 파트 예를링 변호사에게, 법무장관 대리 해리 로렌스에게 정보를 주라고 명령했다. 예를링은 비밀리에 로렌스를 만나, 그에게 라이브란트가 (잠수함으로) 남아프리카로 돌아왔다는 것과 수상을 암살할 계획을 세워놓고 있다는 것을 말해 주었다. 그러나 로렌스가 이 정보를 경찰총경에게 전달했으나, 경찰은 사실일 리가 없다고 단언했다―그들은 라이브란트의 사상과 그가 독일에서 공부한 사실을 알고 있었기 때문에, 그가 남아프리카로 돌아온 지 4개월이나 되었다면 당연히 포착되었을 것이라고 주장했다. 결국 그 남자는 그 시대 남아프리카에서 가장 유명한 아프리카너의 한 명이었던 것이다.

라이브란트에게 아무런 일이 일어나지도 않자, 반 렌스버그는 기필코 그를 제거하기로 결심했다. 자신이 신뢰하는 추종자 가운데 하나인 디르크 반 야르스펠트 경사에게 라이브란트를 죽이라고 명령했다. 하지만 그는 반 야르스펠트가 이미 로비 라이브란트 앞에서 피의 맹세를 했으며 국가사회주의의 항거의 핵심 조직원이라는 사실을 전혀 모르고 있었다.

아마 요하네스 반 더 발트는 1930~40년대에 로비 라이브란트보다 조금 더 유명한 사람이었을 것이다. 날카로운 푸른 눈의 발트는 거구에 핸섬한 남자였으며, 세계 레슬링 챔피언이었다. 그가 '기적의 마스크'를 쓰고 세계 최강을 겨룸으로써 수백만 관중들의 상상력을 자극시켰지만, 결국 경기에서 패했을 때 마스크를 벗어던져 자신이 요하네스 반 더 발트임을 드러내 보였다. 그는 민족의 영웅이었고, 폭풍의 추적자들의 대장이었다.

그러나 반 더 발트는 또 정직한 사람이었다. 1941년 11월에 그는 오세바 수색대 기밀회의 멤버로서 참석했는데, 그 회의에서 예를링은 조직 내 어떤 사람에게 로비 라이브란트를 팔아넘길 것을 지시했다. 그리고 이어 예를링은 반 더 발트에게 오세바 수색대의 고참 간부인 주 루도르프 변호사(나중에 루도르프 판사가 되었다)를 암살하라고 명령했다.

그후 반 더 발트는 이 사실과 또 예를링과 반 렌스버그가 자금횡령을 했다는 확실한 증거를 제시한 자술서를 작성했다. 그는 이 자술서를 신임 법무장관 콜린 스테인에게 보냈고, 법무장관은 의회에서 자술서에 진술된 죄상들을 폭로했다. 1941년 12월, 오세바 수색대와 경찰에서 축출당한 반 더 발트는 로비 라이브란트와 정서적으로 재결합을 하고 '피의 맹세'를 서약했다.

라이브란트의 임무에서 핵심적인 요소 두 가지가 그의 기대를 저버렸다. 하나는 그가 은닉하고 있던 거액의 미국달러를 전혀 흔적을 남기지 않고 남아프리카 화폐로 교환할 수 없었다는 것이며, 또 하나는 우체국의 기술자를 포섭하여 조직원으로 끌어들였음에도 불구하고 무전송신기를 작동할 수 없음으로 해서 베를린의 주인들과 선이 닿지 않았다는 것이었다. 그리고 어느 날 갑자기 그는 남아프리카에서 일급 수배자가 되었다.

라이브란트는 몸을 숨기기 위해 루이스 트리하르트(지금의 마카도) 외곽의 산속에 있는 온트무트 농장으로 갔다. 그러나 그는 용의주도하지 못하고 부주의했던 게 틀림없었던지라, 누군가가 무기를 가진 낯선 사람이 산 주위를 돌아다니는 것을 보았다고 경찰에 신고했다. 크리스티안 파울리 경사와 그의 부하경관 두 명이 조사를 하기 위해 그곳에 갔다가 라이브란트와 그 일당을 발견했다. 그러나 파울리의 부하 두 명은 라이브란트를 알고 있었을 뿐만 아니라 그의 대의를 지지하고 있었다. 간단하게 검문을 하고 파울리는 라이브란트에게 경찰서에 출두하라고 말하고는 떠났다. 경관들이 자기를 보호해 주리라는 것을 잘 알고 있는 라이브란트는 파울리의 말을 묵살해 버리고, 그 뒤로도 한동안 농장에서 지냈다.

며칠 후, 로비의 부하 하나가 그에게 와서 온트무트 농장이 있는 산맥에 독일 간첩이 있다는 소문이 사방에 다 퍼져 있다고 알려주었다. 라이브란트는 이런 소문을 퍼뜨린 장본인이 디르크 쿠체와 에드바르트 담스라는 농부 두 명이라는 것을 확인하고는, 그 길로 그들의 농장으로 달려갔다. 그는 그들을 아프리카너 민족의 배반자며 얀 스뮈츠의 첩자라고 부르며 채찍으로 사정없이 휘갈겼다.

1941년 10월 초에 라이브란트는 브리츠 지역으로 이동하여, 그곳에 있는 삼촌 로비 조이스 목사의 농장에 몸을 숨겼다. 그러나 결국 파울리 경사는 라이브란트와 그의 무전기와 불법무기에 관한 보고서를 제출한 것으로 드러났고, 라이브란트가 브리츠에 숨어든 지 얼마 안 되어 경찰차 두 대가 조이스의 농장에 왔다. 라이브란트가 농부 두 명을 무지막지하게 매질한 뒤로는 그에 관해서는 비밀로 지켜지는 것이 거의 없었다.

라이브란트는 경찰차가 농장으로 들어오는 것을 보자마자 곧바로 권총을 들고 밖으로 나갔다. 경찰들은 그를 향해 총을 쏘았지만 빗나갔다. 목사가 사격을 멈추라고 간청을 하였고, 집 안에 있던 카렐 서론은 다 죽여버리겠다고 경찰들에게 으름장을 놓았다. 라이브란트는 경찰들에게 다가가서 저 유명한 말을 했다. "이 아프리카너의 심장에 총을 쏴라. 그건 식은 죽 먹기지. 너희들이 내 시체는 가져갈 수 있겠지만, 결코 나를 데려가지는 못할 것이다." 그리고 자서전에서 라이브란트는 경찰들이 겁을 집어먹고 덤불 속으로 달아나 버렸다고 썼다. 그러나 경찰들은 전혀 다르게 이야기했다.

경찰들은 라이브란트에게 자기들은 몇 가지 물어볼 것이 있으니 그를 데리고 오라는 엄명을 받고 왔으므로 그를 동반하지 않고는 그냥 갈 수 없다고 말했다. 그러자 라이브란트는 그 자리에서 그들의 상관인 베르스터 경찰서장에게 편지를 써서는, 무슨 행동이든 하기 전에 먼저 그 편지를 서장에게 전해 달라고 경찰에게 청했다. 그는 다음과 같이 썼다.

"친애하는 베르스터 경찰서장께. 나는 당신의 입장과 아울러 당신이 나를 체포하라고 보낸 나의 동포 아프리카너들의 입장을 충분히 이해하오. 그러나 나를 젊은 남아프리카의 진정한 소명을 수행하고 있는 사람으로 인정해 주기를 요청하는 바이오. 이 같은 이유로, 하나님과 나의 민족 앞에서 나는 결단코 항복을 거부하오. 나의 죽은 몸뚱어리는 이 정부의 수중에 들어갈지 모르겠지만, 나, 이 자유로운 투사는 결코 그렇게 할 수 없을 것이오! 경찰서장, 당신은 지금 피를 부르고 있소. 하지만 나, 이 아프리카너는 결코 강도짓을 하지도, 살인을 저지르지도, 파괴활동을 획책하지 않았다는 것을 기억하시오. 나는 정직한 시민으로서 올바름과 정의의 편에 서 있소. 어디까지나 나는 아프리카너로서 싸우다가 죽을 것이오. 사색기를 높이 휘날리며!"

데 코크 경찰주임은 부하들에게 그대로 있으라고 명령하고, 그 편지를 가지고 브리츠에 있는 상관에게 갔다. 라이브란트는 집 안으로 들어갔고, 경찰들은 밖에서 기다리며 서 있었다. 약 한 시간이 지나서 데 코크는 오르스몬트 총경과 함께 돌아왔고, 곧 이어 오르스몬트는 집을 수색하라고 명령했다. 집 안에는 아무도 없었다. 라이브란트와 서론은 이미 도망을 가버리고 없었다.

며칠 후 라이브란트의 부관 안드리스와 프레데리크 반 더 발트가 쿤라트 데 바위스의 후손들이 살고 있는 도시인 바위스도르프 외곽에 경찰이 도로를 봉쇄해 놓은 곳에서 붙잡혔다. 경찰은 이 둘을 온트무트 농장으로 데리고 갔고, 그곳에서 라이브란트의 독일제 무전송신기를 압수했다.

라이브란트가 도주하고 그의 독일제 무전기가 발견되었다는 사실이 알려지면서, 연방정부와 보안기관은 엄청난 타격을 받아 술렁거렸다. 얀 스뮈츠 수상의 농장과 공관을 보호하기가 어려워, 사실 그의 안전을 전혀 보장할 수가 없었다. 또한 남아프리카 경찰조직 대부분이 라이브란트에게 동정적이었기 때문에 그를 체포하리라고 장담하지 못한다는 것은 명백했다. 확실히 정보기관들은 아무런 쓸모가 없었다. 심지어 이들은 파트 예를링으로부터 라이브란트가 남아프리카로 잠입했고 정부를 전복할 계획이라는 정보를 듣고도 라이브란트가 이 나라에 있을 리가 없다고 호언장담했다.

선택할 수 있는 길은 단 하나밖에 없었다. 라이브란트가 신뢰할 사람을 그의 조직으로 위장 침투시키는 것이었다. 그럴 만한 사람이 한 명 있었다. 얀 타일라르트 지서장이었다. 1939년에 그는 아돌프 히틀러의 극렬 추종자들인 독일인과 아프리카너로 이루어진 한 집단이 그 영토의 행정부를 접수할 계획을 하고 있다는 첩보를 접하고, 정보를 수집하기 위해 서남아프리카로 파견되었다. 이렇게 타일라르트가 수집한 증거를 가지고 2천여 명의 나치 지지자들을 체포할 수 있었다.

게다가 스뮈츠의 특별보좌관 루이스 에셀런은 타일라르트에게, 정부가 경찰공무원들에게 요구하는 충성서약에 서명하는 것을 거부하고 경찰직위를 사임하라고 말했을 정도로 선견지명이 있었다. 에셀런은 라이브란트가 남아프리카로 돌아오기 전부터 언젠가는 우익 이미지를 지닌 비밀첩자가 쓸모 있게 될 거라고 감지하고 있었던 것이다. 타일라르트는 자기 농장에 죽치고 앉아서 기다렸으며, 마침내 그를 필요로 하는 때가 찾아왔다. 에셀런이 그에게 로비 라이브란트를 체포하라는 밀명을 내렸던 것이다. 안티 스뮈츠 투사로 위장하고 있던 이 경찰은 라이브란트를 알고 있을 거라고 생각되는 사람들에게 미끼를 던지기 시작했다. 그에게 행운을 안겨줄 사람은 가까운 곳에 있었다. 이웃에 사는 에르나 에거트 라는 독일 여자가 라이브란트와 긴밀하게 연결되어 있었던 것이다. 그녀는 라이브란트에게 타일라르트를 천거했다.

1941년 12월 10일 한밤중이 다되어서, 로비 라이브란트와 요하네스 반 데 발트 그리고 나치반란의 간부들이 연락도 없이 불쑥 타일라르트의 농장을 찾았다. 이미 사전조사를 했던 라이브란트는 타일라르트가 자신의 원칙을 지키기 위해 상급관료 직위를 어떻게 '포기했는지' 알고 있었다.

라이브란트는 타일라르트를 완전히 신뢰한 나머지, 자신의 계획을 그에게 다 말해 버렸다. 자기에게는 충성을 서약한 단원이 2천 명 있으며 총과 탄약과 폭탄도 충분하다고 타일라르트에게 말했다. 또 자기가 스뮈츠를 암살하는 순간이 이 나라를 뒤집어엎는 신호탄이 될 거라고도 했다. 그러면 자신의 항쟁단원들은 국가에 심한 타격을 가할 것인바, 백인 정치지도자들 전원을 체포 또는 죽이고 에르네스트 오펜하이머와 '그 밖의 최고위층 유태인들'을 처단하고 발전소와 댐, 철도역, 교량, 전화교환국을 파괴할 것이다. 나라는 완전히 마비될 것이고, 그 잿더미 위에서 새로운 국가사회주의 남아프리카를 건설할 것이다.

나중에 타일라르트는 라이브란트의 말을 듣고 있노라면 마치 아돌프 히틀러의 영화 한 커트—똑같은 제스처며 눈에서 뿜어져 나오는 똑같은 광기—를 보고 있는 착각이 들 정도였다고 증언했다. 그는 히틀러와 나치즘의 경이로움에 대해 이야기하면서, 자신은 아프리카너 민족을 스뮈츠와 유태인들로부터 해방시키기 위하여 총통께 개인적으로 선택되었다고 덧붙였다. 그러면서 자신이 남아프리카를 접수하면 타일라르트는 경찰총수가 될 거라고 넌지시 내비치면서, 자신들을 위해 경찰의 동정을 염탐해 달라고 요청하기까지 했다.

그러나 만사가 다 라이브란트의 뜻대로 되어간 것은 아니었다. 그해 11월 말에 라이브란트 부관 헨드리크 에라스무스가 워터버그에 있는 한 농장에서 경찰이 쳐놓은 덫에 걸려 살해되었다. 12월 14일에는 카렐 서론과 도르스 에라스무스가 군인들을 수송하는 열차 두 량을 폭파하려고 했으나, 폭탄이 그들 눈앞에서 폭발하는 바람에 그 자리에서 모두 죽었다. 그 다음날, 경찰은 요하네스버그의 웨스트덴에 있는 요하네스 반 더 발트의 집에서 그를 체포했다. 라이브란트 항쟁단의 최고지도부가 완전히 다 드러남에 따라 신속히 조직을 정비해야 했다. 라이브란트는 반 더 발트를 탈출시키는 것이 계획이 성공할 수 있는 관건이라고 판단했다.

반 더 발트가 구금되어 있는 요하네스버그의 경찰본부 마셜 스퀘어의 상급자들은 일부 경찰들이 자신들의 민족적 영웅의 탈출을 도와주고 싶어하는 실질적인 위험이 경찰 내부에 존재한다는 사실을 알고 있었다.

그래서 그들은 영어를 사용하는 론 셸버 경관에게 반 더 발트의 감방을 감시하라고 맡겼다—하지만 셸버가 '폭풍의 추적자들'에서 상당히 높은 위치의 지도부라는 것은 알지 못했다. 12월 21일, 반 더 발트는 셸버와 프레트 반 온셀런 경사의 도움을 받아 감옥에서 탈출했다.

같은 시각에 타일라르트에게도 행운이 찾아왔다. 에르나 에거트를 통해서 라이브란트와 부유한 아프리카너 산업가 다니에 말란의 만남을 주선하라는 밀명을 받았던 것이다. 타일라르트는 이때가 라이브란트를 체포할 수 있는 절호의 기회라고 판단했다. 이미 그는 라이브란트가 히틀러의 제3제국 수립 8주년 기념일인 1월 20일에 스뮈츠를 암살할 계획을 세우고 있다는 것을 알고 있었기 때문에, 자기에게 기회는 한 달도 채 안 남아 있었다. 타일라르트가 이 작전을 수행하려면 경찰력이 필요했다. 그래서 그는 경찰총경과 자기 부원들에게 사실대로 실토를 하고, 다만 표면적으로만 서약에 서명하는 것을 거부하고 사표를 낸 것이라고 설명하기로 결심을 했다.

1941년 크리스마스이브에 로비 라이브란트는 얀 타일라르트와 함께 요하네스버그에서 자기 차를 타고, 다니에 말란과 만나기로 되어 있는 로슬린으로 향했다. 그렇지만 그 만남은 이루어지지 못할 것이었다. 타일라르트는 경찰에게 요하네스버그의 북서쪽 도로에 검문소를 설치하라고 지시했다. 검문소 앞에서 타일라르트는 브레이크를 세게 밟았고, 차가 급정거를 하자 경찰들이 차를 겹겹이 에워싸고 두 사람을 모두 체포했다.

'바이스도른 작전'은 실패로 끝났다. 그리고 남아프리카는 온전하게 살아남았다.

얀 타일라르트는 자기가 비밀작전을 수행하는 경찰이라는 사실을 모르는 경찰들에게 곤봉으로 머리를 얻어맞아 열여덟 바늘을 꿰매야 했다. 뿐더러 더 많은 정보를 캐내기 위해 이틀 동안 다른 가담자들과 한 감방에서 지내다가 풀려났다.

추적조사를 하는 동안, 상당량의 무기와 탄약, 폭발물, 뇌관, 파이프 폭탄, 수류탄 그리고 폭탄 제조공장들까지 드러났다. 또 라이브란트의 추종자 상당수가 경찰 아니면 철도경비원, 교도공무원 들이었다.

1942년 1월 20일, 마셜 스퀘어에서는 경찰들에게 아무런 설명도 해주지 않은 채, 특별 관병식이 거행되었다. 여기서 라이브란트 반란의 단원인 경찰 수십 명이 체포되었다. 결국 349명의 경찰—일반경찰 60명과 경관급 289명—이 체포되었고, 이 가운데 52명이 국가반역죄로 기소되었다. 그러나 라이브란트 조직원이었던 경찰이 모두 다 붙잡힌 것은 아니었다. 2월 2일에 경찰 두 명이 라이브란트에 관한 증거 일체가 보관되어 있는, 프리토리아 경찰본부의 문서보관소를 폭파하려고 했다. 실내 일부가 불에 탔지만, 150연발 다이너마이트는 폭발하지 않았다.

그러나 반란의 지도자 요하네스 반 더 발트는 여전히 자유로운 상태에 있었다. 그는 1942년 경찰이 크루거스도르프 교외에 있는 리트폰테인 농장에 쳐놓은 그물망에 걸려들기 전까지 도피를 하고 다녔다. 그 자리에서 반 더 발트가 도망을 치다가 등을 총을 맞았다. 그후 레슬링 세계

챔피언이자 민족영웅 요하네스 반 더 발트는 죽을 때까지 반신불수의 몸으로 지내야 했다. 1942년 2월에 국민당의 지도자 D. F. 말란 박사는 의회에서 '아프리카너의 영웅'에게 총격을 가한 데 대해 항의하는 감동적인 연설을 했다. 아프리카너 민족은 정부의 테러리즘을 두려워하지 않는다. 아프리카너들이 피를 흘리면 흘릴수록 그만큼 더 아프리카너 민족은 강해질 것이라고 그는 말했다.

1942년 11월 16일에 로비 라이브란트와 간부조직원 6명은 프리토리아 최고법원에서 대역죄로 기소되었다. 거의 200명에 가까운 증인이 소환되었고, 가장 결정적인 것은 독일인 전쟁포로가 라이브란트는 독일 군인이며 자기와 같은 부대에 소속되어 있었다고 증언한 것이었다.

라이브란트는 자신을 변호하기 위한 증언은 일절 하지 않았지만, 형이 선고되기 전에 방청객을 사로잡는 연설을 했다. 아프리카너 민족의 구원은 투표용지에 아무런 의미도 없이 십자가를 표시하는 것에 있지 않고 "전능하신 하느님께서 이 행성에 사는 모든 사람을 억압과 고통의 늪으로부터 구원하기 위해 보내주신 그분, 아돌프 히틀러"의 사상에 따라 행동하고 희생하는 데 있다고 그는 말했다. 그리고 법정 곳곳에서 추종자들이 눈물을 흘리는 가운데 다음과 같은 말로 끝을 맺었다.

"은총이나 자비 따위는 집어치워라! 나는 정의를 요구한다. 아프리카너 민족이여 영원하라! 국가사회주의의 남아프리카여 영원하라! 하나님께서 동지들과 함께하시리! 사색기를 높이 휘날리자!"

1943년 3월 11일에 라이브란트는 사형선고를 받았다. 판사가 판결문을 다 낭독하자, 라이브란트는 나치경례를 하며 소리쳤다. "즐겁게 죽음을 맞이하리라! 사색기를 높이 휘날리자!"

그러나 라이브란트는 교수형을 당하지 않았다. 1943년 크리스마스 바로 전날, 얀 스뮈츠 수상은 그를 무기징역으로 감형시켰다―앵글로-보어전쟁에서 함께 싸웠던 그토록 용감한 군인의 아들을 교수형에 처할 수는 없었다고 그는 말했다.

스뮈츠 장군에 대한 라이브란트의 견해는 무척 재미있다. 그가 자서전에서 진정한 리더십에 대해 통렬하게 비판한 대목들 중 하나에서, 남아프리카 역사에서 그와 같은 타이틀을 부여할 만한 지도자가 딱 한 사람 있는데 바로 스뮈츠라고 쓰고 있다. "스뮈츠 장군은 지금까지 남아프리카에서 볼 수 있었던 가장 위대한 지도자일 뿐 아니라 전쟁 때 나의 가장 큰 적이기도 했다. 그는 나를 밟아뭉개려고 했고, 나는 그를 꺾어 넘어뜨리려 했다." 1950년 임종을 눈앞에 두고 누워 있는 스뮈츠에게 라이브란트는 전보 한 통을 보냈다.

"위대한 지도자이며, 용맹한 전사이며 그리고 나의 용감한 적이셨던 당신을 존경합니다. 하루속히 장군의 건강이 회복되기를 기원합니다."

라이브란트는 무기징역의 형량에서 불과 5년만 복역했다. 1948년 5월 D. F. 말란 박사가 이끄는 국민당이 백인들만의 선거에서 아파르트헤이트를 보장하는 조건으로 승리를 거둔 지 몇 주일 후에, 국민당 정부는 라이브란트를 석방했다. 그후 라이브란트는 스프링복에서 정육점을 차렸다―이 지역에는 라이브란트가 판 고기를 가지고 이러쿵저러쿵 불평한 사람이 하나도 없다는 조크가 있었다. 감히 불평할 엄두를 내지 못했기 때문이다.

라이브란트는 결혼을 하고 다섯 자녀를 두었는데, 그중 하나가 이름이 이잔이었다―나치들에게는 후퇴를 의미하는 것이었다. 공적 생활에서 그의 모습은 점점 자취를 감추었고, 1966년에 죽었다.

만일 로비 라이브란트가 그처럼 과대망상적인 다혈질의 사람이 아니고 자신의 조그마한 혁명을 보다 치밀하게 계획했더라면, 오늘날 남아프리카는 매우 달라졌을 것이다.

16. 세탁회사 트럭에 탄 사람들

:: 세탁회사 트럭에 탄 사람들

　대부분의 젊은 남아프리카인들에게 리보니아라는 이름은 단순히 요하네스버그 북쪽의 샌드턴에 인접해 있는 교외의 호화주택단지를 지칭할 뿐이다. 그 이름이 정치적 음모와 아파르트헤이트 법률로부터 벗어나고자 하는 해방투쟁과 밀접한 관계가 있다는 것을 아는 젊은이들은 거의 없다.
　1963년, 리보니아는 아직 계획적으로 건설된 교외 주택단지가 아니었다. 여기저기의 농장과 자작농지가 먼지가 뽀얗게 이는 가로수 길로 연결되어 있는 농촌마을이었다. 이런 농장들 가운데 하나가 릴리슬리프(Lilliesleaf)라는 농장이었으며, 공식적으로 그 농장에 살고 있는 사람은 저명한 건축가이자 미술가인 아르튀르 골드라이흐와 그의 가족이었다. 다음 이야기는 1963년 7월 11일 오후에 리보니아 지역에 있는 28에이커의 릴리슬리프 농장에서 일어났던 일이다.
　1960년대 초의 아프리카는 한마디로 격동의 시대였다. 많은 아프리카 국가들이 독립을 위해 투쟁하고 있었고, 몇몇 국가들은 독립을 쟁취했다. 남아프리카에서는 '아프리카국민회의'와 1959년에 그로부터 분리되어 나온 운동단체인 '범아프리카회의'가 아파르트헤이트와 특히 남아프리카의 모든 흑인들에게 통행증을 강제로 소지하게 하는 법에 대해 격렬하게 저항하고 있었다. 1960년 3월 21일에 경찰은 베레니깅 인근의 샤프빌에서 통행증 반대시위를 하는 사람들에게 총을 쏘아, 69명이 죽고 180명이 부상을 당했다. 같은 날 이보다 좀 뒤에 케이프타운 외곽에 있는 랑가(흑인 거주구역, 타운십)의 시위에서는 3명이 살해되고, 47명이 부상을 입었다. 헨드리크 페르부르트(Hendrik Verwoerd) 박사의 백인정부는 눈 하나 깜짝하지 않았다. 오히려 아프리카국민회의(ANC)와 남아프리카공산당(SACP)와 범아프리카회의(PAC)를 불법화시키고, 1961년 5월 31일에 이 나라를 오직 백인만이 투표권을 가지는 공화국으로 바꾸어놓았다.

1961년 6월 아프리카국민회의 지도부가 오랜 전통이던 비폭력저항을 포기하고 제한적인 파괴공작(sabotage)을 전개한 것은 이러한 역사적 배경에서 비롯된 것이다. 아프리카국민회의와 남아프리카공산당은 즉각 파괴공작 부대들을 조직하기 시작했고, 그해 말 이 부대들은 '국민의 창'(the Spear of the Nation)이라는 뜻의 '움콘토 웨 시즈웨'(MK)로 통합되었다. 배후에서 MK를 움직이는 사람들 중의 하나가 요하네스버그에서 변호사로 활동하는 넬슨 만델라였다. MK의 첫 파괴공작 행동은 아프리카너들이 '서약의 날' 혹은 '딩가네의 날'로 기념하는 1961년 12월 16일에 일어났다.

1961년 초에 공산당은 MK 최고지휘부 멤버들의 본부이면서 안전가

옥이고 은신처이고 회합장소로 릴리슬리프 농장을 구입했다. 한마디로 완벽했다—어느 누가 그처럼 바로 이웃에서 공산주의자와 테러리스트 같은 독사들이 우글거리는 소굴을 찾아낼 수 있겠는가? 계약관계는 좌파잡지 『해방』(Liberation)의 편집장이자 공산당 이론가 마이클 하멜이 처리했고, 해럴드 월프 변호사는 그 농장을 구입하기 위해 유령회사를 차렸으며, 비밀경찰로부터 전혀 의심을 받지 않는 공산주의자 비비안 에즈라 이름으로 등록을 했다.

릴리슬리프에 맨 처음 거주한 사람은 당시 당국의 수배를 받고 지하로 숨어들었던 만델라였다. 1961년 10월에 그곳으로 은신처를 옮겼다. 집은 여기저기 손볼 데가 많았고 방을 더 많이 만들어야 했던 터라, 만델라는 일반적으로 흑인 하인들이 입고 다니는 푸른 작업복을 입고 스스로 '잡일꾼'이라고 불렸던 것처럼 행동했다. 그리고 자기 이름은 데이비드 모차마이라고 소개했는데, 전에 자기 고객 중 한 사람의 이름이었다. 그는 농장에서 일하는 알렉산드라 타운십(township) 출신의 흑인 건설노무자와 페인트공들의 아침식사도 만들고 차도 끓여주었다. 그들은 그를 '보이'나 '웨이터'라고 불렀고, 이런저런 허드렛일도 시켰다. 만델라는 자서전에서 이렇게 썼다.

"그 사람들이 보기에 일도 잘 못하는데다 하인이고 변변한 직업도 없는 사람이었으니, 멸시받는 게 당연했다. 나는 그 역할을 너무나 잘했기 때문에 어느 누구도 내가 그들이 생각하는 것과 다른 사람이라고 의심하지 않았다."

일단 보수공사가 다 끝나자, 아르튀르 골드라이흐와 그의 아내 하젤과 아이들이 본채로 이사를 들어왔고, 만델라는 집안 일꾼의 오두막에 머물렀다. 골드라이흐는 20년 전에 팔레스타인에서 유태인 전투조직인 '팔마'와 싸우면서 쌓았던 게릴라전에 관한 지식을, 농장에서 오랜 토론을 통해 만델라와 공유했다.

아이러니하게도 만델라가 릴리슬리프에 은신해 있던 때가 1958년에 결혼한 위니 마디키젤라와의 결혼생활에서 가장 행복했던 시절이었다. 그녀와 두 딸 진드지와 제나니는 이따금 주말이면 소웨토에 있는 집에서 농장으로 오곤 했다. 나중에 위니는 남편과 아이들을 위해서 음식을 만들고 "가족생활이라고 할 만한 것을 유지"할 수 있었던 것은 그때가 처음이었다고 기억했다. 또한 만델라가 딸들과 진정으로 유대감을 가질 수 있었던 유일한 시절이기도 했다. 『내 영혼의 일부가 그와 함께했다』(*Part of My Soul Went with Him*)에서 위니는 다음과 같이 썼다.

"그래서 제니는 그곳이 우리 집이라고 생각했다. 유일하게 제니가 아버지와 함께 놀았던 곳이었기 때문이다. 그후 몇 년 동안 제니는 그 집에 대한 꿈을 꾸었고 '엄마, 우리 언제 아빠 보러 집에 가나요?' 하고 묻곤 했다."

만델라는 아내와 딸들이 찾아올 때를 "가장 사랑스러운 시간" "목가적인 물거품과 같은 때"라고 묘사했다. 이 같은 주말 동안에는 "이따금 시간이 멈춰 있는 것 같았다. 우리가 몰래 훔친 이 순간들 모두가 우리의 삶에서 예외가 아니라 일상적인 것이라고 착각하곤 했다."

위니는 릴리슬리프를 찾아갈 때면 반드시 세밀한 안전수칙들을 지켰지만, 도중에 몇 차례나 경찰 검문소 앞에서 멈춰 서야 했다. 자신의 '뚝심'이 여러 번 그녀에게 도움이 되었다. 하지만 진통을 하는 임산부인 척 위장했던 적도 있었다. "몸집이 거대한데다 살이 쪄 얼굴은 늘 둥글둥글했기 때문에 언제나 임신한 것처럼 보였다." 그들은 청진기를 목에 건 진짜 의사가 타고 있는 완벽한 적십자 앰뷸런스로 이동했기 때문에 위니의 행동은 훨씬 더 그럴 듯해 보였다. 경찰은 아무것도 묻지 않고 "땀을 뻘뻘 흘리며 가쁜 숨을 몰아쉬는" 위니를 통과시켜 주었다.

실제로 매일 밤 만델라는 다양하게 변장을 하고 회의에 참석했다. 사실 그는 이 나라에서 일급 지명수배령이 떨어진 정치 '범'이었음에도 불구하고 매우 용감했다―괜히 그에게 '검은 별봄맞이꽃'이라는 별명이 붙은 게 아니었다.

한번은 위니의 낡은 차가 고장이 났다. 어떤 사람이 그녀의 사무실로 와서, 특정 코너로 차를 몰고 가라고 일러주었다. "내가 그곳에 갔더니, 푸른 작업복에다 자가용 기사의 하얀 코트를 입고 끝이 뾰족한 모자를 쓴 키가 큰 남자가 운전석 쪽 문을 열며 나더러 옆자리로 가라고 명령하고는 자기가 앉아서 운전을 했다. 바로 그이였다. 정말 그는 많은 변장을 하고 다녔으며, 그가 내 차 쪽으로 걸어왔을 때도 나 자신조차 잠깐 동안 알아보지 못할 정도로 전혀 다른 사람처럼 보였다." 그는 아내의 차를 몰고 자동차 판매상에게 가서 그 차를 새 차로 교환한 다음, 다시 운전을 하고 요하네스버그 중심가로 갔다. 복잡한 사우어 거리에서 그는 정지신

호등 앞에서 차를 세우더니 "차에서 내려 나에게 조심해서 가라고 말하고는 사라졌다. 그것이 우리에게 주어진 삶의 방식이었다."

만델라는 릴리슬리프 농장의 정원에서 구식 공기총으로 참새 한 마리를 쏘았던 날에 대해 이야기했다. 그가 사격솜씨를 뽐내며 막 자랑하려고 하는데, 골드라이흐의 다섯 살 난 아들 파울이 눈물이 그렁그렁한 눈으로 그에게 다가오더니 "데이비드, 당신은 무슨 이유로 그 새를 죽였나요? 그 새 엄마는 너무 슬플 거예요" 하고 말했다. 만델라는 부끄러웠다. "이 조그만 꼬마가 나보다 훨씬 더 인간애가 많다는 것을 알았다. 갓 탄생한 게릴라군대의 지도자였던 한 남자에게는 뜻밖의 충격이었다."

진드지와 제나니는 너무 어려서 아버지가 숨어 지낸다는 것을 알지 못했지만, 만델라가 전처와의 사이에서 낳은 아들 막가소는 나이가 들었기 때문에 알고 있었다. 골드라이흐의 아이들도 전혀 몰랐던 게 분명했다. 어느 날, 막가소와 어린 니콜라스 골드라이흐가 『드럼』(Drum) 잡지 한 권을 보며 페이지를 넘기다가 만델라가 수배령이 떨어져 지하로 잠적하기 전에 찍었던 사진을 보았다. 막가소는 아버지라는 것을 금방 알아보았지만, 니콜라스는 그럴 리가 없다고 말했다. 왜냐하면 사진 속에 있는 사람의 이름은 만델라였고, 막가소 아버지의 이름은 데이비드였기 때문이었다. 만델라는 떠나야 할 때가 되었다는 것을 알았고, 얼마 후 그는 아프리카의 다른 나라로 떠났다. 그때가 1962년 1월이었다.

국경초소란 초소는 철통같은 보안태세를 갖추고 있었음에도 불구하고, 만델라는 국경을 빠져 나와 아프리카 국가들의 수뇌부와 해방운동단체 지도자들도 몇 명 만났으며 알제리에서는 군사훈련을 받기까지도 했다. 그리고 6개월 후 무사히 남아프리카로 돌아와서 위니를 위한 특별한 선물—그가 방문했던 나라들의 민족의상—을 가지고 릴리슬리프로 다시 갔다. 넬슨과 위니는 마지막 밤을 함께 보냈다. 헤어질 때 위니는 아주 오랫동안 서로 못 보게 될 거라는 느낌이 강하게 들었다. 작별인사를 나눌 때 눈물이 가득 고인 그녀의 눈, 그 이미지는 여러 해 동안 그의 머릿속에서 떠나지 않았다.

그것은 실로 거의 30년 동안 그들이 마지막으로 가졌던 사적인 시간이었다. 이튿날 만델라는 더반으로 가서 '아프리카국민회의'의 앨버트 루툴리 의장과 몇 가지 의논을 하고 동지들과 함께 이스마일 미어와 파티마 미어의 집에서 파티를 한 다음에 요하네스버그로 다시 이동했다. 그 무렵 누군가가 그를 배반했던 것이다. 경찰이 그의 이동경로와 자동차 등록번호를 이미 알고 있었기 때문이다. 1962년 8월 5일, 만델라는 경찰 검문소에서 붙잡혔다. 그리고 1990년 2월 11일에야 비로소 그는 자유를 되찾을 수 있었다.

한동안 아프리카국민회의의 고참간부들은 아무래도 만델라가 보안조치에 대해 너무 등한시했던 것 같다는 생각을 하고, 그때부터 릴리슬리프 농장의 안전에 대해서도 걱정하기 시작했다. 아메드 카스라다와 리오넬 '러스티' 번스타인은 너무나 많은 사람들이 릴리슬리프를 알고 있다고 생각했던 사람들에 속해 있었다. 훗날 번스타인은 당시 MK 최고지휘계통에는 "무모함을 의미하는 궁호(gung-ho) 정신"이 만연했다고 고백했다. 농장을 더 이상 사용하지 않기로 결정했다.

한편 아프리카국민회의의 지도부는 MK의 파괴공작 부대들이 추진한 활동에 실망을 금치 못했다. 그래서 최고사령부의 조 슬로보와 고반 음베키가 작성한 일명 '마위부예 작전'에 대한 자료는 단순한 파괴공작이 아니라 훨씬 강력한 군사적 행동을 제안하고 있었다. 번스타인과 월터 시술루는 이 계획을 유보해야 한다고 심각하게 생각했던 사람들 쪽에 있었다. 카스라다는 그것을 "게릴라전에서는 상당히 무리한 전략"이라고 부르면서 "우리 내 일부 사람들 사이에서 상당한 논쟁과 당황스러움을 불러일으켰다"고 했다. 공산당의 고위지도자 브람 피셔 역시 이 계획에 반대하며 싸웠다. 그로부터 3년 후 재판정에서 피셔는 이 계획을 "일부 모험주의적인 젊은이들의 전혀 현실성 없는 발상"이라고 평하면서 다음과 같이 말했다.

"만약 이제까지 보편적인 상황에서 한 마르크스주의자가 받아들일 수 없는 계획이 있었다면, 이것이 그런 계획이었을 것이다. …아무튼 그 계획이 일부라도 실행될 수 있었더라면, 재앙 이외에는 아무것도 얻지 못했을 것이다."

만델라의 공식적인 전기작가이며 베테랑 저널리스트이기도 한 앤소니 샘프슨은 "무모하고 야망으로 가득 찬 계획"이라고 묘사했다.

상급 지도부는 '마위부예 작전'에 동의할 수 없었기 때문에, 조직 내의 의견차를 조율할 수 있는 회합장소로 릴리슬리프 농장을 한번 더 사용하기로 결정했다. 그렇게 해서 1963년 7월 11일, 전국최고사령부 위원인 월터 시술루와 고반 음베키, 레이먼드 음라바, 아메드 카스라다, 러스티 번스타인, 데니스 골드버그를 비롯하여 요하네스버그의 밥 헤플 변호사 등 최고지도부 전원이 릴리슬리프에 모였다.

오후 3시가 되기 직전, 회의를 막 시작하려는데 한 치과의사가 농장에 도착했다. 월터 시술루가 더욱더 확실하게 위장을 하기 위해 그 치과의사에게 의치를 만들어달라고 주문했었기 때문이다. 그는 어딘지 불안해 보이고 지나치게 호기심이 많은 듯해서, 카스라다는 그를 의심했다. 그가 남아프리카에서 "많은 피를 흘리게" 될 일이 생기겠느냐고 카스라다에게 물었던 것이다.

그리고 나서 회의는 계속되었다. 바로 그때 유명한 요하네스버그 세탁회사의 이름이 새겨진 배달용 화물자동차가 릴리슬리프 농장으로 이어지는 도로로 접어들었다. 하얀 먼지방지 외투를 입은 남자 두 명이 앞좌석에 앉아 있었고, 차 뒷부분은 덮개로 가려져 있었다. 흑인 일꾼 하나가 그들을 멈춰 세우고 차를 돌려 나가라고 말했다. 그러자 운전기사는 이 지역에서 새로운 고객을 찾을 수 있을까 해서 알아보고 다니는 중이라고 말했다.

경비원은 농장에서 어서 나가라고 다그쳤고, 그 운전사는 차를 돌리려는 듯 후진했다. 그 순간 운전석 뒤쪽에서 아프리칸스어로 말하는 소리가 갑자기 튀어나왔다. "슬란 토이"(Slaan toe, 뛰어내려)! 그 목소리의 주인공은 남아프리카 경찰의 W. P. J. 반 비크 부서장이었다. 화물차에서는 경찰 10명이 쏟아져 나왔고, 그중 한 명은 가죽끈으로 묶은 경찰

견까지 대동하고 있었다.

카스라다는 화물차가 농장 안으로 들어오는 것을 보았던 상황을 다음과 같이 서술하고 있다. "우리는 세탁회사의 이름이 새겨져 있는 뚜껑 달린 화물차가 본채 쪽으로 다가오는 것을 알았으면서도 별 신경을 쓰지 않았다. 지하 공산당의 전위로서 농장에서 살고 있는 골드라이흐 가족에게 고기며 야채, 그 밖의 물품들을 배달해 주러 상인들이 드나드는 것은 특별한 일이 아니었기 때문이다. 오로지 관심은 우리가 세우고 있는 주요한 계획들의 장점은 무엇이고 또 어떤 점이 단점인가 하는 것에만 모아져 있었다." 그러나 화물차에서 경찰들이 뛰어나오는 것을 보는 순간 "너무 놀라 마치 감전이라도 된 것" 같았다고 그는 이야기한다.

음베키는 재빨리 '마위부예 작전'에 관한 자료들을 불기도 없는 석탄난로 속에 쑤셔넣었다. 카스라다와 시술루는 창문을 뛰어넘었지만, 경찰들과 딱 마주쳤다. 카스라다는 머리를 빨갛게 염색하고 수염을 길러서 (자기 이름은 페드로 페레이라라고 하면서) 포르투갈 사람처럼 변장을 했기 때문에, 경찰은 그가 누구인지 몰랐다. 그러나 카스라다가 말을 하자, 반 비크 부서장과 C. J. 디르커 수사과장은 자신들도 너무나 잘 아는 그 사람을 금방 알아보았다. 불과 몇 분도 되지 않아 더 많은 경찰들이 농장에 도착했다.

다른 리보니아 사람들 역시 경찰이 알고 있던 것과 전혀 다른 모습이었다. 시술루는 머리카락을 쫙쫙 펴고 히틀러식의 콧수염을 길렀고, 음베키는 농장노동자처럼 보였으며, 전에는 말끔하게 면도를 했던 골드버그는 시커먼 콧수염에다 턱수염이 텁수룩했다.

경찰은 자신들이 체포한 사람들을 보고 정말이지 깜작 놀랐다. 남아프리카의 일급 수배자 6명이 모두 한 집에 있었던 것이다. '움콘토 웨 시즈웨'의 최고사령부 거의 전원이 다 있었다. 이제껏 비밀경찰이 해방운동에 입혔던 타격 중에서 최대 규모의 일격이었다. 또한 아프리카국민회의의 군사투쟁과 정치투쟁을 몇 년이나 후퇴시킨 사건이었다.

경찰이 덮친 그 시각에 집에 없었던 아르튀르 골드라이흐는 그때 막 릴리슬리프로 돌아왔다. 집 앞에 서 있는 경찰차들을 보는 순간 그는 차를 돌리려고 하는데, 경찰이 총부리를 들이대며 차를 멈추어 세웠다. 그 장소에서 발견된 증거로 기소된 지 불과 며칠도 안 되어 제임스 칸토르, 해럴드 월프, 엘리아스 모초알레디, 앤드류 음랑게니 등 MK 지도자 네 명도 체포되었다. 그리고 MK의 다른 두 거점, 크루거스도르프 구역에 있는 트라발린 농장과 카스라다가 머물고 있었던 마운틴 뷰의 오두막도 며칠 사이에 습격을 당했지만, 이미 그곳에 머물고 있던 사람들은 모두 달아난 후였다. 경찰은 '마위부예 작전'의 청사진을 포함하여 중요한 서류뭉치들을 압수했다.

릴리슬리프를 자주 드나들었지만 운명의 그날에는 거기 없었던 '거물' 두 명, 공산당 지도자 조 슬로보와 브람 피셔는 달아나 버렸다. 슬로보는 이 나라를 탈출해서 나중에 MK의 사령관이 되었으나, 피셔 변호사는 이 나라에 머물면서 법정에서 리보니아 사건의 피고인들을 변론했다. 그는 다른 사건으로 체포되어 1966년에 종신형을 선고받았다.

이렇게 체포된 지 정확히 한 달 후에, 아르튀르 골드라이흐와 해럴드 월프는 금전문제로 어려움에 처한 젊은 간수를 뇌물로 매수해서 요하네스버그의 마셜 스퀘어 경찰서를 극적으로 탈출했다. 그들은 사제로 변장을 하고 스와질란드로 달아났다가, 그곳에서 당시 영국 식민지이던 보츠와나로 도망쳤다. 프랜시스타운에 있는 그들을 데려오려고 보냈던 비행기가 남아프리카 비밀요원들에 의해 폭파되지만, 결국 그들은 카탕가를 거쳐서 다르에스살람으로 도망치는 데 성공했다.

그때 이미 만델라는 불법탈출과 파업선동 혐의로 5년형을 선고받고 9개월째 복역하고 있었다. 리보니아 습격사건이 일어나고 며칠 후에 그는 교도소의 한 사무실로 인도되어 갔더니, 그곳에는 체포된 동지들이 모두 앉아 있었다. 그들은 그 다음날 파괴활동 혐의로 기소될 거라는 통보를 받았다.

경찰은 어떻게 릴리슬리프를 알아냈을까? 오늘날까지도 이에 관해서는 밝혀지지 않았다. 경찰은 익명의 정보제공자가 자기들을 농장으로 안내했다는 이야기를 흘렸지만, 그 정보원이 누구인지에 대해서는 함구했다. 당시 경찰은 몇 시간 동안 농장을 감시하고 있었다고 주장했다. 그러나 카스라다는 이를 반박하고 있다. 그렇다면 왜 경찰은 릴리슬리프를 덮치기 30분 전에 농장을 찾아왔던 치과의사는 체포하지 않았던 걸까? 그리고 그 치과의사는 어떻게 이민을 갈 수 있었고, 왜 그랬을까?

최고법원 이스턴 케이프 지역 재판장을 역임한 H. H. W. 드 빌리어스 판사는 1964년에 리보니아 습격사건과 그 재판과정을 쓴 『리보니아:

마위부예 작전』(*Rivonia: Operation Mayibuye*)이라는 책을 발간했다. 그는 세탁회사의 화물트럭에 타고 있었던 경찰들은 릴리슬리프가 무엇 하는 곳인지 정확하게 몰랐다고 주장한다. 그리고 그 트럭을 멈추어 세웠던 경비원을 언급하면서 이렇게 말한다. "주인은 외출하고 집에 없고 배달부나 잡상인을 함부로 들어가게 할 수 없으니 어서 나가라는 그 경비원의 단호한 제지에 따라 철수할 것인지, 아니면 눈으로 보는 것 이상의 그 무엇이 릴리슬리프에 있을 거라는 경찰의 의심을 공개적이고도 즉각적으로 확인할 것인지, 결정을 해야 할 때였다." 그러면서 "경찰 쪽에서 볼 때, 이 습격은 전혀 예상하지 못했던 성과들을 가져다주었다"고 덧붙인다.

이와 달리 브람 피셔의 자서전에서 스티븐 클링만이 내어놓은 견해에 따르면, 경찰이 이미 체포한 MK의 조직원 한 사람을 '전향시켰고', 그 사람이 정보를 누설했다는 것이다.

'리보니아 재판'으로 세계적으로 유명해진, 피고인 열 명의 재판은 1963년 10월에 프리토리아에 있는 '정의의 궁전'에서 열렸다. 넬슨 만델라가 첫번째 피고인이었다. 그리고 월터 시술루, 데니스 골드버그, 고반 음베키, 아메드 카스라다, 리오넬 번스타인, 레이먼드 음라바, 제임스 칸토, 엘리아스 모초알레디, 앤드류 음랑게니가 그 뒤를 이었다. 그들은 '파괴활동 금지법', 특히 파괴활동과 게릴라전을 전개할 목적으로 요원들을 모집·훈련한 죄목과 '공산주의 활동 금지법' 위반으로 재판을 받았다.

재판관이 변론을 하라고 하자, 피고인들은 모두 "재판장님, 오늘 재판정에 서야 할 사람은 내가 아니라 정부입니다. 나는 무죄를 주장합니다"라고 변론했던 만델라의 전례를 따랐다.

주정부측 논거는 S. C. 퍼시 유타 박사가 이끌었다. 아프리카국민회의의 투쟁의 역사를 자세히 서술하고 있는 자체 출판물 가운데 하나에는, 유타는 "정서적으로 그 재판에 강하게 휩쓸려 있었던 유태인이었는데, 부분적으로 그것은 유태인 공산주의자들에 대한 적대감에서 비롯된 것으로 알려져 있다"고 언급되어 있다(당시 아프리카국민회의와 남아프리카공산당에서 지도적 위치에 있는 백인들 대부분이 유태인이었다).

유타는 다음과 같이 말하면서 주정부측 논거를 시작했다. "남아프리카공화국에 혼돈과 무질서, 소요를 야기하는 것이 그들이 의도한 목적이었다. 그들의 계획에 따르면, 게릴라전 훈련을 받은 수천 개의 부대가 각계각층의 유리한 지점에서 전국적으로 작전을 전개함으로써 국가를 교란한다는 것이었다." 이와 같은 작전들은 "혼란과 폭력적인 선동, 반란을 유도하고, 뒤이어 적절한 시기에 해외열강의 군대가 이 나라를 무력으로 침략하도록 계획되어 있었다"고 그는 말했다.

유타가 그 근거로 제시하고 있었던 것은 '마위부에 작전'의 요약으로, 이 작전계획의 초안이 릴리슬리프에서 발견되었다—최고사령부 위원들 상당수가 반대를 해서 7월의 운명의 그날에 다시 논의하기로 되어 있었던 바로 그 계획이었다.

그는 이 증거물을 통해서 "국가전복죄의 최고의 고전적 사례"임이 밝혀졌다는 말로 논거를 끝맺었다. 쿼투스 데 웨트 판사는 판결문에서 피고인들이 국가전복의 범죄를 저질렀다는 것에 동의했다. 그렇지만 피고인 열 명은 국가전복이 아니라 단지 파괴 및 음모죄로 기소되었다. 데 빌리어스 판사는 유타가 자신에게 이 결정은 1956~61년의, 결국 실패로 끝난 일련의 국가전복죄 재판을 모델로 해서 내려진 것이라고 설명했다고 쓰고 있다. 이 시기의 재판에서 피고인들이 모두 풀려나서, 국가전복죄를 적용하기 위해서는 보다 확실한 증거가 요구되었던 것이다.

주정부측 증인으로서 가장 촉망받았던 인물은 미스터 X였다. 나중에 그 이름이 브루노 음톨로로 밝혀진 이 사람은 MK 파괴공작 활동가의 한 명으로 릴리스리프에도 한번 간 적이 있었다. 그는 자진해서 엄청난 양의 정보를 제공했는가 하면, 그때까지 한번도 경찰의 의심을 사지 않았던 사람들까지 끌어들였다. 많은 사람들은 만델라를 배신하고 결국 붙잡히게 만든 사람도 바로 음톨로였다고 의심했다.

그러나 1964년 6월까지 이어졌던 재판에서 스타는 유타나 음톨로가 아니었다. 다름아니라 키가 크고 카리스마가 넘쳐흐르는 인물, 넬슨 만델라였다. 법정에서 만델라의 연설은 남아프리카를 넘어 전세계로 울려퍼졌다. 그는 비록 남아프카공산당의 지원을 기꺼이 받아들였지만, 자신은 공산주의자가 아니라 '애국적 아프리카인'임을 분명히 밝혔다. 그러면서 이렇게 말을 맺었다.

"저는 평생 동안 아프리카 민중들의 이 투쟁에 온몸을 다 바쳤습니다. 지금까지 저는 백인통치에 반대하며 투쟁했으며, 또한 흑인통치에 반대하며 투쟁해 왔습니다. 저는 민주적이고 자유로운 사회를 이상으로 간직하고 있습니다. 그와 같은 사회에서는 모든 사람이 동등한 기회를 가지며 조화롭게 더불어 살아가게 될 것입니다. 바로 이것이 제 삶의 목적이요, 반드시 이루어지기를 희망하는 이상입니다. 하지만 필요하다면, 제 목숨까지도 바칠 각오가 되어 있는 이상입니다."

그는 이 이상을 위해 목숨을 바칠 필요는 없었다. 피고인들과 그들의 가족 그리고 친구들과 지지자들은 사형이 선고되는 최악의 상황을 우려하고 있었다. 그러나 1964년 6월 12일, 데 웨트 판사는 피고인들에게 유죄판결을 내린 후 다음과 같이 선고했다.

"피고인들이 유죄임이 입증된 죄목, 다시 말해 주요 범죄인 음모죄는 본질적으로 국가전복을 기도한 범죄의 하나이다. 주정부는 일반적으로 이와 같은 죄목에 합당한 형량이라고 간주되는 극형을 부과하지 않기로 결정했다. 그러나 이는 맡은 바 책무를 견지하면서 본 재판관이 보여줄 수 있는 최대의 관대한 처분이다. 본 사건의 피고인 전원에게 종신형을 선고하는 바이다."

그로부터 며칠 만에 원 사건의 피고인 가운데 일곱 명이 로번 아일랜드로 이송되었다. 이 가운데 칸토는 주정부의 보증 아래 전향한다는 조건으로 일찍 풀려나 이 나라를 떠났으며, 러스티 번스타인은 무죄로 판명되었다. 그리고 백인 죄수와 흑인 죄수는 같은 교도소에 수감하지 않았기 때문에, 데니스 골드버그는 프리토리아 중앙교도소로 이송되어 그곳에서 복역했다. 나중에는 자신의 변호사였던 브람 피셔와 함께 프리토리아 중앙교도소에서 수감생활을 했는데, 브람 피셔는 죽기 3개월 전인 1975년 5월에 병세가 심하게 악화되어 석방되었다.

골드버그는 16년을 복역하고 석방되었다. 로번 아일랜드에 수감되어 있던 사람들은 1990년 2월에 만델라가 자유롭게 걸어서 감옥 문을 나오기 몇 달 전에 풀려났다.

(2001년에 해럴드의 아들이며 제임스 칸토의 조카인 닉 월프는 역사적 건물들을 복원하여 보존하고 "그리고 지금의 세대와 미래의 세대를 위해 릴리슬리프가 체현하고 있고 담고 있는 신념과 열망과 정신과 영혼이 보존되도록" 하기 위해 '릴리슬리프 재단'을 설립했다. 그리고 최고급 호텔과 각종 회의장 부대시설이 갖추어진 학습교양센터와 '렉고틀라 휴양소' Camp Lekgotla Retreat로 개발하기 위해 주변의 토지를 매입해 오고 있다.)

17. 전화 속의 낯선 사람

:: 전화 속의 낯선 사람

 위니 마디키젤라-만델라라는 이름을 언급하는 바로 그 순간, 수많은 남아프리카 사람들의 마음속에는 스톰피 세이페이라는 이름이 즉각 떠오르게 된다. 1989년, 이 소년의 죽음은 이후 넬슨 만델라 전처의 삶에서 끈질기게 그녀의 목덜미에 달라붙어 있게 된다.
 스톰피 살해사건은 남아프리카 사람이라면 모르는 사람이 없을 정도로 매우 유명한 이야기였다—이 사건이 발생했을 당시에 마디키젤라-만델라가 스톰피를 납치 및 폭행한 혐의를 받았을 때 그러했고 또 8년 후에 그녀가 '진실과 화해 위원회'에 출두했을 때 또다시 사람들의 입에 오르내렸다. 많은 사람들, 특히 남아프리카 백인들에게 열네 살 소년 스톰피의 죽음은 곧 위니 마디키젤라-만델라라는 사람을 규정하는 것이었다. 언론매체들은 가뭄 끝에 단비 만난 것처럼 살판이 났고, 국민의 어머니가 국민의 살인자가 되었다고 선언했다.
 저널리스트와 정치평론가들은 일반국민들이 그녀의 기록에 찍혀 있는 이 어두운 오점에도 불구하고 변함없이 위니를 사랑하고 존경하는 것을 이해하려고 무척 애를 썼다. 자신들이 접할 수 있는 정보란 정보는 모두 다, 위니는 책임감이 결여되어 있고 권력에 굶주려 있으며 이기적이고 잔인한 여성이라고 말했다. 그런데 도대체 사람들은 어떻게 그녀를 여전히 국민의 어머니라고 부를 수 있단 말인가?

아마 이 물음에 답하는 데 도움이 될 만한 이야기 하나가 있다. 너무나 사소해서 신문의 헤드라인조차 장식할 수 없는 이야기이다. 정치나 해방투쟁과 관련된 이야기가 아니다. 하지만 이 이야기는 위니 마디키젤라-만델라의 또 다른 측면을 내밀하고도 효과적으로 파악할 수 있게 해준다.

먼저 스톰피의 이야기와 그 사건이 어떻게 일어났는지부터 해보자. 위니의 역사는 한마디로 놀랄 만큼 높은 명성을 얻어간 과정—그리고 그 명성이 훨씬 더 놀랄 만큼 추락해 버리는 과정—을 드라마틱하게 보여주는 이야기이다.

놈자모 위니프레드 마디키젤라는 1936년에 이스턴 케이프에서 태어났다. 그녀는 요하네스버그에서 공부를 했고, 남아프리카 최초로 흑인 사회사업가 자격을 획득했다. 그후 1950년대 말에 저항정치에 참여하게 되었고, 이것이 계기가 되어 카리스마 넘치는 넬슨 만델라 변호사를 만나 1958년에 그와 결혼했다. 또한 그녀가 아파르트헤이트 경찰에 의해 수없이 많이 구금되는 신호탄이기도 했다. 부부는 딸 둘을 낳았지만, 정치적 활동이 만델라의 생활 대부분을 차지했기 때문에 제대로 결혼생활을 했다고 할 수도 없었다. 1962년에 만델라가 감옥에 갇히면서, 오롯이 그녀 혼자 딸들을 키워야 했다.

1962부터 1975년까지, 위니는 장기간 독방에 구금된 것을 포함하여 여러 차례 추방당하고 감옥에 갇혔다. 진짜 만델라가 멀리 떨어진 섬에 갇혀 있는 동안 그녀 자신이 만델라라는 이름으로 불리는 것은 너무나도 버거운 부담이었다. 1976년 소웨토에서 젊은이들이 봉기를 일으켰을 때, 그녀는 흑인 거주지역에서 아프리카국민회의의 사실상 지도자가 되었으며, 대부분의 학생지도자에게 동지이자 어머니이자 영감을 불어넣어 주는 사람이었다. 두려움을 모르는 그녀의 용기는 전설이 되었다. 그녀는 백인 정치가들의 허튼수작을 마냥 보고만 있지 않았던 유일한 흑인 지도자였던 것이다.

그녀는 그 완강함의 대가를 값비싸게 치렀다. 1977년에 브랜드포트에 있는 보수적인 시골마을로 추방을 당해, 그곳에서 그녀는 완전히 고립된 채 괴롭힘을 당하면서 정신적으로 엄청난 충격을 받았다. 그녀 친구들 대부분은 위니가 정신적으로 불안정해진 때가 바로 이 시기였다고 지적한다.

다시 한번 경찰에 도전하여, 그녀는 광포했던 1980년대 중반에 소웨토로 돌아왔다. 이때가 바로 비밀경찰이 무법적으로 억압하고 폭력이 가장 난무하던 시기였다. 그녀는 제리 리차드슨이라는 정체가 수상하고 성격 또한 불안정한 인물이 '코치로 있는' 만델라풋볼클럽연합이라는, 훈련을 전혀 받지 않은 일단의 젊은이들로부터 보호를 받았다. 위니의 행동은 점점 더 변덕스러워지고 상궤를 벗어났으며, 젊은 암살단원들(그들은 실제로 풋볼을 거의 하지 않았다)의 행동도 갈수록 포악해져 제어가

안 되고 평판이 나빠졌다.

　이 시기에 열네 살의 스톰피 세이페이가 그녀의 삶에 뛰어들었다. 어린 나이에도 불구하고 스톰피는 소웨토의 급진적인 젊은이들 사이에서 이름을 날리는 인물이었으며 탁월한 조직능력과 사람들을 고무시키는 능력 그리고 용맹성으로 존경을 받았다. 그러나 그는 비밀경찰의 올가미에서 벗어나지 못했다는 점에서, 사실 한낱 어린아이에 불과했다. 위니는 그가 경찰에게 고용되었다고 믿었으며, 그녀와 그녀의 풋볼클럽은 그가 만델라 집안의 지하활동에 관한 기밀을 누설하고 있다는 편집증에 사로잡히게 되었다.

　그 소년은 붙잡혀 만델라의 집으로 끌려가서 자백하라는 다그침을 받았다. 소년이 자백하지 않자, 벽에다 짓이기고 구타하고 야만적인 고문을 가했다—리차드슨의 증언에 따르면 이 모든 것이 위니가 보는 앞에서 일어났다고 한다. 결과적으로 스톰피는 리차드슨에 의해 죽음에까지 이르렀다. 위니는 소년을 납치한 혐의와 폭행에 가담했다는 혐의가 인정되어 유죄판결을 받았다. 그후 그녀는 형집행유예와 벌금형 처분을 받았고, 리차드슨은 스톰피의 살인죄로 감옥에 수감되었다.

　1997년에 진실과 화해 위원회는 위니와 그녀의 풋볼클럽의 활동, 스톰피의 죽음 등에 대한 특별청문회를 열었다. 그녀는 다시 한 번 스톰피 죽음에의 연루설을 맹렬하게 부인했다. 진실과 화해 위원회의 의장 데스몬드 투투 주교는 투쟁에서 그녀가 한 역할을 찬양했지만, 그녀의 삶에서 어떤 것은 "무시무시하게 잘못되었다"고 덧붙였다. 그는 그녀에게 스톰피의 어머니와 다른 희생자들의 가족에게 사죄하라고 간청했으며, 그녀는 그렇게 했다—어떤 사람들은 그녀가 마지못해서 그렇게 했다고 말했다.

넬슨 만델라는 이 모든 과정에서 공개적으로 자기 부인을 지지했지만, 대통령으로 재임중이던 1995년에 위니를 차관자리에서 해임시키고 1년 후에는 그녀와 이혼했다. 만델라의 뒤를 이어 대통령에 취임한 타보 음베키는 노골적으로 그녀를 싫어했다. 2001년 소웨토 봉기 25주년 기념식에서, 그는 단상에서 자기에게 인사를 하려고 다가오는 그녀를 멀리 떠밀었다(당시 국영 텔레비전은 실황중계를 하고 있었다). 한때 해방투쟁의 자랑스러운 상징이었던 인물에게 더할 수 없이 공개적으로 모욕을 주었던 것이다. 그 뒤로 그녀의 정치적 명성은 시들해져 갔다.

하지만 아직도 흑인 거주지역의 많은 주민들, 직업을 잃은 어머니와 젊은이들은 그녀를 존경하며, 여전히 그녀를 국민의 어머니라고 부른다. 왜일까?

이 거칠고 불가사의한 여성에게는 또 다른 면이 늘 존재했기 때문이다. 그러한 측면을 엿볼 수 있는 이야기가 하나 있다.

이 이야기는 이름이 허만 유버트인 나의 오랜 친구이자 동료 신문기자와 연관되어 있다. 나는 그를 마니라고 불렀는데, 1970년대 후반에 아프리칸스어 신문 『베일트』(*Beeld*)에서 함께 일했을 때 그가 매우 지적이면서도 복잡한 사람이라는 것을 알게 되었다. 아무튼 나는 예리한 정신과 재치 있는 유머감각을 지닌 허만을 좋아했다.

그 사건이 있었던 것은 스톰피의 살인사건이 일어나기 전이었다. 그로부터 여러 해가 지난 1995년 3월 7일에 허만이 『베일트』지에 짤막한 칼럼을 하나 썼기 때문에 비로소 우리는 그 사건에 관해 알게 되었다. 그전까지는 아무도 그 이야기를 알지 못했다.

당시 허만은 편집차장이었는데, 『베일트』지는 조간신문이므로 그건 그가 늦은 오후부터 다음날 이른 아침까지 일했다는 것을 의미했다. 그러나 특정한 이날 밤에 그는 비번이었다. 아마 그랬기 때문에 그는 '쓰라린 고독'에 젖어 그날 밤을 꼬박 지새웠을 것이다. 허만은 새벽 1시가 되었는데도 도저히 잠을 이룰 수가 없었다고 썼다.

"내 아이들은 너무 멀리 떨어져 있었고, 결혼생활은 산산조각이 났다. 나는 벼랑 끝에 서 있었다."

그는 맥주를 마시며 수첩을 뒤적거리면서 전화번호들을 들여다보고 있었다. 전화를 걸 만한 사람이 아무도 없었다. 그러다가 이름과 전화번호가 씌어져 있는 어떤 칸 다음에 이름은 없고 전화번호만 있는 것을 보게 되었다. 아마 기자실에서 어떤 기자가 그에게 넘겨준 전화번호였을 터인데, 누구의 전화번호인지 전혀 생각이 나지 않았다. 에라 모르겠다, 될 대로 되어라 하는 심정으로, 그는 이름도 없는 그 전화번호로 전화를 걸었다.

정중한 목소리의 젊은 여자가 전화를 받더니 간결하게 이렇게 말했다. "그분은 지금 부재중이십니다. 나중에 당신께 전화를 드릴 것입니다. 당신께서는 도움이 필요하신 것 같네요." 그는 자기 전화번호를 알려주었고, 그런 다음 잠이 들어 "무시무시한 악몽의 세계"로 빠져들었다.

새벽 3시쯤 되었을 때, 전화벨이 울렸다. 허만은 몇 시간 전에 자기가 전화를 했다는 것을 까맣게 잊고 있었던 터라, 언짢은 기색으로 전화를 받았다. 걸려온 전화의 목소리가 아까 전화를 하신 분 아니냐고 물어보았다. 그는 그 목소리가 흑인여성의 목소리라는 걸 알고는, 몹시 당황한 나머지 쾅하고 수화기를 내려놓았다. 하지만 그 여자는 다시 전화를 했다. "허만이신가요?" 하고 그 여자는 물었다. 그리고는 위니 만델라라며 자신의 신분을 밝혔다.

그와 같은 상태에서 허만은, 당신 도움은 필요 없으니 혼자 있게 그만 내버려두라고 그녀에게 공격적으로 반응했다. 그러나 위니는 끈질기게 물었다. 당신이 그렇게 고독하고 의기소침한 이유가 무엇인가? 당신 생활에 무슨 일이 있는가? 자녀는 몇 명이나 두었는가?

결국 허만은 자신의 라이프스토리며 슬픔을 몽땅 다 그녀에게 털어놓았다. 위니는 간간이 질문을 하면서, 듣고 또 들어주었다. "정말 오랜만에 처음으로 누군가가 진심으로 걱정해 주면서, 내가 하고 싶었던 말에 귀를 기울여주었다"고 허만은 썼다.

기나긴 대화 끝에, 위니는 그에게 샌드위치 한 조각을 만들어서 따뜻한 우유 한잔 곁들여 먹고, 다시 잠을 청해 보라고 말했다. 그러면서 이렇게 덧붙였다. "당신 스스로 당신에게 관심을 기울이고 돌보아야 한다는 것을 반드시 기억하세요. 이 세상에서 당신은 혼자가 아닙니다. 당신을 염려해 주는 사람들이 있어요. 우리는 당신을 진심으로 걱정한답니다." 그녀는 평화로운 밤이 되기를 소망하면서 전화기를 내려놓았다.

허만은 다음과 같이 당시를 회상하고 있다. "나는 그녀가 일러준 대로 했으며, 몇 달 만에 처음으로 편안하게 잠을 잤다. 마치 천사들이 나를 보호해 주고 있다는 느낌마저 들 정도였다." 그후부터 허만은 정상적인 생활리듬을 되찾을 수 있었다. 이따금 위니에게 전화를 걸고 싶다는 유혹을 느끼긴 했지만, 다시 그녀와 상담을 할 필요까지는 전혀 없었다.

허만은 위니에게 지금 겪고 있는 어려운 시기(1995년)를 잘 견뎌내기를 소망하면서, 나쁜 일들도 자주 찾아들지만 그 못지않게 좋은 일들도 많이 이루어진다는 것을 상기시키며 칼럼을 끝마쳤다.

이것이 전혀 모르는 사람에 대한 위니의 태도였다면 그리고 백인의 억압통치가 가장 극심하던 시기에 발로 걷어차도 시원찮을 백인 아프리카너 남성에게 보여준 태도였다면, 나는 그토록 많은 사람들이 그녀를 사랑하고 기꺼이 그녀의 실수를 용서하는 이유를 이해할 수 있을 것 같다.

18. 아기에게 젖을 먹이는 전사

:: 아기에게 젖을 먹이는 전사

필라 포르티아 은드완드웨는, 1800년대 초 바틀로코아족의 강력한 족장이자 장군이었던 위대한 여전사 만사시시처럼 하나의 전설이 되는 삶의 길로 잘 나아가고 있었다. 필라는 아프리카국민회의 해방군 '움콘토 웨 시즈웨'(MK, 국민의 창)의 최고 여성 지휘관이 되는 것이 탄탄하게 예정되어 있었다. 그러나 운명은 그녀에게 다른 길을 제시했다.

필라는 크와줄루-나탈에서 학교를 졸업하고 얼마 안 되어 정치적 활동으로 인해 체포되었다. 하지만 그녀는 이에 굴하지 않았다. 필라는 국경을 넘어 스와질란드로 도망쳤으며, 1985년에는 앙골라에서 크와줄루-나탈 출신의 학생집단과 함께 MK 군인으로서 기초 군사훈련을 받았다. 당시 그녀의 훈련을 담당했던 상관 중 한 사람인 베키 마부자는, 그녀는 모범적인 지원자였으며 지적이고 매우 헌신적이고 매사에 열심이었다고 이야기한다. MK 게릴라들은 자신들의 본명을 일절 사용하지 않기 때문에 그는 그녀를 잔디 또는 잔딜레로 알고 있었다—"그녀의 진짜 이름을 알려고 애쓴 적은 한번도 없었다"고 그는 말한다.

군사훈련을 받은 후, 필라는 얼마 동안 마부자가 주둔해 있었던 스와질란드로 배치되었다. 그녀가 크와줄루-나탈 지역을 담당하고 있는 MK 군사조직에 강한 인상을 심어주기까지는 별로 오래 걸리지 않았으며, 금방 많은 책임을 맡게 되었다. "그녀는 결코 여자처럼 행동하지 않았으며 매사를 남자들과 똑같이 했다. 정말 말괄량이 같았다"고 마부자는 말한다. 옷을 입어도 남자들처럼 입기를 좋아했으며 어떤 작전에서든 최전선에서 남자들 속에 있었다고 한다. 대부분의 여성동지들과 달리 그녀는 매우 독립적이고 고집 또한 셌다—그리고 "당시 남자들이 가장 좋아하던 음악인 딥 재즈(deep jazz)"를 좋아했다.

리처드 존스는 필라와 같은 부대원이었다. 그는 그녀를 "힘이 넘치는 개성을 지닌 강한 사람이며, 신체 역시 강하고 힘이 넘쳤다"고 묘사한다. 그러면서도 부드럽고 모성적인 면을 지니고 있었으며 유머감각도 뛰어났다고 그는 기억한다.

필라는 친구를 쉽게 사귀지 못했는데, 얼마간은 자유를 위해 투쟁하는 사람으로서의 자기 일에 몰두해 있었기 때문이기도 했다. 베키 마부자는 그녀의 가장 절친한 친구가 되었으며, 1980년대 말에 두 사람은 연인사이가 되어 스와질란드의 만지니에서 함께 살았다. 그리고 1988년 6월에 그들의 아이가 태어났다.

그녀가 MK의 나탈지역 작전지휘관이 된 지 오래지 않아, 더반의 비밀경찰은 그녀 부대의 역량에 대해 관심을 기울이기 시작했다. 스와질란드에 거점을 두고 있던 비밀경찰의 정보원들이 이 유능한 지휘관, 미모의 젊은 여성에 관한 정보를 그들에게 알려주기 시작했던 것이다. MK

공작원들을 남아프리카로 침투시키는 일을 비롯하여 경찰서와 경찰들에 대한 직접적인 파괴 및 공격 활동에서도 성공을 거두면서, 그녀는 훨씬 더 많은 책임을 맡게 되었고 MK 최고지휘부에 더욱더 가까워졌다. 그녀는 굉장히 많은 양의 돈과 무기들을 관장했으며, MK 네트워크 전체를 깊숙이 알고 있었다.

바로 그러한 때인 1988년 10월에 그녀가 흔적도 없이 사라졌다. 그녀는 동지들 몇 사람과 회의를 하고 그들의 차를 타고 간 뒤로 다시는 나타나지 않았다. 그녀의 친구들은 뭔가 일이 잘못되었다는 것을 즉각적으로 알았다. 왜냐하면 그때까지도 그녀는 자기 아기에게 젖을 먹이고 있었는데도 집으로도 돌아오지 않았기 때문이다. 필라의 실종으로 MK 최고사령부는 초긴장상태가 되었다. 그녀는 스와질란드와 크와줄루-나탈의 모든 작전에서 핵심 인물이었으며, MK의 비밀 계획과 장소에 관한 정보를 모두 다 알고 있었다.

이런저런 소문들이 떠돌기 시작했고, 필라의 가족은 온갖 이야기를 다 들어야 했다. 어떤 사람은 케이프타운에서 그녀를 보았는데, 유색인으로 변장을 했더라는 것이다. 또 어떤 사람은 프리토리아에서 낯선 남자와 함께 있는 그녀를 보았다고 했다. 하지만 그중 사실로 확인된 것은 하나도 없었다.

필라의 아버지 나단은 딸에 대한 마지막 기억을 보물처럼 소중하게 간직하고 있었다. 1987년 12월에 그녀가 직접 써서 보낸 편지였다.

내가 가장 사랑하는 아빠에게.

이제 지금쯤이면 아빠께서 제 편지를 거의 기대도 안하실 거라는 걸 알아요. 딸이 되어 아빠께 편지도 드리지 못하는 제 잘못이 정말 커요. 아빠를 늘 그리워한답니다. 저는 언제 어디서나 늘 아빠와 함께 있어요. 아빠도 저와 똑같으실 거라고 믿어요.

아빠 너무너무 사랑해요.

사랑하는 딸 필라 올림

추신: 제가 보낸 편지는 보관하지 않는 게 좋습니다.

필연적으로 필라가 다시 나타나지 않는 기간이 길면 길수록 그만큼 더 많은 억측이 나돌기 시작했다. 이를테면 그녀가 아스카리가 된 건 아닐까, 하는 것이었다. 아스카리는 게릴라였다가 경찰에 의해 '전향' 해서 아프리카국민회의를 향해 총부리를 겨누고 싸우는 사람에게 붙여진 이름이었다. 이 같은 억측은 어느덧 진실이 되어버렸는데, 과거 그녀의 친구와 동료들 상당수가 좀 납득하기 어려운 그녀의 실종을 이렇게밖에 설명할 수 없다고 생각했던 것이다. 과거 MK 공작원이었던 몇몇 사람들은 프리토리아 교외에 있는 플라크플라스(Vlakplaas, 남아프리카 아파르트헤이트 정부의 중앙정보부―옮긴이)의 경찰진영 죽음의 조에 배치되어 아파르트헤이트를 반대하는 활동가들을 살해하는 데 이용되었다. 필라 역시 플라크플라스에 배치되어서 외젠 드 코크 같은 아파르트헤이트 살인마들과 함께 자신의 동지들을 상대로 싸우고 있었던 건 아닐까?

필라 가족은 이런저런 소문에 대해 일절 응대하지 않고 침묵하면서 그 고통을 감내했다. 그녀 아들의 아버지 베키 마부자도 일절 대응하지 않고, 조용히 자신들의 아들, 타방을 키웠다.

1990년, 데 클레르크 대통령은 아프리카국민회의와 다른 조직들을 해금조치하고, 곧 이어 MK도 정부에 대한 적대행위를 중지했다. 국내외에 피신해 있던 사람들과 게릴라들은 고향으로 돌아가기 시작했다. 하지만 필라는 여전히 돌아오지 않았다.

당시 남아프리카를 통치하던 국민당과 합법화된 아프리카국민회의를 비롯하여 정당들은 오랜 협상 끝에 마침내 정치적 화해를 하게 되었으며, 1994년 4월 27일에는 남아프리카 최초의 진정한 민주적 선거가 치러졌다.

정치적 화해를 이룩하는 데 있어서 반드시 이루어져야 할 부분은, 제2차 세계대전 이후에 독일에서 있었던 뉘른베르크(Nuremberg, 획일적인 나치전범의 재판을 수행한 독일 남부의 도시-옮긴이) 방식의 재판일 필요는 없었지만 또한 모든 정치범을 일괄적으로 사면해 주는 그 같은 조치를 취하지 않는 것이었다. 이에 과거의 인권유린을 다루기 위해 '진실과 화해 위원회'가 만들어졌다. 이 위원회는 두 부문으로 구성되어 있는데, 하나는 인권유린을 당한 희생자들이 자신들의 이야기를 할 수 있는 청문회이고 또 하나는 정치적 동기를 가지고 인권유린의 죄를 범한 사람들이 자신들의 죄를 고백할 수 있고—만약 그들이 모든 사실을 완전히 밝히고 그것이 개인적 동기라기보다 정치적 동기에서 행해졌다는 것이 입증되면—

그들에게 완전면책의 결정을 내리는 사면위원회이다.

1997년, 진실과 화해 위원회의 조사관들이 나쁜 소식과 좋은 소식을 함께 가지고 나단 은드완드웨의 집을 방문했다. 필라는 죽었다. 그러나 그녀는 아스카리로 죽은 것이 아니라, 경찰에 의해 살해당했다. 그녀의 죽음에 책임이 있는 비밀경찰 여섯 명이 사면신청서에서 필라의 죽음상황을 모두 털어놓았던 것이다. 그 여섯 명은 앤디 테일러, 로렌스 바서만, 요하네스 스테인, 헨드리크 보타, 살먼 두 프레즈, 야코뷔스 포르스터였다.

더반에서 사면위원회의 심리가 열리기도 전에 사건의 전모가 점차 드러났다. 비밀경찰은 스와질란드에서 필라 은드완드웨 부대의 활약상에 갈수록 더 촉각을 세웠다. 1988년 10월, 앤디 테일러 대위와 요하네스 스테인 부장, 헨드리크(혹은 헨티) 보타 상사는 필라의 행동을 제압해야 한다고 판단했다. 이들에게 최고의 소득은 설득을 해서든 아니면 강제로라도 필라를 전향시켜 경찰 편에 서서 일하도록 하는 것이었다. 그만큼 그녀는 어마어마한 가치를 지녔기 때문이다. 따라서 무엇보다도 먼저 그녀를 끌어들이기 위해서는 스와질란드에서 그녀를 납치해 와야 했는데, 만약 실패하면 죽여버리기로 결정했다.

테일러 대위와 스테인 부장, 포르스터 부장과 보타 상사는 테일러의 차를 타고 크와줄루-나탈과 스와질란드의 온버와치트 국경초소를 향해 떠났다. 스테인이 경찰서에서 기다리는 동안, 다른 사람들은 위조여권을 사용해 스와질란드로 넘어갔다. 영장담당관 바서만과 두 프레즈 상사는 각자 도요타 미니버스와 이수주 바키(Isuzu bakkie, 주로 농민들이 사용하는 소형 픽업-옮긴이)를 타고 그곳으로 갔다. 이들은 전향을 해서 지금은 경찰 쪽에서 일하고 있는 과거 MK 공작원 두 명을 대동하고 있었다. 이들 역시 온버와치트 국경초소로 가서, 그곳에서 아스카리 둘이 국경 철책의 구멍 속을 기어가서 건너편에 있는 바서만과 두 프레즈를 만났다.

그런 다음 그 두 아스카리는 바키를 타고 만지니로 가서, 그곳에서 필라 은드완드웨와 접선하여 회의를 하기로 되어 있었다. 필라의 동지 리처드 존스는 그녀를 태우고 약속장소인 조지 호텔에 데려다 주었다. 그는 다음과 같이 회상한다. "그녀는 동지들을 보고 정말 기뻐했다. 그들과 활기 넘치게 이야기하던 그녀의 모습이 지금도 생생하다. 그녀가 대시보드에 두고 간 지갑을 가지러 내 차로 다시 왔다. 그때 나는 차에 기름이 없으니 돈을 달라고 했다. 그녀는 지갑을 열어 10란드를 꺼내주었다. 결코 그 모습을 잊지 못할 것이다. 운전석 맞은편 차창 너머로 나를 보면서 10란드를 건네주며 '조금 있다가 보자'고 말하던 그 모습. 그 광경은 내 기억 속에 깊이 각인되어 있다." 그것이 존스가 필라를 마지막으로 보았던 때이다.

이러한 일이 진행되고 있는 동안, 다른 경찰들은 테일러의 차에서 미니버스와 연결되어 있는 라디오를 통해 회의를 도청하고 있었다. 필라는 그 두 남자와 함께 바키를 타고 떠났다. 그들이 미니버스에 도착했을 때, 필라는 두 손이 테이프로 묶인 채 미니버스로 옮겨 태워졌다. 그들은 흘루비로 가서, 그곳에서 필라를 다시 보타 상사가 타고 있는 바키의 뒤칸으로 옮겼다. 온버와치트 국경초소 가까이에서 보타는 자기와 함께 필라를 강제로 기어서 국경 철책을 넘게 했으며, 그러는 사이에 다른 사람들은 국경초소를 버젓이 통과했다.

이렇게 남아프리카로 끌고 온 필라를 경찰이 소유한 집에 감금한 채, 보타는 그녀를 문초하기 시작했다. 보타는 '진실과 화해 위원회'에 출두해서, 처음에는 그녀가 그에게 말하기를 주저하고 망설였지만 얼마 지나서부터는 자유롭게 대답했다고 말했다. 그러면서 자신은 그녀를 손끝 하나 건드리지 않았다고 힘주어 말했다. 보타는 그녀를 경찰정보원으로 협력하도록 만들 꼬투리를 찾는 데 특히 신경을 썼을 뿐 아니라 그녀에게 직접적으로 제의하기도 했다고 말했다. 하지만 그녀는 몸짓으로도 혹은 심문에 응하는 말 속에서도 그와 같은 빌미를 전혀 보이지 않았다고 했다. 심지어 그가 예상했던 것과 같은, 자신의 신변안전에 관한 문제도 일절 제기하지 않았거니와 다른 사람 누가 알고 있으며 어떻게 통신을 하는지 전혀 묻지 않았다.

이튿날 아침, 보타와 그의 동료들은 필라를 데리고 피터마리츠버그 근처에 있는 엘란드스코프 농장의 경찰 안전가옥으로 갔다. 필라에게 전향을 하라는 압박이 계속 가해졌지만, 그녀는 항복할 기색을 전혀 보이지 않았다. 진실과 화해 위원회의 증거조사소위원회 위원장 패디 프라이어가 노골적으로 의혹을 제기했음에도 불구하고, 보타와 바서만은 사면위원회에서 그녀에게 물리적 폭력을 가했다는 사실을 거듭 부인했다. 그 후 진실과 화해 위원회의 크와줄루-나탈 지역을 담당하고 있는 리처드리스터 위원은 그녀가 줄곧 발가벗긴 채 작은 콘크리트 방에 갇혀 있으면서 고문을 당했다는 데 대해 한 치의 의심도 가지지 않는다고 발표했다.

또 그 사람들은 필라를 기소할 의도는 전혀 없었다고 증언했다. 왜냐하면 필라를 납치한 것은 불법이었을 뿐 아니라, 그렇게 되면 재판과정에서 필라를 바키로 유인했던 그 두 아스카리의 신원도 밝혀질 것이었기 때문이다(앤디 테일러 대위는 진실과 화해 위원회에 출두하여 증언하지 않았다. 그는 자신의 사면신청서를 작성하고 얼마 후에 뇌종양으로 죽었다).

필라는 이스턴 트란스발 지부의 비밀경찰들로부터도 문초를 당했는데, 그때 스테인 부장은 그녀가 결코 자기네 쪽으로 넘어오지 않으리라는 사실을 직접 확인했다. 필라는 그들에게, 당신들이 무슨 짓을 하든 당신들에게 협력하지 않을 것이며 만약 풀려난다면 MK 활동을 계속할 거라고 말했다. 경찰은 필라 은드완드웨가 "너무 단단해서 깨어지지 않는 호두"와 같으며, 용감하고 결코 MK의 자기 동료들을 배반하지 않을 것이라고 결론지었다.

그리하여 스테인은 테일러, 바서만, 두 프레즈, 포르스터에게 필라를 죽이라는 명령을 내리고, 농장을 떠났다.

바서만과 두 프레즈가 밖으로 나가서 농가 옆에 그녀를 묻을 구덩이를 파는 동안, 테일러와 포르스터는 심문을 계속했다. 이때 테일러는 필라에게 줄루어로 말했다. 바서만과 두 프레즈는 들어와서, 필라에게 다른 경찰 안가로 옮길 거라고 말했다. 그들은 눈가리개를 그녀의 눈에 씌우고 밖으로 데리고 나갔다.

바서만: 두 프레즈와 나는 그녀를 데리고 나와 이미 무덤을 파두었던 곳으로 갔습니다. 무덤은 베란다에서 약 60미터 떨어져 있었죠. 밖으로 나가자마자 나는 그녀를 세게 가격하여 실신시켰습니다.

프라이어: 무엇을 사용했는가요?

바서만: 나무로 된 경찰 진압용 막대기. 그녀는 그 자리에서 의식을 잃었고, 두 프레즈와 나는 나무들 사이에 파놓은 무덤으로 그녀를 끌고 갔습니다. 우리는 미스 은드완드웨를 무덤 속에 반쯤 집어넣었고, 그런 다음 내가 그녀의 머리에 총 한 방을 쏘았습니다.

프라이어: 그래서요?

바서만: 그 자리에서 그녀는 죽었습니다. 그래서 우리는 그녀 옷을 벗겼습니다.

프라이어: 왜, 그런 짓을 했죠?

바서만: 옷차림새와 신원확인 문제 때문이었습니다. 나중에라도 옷을 가지고 신원을 확인할 수도 있으니까요.

아드프 루이스 피서(바서만의 변호사): 그럼, 그런 다음에 당신은 그녀를 무덤에 집어넣었는가요?

바서만: 그러고 나서 우리는 그녀를 무덤 바닥에 놓고, 무덤을 메우기 시작했습니다.

이 증언이 이어지는 동안, 필라의 아버지와 양어머니와 여동생은 그 방에 함께 있었다. 나단 은드완드웨는 딸이 어떻게 죽었는지 들으면서, 하염없이 눈물을 흘리며 천천히 머리를 가로젓기만 했다.

하지만 방청석에 앉아 있던 다른 친척이 벌떡 일어나서 화난 목소리로 소리쳤다. "우리는 흑인이든 백인이든 살인자를 모두 다 알고자 하오. 당신이 이야기한 그 정보원들은 어디에 있는 거요? 우리는 이곳에서 이 사람들을 보고 있는 것처럼 그들 모두를 보기를 원하오. 도대체 당신들은 무슨 이유로 우리 사람들을 죽인 거요? 우리는 그 이유를 알아야겠소. 당신들이 나 또한 죽이지 말란 법 있겠소?"

리처드 존스 역시 방청석에 앉아 있었다. 그는 자신의 옛 지휘관이 얼마나 용감했는지 새삼 깨닫고는 깊은 감동을 받았다. 나중에 그는 이렇게 말했다. "이제 사람들은 다 필라가 가장 용감한 동지 중 한 사람이었다는 것을 알고 있습니다. 심지어 그 경찰관들까지도 그녀는 용감한 여성이었다는 것을 어쩔 수 없이 인정하고 있습니다."

사면신청을 한 사람들은 자신들이 활동가들 여러 명을 죽이고 그 시신을 강으로 집어던져 흔적을 감추었던 투겔라 강둑으로 진실과 화해 위원회의 위원들을 인도했다. 그런 다음에는 조사관들을 엘란드스코프에 있는 필라의 무덤으로 안내했다. 무덤을 파고 필라의 해골이 고스란히 드러나자, 두개골의 정수리 부분에 바서만의 총알이 머리를 관통하면서 생긴 둥그런 구멍이 그대로 보였다.

필라의 시신을 들어내었을 때, 허리께에서 푸른색 플라스틱 가방이 발견되었다. 진실위원회 리처드 리스터 위원이 경찰들에게 이것이 무엇이냐고 물었다. "그들은 그녀가 심문받고 고문을 당하는 동안 그녀 스스로 여성으로서의 품위랄까, 그 같은 것을 잃지 않고 지키기 위해 이 플라스틱 손가방을 메고 있었다고 말했다"고 리스터는 나중에 썼다. 리스터는 필라의 시신을 발굴하던 때를 "내가 살아가면서 평생토록 내 곁에 머물게 될 가장 장엄한 순간"이었다고 말했다.

시신을 발굴하고 몇 주일 후에 아프리카국민회의는 필라에게 무공훈장을 수여했다. 필라의 장례식에 넬슨 만델라 대통령은 개인 자격으로 참석했으며, 필라의 상관 중 한 사람이었던 로니 카스릴스 각료를 비롯하여 그 밖의 MK 고참 지도자들도 개인적으로 참석했다.

베키 마부자도 자신과 필라의 아들 타방을 데리고 장례식에 갔다. 그때 타방의 나이는 아홉 살이었다. 아프리카국민회의는 필라에게 무공훈장 메달을 수여했는데, 타방에게 그것을 받도록 했다. 넬슨 만델라의 눈에도 눈물이 그득 고였다.

마부자는 타방이 좀더 크면 어머니의 자랑스러운 삶과 용감한 죽음에 대해 모두 다 이야기해 주겠다고 말했다.

진실과 화해 위원회의 사면위원회는, 경찰관들은 사실대로 다 진술했으며 경찰관으로서 명령에 따라 행동했었다고 결론을 내리면서 그들을 민형사상 절차로부터 완전히 사면해 주었다. 또한 위원회는 필라를 배반했던 두 명의 아스카리는 그녀의 살해와 직접적인 관련이 없었기 때문에 경찰관들에게 그들의 이름을 밝히도록 강제하지 않기로 결정했다.

335

19. 잠자는 고릴라

:: 잠자는 고릴라

"고릴라는 어디에서 잠을 잘까? 글쎄, 자고 싶은 곳에서 자겠지."
– 한 최고 군사지휘관이 아파르트헤이트 시절 남아프리카 핵폭탄 개발의 정당성을 피력
하면서 한 발언

1977년 8월 7일, 일요일. 저 멀리 북케이프의 칼라하리사막 지역 어딘가에 있는 바스트랍(Vastrap, 비밀아지트). 표시등 하나 없는 비행기 한 대가 저공비행을 하면서 지도상으로 전혀 존재하지 않는 곳의 한가운데 있는 지점의 상공을 지나간다. 그곳은 특별한 구조물들로 가득 차 있다. 하얀 코트를 입은 사람들과 위장한 군복을 입은 군인들이 공포에 휩싸여서 허둥지둥 뛰어다니고 있다. 이 침입자들은 누구이며, 왜 그들 비행기에는 필수적으로 표시해야 하는 마크들이 전혀 없는 것일까? 그 비행기가 어디로 사라졌는지, 그리고 어디에 착륙하기로 예정되어 있는지 알아보기 위해 곳곳에 전화를 걸어 수소문해 본다. 그러나 모두 다 아무 소용이 없다. 그 수수께끼 같은 비행기의 예정된 비행계획은 어디에도 존재하지 않기 때문이다. 그로부터 불과 며칠 만에, 그 지점에 있는 어마

어마한 장비들은 모래 속에 파묻히거나 다른 곳으로 이송된다. 소수의 병력만 남겨두고 대부분의 인원은 최대한 신속하게 그곳을 떠난다.

남아프리카공화국 정부는 현행범으로 체포되었다. 하얀 코트를 입은 사람들은 핵 과학자와 기술자들이었다. 그 지점에 있는 특이한 탑들은 땅속 깊이 파 들어간 거대한 시추공 위에 서 있었다. 그 사람들은 지하 깊숙한 곳의 핵장치를 폭파시킬 준비를 하고 있었던 것이다—지금까지 그들이 소유하고 있다는 것을 극구 부정했던 핵장치이다. 정부는 핵폭탄을 제조하고 있었다는 사실을 16년여 동안 부정했다.

사실, 아무런 마크도 없었던 그 비행기는 남아프리카의 비밀을 폭로하지 않았다. 구소련의 코스모스 위성은 이 지역 상공을 지나가던 1977년 7월 21부터 25일까지 계속 비밀기지 위치의 사진을 찍었다. 그해 8월 6일, 소련의 레오니드 브레즈네프 서기장은 미국의 지미 카터 대통령에게, 남아프리카가 칼라하리 사막에서 핵장치를 폭파할 준비를 하고 있음을 보여주는 사진들이 있다고 알려주었다. 미국 정부는 위성사진과 아무런 마크도 없는 비행기가 찍은 사진들을 통해서 물체를 확인하고, 남아프리카 정부에 설명을 요구했다.

1977년 8월 23일, 카터 대통령은 존 포르스터 수상이 남아프리카는 핵무기를 개발하고 있지 않으며 칼라하리 사막에 있는 구조물들은 핵실험에 사용하려고 했던 것이 아님을 확인시켜 주었다고 발표했다. 그로부터 한 달 후, 포르스터는 〈ABC 뉴스〉에서 자신은 그와 같은 사실을 확인해 준 바 없다고 말하면서, 남아프리카는 핵기술을 오직 평화적으로 활용하는 데 관심을 가지고 있을 뿐이라고 주장했다.

2003년에 남아프리카 핵무기 프로그램에서 핵심적인 세 인물, 원자력에너지발전소의 리처드 반 더 발트 전 소장, 국영 군수업체 암스코(Armscor)의 한스 스테인 전 부사장, 남아프리카 공군의 얀 반 로저렌버그 전 대장은 당시 미국과 러시아는 바스트랍이 실제로 있었던 곳을 찾아냈다고 확인시켜 주었다. 그들은 한정판으로 출판된 『무장과 무장해제』(*Armament and Disarmament*)에서 바스트랍 지역이 핵실험 장소로 선택된 이유는 그 지역에 사람들이 거의 살고 있지 않은 점, 지하로 강이 흐르지 않는 점, 지하 깊숙이 지질학적으로 결함이 거의 없는 암반들이 있다는 점 때문이었다고 쓰고 있다. 그곳의 핵장치들은 지표면 아래 매우 깊은 곳에서 폭발될 것이었기 때문에 지상으로 누출되는 방사능은 전혀 감지할 수 없는 수준이 될 터였다.

눈에 드러나는 시추과정과 그에 사용된 중장비들은 군대의 지하 군수물품 저장소로 위장되었다. 이 지역에서 핵실험을 준비하는 사람들과 차량의 움직임이 많아지는 것을 '위장하기' 위해, 국방연구소가 동일한 시각, 동일한 장소에서 소련제 스탈린 오르간 다중로켓포 발사실험을 하도록 사전에 계획해 놓았다. 하지만 러시아 정부와 미국 정부를 속이지는 못했다.

양국 정부는 남아프리카가 군사적 핵능력을 개발하고 있다는 것을 알고도 전혀 놀라지 않았다. 남아프리카와 그 '식민지' 나미비아에 다량의 우라늄이 매장되어 있다는 사실은 잘 알려져 있었다. 남아프리카 해군의 디터 게르하르트 제독은 고급비밀 군사정보를 소련으로 넘겨주고 있었는데, 그 가운데 일부는 군사적 목적의 핵 연구에 프리토리아 정부가 개입되어 있음을 시사하고 있었다. 그리고 서독 주재 남아프리카 대사관에서 도난당한 우라늄 품질향상 기술을 포함한 일급비밀 군사업무에 관한 자료가 아프리카국민회의의 수중에 들어왔다. 렌프레브 크리스티라는 케이프타운에 거주하는 한 학자가 매우 민감한 핵무기 정보를 아프리카국민회의에 넘겨주었고, 그 때문에 구속되었다. 1970년대 내내 해외 정보기관들은 남아프리카가 핵개발에 사용될 수 있는 정밀한 구성요소들을 습득한 것으로 등재하고 있었으며, 몇몇 경우에는 이스라엘·미국·프랑스·독일의 핵 과학자와 기술자들이 남아프리카의 핵 과학자와 기술자들을 접촉한 사실이 포착되었다.

1970년대 중반에 미국 정부와 CIA가 남아프리카의 핵무기 개발에 관한 일체 사항을 알고 있으면서도 프리토리아 정부를 통제할 수 있다고 판단했기 때문에 그냥 묵인했다는 의구심이 과연 타당성이 있는지 여부는 아마 결코 알 수 없을 것이다. 그렇지만 가령 미국 위성이 소련의 위성보다 먼저 바스트랍 위치를 나타내는 징후들을 포착했으면서도 일절 그에 관해 언급하거나 행동을 취하지 않았다는 것은 거의 확실하다. 바스트랍 시설물은 1978년에 해체되었다.

1979년 4월에 정부가 미국 대사의 비행기가 발린다바 핵발전소를 비밀리 촬영하는 데 사용되어 왔다고 발표하자, 남아프리카 백인사회는 광적인 분노를 표출했다. 남아프리카는 미국 대사관에 근무하는 무관 세

명을 추방했다. 그러자 미국은 워싱턴에 주재해 있는 남아프리카 대사관 직원들을 한 명만 남기고 전원 추방했다. (원자력위원회의 연구용 원자로는 논쟁 혹은 문제가 종결되었다는 뜻을 지닌 펠린다바에 기지를 두고 있었다. 그리고 이후에 우라늄 품질향상 프로그램은 논쟁 혹은 문제가 타결되었다는 뜻을 지닌 발린다바에 기지를 두고 있었다.)

남아프리카 모든 신문들이 마치 복음처럼 전파한 정부의 주장에 따르면, 미국 정부는 남아프리카 과학자들이 개발한 우라늄 품질향상을 위한 '독특하고 혁명적인 방법'을 시기하고 있다는 것이었다. 그래서 미국은 정제된 우라늄의 교역에 있어서 자국의 유리한 입지를 보호하기 위해서 남아프리카가 핵무기를 개발하고 있다고 거짓된 비난을 하고 있다는 게 정부측 주장이었다.

이제 우리는 1977년 8월에 바스트랍에서 무슨 일이 일어났는지 정확하게 알고 있다. 그러나 남아프리카의 핵폭탄을 개발했던 사람들과 그들의 정치적 보스들은 여전히 아파르트헤이트 시절의 남아프리카가 깡패 핵무기 국가가 되었다는 경보를 전세계에 울렸던 두번째 사건을 부인하는 것 같다.

1979년 9월 22일, 미국의 벨라 인공위성은 프린스 에드워드와 마리언 군도 부근의 남극해에서 두 차례의 섬광을 포착했다. 그것은 핵폭발 때 발생하는 이중의 불꽃이었다. 미국 당국자들은 그것이 무엇이었는지 정확히 알고 있었으며, 모든 자료를 분석한 후 10월 25일에 그것은 실제 핵폭발이었다고 발표했다. 그들은 그 사실을 발표하는 것을 원치 않았지만, 남아프리카에 대해 너무나도 온건하게 접근하는 미국 행정부의 태도에 심히 불만을 가지고 있던 과학자들이 그 이야기를 〈ABC 뉴스〉에 흘렸고, 방송사는 이를 받아 폭로했다.

미국 CIA는 1979년 9월 말에 동일한 지역에서 남아프리카 해군이 비밀훈련을 실시하고 있었다는 것을 확인해 줌으로써 이 보도에 힘을 더해 주었다. 미 공군 기술응용센터는 청음초(聽音哨)로부터 전파음을 찾았다고 보고했고, 이 또한 의구심을 확인시켜 주었다.

같은 해 11월 13일, 그레이스필드에 있는 뉴질랜드 핵과학연구소는 빗물에서도 방사능 누출의 측정치가 증가한 것을 발견했는데, 그것은 2킬로톤 내지 4킬로톤(1킬로톤은 1천 톤 혹은 TNT 1천 톤에 상당하는 폭발력을 지님—옮긴이)의 힘을 지닌 핵폭발에 의한 것이라고 보고했다. 두 달 후, 푸에르토리코의 '아레시보 이온층관측소'는 의심이 되는 폭발이 일어난 시각에 관측소의 과학자들이 남쪽에서 북쪽으로 이동하는 대기의 이온층에서 잔물결 혹은 파도가 이는 것을 관찰했다고 보고했다.

테네시대학교 의과대학 생화학·생물물리학과의 L. 반 미들스워스 박사의 조사결과물들에 의해 의심은 더욱더 확실해졌다. 그는 일상적인 기준에서 오스트레일리아산 양과 소의 갑상선을 조사했는데, 지난 11월 12일과 13일 양일 동안의 샘플들에서는 라듐의 함유량이 정상 수준의 6배에 이르는 것으로 나타났다고 보고했다. 9월 22일 대형 사이클론(인도양의 태풍)이 마리언 섬을 지나 6일 후에 오스트레일리아에 도달했었다. 아마 이 폭풍우에 방사능 구름이 실려 동쪽으로 이동했을 수 있다는 설명이 제시되었다.

1980년 초에 〈CBS 뉴스〉는 1979년 9월에 남아프리카가 남극해상에서 핵폭탄을 폭발시켰다는 증거를 입수했다고 전했다. 『워싱턴 포스트』는 1966년부터 남아프리카는 이스라엘의 핵폭탄 실험에 대해 지원해 주겠다는 제의를 했으나, 1979년에야 비로소 그 제의가 받아들여졌다고 썼다. 또 이 신문은 이스라엘과 타이완이 남아프리카와 미사일 운반체계의 개발에 협력하고 있다고 전했다.

1980년 7월 14일, 미국 국방정보국은 벨라 인공위성이 포착한 광 불꽃에 관한 기록을 광범위하게 분석한 후 그 불꽃은 "아마 비밀 핵폭발"에 의한 것이라고 확신한다고 발표했다.

당시 남아프리카 정보계와 매우 밀접한 관계를 유지하고 있던 터티우스 마이버러 편집장 체제의 『선데이 타임스』는 1979년 10월 28일에 분노에 가득 찬 사설을 게재했다. 사설은 벨라 인공위성이 발견한 번쩍이는 불꽃은 "자연적인 현상에서 비롯된 것일 수 있다"고 주장하면서, 미국 정부는 "남아프리카가 오스트레일리아와 아르헨티나 사이의 어느 곳에서 핵폭발 실험을 실시했을 수도 있다고 주장함으로써 이 나라의 국제관계에 심대한 타격을 입혔다"고 썼다.

『선데이 타임스』는 남아프리카가 핵무기 보유국가가 되었다는 미국의 잘못된 주장은 "남아프리카가 우라늄의 품질을 향상시키는 수단들을 발견했다는, 다시 말해 여전히 방대한 이익을 창출하는 자유세계의 우라늄 품질향상 산업에 대한 미국의 독점적 지위에 새로운 위협을 제기할 수도 있는 발견이라는 남아프리카의 발표와 때를 맞추어 시작된 양상"으로 볼 수 있다고 했다.

9월 22일의 사건과 광범위한 과학적 발견들은 미국과 영국에 엄청난 파장을 불러일으켰다. 지미 카터 대통령은 1980년의 재선을 위해 선거전에 돌입해 있었을 뿐 아니라, 이미 이란의 인질사태를 둘러싼 폭풍에 맞서 힘겹게 싸우고 있었다—그는 자신의 핵확산방지 정책이 실패했다는 비난이나 그 밖의 대처하기 힘든 문제가 발생하는 것을 원치 않았다(그해 초 카터 행정부는 미국의 특수 핵원료 수출에 대한 새로운 기준을 설정한 핵확산방지법을 통과시켰다). 그리고 물론 이스라엘이 9월의 핵폭발과 관련이 있다는 어떤 물증이 있었다면, 이미 폭발 직전의 화약고인 중동의 상황은 더욱 복잡해졌을 뿐 아니라 아마 아랍국가들은 이에 자극받아 서둘러 핵무기 개발에 착수했을 것이다. 한마디로 남아프리카와 (혹은) 이스라엘이 핵폭탄을 폭발시켰다는 증거가 발견되었다는 것은 지미 카터의 관심사안이 아니었다.

그러나 더 중요한 것은 로드시아/짐바브웨 문제가 1979년에 일대 전환점에 서 있었다는 사실이다. 사실 영국과 짐바브웨해방운동 간의 랑카스터 하우스(Lancaster House, 케이프타운 랑카스터 구역에 있는 대통령휴양소-옮긴이) 회담은 의심되는 핵폭발이 일어나기 정확히 10일 전에 개최되었다. 바야흐로 백인이 지배하는 로드시아가 흑인이 통치하는 짐바브웨로 바뀌게 될 터였다. 아프리카에 있는 이런 폭력적인 분쟁지역이 잠정적으로나 영구적으로 안정된다는 것은 서구세계로서 매우 중요한 일이었다.

따라서 그 남쪽에 있는 호전적인 백인 이웃국가가 핵폭탄을 폭발시켰다는 확신은 지극히 예민한 협상을 망가트릴 수도 있었다.

그래서 카터 행정부는 백악관 과학자문 프랭크 프레스 박사가 지휘하는 전문가위원단을 구성해서 9월 22일의 '두 차례 섬광'과 관련한 증거 일체를 재조사하도록 신속하게 조치를 취했다. 위원단은 핵폭발을 지적하고 있는 여러 가지 조사결과들을 모두 체계적으로 반박하며 허물어뜨리기 시작했다. 그리고 마침내 위원단은 핵폭발의 가능성을 완전히 배제할 수는 없겠지만 그럼에도 "설득력 있고 확실한 증거의 부족"과 "9월 22일의 징후에서 드러나는 모순들"에 비추어볼 때 "아마 그 징후는 핵폭발로 인해 나타난 것은 아니라고 보는 게 훨씬 타당성이 있다고 판단된다"고 발표했다.

위원단의 조사결과는 대부분의 과학단체들이 제기한 의구심과 배치되었으며, 대외정책과 국내 정치적 상황을 우선적으로 고려하면서 나온 다소 조잡하고 위험한 통제적 시도로 간주되었다. 예를 들어 남아프리카 핵무기 개발 프로그램을 훨씬 철저하게 조사했던 연구자들 가운데 한 사람인 로널드 W. 월터스는 『남아프리카와 핵폭탄』(*South Africa and Bombs*)에서, 위원단의 기괴한 발표에 대해 심각하게 의문을 제기했다.

"이와 같은 의문들과 그 밖의 여러 문제점들은, 인도양—남극 지역에서 남아프리카나 이스라엘이, 혹은 두 국가가 합동으로 사실상 핵폭발을 했음을 보여주는 일체의 명백하고 결정적인 증거들을 사전에 차단하려는 의도를 가지고 백악관이 이번 조사과정에 정치적으로 개입했다는 강력한 결론에 힘을 실어주고 있다."

　당연히 남아프리카 정부는 핵폭탄을 폭발시켰다는 사실을 강하게 부인했다. 그러나 그들은 남극해에서 발생한 두 차례의 섬광에 관해서는 어떤 식으로든 설명을 해야 한다고 판단했다. 그 첫번째 시도가 그 해역에 있는 소련 잠수함이 폭발했다고 주장하는 것이었다. 그리고는 더반대학교의 라울 스미트 교수가 등장하여 1963년 8월에 발사되었던, 핵무기를 탑재한 소련제 미사일이 16년 동안 잠복해 있다가 갑자기 폭발했다고 주장했다. 이 두 가지 설명은 곧바로 전문가들로부터 반박을 받고 폐기되어 버렸다—무엇보다도 그와 같은 폭발은 당시 사람들이 목격했던 것과는 전혀 다른 섬광을 일으켰을 거라는 것이었다.

　2003년에 출판한 책에서 스테인과 반 더 발트, 반 로저렌버그는 남아프리카의 '핵무기에 대한 태도'를 자세하게 전달하기 위해 사용된 '일련의 발표들' 속에 벨라 인공위성이 목격한 불꽃을 열거하지만, 이어서 그들이 핵폭탄을 폭발시킨 적이 있었다는 사실을 부정하기 시작한다. 1977년에 완성된 핵폭탄은 무게 약 1톤의 지름 60센티미터와 길이 2미터 되는 상자 안에 넣어두었다고 그들은 말한다.

　"그 자체만으로도 너무 크고 무거워서, 당시 사용할 수 있었던 수단으로는 남대서양 대기권의 어떤 지점이나 혹은 사실상 어디로든 옮길 수가 없었다. 남아프리카 공군은 1980년대 들어와서야 핵무기 개발 프로그램에 참여했으므로, 1979년에는 그와 같은 수송에 대해서는 전혀 준비가 되어 있지 않았다."

전문가들은 이 해명이 1979년 9월에 남아프리카에서 핵실험이 없었다는 증거로 받아들이기에는 지나치게 사태를 단순화시키고 있다고 본다. 또 그러면서 세 사람이 몇 년 동안 국제적으로 핵무기 과학자들의 이목을 집중시켰던 사건에 대해서 달리 언급을 한다거나 설명하지 않았던 점을 지적한다.

남아프리카가 최초로 비인종차별 선거를 실시하기 13개월 전인 1993년 3월 24일에 마침내 F. W. 데 클레르크 대통령은 남아프리카가 제2차 세계대전 말에 히로시마에 투하한 것과 유사한 핵폭탄 6기를 실제로 제조했다고 시인했다. 그렇지만 이 핵폭탄들은 "1970년대 말에 남대서양에서 일어난 미스터리 사건에 관한 보고가 끊이지 않음에도 불구하고, 결코 실험에 사용되지 않았다"고 주장했다.

하지만 백악관 위원단의 보고와 남아프리카의 수차례 부정에도 불구하고, 여전히 국제 과학계에서는 1979년 9월의 사건은 핵폭발과 가장 유사했다는 광범위한 합의가 이루어져 있는 것 같다. 만약 그것이 정말로 핵폭탄이었다면, 다음 두 가지 가능성을 생각해 볼 수 있다. 하나는 남아프리카 관료들이 거짓말을 하고 있으며 실제로는 보유하고 있던 핵폭탄 하나를 실험했다는 것이며, 또 하나는 남아프리카와 공동으로 핵실험을 했던 이스라엘의 핵폭탄이라는 것이다.

남아프리카와 협력했거나 1979년의 핵실험을 은폐하도록 도와주었던 미국과 이스라엘 그리고 어쩌면 프랑스와 독일에 있는 사람들을 보호하거나 난처하게 만들지 않기 위해, 남아프리카 사람들이 당시 했던 거짓말을 번복하지 않으리라는 것은 충분히 있을 수 있는 일이다. 그러나 오늘날 우리는 당시 남아프리카가 실험준비가 다 갖추어진 핵장치를 보유하고 있었다는 것을 알고 있다. 또한 아파르트헤이트 정부가 1980년 짐바브웨에서 흑인 해방운동에 의해 머지않아 정부가 무너질 거라는 예측에 대해 얼마나 광적으로 집착했던가는 전혀 비밀이 아니며, 그에 따라 핵폭탄은 새로 들어설 정부(결국 로버트 무가비의 짐바브웨아프리카 민족연맹 ZANU으로 판명되었다)가 쓸데없이 남아프리카를 집적거리거나 참견하지 못하도록 하기 위한 심각한 경고의 의미였을 수도 있다.

그러나 결과적으로 이 사건은 또한 이스라엘이 핵무기 병참기지를 가지고 있다는 의혹이 단순한 의혹이 아니라는 것을 입증해 주는 것이기도 했다. 따라서 1979년에 핵무기를 폭발시킨 것은 남아프리카가 아니라 오히려 이스라엘이라는 것도 충분히 가능하다. 만일 이것이 사실이라면, 남아프리카 정부는 이스라엘의 핵실험을 알고 그에 협력했다는 것은 추호도 의심의 여지가 없다. 뿐더러 이로써 이스라엘이 남아프리카의 핵능력 개발을 지원했다는 의구심을 더욱 굳혀줄 것이다. 물론 1993년에 고백을 했던 데 클레르크를 포함하여 모든 관련자들은 여전히 이 사실을 부인하고 있다. 데 클레르크는 핵폭탄을 "일절 다른 나라의 협력을 받지 않고" 개발했다고 말했다.

당시 남아프리카 정부가 핵폭탄 개발에 그처럼 어마어마한 돈―최종적으로 30조 란드(약 5천조 원)에 가까운 비용이 들었다―을 지출하기로 결정했던 이유는 무엇일까?

역대 정부와 방위군, 핵 기술자들이 내어놓은 설명들은 대부분 핵폭탄을 개발하기 시작한 주된 동기로 앙골라에 주둔해 있던 대규모 쿠바 군대를 꼽는다—다시 말해 그들은 '소련의 팽창주의'에 대한 우려에서 그렇게 했다는 것이다. 그러나 F. W. 데 클레르크의 자서전에 따르면, 이미 1974년에 핵무기 개발 프로그램을 착수하기로 결정했다. 그러나 쿠바 군대가 앙골라에 주둔한 것은 1975년 중반이었다—그리고 이들은 남아프리카가 앙골라를 침략했기 때문에 오직 앙골라완전독립을 위한 민족연합(UNITA)과 앙골라해방을 위한 민중운동(MPLA)을 위해서 앙골라에 갔다고 주장한다.

데 클레르크는 '소련 팽창주의의 위협'과 별개로, 국민당 정부는 "우리나라가 국제적으로 고립되어 있어서 만약 공격을 받으면 외부의 도움을 전혀 기대할 수 없다는 것을 알고 있었기 때문에" 핵 보유능력은 필수적이라고 간주하기도 했다고 말한다. 그러나 자서전에서 그는 자원에너지부 장관으로 있을 때 핵무기 개발 프로그램에 관해 모두 다 알고 있었음에도 불구하고 그것을 신뢰하지 않았다고 주장한다(핵무기 개발 프로그램을 배후에서 실질적으로 추진한 세력은 존 포르스터 정권에서 초대 국방장관을 지냈고, 그후 1978년 9월부터 수상으로 취임한 P. W. 보타였다).

『무장과 무장해제』의 저자 역시 공산주의에 대한 두려움을 인용하고 있다. "아프리카를 정복하여 공산화시키려고 (남쪽으로) 진군하고 있는 소련(USSR)에 대해, 남아프리카 백인정부는 스스로 서구문명을 지켜낼

아프리카 최후의 보루라고 인식했다. 더욱이 남아프리카는 과거 동맹국들에 의해 궁지에 몰려 있을 뿐 아니라 국제연합의 제재로 포위되어 있다고 생각했다." 또 다른 곳에서는 다음과 같이 이야기한다. "당시에는 무시무시한 고립감, 전세계를 상대로 버티고 있다는 위기의식이 존재했다. 이런 고립되고 궁지에 몰려 있다는 감정은 머지않아 광범위하게 영향을 끼치는 가차 없는 결정으로 바뀌었다."

이즈음에서 우리는 이 사람들이 대량살상무기에 30조 란드를 쏟아붓기보다 오히려 고립의 원인을 인식하고, 마침내 1990년 이후부터 나타났던 것처럼 국민 다수를 이루는 흑인들과 화해할 준비를 하지 않았던 이유가 무엇인지 물어보지 않을 수 없다(30조 란드 프로젝트에는 RSA_3 우주 발사 유도장치와 중거리탄도미사일 설계 및 제조가 포함되어 있었다).

핵무기 개발 프로그램에 관여했던 사람들 사이에서 인기를 모았던 일화가 하나 있다. P. W. 보타가 핵탄두 생산기지를 방문했을 때, 한 선임기술자가 그에게 이렇게 말했다.

"우리가 이 무기들을 당신 손에 건네줌으로써, 당신은 엄청난 책임감을 어깨에 짊어지게 되었습니다. 이 장치들이 어떤 결과를 초래하는지 충분히 알고 있는 우리가 늘 당신과 당신 동료들을 위해 기도하고 있다는 것을 알아주시기 바랍니다. 당신이 이 무기들의 사용을 고려할 때 당신의 책임감을 충분히 숙지하고 지혜롭게 판단하시기를 기도합니다."

이 프로그램을 입안한 사람들은 핵폭탄이 실제로 사용될 리는 결코 없다는 것을 깨달았다. 누가 폭탄을 투하하겠는가? 스테인과 반 더 발트, 반 로저렌버그는 이러한 견해에 동의한다.

"남아프리카의 핵무기들은 아무런 용도가 없었고, 민간인이나 혁명 세력을 겨냥해서 결코 사용될 수도 없었다. 그것들은 분명히 방어를 위해 개발되었다."

그러나 다른 나라들이 그 존재를 알고 있을 때만, 이 무기들은 방어, 즉 전쟁억지력의 기제로서 역할을 할 수 있을 것이다. 아파르트헤이트 정부의 남아프리카 경우에 핵무기의 존재를 공식적으로 발표한다거나 핵무기 실험을 공개적으로 하게 되면 당연히 국제적으로 공분을 불러일으켰을 터이다. 스테인과 반 더 발트, 반 로저렌버그는 다음과 같이 이야기한다. "문제를 최소화시키는 방법은 국가들 모임에서 최고위층 관료나 정치가 등 극소수에게 남아프리카의 의도를 알려준다거나 핵을 보유하고 있다는 사실을 보여주는 것이었다." 미국과 영국, 독일, 프랑스는 이렇게 해서 남아프리카의 핵무기 보유 사실을 알았을 것이라고 쉽게 추론할 수 있다.

데 클레르크의 발표 이후, 일체의 핵무기 장치와 더 많은 무기를 제조할 수 있는 설비들은 국제원자력기구(IAEA)의 엄격한 감시 아래 해체되었다. 이로써 남아프리카는 세계 최초로 자발적으로 핵무기 능력을 포기한 나라가 되었다.

20. 낭떠러지를 바라보는 하나의 시선

:: 낭떠러지를 바라보는 하나의 시선

남아프리카에서는 최악의 사태가 결코 일어나지 않을 거라고 말한다. 1994년 남아프리카가 정치적으로 안정되기 바로 몇 개월 전에, 최악의 악몽이 현실로 나타나는 순간을 눈앞에 두고 있었다는 것을 아는 남아프리카 사람들은 거의 없다. 그때 5만 명이 넘는 백인 보수주의자들이 조직을 만들어서 무장을 하고 전쟁준비를 했으며, 남아프리카방위군(SADF)의 부대들은 그들과 협력할 태세를 취했다.

1993년 말부터 1994년 초까지의 몇 달 동안, 남아프리카가 피바람 속에 빠져들 것인가 아니면 항구적인 평화를 정착시킬 것인가 하는 결정은 대체로 한 사람에게 달려 있었다. 다름아니라 남아프리카방위군 총사령관을 역임한 콘스탄트 빌존 장군이었다. 만일에 그가 자신을 추종하던 그 많은 사람들의 압력에 굴복했더라면, 오래고도 오랫동안 민주주의적 통치를 불가능하게 만들었을 인종간 내전이 발생했을 것이다.

1980년대 후반 극심한 양극화와 폭력과 억압의 시기에, 남아프리카에서 백인 국민당 정부와 주요한 해방운동조직인 아프리카국민회의는 모두 자신들이 군사적 수단을 동원한 전쟁에서 승리하지 못할 것이라는 점과 향후 유일한 길은 협상밖에 없다는 사실을 깨닫기 시작했다. 정부와 죄수 넬슨 만델라의 최초의 실험적인 접촉은 1989년 9월 스위스에서 아프리카국민회의 지도자들과 국가정보국 인사들의 비밀회의를 이끌어 냈다.

전혀 예견하지 못했던 두 가지 사건이 협상 분위기를 고조시켜 주었다. 1989년 1월에 보타 대통령이 뇌졸중으로 쓰러지면서 8개월 후에 훨씬 실용적인 노선을 견지한 데 클레르크가 대통령 자리를 계승했다. 그리고 1989년에 베를린장벽이 무너지고 소련이 붕괴되기 시작하면서, 만약 아프리카국민회의가 권력을 잡으면 남아프리카에 공산주의 정권이 들어설 것이라는 백인들의 두려움이 사라지게 되었다. 1990년 2월 2일, 데 클레르크는 아프리카국민회의와 공산당, 범아프리카회의에 대해 해금조치를 단행했고, 2월 11일에는 넬슨 만델라가 감옥에서 걸어나왔다. 그리고 같은 해 3월에 아프리카국민회의와 정부 간 협상이 시작되었다. 1992년 5월에 실시한 국민투표에서 백인들은 데 클레르크의 개혁정책에 압도적인 지지투표를 했으며, 켐프턴 파크의 세계무역센터에서 열린 정당들 사이의 협상도 순조롭게 진행되었다.

그러나 보수적인 아프리카너 민족주의자들과 우파들이 보기에는 진행속도가 지나치게 빨랐으며, 결국 말썽이 일어날 소지가 다분했다. 1993년 3월, 아프리카너 농민들 1만 5천 명이 집회에 참석해서 협상이 취해 온 방향에 대해 두려움과 분노를 표출했다. 그리고는 콘스탄트 빌존과 퇴역장군 티니 그루네발트, 코뷔스 피서, 드리스 비쇼프가 소속된

'장군연합회'를 구성하여 이들에게 전략적 지도권을 주었다. 불과 두 달 사이에 빌존과 퇴역장군들은 전국적으로 155차례나 집회를 조직해서 연설을 했다. 빌존은 나에게 이렇게 말했다.

"우리는 아프리카너들을 심리적으로 움직여서, 우리의 선전캠페인을 시작하고 아프리카국민회의/국민당(ANC/NP)이 협상하고 있는 모델의 대안을 사고하도록 자극해야 했다. 그러나 그 못지않게 중요한 것은, 방대한 군사적 역량을 재빨리 건설해야 한다는 것이었다."

빌존과 그의 동료장군들은 군복무 경력이 있는 사람들을 소집하고 훈련을 전혀 받지 않았거나 거의 받은 적이 없는 농부들을 훈련시키고 군사적 지휘계통을 수립하는 숨 가쁜 계획을 착수했다.

빌존은 1993년 한 해 동안 전국적으로 '5만 내지 6만 명'을 동원했으며 지역·마을·도시 단위로 조직했다고 말한다. "우리가 정말로 신뢰할 수 있는 사람들은 모두 다 세부적인 인적 사항을 모든 센터의 컴퓨터에 저장해 놓았다." 이 사람들 대부분은 의용부대가 제공한 무기를 가지고 있었지만, 이 의용부대의 작동체계를 한번도 사용한 적은 없다고 빌존은 말한다.

하지만 또 빌존은 당시 남아프리카방위군에 소속되어 있던 직업군인 중 장교와 병사들 상당수를 대상으로, 그 순간이 왔을 때 자기 쪽으로 합류할 수 있도록 계속 작업을 하고 있었다.

"나는 부대마다 다니면서 그들을 끌어모으지는 않았지만, 대부분의 장교들은 나와 특별한 결속력을 가지고 있었다. 나는 남아프리카방위군에 소속되어 있는 모든 부대로부터 지지를 다 얻어낼 거라고는 생각지 않았다. 그래도 어떤 부대들이 지지를 하리라는 것은 알고 있었다. 충분한 병력과 소형무기들은 가지고 있었으나, 장갑차와 중무기들도 필요했다. 따라서 그것들을 공급해 줄 수 있는 남아프리카방위군의 특정 부대들로부터 지원을 받아야 한다는 것을 알고 있었다."

아프리카국민회의와 국민당을 향해 현실을 심각하게 받아들여야 한다는 신호를 보내기 위해, 빌존을 지지하는 사람들은 1993년 후반에 일어난 고압선 철탑 파괴사건 같은 기간산업 파괴활동에 참여했다.

"우리는 인명손실을 피하기 위해 매우 신중하게 그 계획을 세웠다. 그렇게 해서 우리의 의도를 전달할 수 있었다."

과연 그는 가공할 만한 군사장비를 가지고 쿠데타를 감행할 기도를 하고 있었을까?

"아니다. 나는 처음부터 나에게 새로운 남아프리카를 선물로 준다고 하더라도 그것을 받아들이지 않겠다고 분명히 말했다. 그렇다고 이미 낡아버린 남아프리카를 어떻게든 현상유지시키고자 한 것은 아니었다. 그런 생각조차 품어본 적은 한번도 없었다. 설령 내가 방위군 총사령관으로 있던 시절로 되돌아간다고 하더라도, 내가 정부에 진심으로 하고 싶은 말은 군사적 수단을 동원한 혁명전쟁은 이길 수 없다는 것이었다. 다만 시간과 기회만 조금 연장시킬 수 있을 뿐이다. 결코 그건 아니다. 쿠데타는 정말 어리석기 짝이 없는 시도이며, 결코 성공하지 못했을 것이다. 넬슨 만델라는 국제적으로 존경받는 인물이었다. 우리가 그런 사람에게 맞서서 싸울 수는 없었다. 그렇게 되면 외국의 간섭을 초래했을 수도 있다.

　나에게는 두 가지 전략이 있었다. 나는 우리 민족을 충분히 지킬 수 있는 군사력을 원했으며, 또 필요하다면 하나의 민족국가를 건설하고 싶었다. 북케이프주나 음푸말랑가를 점령할 수 있을 만큼의 역량은 충분히 보유하고 있었다. 만일 그럴 생각이 있었다면, 아프리카국민회의에 이렇게 말했을 것이다. 우리는 군사적 힘을 가지고 있다. 또한 당신들의 새로운 남아프리카와 어떻게 조화를 이룰 것인지 그 방안에 대해 이야기할 준비가 되어 있다. 당신들이 대화하기를 원한다면, 우리는 대화할 것이다. 그리고 당신들이 싸우기를 원한다면, 우리는 그렇게 할 것이다. 바로 이것이 내가 세워놓았던 복안이다.

　그러나 중요한 것은 우리의 군사력이 아프리카국민회의와 국민당의 협상 배후에서 그들을 압박해 들어가야 한다는 것이었다. 만약 늑대와 양이 서로 논쟁을 한다면, 늑대가 양의 머리를 먹어치워 버릴 것이다. 당신이 늑대와 논쟁을 하고 싶다면, 당신은 권총을 들고 있다는 것을 늑대에게 확인시켜 주어야 한다."

　1993년 보수당과 인카타 자유당(Inkatha Freedom Party, 주로 줄루족으로 구성된 흑인 보수주의 정당인데, 줄루족은 남아프리카에서 가장 다수의 종족이며 만델라는 줄루족과 함께 다수의 종족인 코사족 출신이다―옮긴이)이 세계자유무역센터 회담을 마치고 밖으로 걸어나왔을 때, 장군연합회는 아프리카국민회의와 직접 대화를 하기로 결심했다. 콘스타트는 아프리카국민회의의 지도자들과 좋은 관계를 유지하고 있던, 진보적인 아프리카너 신학자이자 자신과 일란성쌍둥이 형제인 아브라함에게 도움을 청했다. 빌존은 이렇게 말한다.

"사람들이 나를 만델라에게 소개시키겠다고 줄을 서서 기다리고 있었다. 그러나 나는 아브라함을 선택했다. 우리는 정치적으로 너무 달랐지만, 그는 정직한 사람이고 나는 그를 신뢰했다."

아브라함 빌존은 친구와 동료들의 네트워크를 이용해서 그 얼마 후인 1993년 8월 12일에 휴턴 스트리트에 있는 만델라의 집에서 장군 세 명과 만델라, 무장선봉대 대장 조 모디세, 아프리카국민회의 정보국장 조 은란라가 참석한 최초의 비밀회담이 열렸다.

『파이낸셜 타임스』의 남아프리카 특파원이자 『기적의 해부』(*Anatomy of Miracle*) 저자인 패티 월드메이어는 이 회담을 다음과 같이 표현했다.

"아이러니컬하게도 만델라와 빌존—둘 다 민족주의 지도자이며 정치가이면서 원칙주의자이다—은 만델라와 데 클레르크 사이에서는 늘 찾아볼 수 없었던 친밀감을 거의 즉각적으로 발견했다. …만델라의 보좌관들은 이것을 간단하게 한마디로 표현했다. 빌존 장군은 노인의 마음을 얻었다. 순식간에 그는 만델라의 반대파 정치가 가운데서 유일하게 만델라가 신뢰한 사람이 되었다."

빌존은 당시 상황을 이렇게 기억하고 있다. "매우 훌륭한 회의였다. 만델라와 나는 아프리카너와 아프리카 흑인 사이의 갈등을 막는 데 우리의 모든 힘을 쏟아부어야 한다는 데 동의했다."

그러나 장군들의 가장 중요한 지지자들은 백인 농부와 지방의 아프리카너들로 구성되어 있었다. 그들은 총을 쏘기보다 대화를 하는 이 새로운 길을 따라야 했다. 남아프리카의 조용한 정치운영자이자 증권거래인이며 기업가인 위르헨 쾨흘(Jürgen Kögl)의 예를 들어보자. 그의 부인 아네마리는 트란스발농업연맹의 선동적 지도자 드리어스 브뤼버의 먼 친척이었다. 쾨흘은 브뤼버와 그의 자유공화국 동료 피트 가우스, 과거 반대파의 지도자 프레데리크 반 질 슬라베르트의 회담을 이미 주선했다. 장군연합회는 아프리카국민회의 지도자들이 "충분히 대화가 가능한 존경할 만한 사람들이었다"는 슬라베르트의 말을 듣고 싶어했다. 이제 쾨흘과 아브라함 빌존은 그들과 아프리카국민회의를 함께 초청했다.

장군연합회와 만델라의 회담이 있은 지 2주일 후에 빌존과 브뤼버, 가우스가 프리토리아 린우드 구역에 있는 '비둘기경주클럽'이라는 은밀한 장소에서 타보 음베키와 야콥 쥐마를 만났다. 쥐마는 그들에게 이렇게 말했다.

"우린 전쟁으로 갈 순 없다. 이미 전쟁을 경험하지 않았는가! 우린 서로 파괴할 수 있다고 생각했어. 하지만 도저히 그럴 순 없지 않은가! 도대체 무엇 때문에 우리가 대화를 할 수 없는 거지?"

2주일 후에 후속회담은 비밀이 유지되도록 더욱 신경을 써서 보안장치를 하여 워터클루프 지역에 있는 한 집에서 열렸다. 참석자는 빌존, 티니 그루네발트, 브뤼버, 가우스, 음베키, 쥐마, 은란라였다.

쾨흘은 당시를 이렇게 회상한다. "아프리카국민회의의 전국집행부는 이미 그해 초부터 빌존의 군사역량을 예의 주시하고 있었다. 그들은 장군연합회나 농민 지도자들과 여러 차례 진지하게 논의를 했다. 빌존은 항상 최전선에 있었으며, 그들은 자기방어를 할 작정이었다. 그들은 토지를 포기할 준비가 전혀 되어 있지 않았거니와 스스로 상황을 인식해서 결정하고자 했다. 그들은 새로운 민족국가에 대해 논의하고자 했다. 첫 회담을 마치고 쥐마가 이런 말을 했던 것으로 기억한다. '이 사람들은 우리나라 사람들이다. 그들은 땅을 파먹고 사는 사람들이다. 우리는 그들과 함께 일해야 한다.'"

1993년 5월, 남아프리카방위군 총사령관 조지 메이링 장군은 아프리카국민회의와 국민당 정부에게 빌존이 보유한 군사적 잠재력과 만약 그가 선거에 참여하지 않았을 때 뒤따를 수 있는 무시무시한 결과를 설명한 간략한 기밀 보고서를 건넸다.

빌존은 이 시기 동안 경찰총장 요한 반 더 메르베 장군과 그의 고위직 동료 바시 스미트 장군이 자기를 만나러 왔다고 이야기한다. 반 더 메르베는 빌존에게 경찰에서는 그의 계획을 파악하고 있다고 말했다. 그는 빌존에게 이렇게 말했다. "그건 간단합니다. 카키색 복장을 한 당신네 동료들[외젠 테르'블랑슈가 이끄는 '아프리카너 제2차독립운동' 조직을 지칭]이 바에 죽치고 앉아서 맥주와 브랜디 몇 잔 마시고는 그만 기밀을 주저리주저리 흘리는 경향이 있더군요. 그자들은 크게 떠벌이고 자랑하지 않고는 도저히 못 배기는 것 같더군요." 빌존은 그들의 방문을 경고로 받아들였다.

그러나 그해 10월에 회담이 삐걱거리기 시작했다. 아프리카너민족전선은 빌존이 작동시킨 그 기치 아래 자유연합에 속해 있는 보푸타츠와나 지역의 지도자 루카스 망고폐와 시스케이 지역의 지도자 아우파 그코조를 비롯하여 인카타 자유당의 망고수투 부텔레지와 힘을 합쳤다. 흑인 지도자들은 아프리카국민회의와의 회담에 대해 훨씬 더 강경한 자세를 취했다. 켐프턴 파크에서 열린 정당들간의 회담은 분란이 끊이지 않았고, 크와줄루-나탈 지역과 이스트 란드의 흑인 거주지역들은 거의 하루도 빠짐없이 피로 물들었다.

빌존은 교착상태를 깨고 자신이 가지고 있는 아프리카국민회의와의 대화채널을 재개하기로 결심했다. 12월 3일, 요하네스버그에 있는 쾨흘의 집에서 빌존과 강경파 보수당 지도자 페르디 하르첸버그를 포함한 그 외 대표자들 그리고 피터와 코르네 뮐더 형제가 넬슨 만델라와 타보 음베키를 만났다.

빌존은 당시를 다음과 같이 기억하고 있다. "어떤 단계에서 음베키가 두 손을 공중으로 치켜들며, 우리는 너무 멀어져 있군요, 하고 말했다. 그래서 내가 이렇게 말했다. 그렇소. 우린 서로 너무 멀리 갔소. 그러니 뭔가 해야 하지 않겠소. 그러자 음베키가 말했다. 당신들이 원하는 것이 자결권이라면 그것을 공표하도록 합시다, 하고 말이다. 나는 그것이 하나의 돌파구라고 생각했다."

그리하여 쾨흘과 아브라함 빌존은 양쪽이 서명할 문서의 초안을 작성했다. 기본 취지는 모든 협상당사자들이 공히 수용할 수 있는 임시헌법에 자결주의 원칙을 구체적으로 명시하자는 것이었다. 그 문서는 12월 18일 칼턴 호텔에서 만델라, 음베키, 쥬마, 아프리카국민회의 여성연맹 지도자 위니 마디키젤라-만델라와 청년연맹 지도자 페터르 모카바가 모두 참석해서 서명할 예정이었다. 그런데 서명하기로 한 바로 전날 밤에 하르첸버그는 빌존에게 자유연맹 당원들은 그가 합의서에 서명하는 것을 원하지 않는다고 말했고, 그래서 빌존은 서명할 수 있는 위임권한이 없이 회의석상으로 갔다. 쥬마는 그것을 '서명 없는 합의서'라고 부르자고 제안했다. 왜냐하면 그들과 빌존 사이의 합의는 유효한 것이기 때문이라고 말했다.

1994년 1월, 만델라는 아프리카국민회의는 결코 하나의 민족국가를 허락하지 않을 것이며 이 나라가 갈가리 분열되어 싸우는 일을 결코 좌시하지 않을 것이라는 성명서를 발표했다. 빌존은 그 연설을 듣고 아프리카국민회의 내부에서 이 방안을 둘러싸고 지지자들 사이에 문제가 발생하고 있구나 하는 생각이 들었다고 말한다. 당시 아프리카국민회의는 단일한 사람들로 구성되어 있었던 게 아니었다.

"그해 1월에 나를 추종하던 사람들이 더욱더 공격적으로 밀어붙이기 시작했다. 그들은 모든 회담을 중단시키고 전쟁에 돌입하기를 원했다." (이후에 만델라는 빌존에게 그때 자기가 실수했다면서 그 성명서에 대해 사과했다.)

1월 말에 빌존과 음베키는 이레네 지역에 있는 얀 스뮈츠 손자의 집에서 만났다. 음베키는 빌존에게 다가오는 국민선거를 민족국가 건설방안에 대한 '확고한 지지'를 증명하는 기회로 이용하라고 제안했다. 빌존은 상당히 괜찮은 제안이라고 생각했다. 1994년 4월 23일, 마침내 빌존과 음베키는 '서명 없는 합의서'에 대해 공식적으로 합의의 서명을 하고 이를 '아프리카너 자결주의에 관한 협정'이라고 명명했다.

그러나 빌존은 자신의 지지자들 사이에서 인기가 떨어지고 있었다. 1994년 1월 29일 프리토리아 스킬파드살에서 열린 우파진영의 대규모 집회에서 사람들은 그에게 단상에서 내려가라고 소리를 치며 "우리는 전쟁을 원한다!" 하고 구호를 외쳤다. 그는 지도부를 향해 이렇게 말했다. "여러분은 전쟁이 어떤 것인지 모릅니다. 여러분은 전쟁이 무엇을 의미하는지 이해하지 못합니다. 제가 저 자신에게, 하나님께, 그리고 우리 민족에게 전쟁은 마지막 남은 출구였다고 말할 수 없다면, 결코 전쟁을 일으키지 않을 겁니다." 하지만 그와 동시에 자신은 군사적 역량을 계속 증강시키고 있었다고 그는 말한다.

빌존은 배후에 배치해 놓은 군사력의 사용을 그토록 망설였던 이유를 다음과 같이 설명하고 있다.

"나는 군사전문가이다. 전쟁도 경험했다. 만일 우리가 군사적 행동을 취했다면, 결국 남아프리카는 거대한 피바다로 변했을 거라는 사실을 나는 알고 있었다. '국민의 창'은 시간을 낭비하며 허송세월을 보내지 않았다. 그들은 나라 곳곳에 엄청난 양의 무기를 은닉해 두었다. 전쟁이 일어났다면, 우리와 또 우리 쪽에 가담한 남아프리카방위군 부대들이 한편이 되고 '국민의 창'(MK)과 남아프리카방위군의 나머지 부대들이 또 한 편이 되어서 싸웠을 것이다. 필시 피비린내가 진동하는 전쟁이 되었을 것이다.

전쟁의 대가를 나는 익히 알고 있었다. 우리 국민과 남아프리카의 다른 국민들에게 크나큰 고통을 안겨주었을 것이다. 또한 경제적으로는 재앙을 의미했을 것이며, 아마 국제적 간섭까지 불러들였을 것이다. 나는 혁명적인 전쟁에 대해 연구했다. 그래서 열전으로 냉전을 이길 수 없다는 걸 안다. 열전의 목적은 오직 정치적 투쟁을 지원함으로써 그 투쟁을 공고하게 다지는 것이다. 그러나 우리는 이미 준비가 되어 있었다. 출구가 전혀 없다고 믿었다면, 우리는 지체 없이 전쟁에 돌입했을 것이다."

마침내 빌존에게 자신의 군사적 장치를 시험할 수 있는 기회가 왔다. 1994년 3월에 루카스 망고페는 아프리카국민회의와 MK가 자신을 타도하기 위해 보푸타츠와나를 파괴하고 있다면서, 빌존에게 도움을 청했다.

"화요일에 나는 정찰하기 위해 음마바토로 갔다. 그 주말에 MK가 강공을 취할 예정이라는 정보를 입수했다. 수요일부터 계획을 가동시키기 시작했으며, 목요일에 MK가 진격하고 있다는 소식을 듣고는 3천 명에게 은밀히 음마바토로 이동하기 시작하라는 명령을 내렸다. 그건 탁월한 판단이었다. 정말이지 위대한 작전이었다. 우리 사람들은 여러 루트를 경유해서 왔지만, 정보국은 단 한 지점도 파악하지 못했다. 금요일 7시에, 타격부대로 중무장을 한 선봉대가 음마바토에 도착했고, 우리는 그들을 요소요소에 배치했다. 그들의 존재는 즉각적으로 도시를 안정시키는 효과를 나타냈다.

그리고 이어서 '아프리카너 제2차독립운동' 소속의 얼간이들이 도착했다. 망고페는 '아프리카너 제2차독립운동' 사람들은 일절 포함시키지 말도록 특별히 요청했다. 그 이유는 그를 추종하는 사람들이 그것을 용납하지 않았기 때문이다. 우리는 외젠 테르' 블랑슈에게 떠나라고 명령했지만, 그는 우리의 말을 무시했다. 그 사람들은 몹시 거칠고 난폭하게 행동했다. 그들은 사람들을 향해 총을 난사하고 수류탄을 터뜨리면서 음마바토 시내로 진격해 들어왔다. 분노한 음마바토 시민들은 폭동을 일으켰고, 우리 군대는 타격부대로부터 무기를 압수해서 시민들에게 넘겨주었다. 우리 군대가 그들에게 중화기를 내어놓으라고 하자, 그들은 도난당하고 없다고 했다. 결국 나는 우리 병사들 전원을 공항으로 소집시키지 않을 수 없었다. 정말이지 그건 엄청난 재앙이었다. 나는 병사들에게 고향으로 돌아가라고 말했다."

1994년 3월 11일 저녁, 놀라운 장면이 전국 텔레비전에 방영되었다. '아프리카너 제2차 독립운동' 단체의 카키색 복장을 한 남자 세 명이 먼지가 뽀얗게 일고 있는 보푸타츠와나 도로의 낡은 회색 메르체데스 벤츠 자동차 옆에 누워 있었다. 그들은 고향에서부터 끌고 온 '아프리카너 제2차독립운동' 단체의 마지막 호송차에 타고 있었는데, 보푸타츠와나 병사들로부터 공격을 받았던 것이다. 올윈 볼파르트와 파니 위스가 물을 달라며 간절하게 도움을 청하는 모습을 수백만 남아프리카 사람들이 화면을 통해서 보았다. 그들의 친구 닉 푸리에는 이미 죽은 상태였다. 그리고 그때 한 흑인 경찰이 볼파르트와 위스를 처형했다. 이 충격적인 장면은 극우주의 진영의 폭력에 일대 전환점이 되었으며, '아프리카너 제2차 독립운동'이 종말을 고하는 서곡이 되었다.

보푸타츠와나의 혼란은 또한 콘스탄트 빌존에게 심대한 영향을 끼쳤다.

"요즈음 같은 유동적인 상황에서는 온 나라를 전면전으로 몰아넣지 않고 복잡한 군사작전을 수행한다는 것이 얼마나 어려운 일인지, 나는 문득 깨달았다. 그렇게까지 할 준비는 전혀 되어 있지 않았다. '아프리카너 제2차독립운동' 단체의 인자들과 그들의 무절제한 행동은 곧 내가 우리의 군사력을 완전히 장악하고 통솔할 수 없다는 것을 의미했다. 그래서 나는 정치적 전략만이 우리에게 남아 있는 유일한 길이라는 사실을 분명히 깨달았다.

나는 음마바토에서 뮐더 형제에게 전화를 걸어 이렇게 말했다. 우리는 선거에 등록할 것이다. 오늘날, 그것만이 유일한 돌파구이다. 그런 의미에서 음마바토는 매우 중요한 전환점이었다."

자유전선이 선거에 참여하는 정당으로서 등록했다는 것은 선거절차가 평화적으로 진행될 것이라는 최초의 징조였다. 이와 더불어 인카타 자유당의 선거등록은 또 하나의 평화의 징조였다.

빌존은 아프리카국민회의가 민족국가 건설을 실제로 심사숙고했다고 믿을 만큼 순진했을까?

"아니다. 우리가 서명 없는 합의서와 4월 23일 합의서를 아주 잘 수행했다고 생각한다. 그러나 아프리카국민회의는 특히 1996년부터 대부분의 아프리카너들이 새로운 남아프리카를 경험하지 못했기 때문에 그렇게 부정적이라는 것을 깨달았다. 그래서 그들은 기회를 잡을 수 있을 것이며 그 합의서들을 무시할 수 있다는 생각을 품기 시작했다. 나는 그들이 처음부터 정직하지 않았다고 생각지는 않는다. 다만 이용할 대상으로 나를 택하지 않았을 따름이다. 또한 우리는 어디에 민족국가를 세울 것인가에 대해 국민들 사이에서 합의를 결코 도출해 낼 수 없었다. 하지만 여전히 나는 그것만이 우리가 달성할 수 있고 달성해야 하는 것이라고 생각하는데, 20년 아니 50년이 지나도 그것은 유효하다. 진열대에서 민족국가를 구입할 수는 없는 것이다."

그후 콘스탄트 빌존은 정계에서 은퇴했고, 피터 뮐더 박사가 그를 대신해서 자유전선 지도자가 되었다. 자유전선은 여전히 주류정치에서 보수주의 아프리카너들의 목소리를 대변하는 중요한 역할을 담당하고 있다. 2004년, 자유전선은 보수당과 소규모 우파집단들을 흡수통합해서 '자유전선 플러스'로 명칭을 바꾸었다.

1990년대 초에 많은 분석가들은 흑인 다수당 통치시기에 백인 우파의 호전성이 급격히 커질 거라고 예측했다. 이는 아프리카너들이 백인 우월주의자들이고, 따라서 그들은 '공산주의자'이고 '테러리스트'인 아프리카국민회의를 결코 정부로 받아들이지 않을 것이라는 의미였다.

하지만 보푸타츠와나의 대실수는 백인 극단주의 정치의 종말로 입증되었다. 지금은 소수 과격파를 기반으로 한 미미한 정당들로 축소되었으며, 심지어 극소수 아프리카너들을 제외한 모든 사람들에게 조롱거리가 되었다.

그렇다고 이렇게 된 것이, 백인의 군사적 저항이 쓸모없다는 것이 입증되었기 때문만은 아니었다. 남아프리카 백인들 대부분은 넬슨 만델라의 지도력이 확신에 차 있고 화해의 지도력임을 확인하고 깜짝 놀랐다. 그가 민주적인 절차에 의해 선출된 최초의 대통령으로서 서약을 한 지 불과 몇 개월도 지나지 않아, 백인들은 아파르트헤이트 시절의 전임자들보다 만델라를 더 존경하고 사랑하게 되었다. 그들은 새로운 민주적 질서가 실제로 자신들의 이해관계와 밀접한 관계가 있다는 것을 깨닫고는 자신들의 아이덴티티를 재규정하기 시작했다.

1488년 2월부터 시작된 흑인과 백인의 대결 이야기는 이제 한 바퀴 빙 돌아서 제자리로 왔다.

:: 마지막 말

여러 세대 동안, 남아프리카의 역사는 사람들을 분열시키는 데 사용되었다. 우리의 과거는 한쪽 진영에는 다른 집단의 사람들을 배신하고 그들의 재산을 탈취하거나 목숨을 빼앗는 참을 수 없이 역겨운 사람들이, 또 한쪽 진영에는 스스로 방어하는 고귀한 영웅들이 자리 잡고 있는 곳이 되었다. 오늘날 종족적·인종적·지역적 태도 그 이면에는 여전히 수많은 역사적 원한들이 잠재해 있다.

동시에 역사란 결코 망각되는 것이 아니다. 우리의 조상들이 어떤 식으로 상호접촉을 했고 세대를 거듭하면서 서로에게 또 서로를 위해서 무엇을 했는지 완전히 알지 못한다면, 우리가 누구이고 오늘날 우리가 있는 이곳에 어떻게 존재하게 되었는지를 올바르게 이해할 수 없을 것이다.

그러면 어떻게 우리는 스스로를 마비시키지 않는 방식으로, 다른 사람들에 대해 원한을 가지지 않고 또 맹목적으로 우리 자신을 미화하지 않는 방식으로 역사를 기억할 수 있을까?

내가 볼 때, 그것은 우리의 과거에 살았던 인물들을 먼저 인간이라는 존재로서, 다음으로 인종이나 종족 혹은 계급 집단의 구성원으로서 인식하는 문제에 관한 것이다. 우리의 과거를 구성한 행위자들이 인간으로서 어떤 모습이었을지 이해하려고 노력하는 것이며, 또한 그들의 행동을 일반적인 인간행위의 측면에서 판단하는 것이다. 무엇보다도 먼저 우리의 편견이나 편협한 민족주의를 정당화하는 시각에서 역사를 읽는 것이 아니라, 열린 마음으로 읽는 것이다.

　이것은 우리의 과거 이야기들을 마음대로 윤색하거나 삭제하는 것을 의미하지 않는다. 너무나도 추한 일들이 발생했었고, 무지막지한 불의가 자행되었다. 하지만 우리는 그 모든 것의 진실을 알 필요가 있다. 오직 그럴 때만이 비로소 우리는 오늘날 우리나라에 존재하는 다양한 공동체들이 지니고 있는 태도와 두려움과 열망과 좌절과 편견을 이해할 수 있을 것이다.

　설사 아무리 경직된 백인 보수주의자라 할지라도 마다가스카르의 트레인체라는 노예여성에게 깊은 연민을 가지게 될 것이고, 우리의 소크라테스 몰로미를 자랑스럽게 여기고, 산악지역의 현명한 왕 모쇼에쇼에에게 존경을 표하게 될 것이다.

　불한당 같은 이주 보어인 쿤라트 데 바위스나 보어인 예언가 시너 반 렌스버그의 삶에 매혹되지 않는 흑인의식의 신봉자가 있다면 나에게 그 예를 보여주기 바란다.

　열린 마음의 소유자에게 샤카의 이야기는 단순히 호전적인 살인기계의 이야기가 아니라 깊은 정신적 상처를 지닌 어린 소년이 성장하여 마침내 역사의 흐름을 바꾸어놓는 놀랄 만한 일들을 행하는 흥미진진한 이야기이다.

자식에게 젖을 먹이는 MK 대장 필라 은드완드웨의 용감성과 불굴의 신념에 깊은 존경심을 표시하는 사람이라면 반드시 아파르트헤이트 폐지투쟁에 참여했어야 할 필요는 없다.

영국인에게 납치를 당한 코이코이족 족장 코레, 나치의 선동가 로비 라이브란트, '반역자' 피트 데 웨트, 한 백인남자에 대한 위니 만델라의 배려, 우리를 내전으로부터 구해 준 우파 군사전략가 콘스탄트 빌존 그리고 그 밖의 많은 사람들의 이야기와 더불어 이 이야기들은 우리가 어떻게 오늘날의 남아프리카 국민이 되었는지를 들려준다.

이 모든 사람들은 그들이 살았던 시대의 환경과 지배적인 태도에 영향을 받고 반응하기도 하고 또 그들의 뒤를 잇는 사람들에게 영향을 주는 사건과 태도에 영향을 끼치기도 했다.

억압자와 피억압자, 영웅과 악당, 이 모든 사람들이 다 우리의 조상들이다. 내가 그들을 나의 조상으로 받아들이기 위해서는, 반드시 나의 유전자구조가 특정 개체들과 과학적으로 연결되어 있어야 하는 것은 아니다. 몰로미와 가족적인 연결고리가 전혀 없는 한 모소토인이 그를 자기 조상이라고 부르는 것(혹은 샤카와 다른 가계 출신의 줄루인이 그를 자기 조상이라고 부른다거나, 혹은 원래는 프랑스 위그노파를 시조로 둔 아프리카너가 크리스티안 데 웨트를 조상이라고 부르는 것)과 마찬가지로, 나는 나보다 먼저 남아프리카에 와서 우리 사회를 형성한 모든 남아프리카 사람들을 다 조상이라고 생각한다. 내가 아는 한 비록 나는 옴 폴하고만 직접적인 혈연관계에 있다 할지라도, 폴 크루거가 나의 조상인 것과 똑같은 방식으로 아우초마토와 샤카와 산딜레와 모쇼에쇼에도 나의 조상들이다.

또 다른 남아프리카인은 훨씬 더 아름답고 시적인 방식으로 이 모든 것을 표현했다. 타보 음베키이다. 1996년 5월 8일 의회에서 남아프리카 새 헌법이 선포되던 날, 부통령 타보 음베키는 이렇게 연설했다.

저는 이 아름다운 케이프의 거대하고 광활한 공간을 떠다니고 있는 고독한 영혼들, 코이족과 산족에게 지금의 제가 존재할 수 있게 해주신 데 대해 감사드립니다. 우리가 나고 자란 이 땅이 지금까지 겪어온 가장 무자비한 학살에 희생된 그분들, 우리의 자유와 독립을 지키기 위한 투쟁에서 가장 먼저 목숨을 잃었던 그분들, 결국에는 일개 국민으로서 이름도 없이 사라졌던 그분들께 많은 빚을 지고 있습니다.

오늘날, 이 나라에 살고 있는 우리는 지난날 참담했던 행위들을 인정하기가 두려워 우리의 기억으로부터 잔인한 사건들을 지우려고 애쓰면서 현재를 살고 있는 세대들의 이 조상들이 들려주는 생생한 목소리에 침묵하고 있습니다. 그러나 우리가 그것을 기억할 때만이, 그로부터 결코 두 번 다시는 비인간적이고 몰염

치해지지 않을 수 있는 가르침을 얻을 것입니다.

저의 존재는 유럽을 떠나 우리의 모국 땅에서 새로운 가정을 가꾼 이민들의 삶으로 형성되었습니다. 그들이 어떤 일을 저질렀든 변함없이 그들은 제 존재의 일부를 이루고 있습니다.

저의 혈관에는 동양에서 온 말레이족 노예들의 피가 흐릅니다. 그분들의 당당한 위엄은 저에게 인내심을 불어넣어 주었고, 그분들의 문화는 저의 본질의 일부가 되었습니다. 그분들의 몸에 깊이 새겨진 노예주들의 채찍자국은 제 의식에 어떤 일들은 결코 하지 말아야 하는가를 선명하게 각인시켜 주는 기록입니다.

저는 힌차와 세쿠쿠네가 이끌었던 남녀 전사들, 세츠와요와 음페푸의 지휘 아래 전투에 참여했던 애국자들, 모쇼에쇼에와 응궁구니야네가 결코 자유의 대의를 욕되게 하지 말라고 가르쳤던 병사들의 후손입니다.

저의 정신과 저 자신의 지식은 에티오피아인처럼, 가나의 아샨티족처럼 그리고 사막의 베르베르인처럼, 우리의 아프리카 왕관에 보석으로 장식되어 있는 승리, 이산들와나에서부터 카르토움까지 우리가 쟁취한 승리를 바탕으로 형성되었습니다.

저는 세인트헬레나와 바하마에 있는 보어인들의 무덤에 갓 따온 꽃을 바치는 손자이며, 마음의 눈으로 한낱 평범한 농부와 죽음과 강제집단수용소와 파괴된 농장의 고통을 경험하면서 그 폐허 속에서 꿈을 찾는 손자입니다.

저는 농카우세의 아들입니다. 세계시장에서 다이아몬드와 금과 그리고 그와 똑같이 제가 그토록 먹고 싶어하는 식량의 교역을 가능하게 했던 바로 그분이 저입니다.

저는 인도와 중국에서 실려왔던 사람들의 후손입니다. 그분들의 존재는 오로지 육체적 노동을 제공할 수 있다는 사실에서만 확인되었습니다. 그분들은 저에게 우리가 고향에서도 살 수 있고 외국에서도 살 수 있다는 것을 모두 다 가르쳐주셨습니다. 그분들은 저에게 인간존재 그 자체가, 자유란 바로 그 인간존재에게 필수적인 조건임을 요구했다는 것을 가르쳐주셨습니다.

이 모든 사람의 일부로서 또한 그 어느 누구도 이 주장에 감히 저항하지 못한다는 인식 속에서 저는 주장할 것입니다. 나는 아프리카인이다!

나는 아프리카인이다. 수많은 의미의 층위를 지닌 이 자랑스럽고 힘찬 선언.

지극히 글자 그대로의 의미에서, 이 땅에 살고 있는 모든 인간은 떳떳이 일어서서 선언할 수 있다. 나는 아프리카인이다. 이 대륙은 온 인류가 시작되었던 곳이다. 이곳에서 태어난 우리에게는 이렇게 말할 특권이 부여되어 있다. 우리는 어머니 대륙에서 태어났다, 우리의 것이 인류 최초의 문명이었다고 말이다.

최근에 과학자들은 케이프 남부해안의 비트산트와 스틸바이 사이에 있는 블롬보스 동굴에서, 7만 7천여 년 전에 그곳에서 살았던 사람들이 예술을 만들고 문화를 발전시킨 최초의 인간종이라는 증거를 찾아냈다.

그후 오래지 않아 아프리카인들은 이 대륙을 떠나서 중동과 유럽, 아시아로 옮겨가기 시작했으며, 마침내 지구 전체에 퍼져 살게 되었다. 음식과 유전적 분리 그리고 기후조건 등에 의해서 일부는 피부색이 훨씬 더 엷어졌다. 이 창백한 사람들 중 일부가 500년 전에 아프리카 남쪽 끝을 다시 발견해서, 고향으로 돌아왔다. 그들이 다시 아프리카인이 되었다.

우리의 차이를 인정하고, 우리보다 앞서서 온 사람들이 당시 얼마나 서로 싸웠는지 들려주는 이야기를 즐기자. 그러나 우리 모두 아프리카인이라는 사실을 결코 잊지 말자.

그리고 이곳, 그 모든 것이 시작되었고 1994년의 장엄한 평화와 더불어 그 원이 완성된 남아프리카의 이곳에서, 이제 우리는 뿔뿔이 흩어져 있는 역사들을 인식할 때이다. 이제 우리의 과거를, 마침내 지금 우리가 만들어나가고 있는 하나의 국민으로 우리 모두를 나아가게 했던 시대로 생각하기 시작할 때이다.

우리 모두는 오직 하나의 역사만 가지고 있다.

한눈으로 읽는 남아프리카 역사

10만여 년 전 오늘날의 인류 호모 사피엔스가 케이프 지역에서부터 에티오피아까지의 아프리카 동쪽을 따라 발생한다.

6천여 년 전 오늘날의 보츠와나 북부지방에서 발전한 코이코이족이라 불리는, 양떼와 소떼를 몰고 다니는 유목민이 남쪽으로 이동하여 남아프리카에 터전을 잡는다. 이곳에서 그들은 가까운 친족인, 산족 혹은 부시맨이라 불리는 토착 사냥꾼들과 결합한다.

1천 년 전 1천여 년에 걸쳐서 그레이트 레이크스(Great Lakes) 지역에서 점차 남쪽으로 이주했던, 반투어를 구사하는 농민들이 남아프리카 북부지역의 마풍구브웨에 풍요롭고 강력한 왕국을 건설한다. 이후의 500년 동안, 다양한 집단들이 남아프리카 동부해안과 중앙 지역으로 이주한다.

1488 포르투갈인 항해사 바르톨로뮤 디아스는 모슬 베이에 상륙하면서 남아프리카 땅에 발을 내디딘 최초의 유럽인이 된다. 그의 일행은 코이코이족과 마주친다. 11년 후에 디아스의 동료 바스코 다가마가 동일한 지점에서 뭍에 올라 십자가를 꽂고 기독교 제단(파드랑)을 만든다. 그는 항해를 하면서 코이코이족 사람들이 대담하게 십자가를 뽑아버리고 제단을 망가트리는 것을 본다.

1510 포르투갈인 프란시스코 달메이다 백작이 테이블 베이 항구에서 뭍에 오른다. 그의 일행은 코이코이족과 싸움을 하게 된다. 백작과 수하 50명 모두 살해된다.

1613 영국 함선 헥터호와 토마스호 사람들이 코이코이족의 족장 코레를 테이블 베이에서 납치하여 런던으로 데리고 간다. 그리고 이듬해 그를 다시 데리고 온다.

1652 네덜란드 동인도회사의 대표 얀 반 리베이크가 케이프 지역에 보급기지를 세운다. 이것이 남아프리카 최초의 유럽인 영구정착촌이다. 반 리베이크는 정착민들과 코이코이족을 분리시키기 위해 정착촌 가장자리를 빙 둘러 아몬드나무를 심어서 울타리를 만든다—최초의 아파르트헤이트 행위이다.

1658 최초로 노예를 실은 배가 케이프 지역에 도착한다. 노예들은 다호메이, 앙골라, 모

	잠비크, 마다가스카르 출신들이었으며, 그보다 더 많은 수의 인도 및 동인도제도 출신 노예들이 있었다. 총 6만 명 가량의 노예가 케이프 지역으로 실려온다.
1688	최초의 프랑스 위그노파 신교도들이 케이프 지역에 도착한다. 네덜란드인, 프랑스인 그리고 좀 뒤에 독일인이 도착해서 (때에 따라서는 일부 노예나 코이코이족과 피가 섞여) 새로운 집단을 형성하며, 이들이 나중에 아프리카너 민족으로 알려지게 된다.
1703	네덜란드인 맥주제조업자 빌렘 멘싱크와 노예 마다가스카르의 트레인체가 저 유명하면서도 운명적인 연인관계를 맺는다.
1713	천연두 전염병이 돌아 엄청나게 많은 코이코이족 사람들이 목숨을 잃는다.
1720	남아프리카 중부의 위대한 철학자 몰로미가 태어난다. 그의 할아버지 모나헹은 오늘날의 자유공화국과 레소토 지역에 정착했던 흑인농부들인 바코에나족 족장이었다.
1761	쿤라트 데 바위스가 태어난다. 그는 이스턴 케이프로 옮겨간 최초의 이주 보어인 중 한 명이다. 이스턴 케이프에서 백인 정착민들과 코사족 농민들이 처음으로 충돌하게 된다. 1789년에 쿤라트는 거의 혼자 힘으로 두 집단 사이에 전쟁을 일으킨다.
1766	마다가스카르 출신의 노예들에게 탈취당한 함선 메이르민호가 케이프 남쪽해안에 있는 디 몬드에서 좌초된다.
1786	위대한 남아프리카인 두 사람이 태어난다. 한 사람은 바소토 민족의 창시자이자 왕 모쇼에쇼에이고, 또 한 사람은 줄루 민족의 창시자이며 왕인 샤카이다.
1795	영국이 케이프 지역을 정복하여 식민지로 만든다. 영국은 1803년에 케이프를 네덜란드에 돌려주었다가 1806년에 다시 점령한다.
1820	영국은 주로 농민과 상인으로 구성된 영국 국민 약 4천 명을 이스턴 케이프에 정착시킨다.
1828	줄루족의 왕 샤카가 이복형제 딩가네와 음랑가나에게 암살당한다.
1834	코사족의 왕 힌차가 영국 식민지군대와의 야만적인 전쟁에서 죽임을 당한다. 1850년의 또 다른 전쟁에서는 코사족 약 1만 6천 명이 목숨을 잃는다.
1836	이스턴 케이프의 아프리카너 이주 보어인들이, 나중에 '대이주'로 불리는 내륙으로의 이주를 시작하여, 결국 가리프강 북부의 흑인 마을들과 충돌한다.

1843 영국이 나탈의 부어트레커 공화국을 멸망시키고 나탈을 합병한다. 보어인들은 프리토리아를 수도로 정하고 남아프리카공화국을 선포한다.

1854 오렌지공화국의 보어인 공화국이 선포되고, 바소토족과 충돌하기 시작한다. 이제 남아프리카의 대부분 지역이 백인들에게 정복된다.

1856 농카우세라는 젊은 코사족 여인이 사람들이 가축을 죽이고 곡식을 심지 않으면 대심판의 날이 도래할 것이라고 예언한다. 결과적으로 수만 명이 죽는다.

1860 사탕수수농장에서 일할 인도 출신의 계약노동자를 실은 배가 처음으로 나탈 지역에 도착한다.

1876 킴벌리에서 다이아몬드가 발견된다.

1886 지금의 요하네스버그에서 금이 발견된다.

1893 인도 출신의 모한다스 간디가 남아프리카에 도착하여 인종차별정책에 반대하는 저항운동을 고취하고 조직한다.

1899 남아프리카공화국이 영국과의 전쟁을 선포하고 오렌지자유공화국이 합류한다.

1900 유명한 크리스티안 데 웨트 장군의 동생 피트 데 웨트 보어인 장군이 영국군에 항복하고 영국에 부역하기 시작한다.

1902 두 보어인 공화국이 영국에 항복하고 베레이깅(Vereeniging)평화조약에 서명한다. 전쟁기간 동안 약 3만 명의 보어인 여성과 어린아이 그리고 그 비슷한 숫자의 흑인들이 사망한다.

1910 두 개의 보어인 공화국과 두 개의 영국 식민지로 구성된 남아프리카연방이 등장한다. 흑인들에게는 투표권이 주어지지 않는다.

1912 블룸폰테인에서 남아프리카원주민국민회의(SANNC)가 구성되어 흑인권리 투쟁을 한다. 이 이름은 나중에 아프리카국민회의(ANC)로 바뀐다.

1914 국민당이 역시 블룸폰테인에서 아프리카너 민족주의를 주요 정치적 수단으로 해서 조직된다.

1918 전권을 가진 비밀조직 '아프리카너 형제애'가 조직되어 사업 · 교육 · 문화 분야에서 아프리카너 민족주의의 기치를 드높여나간다.

1938 전국적으로 1세기 전의 '대이주'를 재연함으로써 아프리카너 민족주의가 크게 고

조된다.

1941 나치의 간첩이었던 로비 라이브란트가 얀 스뮈츠 수상을 암살할 계획으로 독일에서 요트를 타고 남아프리카 서부해안에 도착한다.

1948 국민당이 백인들만의 보통선거에서 승리를 하고 아파르트헤이트 이데올로기를 실행에 옮기기 시작한다.

1952 아프리카국민회의가 인종차별법에 반대하는 저항캠페인을 성공적으로 이끎으로써 저항운동의 동력을 얻는다.

1955 남아프리카 전역에서 선출된 아프리카국민회의 대표들이 클리프타운에서 자유헌장을 채택한다. 자유헌장은 이후 거의 40년 동안 아프리카국민회의의 중요한 정책자료가 된다.

1957 아프리카국민회의 내의 아프리카주의자들이 자유헌장의 범인종적 조항들을 이유로 아프리카국민회의를 탈퇴하고, 로버트 소부크웨를 초대 의장으로 한 범아프리카회의(PAC)를 결성한다.

1960 샤프빌에서 개최된 주민등록법 반대집회에서 참가자 69명이 경찰에 의해 죽임을 당하며, 같은 날 조금 늦게 케이프타운의 랑가에서 열린 행진에서는 3명이 목숨을 잃는다. 이 죽음은 국제적으로 강력한 항의로 이어진다. 정부는 아프리카국민회의와 범아프리카회의, 공산당을 불법단체로 규정한다.

1961 남아프리카는 공화국을 선포하고 영연방에서 탈퇴한다. 아프리카국민회의는 무장투쟁을 전개하기로 결정하며, 이로써 '움콘토 웨 시즈웨'(국민의 창)가 결성된다. 12월 16일에 처음으로 파괴활동이 시작된다.

1962 넬슨 만델라가 체포되어, 불법적인 국가탈출죄로 5년형을 선고받는다.

1963 월터 시술루, 고반 음베키, 아메드 카스라다를 비롯한 그 밖의 '국민의 창' 최고사령부 멤버들이 리보니아의 릴리슬리프 농장에서 체포된다. 반투어를 사용하는 흑인종족들이 사는 몇 군데 중에서 트란스케이 지방이 최초로 자치정부를 획득한다. 남아프리카 흑인들은 이 '홈랜드'에서만 정치적 권리를 행사할 수 있다는 정책에 따른 것이다. 그후 4개의 홈랜드가 '독립'하게 된다.

1964 만델라와 리보니아 사건의 연루자들이 파괴활동 금지법에 의해 종신형을 선고받

고 로번 아일랜드로 이송된다.

1966 헨드리크 페르부르트 수상이 의회에서 살인청부업자 디미트리 차펜다스의 칼에 찔려 숨진다. 존 포르스터가 수상에 취임한다.

1967 주로 유색인이 거주하는 케이프타운의 시끌벅적한 교외 '제6구역'이 다른 교외지역과 마찬가지로 '백인 거주지역'으로 선포된다. 주민들은 케이프타운에서 몇 킬로 떨어진 케이프 플래츠와 미첼스 플레인에 새로 조성된 타운십으로 강제로 쫓겨난다.

1974 정부가 핵무기 제조 프로그램을 착수하기로 결정한다. 포르투갈에서 발생한 쿠데타가 식민지 앙골라와 모잠비크의 독립으로 이어진다.

1975 남아프리카 군대가 '앙골라완전독립을 위한 민족연맹'(UNITA)과 '앙골라 민족해방전선'(FNLA)의 편에서 싸우기 위해 앙골라를 침략한다. 같은 시각에 쿠바 군대가 앙골라에 도착한다.

1976 소웨토의 학생들이 반투족 교육법과 교육공용어로 아프리칸스어 사용에 대해 항의한다. 경찰이 전국의 타운십에서 봉기를 이끄는 항의주동자들 몇 명을 살해한다. 수많은 흑인 젊은이들이 이웃국가들에 있는 아프리카국민회의에 합류하기 위해 나라를 떠난다.

1977 '흑인의식'의 카리스마 넘치는 지도자 스티브 비코가 경찰에게 무자비하게 폭행을 당하고 발가벗겨진 채 경찰차에 실려 프리토리아로 이송된다. 이송 도중에 스티브 비코는 숨을 거둔다. 지미 크루거 법무장관이 비코의 죽음 따위는 관심 없다고 발언한다. 소련 인공위성이, 남아프리카가 핵장치 폭발시험을 하기 위해 지하에 설치한 바스트랍 기지의 사진을 찍는다. 위니 만델라가 브랜드포트로 추방당한다.

1978 포르스터 수상이 정보국의 비밀자금을 남용했다는 스캔들로 사임한다. 이어 수상으로 취임한 국방장관 P. W. 보타는 방위군 총사령관 매그너스 말란을 국방장관으로 임명한다. 남아프리카의 군사화가 시작되며, 뒤이어 이웃국가들에 대한 군사적 교란 프로그램을 가동한다.

1979 미국의 벨라 인공위성이 남아프리카의 남쪽 대양에서 핵폭발의 전형인 이중불꽃을 포착한다. 남아프리카는 그 책임을 부인한다.

1980 짐바브웨가 독립하고 '짐바브웨아프리카민족연맹'(ZANU)의 지도자 로버트 무가비가 초대 대통령에 오른다.

1983 유색인과 인도인의 의회를 별도로 구성하자는 보타 수상의 제안이 국민투표에 부쳐져 통과된다. 남아프리카 흑인들만 정치참여에서 배제된다. 남아프리카인 절대 다수가 이 '삼부의회'에 대해 분노하게 되고, 결국 '민주통일전선'의 결성으로 이어진다. 민주통일전선은, 그 주요 참여조직 하나가 새로 조직된 남아프리카노동조합회의인 것처럼, 이데올로기적으로 아프리카국민회의와 같은 노선을 취하고 있다. 몇 개 주에서 비상사태가 선포되면서, 격렬한 억압과 저항의 시대가 시작된다.

1984 남아프리카와 모잠비크가 상호불가침조약인 은코마티 협정을 체결한다.

1988 '국민의 창'의 나탈 지역 대장 필라 은드완드웨가 스와질란드에서 남아프리카 비밀경찰들에게 납치되어, 정보원이 되기를 거부하자 피터마리츠버그 근처에서 살해당한다.

1989 P. W. 보타가 뇌졸중으로 쓰러져 대통령직은 그대로 유지하지만, 국민당 당수로는 F. W. 데 클레르크가 그의 뒤를 잇는다. 보타가 만델라를 만난다. 데 클레르크는 대통령 자리를 승계하고 아프리카민족회의의 고위간부들 몇 명을 석방시킨다. 독일의 베를린장벽이 무너진다. 나미비아의 자주선거에서 '서남아프리카민중조직'(SWAPO)이 압도적으로 승리한다.

1990 데 클레르크가 의회 개회사에서 아프리카국민회의, 남아프리카공산당, 범아프리카회의의 합법화를 공표한다. 2월 11일, 만델라가 감옥에서 걸어나온다. 아프리카국민회의 망명객들이 외국에서 돌아오기 시작한다. 아프리카국민회의와 국민당이 폭력을 종식시키고 협상을 통해 해결책을 찾는다는 그루트 슈어 조약에 서명한다. 나미비아는 독립공화국이 된다.

1991 협상주체인 모든 정당이 국가평화조약에 합의한다. 그러나 정치적 폭력은 지속된다. 민주주의남아프리카회의(CODESA)의 제1차 회의가 개최된다.

1992 백인들만의 국민투표를 통해 데 클레르크는 협상에 대한 강력한 지지를 얻는다. 보이파통에서 40명이 학살당하는 사건이 일어나고, 아프리카국민회의는 모든 협상을 중단한다고 선언한다. 아프리카국민회의의 시릴 라마포사와 국민당의 룰프

메이어가 '특별 대화채널'을 구성해서, '이해의 기록'에 대한 서명으로 이어지는 협상들을 다시 시작한다.

1993 4월 10일에 아프리카국민회의와 남아프리카공산당의 대중적인 지도자 크리스 하니가 한 우파사람에게 암살당한다. 남아프리카방위군 총사령관을 역임한 콘스탄트 빌존 장군이 군사적 개입이 가능한 백인을 전국적으로 수만 명이나 동원해서, 제한적인 파괴활동을 시작한다. 다당회의가 임시헌법을 통과시킨다.

1994 시스케이와 보푸타츠와나가 붕괴된다. '아프리카너 제2차독립운동' 조직의 보푸타츠와나 침략이 실패하면서, 빌존은 군사적 계획을 포기하고 선거에 등록한다. 4월 27~28일에 남아프리카 최초의 비인종차별주의적 민주선거가 실시되고, 아프리카국민회의는 총투표수의 거의 2/3를 획득한다. 넬슨 만델라는 초대 민주적 대통령으로 선서를 한다.

1996 남아프리카 헌법 최종안이 의회를 통과하여 헌법재판소의 재가를 받는다. 진실과 화해 위원회의 청문회가 시작된다.

1999 총선거 후에 넬슨 만델라가 대통령에서 물러나고, 타보 음베키가 대통령으로 취임한다.

참고문헌

Arbousset, Thomas. *Missionary Excursion*. Lesotho: Morija Museum and Archives. 1991.
Becker, Peter. *Hill of Destiny: The Life and Times of Moshesh, Founder of the Basotho*. London: Panther. 1969.
Becker, Peter. *Path of Blood: The Rise and Conquest of Mzilikazi, Founder of the Matebele*. London: Granada. 1975.
Becker, Peter. *Rule of Fear: The Bloody Story of Dingane, King of the Zulu*. London: Granada. 1972.
Bezdrob, Anné Marié du Preez. *Winnie Mandela: A Life*. Cape Town: Zebra Press. 2003.
Boeseken, Anna. *Slaves and Free Blacks at the Cape*. Cape town: Tafelberg. 1977.
Brookes, Edgar, and Colin de B Webb. *A History of Natal*. Pietermaritzburg: University of Natal Press. 1994.
Bruwer, J. P. *Manne van die Bantoe*. Johannesburg: Afrikaanse Pers Boekhandel.
Burman, Jose. *Shipwreck! Courage and Endurance in the Southern Seas*. Cape Town: Human & Rousseau. 1986.
Cassalis, Eugéne. *The Basutos* (facsimile reprint of the 1861 edition). Lesotho: Morija Museum and Archives. 1997.
Clingman, Stephen. *Bram Fischer: Afrikaner Revolutionary*. Cape Town: David Philip. 1998.
Coates, Austin. *Basutoland*. London: Her Majesty's Stationery Office. 1966.
Cope, John. *King of the Hottentots*. Cape Town: Howard Timmins. 1967.
Couzens, Tim. *Murder at Morija*. Johannesburg: Random House. 2003.
Davenport, Rodney and Christopher Saunders. *South Africa: A Modern History*. London: Macmillan. 2000.
Deacon, Harriet(ed.). *The Island: The History of Robben Island 1488~1990*. Cape Town: David Philip. 1996.
Deacon, H. J. and Jeanette Deacon. *Human Beginnings in South Africa: Uncovering the Secrets of the Stone Age*. Cape Town: David Philip. 1999.
De Klerk, F. W. *Die Outobiografie*. Cape Town: Human & Rousseau. 1999.
De Klerk, W. A. *The Puritans in Africa: A Story of Afrikanerdom*. Harmondsworth: Penguin. 1976.
De Villiers, H. H. W. *Rivonia: Operation Mayibuye*. Johannesburg: Afrikaanse Pers Boekhandel. 1964.

De Wet, C. R. *Die Stryd tussen Boer en Brit.* Cape Town: Tafelberg. 1999.

Du Toit, André and Hermann Giliomee. *Afrikanner Political Thought: Analysis and Documents. vol. I. 1780~1850.* Berkeley: University of California Press. 1983.

Ebahim, Hassen. *The Soul of a Nation: Constitution-making in South Africa.* Cape Town: Oxford University Press. 1998.

Eldredge, Elizabeth A. *A south African Kingdom: The Pursuit of Security in Nineteenth-Century Lesotho.* Cambridge: Cambridge University Press. 1993.

Ellenberger, De Fred. *History of the Basuto: Ancient and Modern* (facsimile reprint of 1912 edition). Lesotho: Morijia Museum and Archives. 1997.

Elphick, Richard. *Khoikhoi and the Founding of White South Africa.* Johannesburg: Ravan Press. 1985.

Elphick, Richard and Hermann Giliomee(eds.). *The Shaping of South African Society 1652~1820.* Cape Town: Maskew Miller Longman. 1979.

Furlong, Patrick J. *Between Crown and Swastika: The Impact of the Radical Right on the Afrikaner Nationalist Movement in the Fascist Era.* Johannesburg: Witwatersrand University Press. 1991.

Gandhi, Ela. *Mohandas Gandhi: The South African Years.* Cape Town: Maskew Miller Longman. 1994.

Gandhi, M. K. *An Autobiography.* London: Penguin. 1982.

Germond, R. C. *Chronicles of Basutoland.* Lesotho: Morija Sesuto Book Depot. 1967.

Giliomee, Hermann. *The Afrikaner: Biography of a People.* Cape Town: Tefelberg. 2003.

Golan, Daphna. *Inventing Shaka: Using History in the Construction of Zulu Nationalism.* London: Lynne Rienner Publishers. 1994.

Gordon, R. E. and C. J. Talbot. *From Diaz to Vorster: Source Material on South African History.* Goodwood: Nasionale Opvoedkundige Uitgewery. 1983.

Grundlingh, A. M. *Die Hensoppers en Joiners.* Pretoria: Haum. 1979.

Heese, H. F. *Reg en Onreg, Kaapse Regspraak in die 18de Eeu.* Bellville: University of the Western Cafe. 1994.

Hill, Stephen J. *A Short History of Lesotho: From the Late Stone Age until the 1993 Elections.* Lesotho: Morija Museum and Archives. 1993.

Hunt, James D. *Gandhi and the Nonconformists: Encounters in South Africa.* New Delhi: Promilla & Co Publishers. 1986.

Kathrada, Ahmed. *Memoris.* Cape Town: Zebra Press. 2004.

Kruger, D. W. *The Age of the Generals.* Johannesburg: Dagbreek Book Store. 1958.

Laband, John. *Rope of Sand: The Rise and Fall of the Zulu Kingdom in the Nineteenth Century.* Johannesburg & Cape Town: Jonathan Ball. 1995.

Le Cordeur, Basil. *The Politics of Eastern Cape Separatism 1820~1854.* Cape Town: Oxford

University Press. 1981.

Leibbrandt, Robey. *Geen Genade*. Pretoria: Bienedell Uitgewers. 1993.

Mandela Nelson. *Long Walk to Freedom: The Autobiography of Nelson Mandela*. Randurg: Macdonald Purnell. 1994.

Mandela, Winnie(edited by Anne Benjamin). *Part of My Soul Went with Him*. Harmondsworth: Penguin. 1985.

Mbeki, Govan. *The Struggle for Liberation in South Africa: A Short History*. Cape Town: David Philip. 1992.

Meer, Fatima. *Apprenticeship of a Mahatma*. Phoenix: Phoenix Settlement Trust. 1994.

Meredith, Martin. *Fischer's Choice: A Life of Bram Fischer*. Johannesburg & Cape Town: Jonathan Ball. 2002.

Morris, Donald R. *The Washing of the Spears*. London: Cardinal. 1973.

Mostert, Noël. *Frontiers: The Epic of South Africa's Creation and the Tragedy of the Xhosa People*. London: Jonathan Cape. 1992.

Muller, C. F. J.(ed.). *500 Years: A History of South Africa*. Pretoria: Academica. 1975.

Nathanm Manfred. *The Huguenots in South Africa*. Johannesburg: Central News Agency. 1939.

Oliver, Roland. *The African Exprience*. London: Pimlica. 1994.

Pakenham, Thomas. *The Boer War*. London: Abacus. 1991.

Peires, Jeff. *The House of Phalo: A history of the Xhosa People in the Days of their Independence*. Johannesburg & Cape Town: Jonathan Ball. 2003.

Penn, Nigel. *Rogues, Rebels, and Runaways: Eighteenth-Century Cape Characters*. Cape Town: David Philip. 1999.

Porgieter, Coenraad. *Skipbreuke aan Ons Kus*. Cape Town: Tafelberg. 1969.

Raath, A. W. G. *Siener van Rensburg en die Rebellie*. Pretoria: Kontak Uitgewers. 1994.

Raath, A. W. G. and N. van Zyl. *Die Vierkleur Wapper Weer: die visioene van Siener van Rensburg*. Bloenfotein: Vierkleur Uitgewery. 1995.

Reitz, Deneys. *Commando: A Boer Journal of the Boer War*. Harmondsworth: Penguin. 1988.

Ritter, E. A. *Shaka Zulu: The Rise of the Zulu Empire*. London: Longmans Green & co. 1955.

Rosenthal, Eric. *General Je Wet: A Biography*. Central News Agency.

Ross, Robert. *A Concise History of South Africa*. Cambridge: Cambridge University Press. 1999.

Sampson, Anthony. *Mandela: The Authorised Biography*. London and Cape Town: Harper Collins and Jonathan Ball. 1999.

Sauer, Hans. *Ex Africa*. London: Geoffrey Bles. 1937.

Schoeman, Agatha E. *Coenraad de Buys, the First Transvaler*. Pretoria: J. H. de Bussy. 1938.

Selby, John. *Shaka's Heirs*. London: George Allen & Unwin. 1971.

Synman, Adriaan. *Siener van Rensburg: Boodskapper van God*. Mossel Bay: Vaandel Uitgewers. 2003.

Sparks, Allister. *Tomorrow Is Another Country: The Inside Story of South Africa's Negotiated Settlement*. Johannesburg & Cape Town: Jonathan Ball. 1995.

Steyn, H. R. van der Walt and van Loggerenberg. *Armament and Disarmament: South Africa's Nuclear Weapons Experience*. Pretoria: Network Publishers. 2003.

Strydom, Hans. *Vir Volk en Führer: Robey Leibbrandt en Operasie Weissdorn*. Johannesburg & Cape Town: Jonathan Ball. 1983.

Theal, George M. *A History of South Africa Since 1795*. London: Swan Schonnstein. 1908.

Tutu, Desmond. *No Future Without Forgiveness*. London: Rider Books. 1999.

Uys, Ian. *Survivors of South African Oceans*. Pretoria: Fortress Publishers. 1993.

Van Jaarsveld, F. A. *From Van Riebeeck to Vorster: An Introduction to the History If the Republic of South Africa*. Johannesburg: Perskor. 1975.

Waldmeir, Patti. *Anatomy of a Miracle: The End of Apartheid and the Birth of the New South Africa*. Harmondsworth: Penguin. 1998.

Watsonm R. L. *The Slave Question: Liberty and Property in South Africa*. Johannesburg: Witwatersrand University Press. 1990.

Worden, Nigel. *Slavery in Dutch South Africa*. Cambridge: Cambridge University Press. 1985.

찾아보기

가베마, 아브라함(Abraham Gabbema) 61
가우스, 피트(Piet Gouws) 359
가이카(Gaika) → 응시카
간디, 모한다스 카람찬드(Mohandas Karamchand Gandhi) 218~30, 241
갈라(Gala) 171
개혁위원회(Reform Committee) 197, 198
게르하르트, 디터(Dieter Gerhardt) 340
겐데야나(Gendeyana) 162
결사항쟁론자(bittereinder) 214
고동와나(Godongwana) 163
고흐, 조지(George Goch) 188
골드라이흐, 니콜라스(Nicolas Goldreich) 302
골드라이흐, 아르튀르(Arthur Goldreich) 297, 300, 307, 308
골드라이흐, 파울(Paul Goldreich) 302
골드라이흐, 하젤(Hazel Goldreich) 300
골드버그, 데니스(Denis Goldberg) 305, 306, 309, 312, 313
골드스타인, 데이비드(David Goldstein) 261, 262
공산당(communist party) 298, 299, 304, 306, 307, 354
공산주의 활동 금지법(Suppression of Communism Act) 309
공산주의(communism) 249, 250, 349, 354
국가사회주의의 항거(National Socialist Rebels) 281, 283
국가전복죄 재판(treason trial) 311
국가정보국(National Intelligence Service) 354, 364
국경없는의사회(Doctors without Borders) 107
국민당(National Party) 233, 293, 294, 328, 355~57, 360
국방연구소(National Institute for Defence Research) 339
국제연합(United Nations) 108, 350
국제원자력기구(International Atomic Energy Agency) 351
그로블러, E. R. 장군(General E. R. Grobler) 203
그루네발트, 티니(Tienie Groenewald) 354, 359
그륀들링흐, 알베르트(Albert Grundlingh) 203, 213, 215
그리쿠아족 족장(Chief Griqua) 148
그린호프 부인(Mrs. Greenhough) 195, 196
그코조, 아우파(Oupa Gcozo) 361
긴 칼들의 밤(Night of the Long Knives) 232, 233

나데리호(the Naderi) 225
나치즘(Nazism) 280, 290
나치친위대(SS) 272
나탈 인도인의회(Natal Indian Congress) 225
나탈대학교(Natal University) 172

난디(Nandi) 156~62, 165, 166, 170~78
남아프리카공산당(South African Communist Party) 298, 304, 310, 311, 354
남아프리카대학교(Unisa) 257
남아프리카방위군(SADF) 353, 355, 356, 360, 363, 364
내적 식인주의(endocannibalism) 107
네덜란드 동인도회사(VOC) 33, 53, 62~64, 131
네데르다위츠 헤르보름데 케르크(Nederduits Hervormde Kerk) 214
노예 얀(Jan) 62
놈코바(Nomcoba) 158, 162
농카우세(Nongqause) 374
뉘른베르크 재판(Nuremberg trials) 328
『뉴욕타임스』(New York Times) 263
뉴 이어스 기프트 호(New Year's Gift) 31
뉴질랜드 핵과학연구소(New Zealand Institute of Nuclear Science) 342
니센, 크리스티안(Christiaan Nissen) 275, 276

다가마, 바스코(Vasco Da Gama) 15~17
단처(Dantser) 147
달메이다, 프란시스코(Francisco D'Almeida) 17~20
담스, 에드바르트(Edward Dames) 285
대이주(Great Trek) 200, 201
더반대학교(Durban University) 346
던다스, 프란시스 장군(General Francis Dundas) 126, 136, 139
던다스, 헨리(Henry Dundas) 126

데 구던 바우스 호(De Gouden Buys) 119, 121
데 라 레이, 노니(Nonnie de la Rey) 244
데 라 레이, 코스 장군(General Koos de la Rey) 203, 236~41, 243~46
데 라 레이, 폴리(Polly de la Rey) 244, 245
데 멜로, 호르제(Jorge de Mello) 20
데 미스트, 야코뷔스 아브라함 장군(Commissioner-General Jacobus Abraham de Mist) 142
데 바로스, J.(J. de Barros) 17~19
데 바위스, 마이클(Michael de Buys) 142, 151
데 바위스, 야코뷔스(Jacobus de Buys) 125
데 바위스, 얀(Jan de Buys) 124
데 바위스, 쿤라트(Coenraad de Buys) 124~54, 200, 254, 287, 370
데 바위스, 페트뤼스(Petrus de Buys) 127, 128
데 살다냐, 안토니오(Antonio de Saldanha) 17
데 야허, 크리스 장군(General Chris de Jager) 278
데 웨트, 코르넬리아(Cornelia de Wet) 208
데 웨트, 수잔나(Susanna de Wet) 208
데 웨트, 쿼투스 판사(Judge Quartus de Wet) 311, 312
데 웨트, 크리스티안 장군(General Christiaan de Wet) 200~209, 213~15, 269, 371
데 웨트, 피트 장군(General Piet de Wet) 200~15, 371
데 웨트, H. G.(H. G. de Wet) 206

데 웨트, O. G.(O. G. de Wet) 132
데 코크 경찰주임(Chief Constable de Kock) 287
데 클레르크, F. W.(F. W. de Klerk) 249, 250, 328, 347~49, 351, 354, 358
데 클레르크, W. A.(W. A. de Klerk) 131
도르너, 에밀(Emil Dorner) 275, 276
도일, 데니스(Denis Doyle) 186
독일군부(Abwehr) 271, 274
돔파스(dompas) 61
동양학·아프리카학연구소(School of Oriental and African Studies) 254
두 란트, 크리스(Chris du Randt) 109
두 프레즈, 살먼 상사(Major Salmon du Preez) 329, 330, 332, 333
두 프레즈, 알베르타(Alberta du Preez) 204
두 프레즈, 타냐(Tanya du Preez) 233
뒤 바위스, 장(Jean du Buis) 124
뒤 투아 목사(Dominee du Toit) 239
『드럼』(*Drum*) 302
드 비브르몽, 에르빈 폰 라하우젠 소장(Major-General Erwin von Lahousen de Vivremont) 274
드 코크, 외젠(Eugene de Kock) 327
드레이크, 프란시스(Francis Drake) 22
드비어스 컴퍼니(De Beers Company) 188
디르커, C. J. 수사과장(Warrant Officer C. J. Dirker) 306
디머, 엘베르트(Elbert Diemer) 62, 63
디아스, 바르톨로뮤(Bartholomeu Dias) 12, 14, 15
딩가네(Dingane) 179, 181

딩기스와요(Dingiswayo) 163~65, 167, 168, 179
〈라디오 체센〉(Radio Zeesen) 271, 279
라마쿨라, 체디소 경(Sr. Tsediso Ramakhula) 109
라모나헹(Ramonaheng) 97
라모켈레 족장(Chief Ramokhele) 82, 83
라밴드, 존 교수(Professor John Laband) 173, 177, 178
라벨레 족장(Chief Ravele) 154
라우벤하이머, 아담(Adam Raubenheimer) 109
라우텐바흐, 허리트(Gerrit Rautenbag) 130
라이브란트, 게오르크 박사(Dr. Georg Leibbrandt) 271, 272
라이브란트, 로비(Robey Leibbrandt) 268~95, 371
라이브란트, 메이더(Meyder Leibbrandt) 272
라이브란트, 이잔(Izan Leibbrandt) 295
라코초아네(Rakotsoane) 103~105, 111, 113, 115
라트, A. W. G. 교수(Prof. A. W. G. Raath) 200, 239, 248
라틀랄리(Ratlali) → 모케셍
랑가 족장(Chief Langa) 127~29, 131
랑가자나(Langazana) 160, 161
런던대학교(London University) 195, 196
런던선교협회(London Missionary Society) 137
런던체육대학(London College of Physical Education) 272

레고야족(Leghoya) 38~44, 46~48
레닌, 블라디미르 일리치(Vladimir Ilyich Lenin) 98
레드, 제임스(James Read) 145
레이, 올로프 야코뷔스(Olof Jacobus Leij) 64~67
레포코(Lepoqo) → 모쇼에쇼에
레피, 야코프(Jacob Lepie) 120
렘바족(Lemba) 253~66
렘바족문화협회(Lemba Cultural Society) 259
로렌스, 해리(Harry Lawrence) 283
로마대학교(Roma University) 82
로버츠경(Field Marshall Lord Roberts) 204, 211
로벤 아일랜드(Robben Island) 30, 33, 34, 58, 312, 313
로스트론, 프랭크(Frank Rostron) 270
로이, 토마스 경(Sir Thomas Roe) 29
로젠베르크, 알프레드 박사(Dr. Alfred Rosenberg) 271
로즈, 세실 존(Cecil John Rhodes) 185~88, 196~98
루도르프, 주 변호사(Advocate Joe Ludorf) 284
루툴리, 앨버트 의장(Chief Albert Luthuli) 303
르 루스, 루이스 박사(Dr. Louis le Roux) 281
르 루스, 마그델 박사(Dr. Magdel le Roux) 257~59, 265
리보니아 재판(Rivonia Trial) 309
리스터, 리처드(Richard Lyster) 331, 334, 335

리야네 족장(Chief Liyane) 82, 83
리요(Liyo) 74, 75
리차드슨, 제리(Jerry Richardson) 317, 318
리터, C. L. A. 선장(Captain C. L. A. Ritter) 179
리터, E. A.(E. A. Ritter) 160, 172, 173~75, 177, 179, 180, 182, 183
리티, 헨드리크(Hendrik Rietjie) 277
리파퀘인(Lifaqane) 46, 97~99, 111
리히텐슈타인, 헨리(Henry Lichtenstein) 127, 137, 143
릴리슬리프 농장(Lilliesleaf Farm) 297, 299~311, 313
릴리슬리프 재단(Lilliesleaf Trust) 313
링엘바흐, 엘리자베스(Elizabeth Lingelbach) 51~57

마네코(Maneko) 103
마다가스카르의 아르리(Ary of Madagascar) 63
마다가스카르의 트레인체(Trijntje of Madagascar) 53~57, 61, 370
마디바, 마차야 교수(Professor Matshaya Mathiva) 259
마디키젤라 만델라, 위니(Winnie Madikizela-Mandela) 300, 301, 303, 315~22, 362, 371
마라이스 외젠(Eugéne Marais) 213
마르크스, 카를(Karl Marx) 98
마르크스주의(Marxism) 304
마리아(Maria) 137
마마코발로(Mamakhobalo) 103

마밀라(Mamila) 102
마부자, 베키(Bheki Mabuza) 324, 325, 328, 335
마부자, 타방(Thabang Mabuza) 328, 335
마술리파탐의 이자크(Isaac of Masulipatam) 54~58, 61
마이니어, 호노라튀스(Honoratus Maynier) 129~31
마이버러, 터티우스(Tertius Myburgh) 343
마위부예 작전(Operation Mayibuye) 304, 306, 307, 310
마카바(Makabbas) 150
마코반, L. B. B. J. 교수(Professor L. B. B. J. Machobane) 82, 98
마태(Matthew) 98
마테이, 카를(Carl Mathey) 109
마투마네(Matumane) 74, 75
마티와네(Matiwane) 108
마풍구브웨(Mapungubwe) 38
마피케(Mapike) 111, 113
마호에테(Mahoete) 82
마홀라(Mahola) 179
만델라, 넬슨(Nelson Mandela) 34, 97, 218, 219, 232, 249~51, 298~304, 308~11, 313, 315~19, 335, 354, 356, 358, 359, 361, 362, 368
만델라, 막가소(Makgatho Mandela) 302
만델라, 제나니(Zenani Mandela) 300, 302
만델라, 진드지(Zindzi Mandela) 300, 302
만델라풋볼클럽연합(Mandela United Football Club) 317, 318
만사시시(Manthathisi) 324

말란, 다니에(Danie Malan) 291
말란, D. F.(D. F. Malan) 274, 293, 294
말리에폴로(Maliepollo) 80, 84
망고페, 루카스(Lucas Mangope) 361, 364, 365
매카트니 백작(Earl Macartney) 133, 135
메리먼, 존 X.(John X. Merriman) 192
메슈언 경(Lord Methuen) 206
메이르민호(Meermin) 64~67
메이링, 조지 장군(General George Meiring) 360
메인티예스, 요하네스(Johannes Meintjies) 237
멘싱크, 뤼트허르트(Rutgert Menssink) 51
멘싱크, 빌렘(Willem Menssink) 51~59
멘싱크, 허브레흐트(Gerbregt Menssink) 51
모나헹(Monaheng) 69~71, 75, 76, 79
모니야네(Monyane) 70, 76, 79, 82, 83
모디세, 조(Joe Modise) 358
모리리(Moriri) 89
모리스, 도날드(Donald Morris) 160, 172~74
모세(Moses) 261
모쇼에쇼에(Moshoeshoe) 44, 79, 90, 93~98, 101~105, 108~10, 113, 176, 370, 372, 373
모스터트, 노엘(Noël Mostert) 129, 138, 145, 150, 153
모초알레디, 엘리아스(Elias Motsoaledi) 307, 309
모추아네(Motsuane) → 페테
모카바, 페터르(Peter Mokaba) 362
모카차네(Mokhachane) 93, 96, 104

모케셍(Mokheseng) 70~76, 79
모켈레, 은추(Ntsu Mokhehle) 80, 82, 85, 94, 96, 98, 101
모택동(Mao Zedong) 98
모틀로앙(Motloang) 75, 93
몰레모(Molemo) 70
몰로미(Mohlomi) 76, 79~99, 101, 103, 110, 370, 371
무가비, 로버트(Robert Mugabe) 348
무들리(Mudli) 166
무알레(Mualle) 102
문디, 피터(Peter Mundy) 33
뮐더, 코르네(Cornjé Mulder) 361, 366
뮐더, 피터(Pieter Mulder) 361, 366, 367
뮐러, 크리스토펠 선장(Captain Christoffel Muller) 64, 65
미 공군 기술 응용센터(US Air Force Technical Applications Center) 342
미국 국방정보국(US Defense Intelligence Agency) 343
미니, 헤이르트라위(Geertruy Minnie) 124
미슐로, 로저(Roger Michelot) 270, 271
미어, 이스마일(Ismail Meer) 303
미어, 파티마(Fatima Meer) 303

바나드, 앤 여사(Lady Anne Barnard) 126
바나토, 바니(Barney Barnato) 188
바덴호르스트 장군(General C. C. J. Badenhost) 207
바로스, 존(John Barrows) 133
바서만, 로렌스(Lawrence Wasserman) 329~34
바손, 아르놀뒤스 빌렘츠(Arnoldus Willemsz Basson) 61
바스트랍(Vastrap, 비밀아지트) 337, 339~41
바이스도른 작전(Operation Weissdorn) 274, 279, 292
바이트, 알프레드(Alfred Beit) 188
바이트, 오토(Otto Beit) 188
바타비아의 프란시스(Francis of Batavia) 63
바헤나르(Wagenaar) 128
반 더 메르베, 요한 장군(General Johan van der Merwe) 360
반 더 발트, 리처드(Richard van der Walt) 339, 346, 350, 351
반 더 발트, 안드리스(Andries van der Walt) 287
반 더 발트, 요하네스(Johannes van der Walt) 284, 289~93
반 더 발트, 프레데리크(Frederik van der Walt) 287
반 더 스텔, 빌렘 아드리안(Willen Adriaan van der Stel) 58
반 더 켐프, 요하네스 박사(Dr. Johannes van der Kemp) 137~42, 145
반 렌스버그, 빌렘(Willem van Rensburg) 234
반 렌스버그, 시너(Siener van Rensburg) 232~51, 370
반 렌스버그, 아니(Annie van Rensburg) 234, 235
반 렌스버그, 한스 박사(Commandant-General Dr. Hans van Rensburg) 278~80, 282~84

반 렌스버그, 헨드리크 얀세(Hendrik Janse van Rensburg) 130, 132
반 로스토크, 다니엘(Daniel van Rostock) 64
반 로저렌버그, 얀(Jan van Loggerenberg) 339, 346, 351
반 루이언, 카테리나(Catherina van Rooyen) 109
반 루이언, 코르넬리스(Cornelis van Rooyen) 129
반 리베이크, 얀(Jan van Riebeeck) 33, 61, 62
반 미들스워스, L. 박사(Dr. L. van Middlesworth) 342
반 비크, W. P. J. 부서장(Lieutenant W. P. J. van Wyk) 305, 306
반 샬크비크, 마르티누스(Marthinus van Schalkwyk) 233
반 야르스벨트, 디르크 경사(Sergeant Dirk van Jaarsveld) 283
반 야르스벨트, 아드리안(Adriaan van Jaarsveld) 134
반 온셀런, 프레트 경사(Constable Fred van Onselen) 291
반 질 슬라베르트, 프레데리크(Frederik van Zyl Slabbert) 359
발린다바(Valindaba) 340, 341
밤바타 족장(Bambatha Chief) 228
번스타인, 리오넬 '러스티'(Lionel 'Rusty' Bernstein) 303~305, 309, 312
범아프리카회의(Pan-Africanist Congress) 298, 354
베르스터 경찰서장(Colonel Verster) 286, 287

베를린 올림픽(Berlin Olympic Games) 286, 289, 271, 272
베이어스, C. F. 장군(General C. F. Beyers) 244~46
베이커, 토마스(Thomas Baker) 108
『베일트』(Beeld) 319, 320
베자위덴하우트, 쿤라트(Coenraad Bezuidenhout) 130
베커, 피터(Peter Becker) 97, 98, 109
벨로, 알바로(Albaro Velho) 16
벵골의 루이스(Louis of Bengal) 63
벵골의 안젤라(Angela of Bengal) 60, 61
보쇼프, 야코 박사(Dr. Jaco Boshoff) 67
보수당(Conservative Party) 357, 361, 367
보타, 헨드리크(Hendrik Botha) 329~31
보타, P. W.(P. W. Botha) 219, 249, 349, 350, 354
보트마, 요하네(Johanne Botma) 130
보푸타츠와나(Bophuthatswana) 361, 364~67
볼레, 에른스트(Ernst Bohle) 273
볼파르트, 올윈(Alwyn Wolfaard) 365, 366
부어레마흐(Boeremag) 232
부바(Buba) 256, 262
부어트레커(Voortrekker) 146, 152, 154
부텔레지 종족(Buthelezi clan) 166, 167
부텔레지, 망고수투(Mangosuthu Buthelezi) 361
불법 다이아몬드 구입 죄(IDB, illicit diamond buying) 188
브래드만, 네일(Neil Bradman) 262
브레슬러, F. R.(F. R. Bresler) 132~35

브레즈네프, 레오니드(Leonid Brezhnev) 338
브렌난, 조지(George Brennan) 270
브로드우드, R. G. 장군(General R. G. Broadwood) 204, 207
브루츄, 앨버트(Albert Brutsch) 112
브뤼버, 드리어스(Dries Bruwer) 359
브뤼버, J. P.(J. P. Bruwer) 81, 87
블롬보스 동굴(Blombos Cave) 36, 37, 375
블룸, 얀(Jan Bloem) 147
비쇼프, 드리스(Dries Bischoff) 354
비트바터스란트대학교(University of the Witwatersrand) 262
빌렘(Willem) 62
빌로넬, 스테파누스(Stephanus Vilonel) 212
빌존, 아브라함(Abraham Viljoen) 358
빌존, 콘스탄트 장군(General Constand Viljoen) 353~67, 371
빌존, 헤르퀼레스(Hercules Viljoen) 232

사도 바울(Paul) 98
사법위원회(Council of Justice) 62
사스필드 부인(Mrs. Sarsfield) 195, 196
사우어, 폴(Paul Sauer) 185
사우어, 한스(Hans Sauer) 185~96, 198
사우어, J. W.(J. W. Sauer) 185
사운더스 박사(Dr. Saunders) 196
사티야그라하(Satyagraha) 229, 230
산딜레(Sandile) 372
산토 알베르토 호(Santo Alberto) 118
상 벵투 호(São Bento) 115~18
상 후앙(São João) 116
샘프슨, 앤소니(Anthony Sampson) 304

샤카(Shaka) 156~83, 370~72
샤프빌 학살(Sharpeville massacre) 298
서론, 대니(Danie Theron) 207
서론, 카렐(Karel Theron) 281, 283, 286, 287, 290
『선데이 타임스』(Sunday Times) 343
세네칼, 데이비드(David Senekal) 124
세례 요한(the Baptise John) 232
세이페이, 스톰피(Stompie Seipei) 315, 316, 318, 320
세츠와요(Cetshwayo) 373
세쿠쿠네(Sekhukhune) 373
센장가코나(Senzangakona) 156~58, 161, 165
셰스, 압둘 가니(Abdul Gani Sheth) 223
셰스, 압둘라(Abdulla Sheth) 220
셰익스피어, 윌리엄(William Shakespeare) 27
셰퍼스, 크리스티나(Christina Scheepers) 124
셸버, 론(Ron Shelver) 291
소머실트, 오스카 박사(Dr. Oscar Sommershield) 188, 189
소웨토 봉기(Soweto uprising) 317, 319
쇼레키, 칼 박사(Dr. Karl Shorecki) 261
수잔나(Susanna) 52, 62
슈만, 아가타(Agatha Schoeman) 130, 140, 142, 152
슈만, J. H. 장군(General J. H. Schoeman) 203
스니만, 아드리안(Adriaan Snyman) 238, 239, 247, 249
스뮈츠, 얀(Jan Smuts) 219, 229, 230, 274, 277, 278, 280, 282, 285, 288~91, 294,

362

스미스, 토마스 경(Sir Thomas Smythe) 22, 23, 25~27, 29
스미스, 이안(Ian Smith) 242
스미스, J. A. '삼보크' 장군(General J. A. 'Sambok' Smith) 278
스미트, 라울 교수(Professor Raul Smit) 346
스미트, 바시 장군(General Basie Smit) 360
스켈쿠스(Skeelkoos) 235
『스타』(Star) 270
스테인, 요하네스 부장(Colonel Johannes Steyn) 329, 332
스테인, 콜린(Colin Steyn) 284
스테인, 한스(Hannes Steyn) 339, 346, 350, 351
스테인, M. T. 대통령(President M. T. Steyn) 202, 203, 207
스테인캄프, 루카스(Lucas Steenkamp) 202
스토우, 조지 윌리엄(George William Stow) 42, 47~49
스토켄스트룀, 안드리스(Andries Stockenstrom) 148, 149, 151
슬로보, 조(Joe Slovo) 304, 307
시구자나(Sigujana) 165
시자치위원회(Burgher Council) 53, 58
시민평화위원회(Burgher Peace Committee) 208
시베넬 족장(Chief Sibbenel) 149
《CBS 뉴스》(CBS News) 343
시술루, 월터(Walter Sisulu) 34, 304~306, 309
시스케이(Ciskei) 361

CIA 340, 342
식인주의(Cannibalism) 99, 106~108, 111
신국민당(New National Party) 233
실러르만, 다니얼(Daniel Sillerman) 120, 121

아레시보 이온층관측소(Arecibo Ionospheric Observatory) 342
아렌트(Arend) 148, 150
아론(Aaron) 261, 262
아르부세, 토마스(Thomas Arbousset) 80, 112~15
아스카리(askari) 327, 329, 330, 332, 335
아우초마토(Autshomato) 32~34, 372
아웅 산 수지(Aung San Suu Kyi) 219
아파르트헤이트(apartheid) 22, 185, 230, 250, 294, 297, 298, 316, 327, 341, 348, 351, 368, 371
아프리카 르네상스(African Renaissance) 219
아프리카국민회의(African National Congress) 225, 230, 233, 249, 250, 297, 298, 303, 304, 307, 310, 317, 324, 327, 328, 335, 340, 353~62, 364, 366, 367
아프리카너 제2차독립운동(Afrikaner Weerstandsbeweging) 360, 365, 366
아프리카너, 클라스(Klaas Afrikaner) 147
아프리카너민족전선(Afrikaner Volksfront) 361
아프리카누스, 스키피오(Scipio Africanus) 61
알렉산더 경찰서장(Superintendent Alexander) 227
암브로즈, 데이비드(David Ambrose) 112
암스코(Armscor) 339

앙골라의 도밍고(Domingo of Angola) 63
앙골라해방을 위한 민중운동(MPLA) 349
앙골라완전독립을 위한 민족연합(UNITA) 349
앤더슨, 윌리엄(William Anderson) 148
앵글로-보어전쟁(Anglo-Boer War) 39, 202, 228, 236, 240, 294
얀(Jan) 62
얀센스, 얀 빌헬름 중장(Lieutenant-General Jan Wilhelm Janssens) 142, 143
양의 머리 다이아몬드(Skaapkopdiamant) 248, 249
에거트, 에르나(Erna Eggert) 289, 291
에드먼즈, 존(John Edmonds) 138
에든버러대학교(Edinburgh University) 185, 195
에라스무스, 도르스(Doors Erasmus) 291, 290
에라스무스, 헨드리크(Hendrik Erasmus) 278, 279, 281, 290
에마-보비니, 은젱가반투(Njengabantu Ema-Bovini) 179
에세(Yese) 137, 140
에셀런, 루이스(Louis Esselen) 288, 289
〈ABC 뉴스〉(ABC News) 338, 342
에이즈(AIDS) 249
에즈라, 비비안(Vivian Ezra) 299
엘렌버거, 데이비드 프레데리크 박사(Dr. David-Frédéric Ellenberger) 72, 73, 87, 90, 91, 111
엘리자베스(Elizabeth) 142
엥엘브레흐트, 조스(Joos Engelbrecht) 277, 278
영국 동인도회사(English East India Company) 22
예를링, 파트 변호사(Advocate Pat Jerling) 283, 284, 288
예수 그리스도(Jesus Christ) 98, 272
오렌지강 식민지의용대(Orange River Colony Volunteers) 211
오르스몬트 총경(Major Orsmond) 287
오멘, 콘칼루(Concalo Homen) 17
오세바 수색대(Ossewa Brandwag) 274, 278~80, 282~84
오펜하이머, 에르네스트 경(Sir Ernest Oppenheimer) 274, 289
외국인 거주자들(Uitlanders) 197
외적 식인주의(exocannibalism) 107
요하네스버그의 밤(Night of Johannesburg) 232
우리가, 랍손(Rabson Wuriga) 264
우후루(Uhuru) 242
움콘토 웨 시즈웨(Umkhonto we Sizwe, MK) 298, 303, 304, 307, 309, 311, 324~28, 330, 332, 335, 364, 371
『워싱턴 포스트』(Washington Post) 343
원자력에너지발전소(Atomic Energy Corporation) 339
월드메이어, 패티(Patti Waldmeir) 358
월터스, 로널드 W.(Ronald W. Walters) 345
월프 박사(Dr. Wolff) 194~96
월프, 닉(Nick Wolpe) 313
월프, 해럴드(Harold Wolpe) 299, 307, 308, 313
웨프너, 딕(Dick Wepener) 110
웨프너, 루(Louw Wepener) 108~10

위노트, H. A.(H. A. Junod) 257
위대한 짐바브웨(Great Zimbabwe) 38, 256, 265
위스, 파니(Fanie Uys) 365, 366
유버트, 허만(Herman Joubert) 319~22
유타, 퍼시 박사(Dr. Percy Yutar) 310, 311
은드완드웨, 나단(Nathan Ndwandwe) 326, 329, 334
은드완드웨, 필라(Phila Ndwandwe) 324~35, 371
은들람베(Chief Ndlambe) 131
은란라, 조(Joe Nhlanhla) 358, 359
은케노(Nqeno) 131
음라바, 레이먼드(Raymond Mhlaba) 305, 309
음랑가나(Mhlangana) 179, 181
음랑게니, 앤드류(Andrew Mlangeni) 307, 309
음베키, 고반(Govan Mbeki) 304~306, 309
음베키, 타보(Thabo Mbeki) 250, 319, 359, 361~63, 372
음보파(Mbopa) 182, 183
음비야(Mbiya) 162
음은카바위(Mnkabayi) 172, 173
음질리카지(Mzilikazi) 142
음카비(MKabi) 161
음톨로, 부루노(Bruno Mtolo) 311
음페케인(Mfecane) → 리파퀘인
음페푸(Mphephu) 373
응고마네(Ngomane) 162, 181
응궁구니야네(Ngungunyane) 373
응그와디(Ngwadi) 162, 165, 181~83

응시카 족장(Chief Ngcika) 133, 134, 136~43
이산들와나(Isandhlwana) 373
이스코르(Iscor) 281, 282
이지코 박물관(Iziko Museums) 67
『인도인의 의견』(*Indian Opinion*) 229
인카타 자유당(Inkatha Freedom Party) 357, 361, 366
일방적인 독립선언(unilateral declaration of independence) 242
1914년의 반란(1914 Rebellion) 238, 241, 246, 280

자유연맹(Freedom Alliance) 362
자유전선 플러스(Freedom Front Plus) 367
자유전선(Freedom Front) 233, 366, 367
재판소(Court of Justice) 51, 58
전국스카우트(National Scouts) 212, 214, 215
제1차 세계대전(World War I) 240, 245
제1차 자유의 전쟁(First War of Freedom) 201
제2차 세계대전(World War II) 249, 328, 347
제2차 자유의 전쟁(Second War of Freedom) → 앵글로-보어전쟁
제임스1세(King James I) 22, 25, 28
제임슨, 린더 스타(Leander Starr Jameson) 185, 188~90, 192, 194~98
제임슨의 침공(Jameson Raid) 198
조베 왕(King Jobe) 162, 163
조이스, 로비 목사(Dominee Robey Joyce) 286
조이스, 수잔 마거리트(Susan Marguerite

Joyce) 272
조이스, 윌리엄(William Joyce) 272
존스, 리처드(Richard Jones) 325, 330, 334
쥐마, 야콥(Jacob Zuma) 359, 360, 362
즈비노완다, 즈비노완다(Zvinowanda Zvinowanda) 265
즈위데(Zwide) 167
진실과 화해 위원회(Truth and Reconciliation Commission) 315, 318, 328, 329, 331, 332, 334, 335
짐바브웨아프리카민족연맹(ZANU) 348

차카 족장(Chief Tshaka) 131
처칠, 윈스턴(Winston Churchill) 274
체육교육아카데미(Academy of Physical Education) 272, 273
체이스(Cees) 63
첼레(Tsele) 75, 79
촐로(Tsolo) 70
촐로아네(Tsoloane) 70
총통리더십스쿨(Führer Leadership School) 274
충그와(Chungwa) 131

카나리스, 빌헬름 제독(Admiral Wilhelm Canaris) 274
카니발리즘(Cannibalism) → 식인주의
카렐(Carel) 57
카를로바 작전(Operation Karlowa) 281
카를로바, 루돌프(Rudolf Karlowa) 273~75
카브랄, 페르낭 달베레스 선장(Captain Fernão d'Alveres Cabral) 115, 117

카살리스, 외젠(Eugéne Cassalis) 87, 105, 111, 113
카스라다, 아메드(Ahmed Kathrada) 303~309
카스릴스, 로니(Ronnie Kasrils) 335
카오, 디오고(Diogo Cão) 14
카운다, 케네스(Kenneth Kaunda) 90
카카나(Kachana) 48
카터, 지미(Jimmy Carter) 338, 344
칸토르, 제임스(James Kantor) 307, 309, 312, 313
칼리(Kali) → 모나헹
캐스카트, 조지(George Cathcart) 108
캠벨 선생(Mr. Campbell) 42
캠벨, 존(John Campbell) 137, 145, 150
케이, 스티븐(Stephen Kay) 151
케이프공문서보관소(Cape Archives) 51
켈리-케니 장군(General Kelly-Kenny) 208
켐프, 피터(Pieter Kemp) 61
코레(Coree) 22~32, 371
코로만델의 앤소니(Anthony of Coromandel) 63
코프, 존(John Cope) 26, 27
코헨 유전자번호(Cohen genetic signature) 261~63
콜럼버스, 크리스토퍼(Christopher Columbus) 13, 106
콜로카, 페르낭(Fernão Coloca) 15
콜루(Kholu) 93
콜리, 조지 장군(General George Colley) 201
쾨흘, 아네마리(Annemarie Kögl) 359
쾨흘, 위르헨(Jürgen Kögl) 359~61
쿠베, 시그난다 족장(Chief Signanda Cube)

179
쿠체, 게리트(Gerrit Coetzee) 130
쿠체, 디르크(Dirk Coetzee) 285
쿨랜드호(the Courland) 225
크누체, 허르트(Gert Knoetze) 128
크레이그, 제임스 대장(Major-General James Craig) 131
크로녜, 안드리스 장군(General Andries Cronjé) 212
크로녜, 피트 장군(General Piet Cronjé) 198, 202, 203, 212
크로시, 존(John Crosse) 30, 31
크루거, 폴(Paul Kruger) 154, 197, 198, 202, 203, 224, 253, 372
크리스티, 렌프레브(Renfrew Christie) 340
크리스티안즈, 얀(Jan Christiaanz) 120, 121
클라에스(Claes) 62
클링만, 스티븐(Stephen Clingman) 309
킬로에호(Kyloe) 275
킹, 마틴 루터(Martin Luther King) 219

타스, 아담(Adam Tas) 51, 58
타스, 요한나(Johanna Tas) 51
타워슨, 가브리엘 선장(Captain Gabriel Towerson) 23, 24
타일라르트, 얀(Jan Taillard) 288~92
테네시대학교(University of Tennessee) 342
테르'블랑슈, 외젠(Eugene Terre'Blanche) 360, 365
테리, 에드워드 주교(Reverend Edward Terry) 25, 26, 28, 31
테일러, 앤디 대위(Captain Andy Taylor)

329, 330, 332
토마스호(Thomas) 23
톰슨, 조지(George Thompson) 150
투투, 데스몬드(Desmond Tutu) 318
투투코레인의 허리트(Gerrit of Tutucorijn) 54~58, 61
투항자(hensoppers) 211, 213
트란스발농업연맹(Transvaal Agricultural Union) 359
트리스탕, 로드리고(Rodrigo Tristão) 117, 118
트리카르트, 루이스(Louis Trichardt) 152
틀라디(Tladi) 110
티스, 라우런스(Laurens Thys) 120

파괴활동 금지법(Sabotage Act) 309
파울리, 크리스티안 경사(Sergeant Christiaan Pauley) 285, 286
『파이낸셜 타임스』(Financial Times) 358
파이어스, 제프(Jeff Peires) 133
파피트, 튜더 박사(Dr. Tuder Parfitt) 254, 255, 258~60, 262, 263
팔마(Palmach) 300
팜파타(Pampata) 156, 162~65, 167, 168, 173~83
페레스트렐로, 마누엘 데 메스퀴타(Manuel de Mesquita Perestrello) 118
페레이라, 누누 벨루(Nuno Velho Pereira) 118
페르부르트, 헨드릭(Hendrik Verwoerd) 249, 298
페이튼, 월터 선장(Captain Walter Peyton)

29, 30
페테(Peete) 93, 94, 96, 101~105, 113, 115
펜, 나이젤(Nigel Penn) 54
펠린다바(Pelindaba) 341
포르스터, 존(John Vorster) 338, 349
포르스터, 야코뷔스 부장(Colonel Jacobus Vorster) 329, 332
포셀트, C. W. 목사(Reverend C. W. Posselt) 179
포스터 범죄집단(Foster gang) 246
포체프스트롬대학교(Potchefstroom University) 281
포트히터, 헨드리크(Hendrik Potgieter) 154
폭풍의 추적자들(Stormjaers) 278~80, 284, 291
푸리에, 닉(Nick Fourie) 365
풍가셰(Pungashe) 166
프라이어, 패디(Paddy Prior) 331, 333
프레스, 프랭크 박사(Dr. Frank Press) 345
프레스터, 존(John Prester) 13
프리토리아 중앙교도소(Pretoria Central Prison) 312
프린슬로, 마르티뉴스(Marthinus Prinsloo) 134
프린슬로, 미카엘 장군(General Michael Prinsloo) 206
프링, 마틴(Martin Pring) 31
플라크플라스(Vlakplaas) 327
피나르, 페트뤼스(Petrus Pienaar) 147
피라우, 오스발트(Oswald Pirow) 274
피레스, 프란시스코(Francisco Pires) 117
피서, 루이스 변호사(Advocate Louis Visser) 333
피서, 코뷔스(Kobus Visser) 354
피셔, 브람(Bram Fischer) 304, 307, 309, 312, 313
피콕, 레온(Leon Peacock) 232
핀, 헨리 프란시스(Henry Francis Fynn) 169, 170, 172, 175

하르첸버그, 페르디(Ferdi Hartzenberg) 361, 362
하머, 마이클 박사(Dr. Michael Hammer) 261
하멜, 마이클(Michael Harmel) 299
하스파르(Gaspar) 116
하우-하우 경(Lord Haw-Haw) 272
해밀턴, 이안 장군(General Ian Hamilton) 206
『해방』(Liberation) 299
헌법재판소(Constitutional Court) 241
헤르초그, J. B. M.(J. B. M. Hertzog) 208
헤플, 밥(Bob Hepple) 305
헥터호(Hector) 23, 25, 27, 28
협력자(joiner) 211, 213~15
형제의 분열(broedertwis) 200
후앙2세(King João II) 14
휘싱, 헤닝(Henning Husing) 58
흑인의식(Black Consciousness) 370
히틀러, 아돌프(Adolf Hitler) 268, 269, 271~74, 279~82, 288, 290, 291, 293
힌차(Hintsa) 373
힌트라허, 오스카르(Oscar Hintrager) 208
힐리오메이, 헤르만(Hermann Giliomee) 133, 241

옮긴이의 말

탈근대적 글쓰기의 모델

 지금도 눈에 선하다. 아프리카의 남단 끄트머리 케이프타운으로 연구년을 가서 처음으로 근처에 있는 서점을 방문했던 날. 아파르트헤이트를 폐지하고 흑백통합을 이룬 남아프리카의 아름다운 미래를 제시하는 수많은 책들 중에서 막스 두 프레즈의 『전사와 연인과 예언가의 이야기』(*Of warriors, lovers and prophets*)를 만난 사건. 그것은 정말로 우연 속의 행운이었다. 그의 책 서문에서 "역사에 대한 나의 생각은 이제 우리는 악당들, 즉 비난하거나 증오하는 사람들을 찾아내려는 시도를 그만두어야만 한다는 것"이라는 구절을 읽으면서 "그래, 이것이 바로 탈근대적 글쓰기야!" 하고 혼자서 무릎을 치면서 탄성을 질렀던 일. 두 프레즈는 역사에 등장하는 "각각의 인물들이 진정으로 누구였고, 무엇이 그들을 그렇게 행동하도록 했으며, 또한 그들이 우리에게 보여주는 교훈은 과연 무엇이었는지 진정으로 이해하려고 노력해야 한다"고 이야기한다. 나는 어느새 바닥에 털벅 주저앉아 스무 개의 이야기들을 대충 훑어보고 저자의 '마지막 말'을 읽고 있었다.

두 프레즈의 말처럼, 근대의 "역사는 사람들을 분열시키는 데 사용되었다." 서구와 비서구, 백인과 흑인, 인간과 자연, 남성과 여성, 좌파와 우파, 진보와 보수 그리고 자유주의와 사회주의 등등. 우리의 근대화과정에서 만들어진 역사관도 마찬가지이다. 그래서 두 프레즈가 이야기하는 "우리 스스로를 마비시키지 않고, 다른 사람들에 대해 원한을 가지지 않고 또 맹목적으로 우리 자신을 미화하지 않고 역사를 기억"하는 방식은 가슴에 사무치는 역사적 애절함으로 다가온다. 두 프레즈는 근대의 이분법이 아닌 탈근대의 생성적 방식으로 역사를 이해하는 방식을 이렇게 이야기한다.

"그것은 우리의 과거에 살았던 인물들을 먼저 인간이라는 존재로서, 다음으로 인종이나 종족 혹은 계급 집단의 구성원으로서 인식하는 문제에 관한 것이다. 그것은 우리의 과거를 구성한 행위자들이 인간으로서 어떤 모습이었을지 이해하려고 노력하는 것이며, 또한 그들의 행동을 일반적인 인간행위의 측면에서 판단하는 것이다. 무엇보다도 먼저 우리는 우리의 편견이나 편협한 민족주의를 정당화하는 시각에서 역사를 읽는 것이 아니라, 열린 마음으로 읽는 것이다."

이 책에 등장하는 스무 개의 이야기는 근대적 편견이나 편협한 민족주의에서 벗어나 있다. 근대적 편견은 종교, 인종, 종족, 성, 이데올로기 등으로 구성되어 있다. 우리는 이미 아메리카인들이나 아프리카인들이 살고 있는 곳을 침범해서 깃발을 꽂아놓고 '아메리카 대륙의 발견'이니 '희망봉 발견'이니 하는 서구·기독교·백인·남성 중심주의 근대적 편견을 역사라고 배웠다.

　이러한 근대적 편견에서 벗어나기 위하여 두 프레즈는 아프리카의 남단 끄트머리에서 "하얀 피부를 가진 사람들과 검은 피부의 아프리카인"들이 최초로 만난 사건으로부터 시작해서 마침내 흑백간의 피비린내가 진동하는 살육전쟁을 아슬아슬하게 극복한 1994년 남아프리카 최초의 자유총선거까지의 과정을 '연대기적 글쓰기'가 아닌 각각의 사건을 중심으로 '이야기하기의 역사'로 서술하고 있다. 이러한 글쓰기의 방식은 근대를 반성적으로 회고하고 새로운 탈근대적 삶의 방식을 제시하는 질 들뢰즈를 비롯한 대부분의 탈근대적 사상가들이 말하는 '사건적 글쓰기'이다.

　두 프레즈의 말처럼 근대적 편견이나 편협한 민족주의에서 벗어나는 '사건적 글쓰기'는 "우리의 과거 이야기들을 마음대로 윤색하거나 삭제하는 것을 의미하지 않는다." 남아프리카와 마찬가지로 한반도의 근대화과정에서도 "너무나도 추한 일들이 발생했었고, 무지막지한 불의가 자행되었다. 하지만 우리는 그 모든 것의 진실을 알 필요가 있다. 오직 그럴 때만이 비로소 우리는 오늘날 우리나라에 존재하는 다양한 공동체들이 지니고 있는 태도와 두려움과 열망과 좌절과 편견을 이해할 수 있을 것이다."

　남아프리카가 백인들만의 역사에서 벗어나 흑인들의 역사, 노예들의 역사 그리고 인도인과 같은 이주노동자들의 역사를 모두 받아들여 마침내 "설사 아무리 경직된 백인 보수주의자라 할지라도 마다가스카르의 트레인체라는 노예여성에게 깊은 연민을 가지게 될 것이고, 우리의 소크라테스 몰로미를 자랑스럽게 여기고, 산악지역의 현명한 왕 모쇼에쇼에에게 존경을 표하게 될 것"이라고 이야기하는 것처럼, 우리 한반도도 하루 빨리 남한만의 역사나 북조선만의 역사에서 벗어나 남과 북의 근대사를 모두 우리의 역사로 받아들여 서로가 서로를 존중하는 시대를 맞이해야 할 것이다.

남아프리카의 근대적 역사서술에서 제외되었던 "불한당 같은 이주 보어인 쿤라트 데 바위스나 보어인 예언가 시너 반 렌스버그"와 같은 백인의 삶이 흑인의식을 지닌 흑인 아프리카인들을 '매혹'시키는 것처럼 박헌영이나 김일성의 삶이 남한의 주류 자유주의 보수주의자들을 매혹시키거나 박정희나 김재규의 삶이 북조선의 사회주의 보수주의자들을 매혹시키는 날이 그리 머지않아 우리에게도 다가올 것이다. 남아프리카에 존재하는 "열린 마음의 소유자에게 샤카의 이야기는 단순히 호전적인 살인기계의 이야기가 아니라 깊은 정신적 상처를 지닌 어린 소년이 성장하여 마침내 역사의 흐름을 바꾸어놓는 놀랄 만한 일들을 행하는 흥미진진한 이야기"인 것처럼 남한에 존재하는 열린 마음의 소유자에게 작곡가 윤이상이나 송두율 교수 그리고 문익환 목사와 전태일 열사와 같은 사람들이 한반도의 근대적 "역사의 흐름을 바꾸어놓은 놀랄 만한 일들을 행"했던 존경스러운 사람들이라는 것을 알게 될 것이다. 또한 남아프리카에서 "자식에게 모유를 먹이는 MK 대장 필라 은드완드웨"가 "용감성과 불굴의 신념"을 가지고 "아파르트헤이트 폐지투쟁에 참여"한 것처럼 분단국가 남한에서 "국가보안법 폐지투쟁에 참여"하고 있는 수많은 이름 없는 여전사들을 나는 수없이 많이 알고 있다.

남아프리카에서 "영국인에게 납치를 당하여 영국에서 영어를 배운 코이코이족 족장 코레"나 스스로 영어를 배우기 위하여 고향을 떠난 '아우초마토'처럼 영국이나 미국에 유학을 가서 배운 영어를 이용해 자신의 배만 채우고 종족을 배반한 수없이 많은 한국인들이 있으며, "나치의 선동가 로비 라이브란트, '반역자' 피트 데 웨트, 한 백인남자에 대한 위니 만델라의 배려, 우리를 내전으로부터 구해 준 우파 군사전략가 콘스탄트 빌존"처럼 파쇼의 선동가 조갑제, 친일 반역자 ○○○, 북조선 남자를 사모하는 남한 여성이나 남한 여자를 배려하는 북조선 남성들이 수없이 많이 존재하고, 남북냉전의 시대에 평화와 통일의 길을 열어준 우파 군사전략가 임동원 전 통일부장관과 같은 사람이 대한민국에도 존재한다. 남아프리카에서 "이 모든 사람들은 그들이 살았던 시대의 환경과 지배적인 태도에 영향을 받고 반응하기도 하고 또 그들의 뒤를 잇는 사람들에게 영향을 주는 사건과 태도에 영향을 끼"쳤던 것처럼, 과거와 현재의 한반도에 살았거나 살고 있는 모든 사람들은 근대화과정의 일제 식민주의와 해방 그리고 미군정과 한국전쟁, 남북분단으로 야기된 이 "시대의 환경과 지배적인 태도에 영향을 받고 반응하기도 하고 또 그들의 뒤를 잇는 사람들에게 영향을 주는 사건과 태도에 영향을 끼치기도" 한다.

그러나 남아프리카에 있는 백인 아프리카너 두 프레즈는 "이 땅에 살고 있는 모든 인간은 떳떳이 일어서서 선언할 수 있다. 나는 아프리카인이다"라고 이야기하는데, 한반도에 살고 있는 우리는 아직도 한반도의 남과 북에 살고 있는 "모든 인간은 떳떳이 일어서서" "나는 한반도인이다"라고 선언하지 못한다. 그것은 아직도 대한민국에 아파르트헤이트와 같은 국가보안법이나 냉전 이데올로기가 존재하기 때문이기도 하지만, 우리가 남아프리카의 백인과 흑인과 유색인들처럼 서로의 "차이를 인정하고 우리보다 앞서서 온 사람들이 당시 얼마나 서로 싸웠는지에 대하여 들려주는 이야기를 즐기"지 못하기 때문이기도 하다.

따라서 우리 모두가 "나는 한반도인이다"라고 선언하는 길은 두 프레즈가 "우리 모두 아프리카인이라는 사실을 결코 잊지 말자"고 이야기하는 것처럼 우리 모두가 한반도인이면서 동아시아인이고 세계인이라는 사실을 결코 잊지 않는 것에서 출발하는 것이다. 그래서 우리도 남아프리카가 "1994년의 장엄한 평화와 더불어 그 [역사의] 원이 완성된" 것처럼 하루라도 빨리 우리의 남과 북으로 "뿔뿔이 흩어져 있는 [근대의] 역사들이 서로 다르면서도 또한 하나의 역사라는 사실을 인식할 때"가 오기를 기원한다.

두 프레즈가 그의 마지막 말에서 "이제 우리의 과거를, 마침내 지금 우리가 만들어나가고 있는 하나의 국민으로 우리 모두를 나아가도록 했던 시대로 생각하기 시작할 때이다"라고 이야기하는 것처럼 탈근대의 역사는 한반도의 남과 북뿐만 아니라 동아시아와 세계가 "오직 하나의 역사만 가지고 있다"는 것을 인식하는 시대이기도 하다. 남아프리카의 백인과 흑인이 하나의 역사를 가지고 있는 것처럼 남아프리카와 짐바브웨 그리고 모잠비크와 나이지리아 등의 아프리카는 하나의 역사를 가지고 있다. 이와 마찬가지로 호남과 영남이 하나의 역사이고 대한민국과 조선민주주의인민공화국이 하나의 역사를 가지고 있는 것처럼 한반도와 일본 그리고 중국과 몽골 등의 아시아가 하나의 역사를 가지고 있고, 아시아와 아프리카 그리고 아메리카와 유럽이 모두 하나의 지구라는 역사를 가지고 있는 것이다. 그래서 나는 남아프리카의 케이프타운에서 만난 아프리카인들에게 두 프레즈나 남아프리카의 대통령 타보 음베키처럼 "나는 아프리카인이다"라고 선언하기도 했다. 나의 몸에는 아직도 '아프리카인 되기'의 감동이 살아서 꿈틀거리고 있다.

이 책을 읽는 모든 독자들이 '아프리카인 되기'의 즐거움을 만끽하고, 한반도인이나 동아시아인이 되는 탈근대의 즐거움을 상상할 수 있기를 간절히 바란다.

식민지 이전의 아프리카

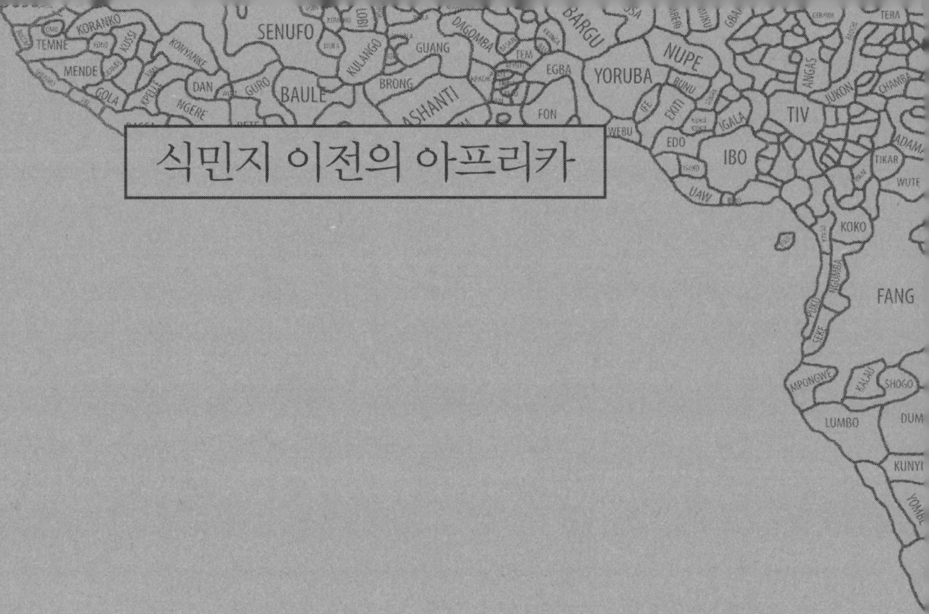

식민지 이후의 아프리카

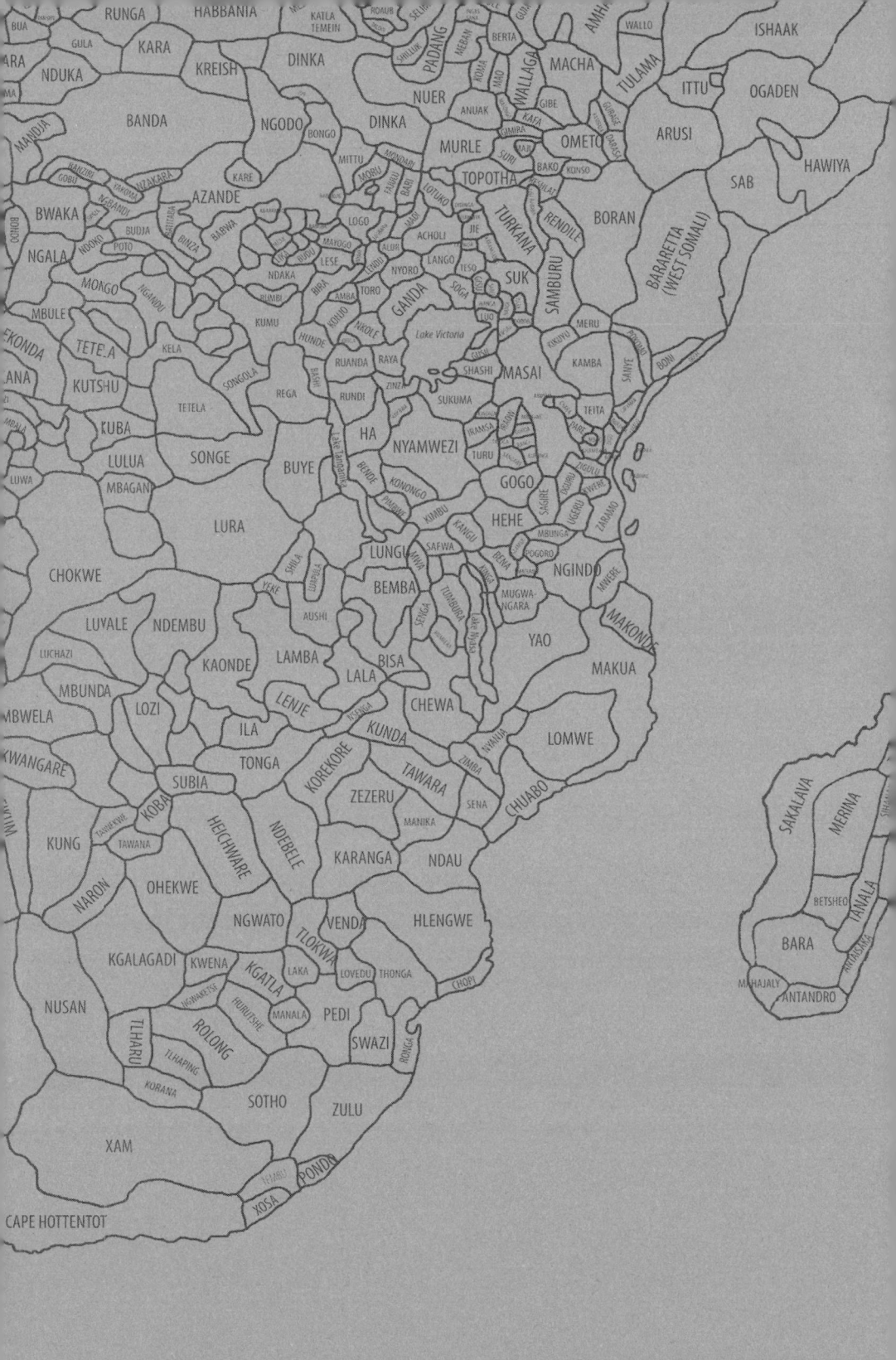